D1749848

Materialien zur
interdisziplinären Medienforschung
Herausgeber Professor Dr. Wolfgang Hoffmann-Riem
Band 66

Markus Berliner

# Informationsbefugnisse der Bundesnetzagentur im Telekommunikationsrecht

Nomos

Die Deutsche Nationalbibliothek verzeichnet diese Publikation in
der Deutschen Nationalbibliografie; detaillierte bibliografische
Daten sind im Internet über http://dnb.d-nb.de abrufbar.

Zugl.: Gießen, Univ. FB Rechtswissenschaft, Diss., 2011

ISBN 978-3-8329-7491-6

1. Auflage 2012
© Nomos Verlagsgesellschaft, Baden-Baden 2012. Printed in Germany. Alle Rechte, auch die des Nachdrucks von Auszügen, der fotomechanischen Wiedergabe und der Übersetzung, vorbehalten. Gedruckt auf alterungsbeständigem Papier.

*Meiner Ines*

# Vorwort

Die vorliegende Untersuchung wurde im Sommer 2011 am Fachbereich Rechtswissenschaft der Justus-Liebig-Universität in Gießen als Promotionsschrift eingereicht. Die Arbeit entstand im Wesentlichen während meiner dortigen Zeit als wissenschaftlicher Mitarbeiter am Lehrstuhl für Öffentliches Recht. In der Druckfassung konnten bis Februar 2012 veröffentlichte Entscheidungen und Literatur sowie bereits die Änderungen durch die just in diesem Monat beschlossene TKG-Novelle 2012 berücksichtigt werden.

Mein besonderer Dank gilt Herrn Prof. Dr. Martin Eifert, der die Arbeit von Beginn an stets konstruktiv und mit wertvollen Anregungen begleitet hat. Für die zügige Erstellung des Zweitgutachtens danke ich ferner Herrn Prof. Dr. Thilo Marauhn. Weiterhin gilt ein besonderer Dank dem Herausgeber, Herrn Prof. Dr. Wolfgang Hoffmann-Riem, Richter am BVerfG a. D., für die freundliche Aufnahme meiner Dissertation in diese Schriftenreihe.

Ein herzlicher Dank gilt den Kollegen und Kolleginnen am Lehrstuhl und hierbei in besonderer Weise Herrn Dr. Birger Arndt, sowie in gleicher Weise hervorzuheben Herr Til Kappen, Herr Thorsten Dreimann, Frau Dr. Franziska Boehm, Herr Adrian Geisel und Herr Dr. Kai Purnhagen, die allesamt nicht nur durch hilfreiche fachliche Anmerkungen zum Gelingen der Arbeit beigetragen haben und für das Entstehen der Schrift nicht hinwegzudenken sind.

Daneben möchte ich mich insbesondere bei Herrn Haiko Schimpf, Herrn Christian Führer und meiner Familie bedanken, die das Projekt in vielfältiger Weise gefördert haben.

Berlin, im Februar 2012                                          Markus Berliner

# Inhaltsverzeichnis

Einleitung    15

Erster Teil:    Grundlagen des telekommunikationsspezifischen Informationsverwaltungsrechts und Erkenntnisinteresse    18

A. Konturierung des regulierungsbehördlichen Informationsregimes    18
    I. Regulierungsbehördlicher Informationsbedarf    19
    II. Die Bundesnetzagentur als sektorspezifische Regulierungsbehörde auf dem Gebiet der Netzindustrien    21
    III. Instrumente der Informationsbeschaffung und -verarbeitung    24
      1. Binnenorganisation    25
      2. Wissenschaftliche Beratung    25
      3. Erfahrungs- und Informationsaustausch mit anderen Behörden    26
      4. Gutachten der Monopolkommission    27
      5. Internationaler Regulierungsverbund    28
      6. Informationelle Inanspruchnahme Privater    29
B. Dogmatische Einordnung der Informationsbeibringungspflichten    30
    I. Terminologie und Abgrenzung    30
    II. Informationsbefugnisse als Schwerpunkt der Untersuchung    34
C. Skizzierung der Darstellung    36

Zweiter Teil:    Spezielle Informationsbefugnisse    37

A. Nicht-ökonomische Regulierung    38
    I. Gewährleistung der Netzintegrität und Vertraulichkeit von Telekommunikationsinhalten und -umständen    38
      1. Regelungszusammenhang    38
        a) § 115 Abs. 1 S. 2 TKG als Eingriffsgrundlage    39
        b) Sachlicher Anwendungsbereich der Vorschrift    41
      2. Adressaten    45
      3. Ausgestaltung    48
        a) § 115 Abs. 1 TKG als typische gewerberechtliche Überwachungsnorm    48
        b) Überkommene Eingrenzungen    50
        c) Kein spezielles Einsichts- und Prüfungsrecht    52
    II. Sicherstellung der Telekommunikation in Ausnahmesituationen    54
      1. Regelungszusammenhang    54

|  |  |  |  |
|---|---|---|---|
| | | 2. Adressaten | 56 |
| | | 3. Ausgestaltung | 57 |
| | | 4. Schnittmengen mit dem TKG | 59 |
| | III. | Produktzulassungs- und Produktsicherheitsrecht | 60 |
| | | 1. Regelungszusammenhang | 60 |
| | | 2. Zulassungskonzeption auf dem Gebiet technischer Standardisierung | 62 |
| | | 3. Regulierungsbehördliche Informationsbefugnisse bei der Marktaufsicht | 65 |
| | IV. | Nummerierung | 67 |
| | | 1. Regelungszusammenhang | 68 |
| | | 2. Ausgestaltung | 69 |
| | V. | Sicherstellung der störungsfreien Frequenznutzung | 72 |
| | | 1. Regelungszusammenhang | 74 |
| | | 2. Adressaten | 75 |
| | | 3. Ausgestaltung | 76 |
| | | 4. Informationsnutzung | 77 |
| B. | Ökonomische Regulierung | | 77 |
| | I. | Zugangs- und Entgeltregulierung | 77 |
| | | 1. Ökonomische Besonderheiten der Netzregulierung | 77 |
| | | 2. Kostentransparenz als Grundlage von Entgeltregulierung | 80 |
| | | 3. Zugriff auf Kostenrechnungsinformationen im Rahmen konkreter Entgeltverfahren | 82 |
| | |    a) Regelungszusammenhang | 82 |
| | |    b) Adressaten | 83 |
| | |    c) Ausgestaltung | 86 |
| | |       aa) Verfahrensbezug | 86 |
| | |       bb) Rechtsnatur der Anordnungen | 88 |
| | |       cc) Anordnungsinhalte | 89 |
| | |          (1) Konzeption | 89 |
| | |          (2) Kein Rückgriff auf Vorgaben der Entgeltregulierungsverordnung | 90 |
| | |             (a) Divergenz der Regelungszwecke | 92 |
| | |             (b) Divergenz der Regelungsinhalte | 93 |
| | |    d) Verhältnis zu § 38 Abs. 2 S. 3 TKG | 96 |
| | |    e) Zwischenfazit | 99 |
| | | 4. Ergänzung des Anordnungsrechts durch formelle und materielle Gestaltungsvorgaben für die Kostenrechnung | 100 |
| | | 5. Exkurs: Nachforderung von Angaben und Unterlagen im Präklusionsverfahren nach § 34 Abs. 5 TKG | 101 |
| | |    a) Regelungszusammenhang | 101 |
| | |    b) Ausgestaltung | 103 |
| | | 6. Zugriff auf Kostenrechnungsinformationen im Rahmen der Zugangsregulierung | 105 |

|  |  |  |  |
|---|---|---|---|
| | a) Regelungszusammenhang | | 105 |
| | b) Ausgestaltung | | 108 |
| 7. | Erfassung der Telekommunikationsinfrastruktur | | 110 |
| | a) Regelungszusammenhang | | 111 |
| | b) Adressaten | | 112 |
| | c) Ausgestaltung | | 113 |
| II. Gewährleistung der universalen Versorgungssicherheit | | | 114 |
| 1. | Erhebung aktueller Informationen über die Leistungsbereitstellung nach § 84 Abs. 3 TKG | | 117 |
| | a) Regelungszusammenhang | | 117 |
| | b) Adressaten | | 118 |
| | c) Ausgestaltung | | 119 |
| 2. | Umsatzmitteilung zur Berechnung des Anteils an der Universaldienstabgabe gemäß § 87 Abs. 1 S. 1 TKG | | 120 |
| | a) Regelungszusammenhang | | 120 |
| | b) Adressaten | | 121 |
| | c) Rechtsnatur der Auskunftsverpflichtung | | 121 |
| | d) Ausgestaltung | | 123 |
| 3. | Anforderung von Betriebsunterlagen zur Ausgleichsberechnung nach § 82 Abs. 4 TKG | | 124 |
| | a) Regelungszusammenhang | | 124 |
| | aa) Keine Kostenermittlung im Ausschreibungsverfahren | | 124 |
| | bb) Ermittlung der Differenzkosten im hoheitlichen Auferlegungsverfahren | | 126 |
| | b) Ausgestaltung | | 127 |
| | c) Rechtsnatur des Auskunftsverlangens | | 128 |
| 4. | Zwischenfazit | | 129 |

Dritter Teil: Allgemeine Informationsbefugnisse  130

A. Erfüllung internationaler Berichtspflichten  130
   I. Regelungszusammenhang  130
   II. Exkurs: Zusammenarbeit der Bundesnetzagentur mit der Europäischen Kommission und anderen internationalen Gremien  133
      1. Tätigkeit im Auftrag des Bundeswirtschaftsministeriums  133
      2. Eigenzuständige Wahrnehmung internationaler Aufgaben  136
   III. Ausgestaltung  137
      1. Berichtspflichten der Bundesnetzagentur  137
         a) Objektive Rechtspflicht zur Auskunftserteilung  137
            aa) Informationspflichten gegenüber der Kommission und anderen gemeinschaftsrechtlichen Gremien  138

|  |  |  | bb) Informationspflichten gegenüber völkerrechtlichen Gremien | 141 |
| --- | --- | --- | --- | --- |
|  |  | b) | Behördliche und mitgliedstaatliche Pflichten | 144 |
|  | 2. | § 4 TKG als dynamische Verweisungsnorm | | 148 |
|  |  | a) | Bestimmtheit der Verweisungsnorm | 149 |
|  |  | b) | Publizitätserfordernis des Verweisungsobjektes | 152 |
|  |  | c) | Fremdverweisung und Demokratieprinzip | 154 |
|  | 3. | Zwischenfazit | | 156 |
| IV. | Informationsbeschaffungsbedarf | | | 156 |
|  | 1. | Gemeinschaftsrechtliche Pflichten | | 157 |
|  | 2. | Völkerrechtliche Zusammenarbeit | | 163 |
| V. | Grenzüberschreitende Informationsübermittlung | | | 163 |
|  | 1. | Informationsweitergabe als Grundrechtseingriff | | 165 |
|  | 2. | Informationsübermittlung im Regulierungsverbund | | 168 |
|  | 3. | Informationsübermittlung an andere Stellen | | 171 |
| VI. | Zwischenfazit | | | 171 |

B. Informationelle Generalbefugnisse nach § 127 TKG .................. 174
   I. Allgemeine Auskunftsermächtigungen als Schaltstelle des regulierungsrechtlichen Informationsverwaltungsrechts .................. 174
   II. Voraussetzungen und Umfang des Informationsanspruchs .................. 176
      1. Anwendungsbereich .................. 176
      2. Aufgabenbezug und Gesetzesvorbehalt .................. 177
      3. Funktionelle Abgrenzung zum allgemeinen Kartellrecht .................. 181
         a) Kartellbehördliches Aufgabenprofil .................. 181
         b) Regulierungsbehördliches Aufgabenprofil .................. 187
            aa) Instrumentendivergenz .................. 187
            bb) Erweiterung des sektorspezifischen Kartell- und Infrastrukturgewährleistungsrechts durch ordnungsrechtliche Komponenten .................. 192
            cc) Zwischenfazit .................. 193
         c) Verkopplung von Regulierungsinstrumenten und -verfahren zur Informationsgewinnung in komplexen Entscheidungssituationen .................. 193
            aa) Entscheiden unter Ungewissheit .................. 193
            bb) Entmaterialisierung und Flexibilisierung .................. 198
            cc) Stabilisierung und Folgenbeobachtung .................. 202
         d) Zwischenfazit .................. 207
      4. Informationsgegenstände und -zwecke .................. 209
         a) Wettbewerbsbezogene Generalklausel .................. 209
            aa) Übernahme des kartellrechtstypischen Informationsgegenstandes in die sektorspezifischen Regulierungsgesetze .................. 209
            bb) Inkongruenz von Gegenstand und Aufgabenprofil .................. 211
            cc) Ergänzung durch die TKG-Novelle 2012 .................. 213

|  |  |  | b) | Zweckneutrale Generalklausel | 214 |
|---|---|---|---|---|---|
|  |  |  |  | aa) Umsetzung der europarechtlichen Erhebungszwecke | 215 |
|  |  |  |  | (1) Überwachung | 215 |
|  |  |  |  | (2) Konsumenteninformation | 218 |
|  |  |  |  | (3) Beobachtung und Analysierung von Markt- und Wettbewerbsentwicklung | 219 |
|  |  |  |  | (4) Erteilung von Nutzungsrechten, Nutzungsaufsicht und -planung | 223 |
|  |  |  |  | bb) Vereinbarkeit der Regelungstechnik mit den Vorgaben des Gemeinschaftsrechts | 224 |
|  |  | 5. | Auswirkungen auf die Erforderlichkeit eines Auskunftsverlangens |  | 227 |
|  |  |  | a) | Keine unbesehene Übertragbarkeit der kartellrechtlichen Eingriffsvoraussetzungen | 227 |
|  |  |  | b) | Notwendigkeit der Wissensgenerierung als Rechtfertigung kontinuierlicher Informationserhebung | 230 |
|  |  |  | c) | Zumutbarkeitsfolgerungen | 234 |

| Vierter Teil: | Erfüllung und Durchsetzung des Informationsanspruchs | 236 |
|---|---|---|

| A. | Konzeption des Vollzugsmodells und Umsetzung im Telekommunikationsrecht |  | 236 |
|---|---|---|---|
|  | I. Aktualisierung des Informationsanspruchs |  | 236 |
|  | II. Erfüllung des Informationsanspruchs |  | 239 |
|  | III. Absicherung des Informationsanspruchs durch weitergehende Ermittlungsbefugnisse |  | 241 |
|  | IV. Zwangsweise Durchsetzung des Informationsanspruchs |  | 243 |
|  | V. Selbstbelastungsschutz |  | 243 |
|  | 1. Problemstellung |  | 243 |
|  |  | a) Ausstrahlungswirkung des Nemo-tenetur-Grundsatzes auf vollstreckbare Auskunftspflichten | 245 |
|  |  | b) Legislative Schutzmechanismen und verfassungsgerichtliche Vorgaben | 246 |
|  |  | c) Auswirkungen fehlender Schutzvorkehrungen | 251 |
|  |  | aa) Analoge Herleitung eines Auskunftsverweigerungsrechts | 252 |
|  |  | bb) Verwendbarkeit der selbstbelastenden Informationen im Sanktionsverfahren | 255 |
|  | VI. Ahndung unzureichender Mitwirkung |  | 259 |
| B. | Grenzen des Vollzugsmodells im kooperativen Staat |  | 260 |

Systematische Gesamtbetrachtung 263

Literaturverzeichnis 269

# Einleitung

Die Überführung der Telekommunikationswirtschaft in den Wettbewerb seit der vollständigen Liberalisierung der Märkte am 1. August 1996 ist nicht nur eine wirtschaftliche Erfolgsgeschichte, sondern mitentscheidend auf eine neue Perspektive bzw. besser eine neue Form staatlicher Aufsicht zurückzuführen, das sog. Regulierungsverwaltungsrecht.[1] Die Umgestaltung des Telekommunikationssektors ist dabei Teil eines europarechtlich in den 1980er Jahren initiierten Programms zum Abbau monopolisierter nationaler Märkte in den Netzwirtschaften, neben dem Telekommunikationssektor etwa in den Bereichen Post, Luftverkehr, Eisenbahn und Energieversorgung. Diese Monopole in öffentlicher Hand wurden einst damit gerechtfertigt, dass diese Bereiche sich aus tatsächlichen Gegebenheiten, namentlich Größen- und Verbundvorteilen, dem Wettbewerb als der effizientesten Versorgungs- und Entwicklungsform auf Dauer entziehen.[2] Die Liberalisierungsentscheidung fußte auf der Erkenntnis der modernen Netzökonomie, dass der Umfang des Marktversagens erheblich geringer ausfällt als vormals angenommen, und der tatsächlichen Erfahrung, dass die in öffentlicher Hand befindlichen Netzunternehmen sowohl kostenineffizient als auch wenig innovationsförderlich agierten.[3]

Gleichwohl stellen sich die gewollten Wohlfahrtseffekte in diesen Bereichen nicht durch eine simple Streichung der Monopole ein. Einerseits führen sog. natürliche Monopole in Teilbereichen dieser Sektoren zu strukturellem Marktversagen, so dass es einer stetigen Sicherstellung des Marktzutritts bedarf.[4] Andererseits können aus sozialstaatlicher Sicht Beschränkungen des Wettbewerbs geboten sein, um die Erbringung universeller Dienstleistungen von allgemeinem wirtschaftlichem Interesse sicherzustellen.[5] Versorgungssicherheit, gleichberechtigter und universeller Zugang, Angemessenheit und Transparenz der Dienste-

---

1　Zum Verständnis von Regulierungsrecht als Regulierungsverwaltungsrecht *Röhl*, Finanzmarktaufsicht, in: Fehling/Ruffert (Hrsg.), Regulierungsrecht, 2010, § 18 Rn. 35.
2　*Krakowski*, Theoretische Grundlagen der Regulierung, in: Krakowski (Hrsg.), Regulierung in der Bundesrepublik Deutschland, 1988, S. 19 (27 ff.); *Berringer*, Regulierung als Erscheinungsform der Wirtschaftsaufsicht, 2004, S. 30 ff.
3　Zur Verringerung des Staatsversagens durch Privatisierung etwa *König/Benz*, Zusammenhänge von Privatisierung und Regulierung, in: König/Benz (Hrsg.), Privatisierung und staatliche Regulierung, 1997, S. 13 (67 ff.), sowie die Gesamtheit der Beiträge in diesem Bande.
4　*Säcker*, Das Regulierungsrecht im Spannungsfeld von öffentlichem und privaten Recht, AöR 130 (2005), 180 (188); *Franzius*, Gewährleistung im Recht, 2009, S. 421.
5　Vgl. Art. 106 Abs. 2 AEUV.

konditionen sollen auch dann gewährleistet werden, wenn der Markt unter Umständen hierfür nicht ausreichend Anreize bietet.[6]

Regulierungsverwaltungsrecht ist daher re-regulierendes Privatisierungsfolgenrecht.[7] Es hat die Funktion, in Bereichen, in denen der Staat traditionell selbst die Erfüllungsverantwortung von Aufgaben der Daseinsvorsorge wahrnahm, deren fortdauernde Funktionsfähigkeit unter veränderten Ausgangsbedingungen zu gewährleisten.[8] Grundlage dessen ist angesichts der Dynamik und Eigenlogik des Sachbereichs und seiner jeweiligen Zusammenhänge sowie der Instabilität und Vorläufigkeit der vorhandenen Wissensbestände ein flexibilisierter Ansatz.[9] Regulierung ist ein final durch gesetzliche Vorgaben[10] determinierter Gestaltungsauftrag zur Marktstrukturierung, der einer detaillierten Vorabprogrammierung nur begrenzt zugänglich ist.[11]

Deshalb korrespondieren mit der Verwaltungstätigkeit im sektorspezifischen Kartellrecht Optionsspielräume, die erheblich über die allgemeine Wettbewerbsaufsicht hinausgehen.[12] Da die Gestaltung abhängig von der jeweiligen Marktsituation erfolgt, werden Strukturentscheidungen nicht endgültig vorgenommen, sondern periodisch oder anlassbezogen den Marktgegebenheiten angepasst.[13]

Um diese Gestaltungsaufgabe zielwirksam wahrnehmen zu können, bedarf es einer besonderen fachlichen Expertise.[14] Funktionsweise und Funktionsvoraussetzungen der zu regulierenden Märkte müssen von der Verwaltung ebenso identifiziert und verarbeitet werden wie deren Veränderungspotential und die Wirkungen staatlicher Eingriffe.[15] Regulierungsverwaltungsrecht ist daher in breitem

---

6 Zu den verfassungsrechtlich abgesicherten Gewährleistungsaufträgen des Privatisierungsfolgenrechts *Lepsius*, Verfassungsrechtlicher Rahmen der Regulierung, in: Fehling/Ruffert (Hrsg.), Regulierungsrecht, 2010, § 4 Rn. 90 ff.
7 Statt vieler *Kämmerer*, Privatisierung, 2001, S. 423 ff.
8 Vgl. für den Telekommunikationssektor nur *Eifert*, Grundversorgung mit Telekommunikationsleistungen im Gewährleistungsstaat, 1998.
9 Dazu *Schneider*, Flexible Wirtschaftsregulierung durch unabhängige Behörden im deutschen und britischen Telekommunikationsrecht, ZHR 164 (2000), 513 ff.
10 Vgl. §§ 1, 2 TKG.
11 *Vesting*, Zwischen Gewährleistungsstaat- und Minimalstaat, in: Hoffmann-Riem/Schmidt-Aßmann (Hrsg.), Verwaltungsrecht in der Informationsgesellschaft, 2000, S. 101 (128).
12 Statt vieler *Trute*, in: Trute/Spoerr/Bosch (Hrsg.), TKG, 2001, § 1 Rn. 10 ff.; *Schmidt-Aßmann*, Das allgemeine Verwaltungsrecht als Ordnungsidee, 2. Aufl. 2006, Kap. 3 Rn. 53.
13 Zu diesem Steuerungskonzept aktiver Marktbegleitung für das Telekommunikationsrecht nur *Hoffmann-Riem/Eifert*, Regelungskonzepte des Telekommunikationsrechts und der Telekommunikationspolitik, in: Hoffmann-Riem (Hrsg.), Innovation und Telekommunikation, 2000, S. 9 (29 ff.).
14 *Herzmann*, Konsultationen, 2010, S. 38.
15 *Fehling*, Instrumente und Verfahren, in: Fehling/Ruffert (Hrsg.), Regulierungsrecht, 2010, § 20 Rn. 126; zur Vorläufigkeit des Entscheidungswissens in modernen Verfah-

Maße auf Informationen angewiesen, die sich auch wegen des staatlichen Rückzugs aus der Erfüllungsverantwortung nicht im direkten Zugriff der Verwaltung befinden.[16] Hierbei spielen Informations-, insbesondere Auskunftsbefugnisse der Regulierungsbehörde eine zentrale Rolle, um die unvermeidlichen Informationsdefizite bei der Aufgabenwahrnehmung zu verringern.[17] Die vorliegende Arbeit hat insofern das Ziel, die rechtlichen Grundlagen der Informationsgewinnung für den Bereich des Telekommunikationsrechts näher zu beleuchten.

---

renskonstellationen allgemein *Ladeur*, Privatisierung öffentlicher Aufgaben und die Notwendigkeit der Entwicklung eines neuen Informationsverwaltungsrechts, in: Hoffmann-Riem/Schmidt-Aßmann (Hrsg.), Verwaltungsrecht in der Informationsgesellschaft, 2000, S. 225 (229 ff.); vgl. auch *Wollenschläger*, Wissensgenerierung im Verfahren, 2009, S. 29 ff.

16   Grundlegend zur Koordinationsnotwendigkeit staatlicher und privater Wissensbestände *Ladeur*, Der Staat gegen die Gesellschaft, 2006, S. 119 ff., 320 ff., sowie die Beiträge in Collin/Spieker gen. Döhmann (Hrsg.), Generierung und Transfer staatlichen Wissens im System des Verwaltungsrechts, 2008.

17   *Fehling*, Instrumente und Verfahren, in: Fehling/Ruffert (Hrsg.), Regulierungsrecht, 2010, § 20 Rn. 117 ff.; für das Telekommunikationsrecht *Schneider*, Telekommunikation, in: Fehling/Ruffert (Hrsg.), Regulierungsrecht, 2010, § 8 Rn. 72 ff.

Erster Teil: Grundlagen des telekommunikationsspezifischen Informationsverwaltungsrechts und Erkenntnisinteresse

## A. Konturierung des regulierungsbehördlichen Informationsregimes

Die Entwicklung des bürgerlichen Rechtsstaats zum intervenierenden Wohlfahrts- und Gewährleistungsstaat[18] und der damit einhergehende Wandel staatlicher Aufgaben[19] führt den Staat an die Grenzen seiner Steuerungsfähigkeit[20] und stellt insbesondere den Gesetzgeber vor mannigfaltige Herausforderungen, die er auf komplexen Regelungsgebieten – auch als Reaktion auf anderweitig konstatierte Vollzugsdefizite – zunehmend dadurch zu lösen sucht, dass er tradierte ordnungsrechtlich geprägte Verfahren und Handlungsformen durch multipolare zielorientierte Handlungsaufträge gegenüber der Verwaltung ergänzt.[21]

Die Verwaltung sieht sich dadurch selbst der Notwendigkeit ausgesetzt, eigene Handlungsmaßstäbe auszubilden, um ihre Funktionen wirksam wahrnehmen zu können.[22] Hierdurch gewinnen die Prozesse der Informationssammlung und Informationsverarbeitung für die vollziehende Gewalt eine herausgehobene Bedeutung[23] und greifen dabei selbst ineinander. Die gesammelten Informationen müssen zunächst organisiert, systematisiert und zu Wissen verarbeitet werden,[24]

---

18 *Franzius*, Gewährleistung im Recht, 2009, S. 24 ff.; *Schuppert*, Der Gewährleistungsstaat – modisches Label oder Leitbild sich wandelnder Staatlichkeit?, in: Schuppert (Hrsg.), Der Gewährleistungsstaat – ein Leitbild auf dem Prüfstand, 2005, S. 11 ff.
19 Siehe nur *Stolleis*, Die Entstehung des Interventionsstaats und das öffentliche Recht, ZNR 11 (1989), S. 129 ff., *Schulze-Fielitz*, Der Leviathan auf dem Weg zum nützlichen Haustier?, in: Voigt (Hrsg.), Abschied vom Staat – Rückkehr zum Staat?, 1993, S. 95 ff.
20 Vgl. nur die Beiträge in *Grimm* (Hrsg.), Wachsende Staatsaufgaben – sinkende Steuerungsfähigkeit des Rechts, 1990.
21 *Voßkuhle*, Neue Verwaltungsrechtswissenschaft, in: Hoffmann-Riem/Schmidt-Aßmann/Voßkuhle (Hrsg.), Grundlagen des Verwaltungsrechts, Bd. I, 2006, § 1 Rn. 10; *Mayntz*, Politische Steuerung und gesellschaftliche Steuerungsprobleme, in: Ellwein/Hesse/Mayntz/Scharpf (Hrsg.), Jahrbuch zur Staats- und Verwaltungswissenschaft 1, 1987, S. 89 ff.
22 *Herzmann*, Konsultationen, 2010, S. 36; *Vesting*, Zwischen Gewährleistungsstaat- und Minimalstaat, in: Hoffmann-Riem/Schmidt-Aßmann (Hrsg.), Verwaltungsrecht in der Informationsgesellschaft, 2000, S. 101 (128 f.).
23 Zur Notwendigkeit der systematischen Ausbildung eines eigenständigen Informationsverwaltungsrechts *Voßkuhle*, Der Wandel von Verwaltungsrecht und Verwaltungsprozessrecht in der Informationsgesellschaft, in: Hoffmann-Riem/Schmidt-Aßmann (Hrsg.), Verwaltungsrecht in der Informationsgesellschaft, 2000, S. 349 (355 ff.).
24 Zu dieser Unterscheidung zwischen Information und Wissen *Hoffmann-Riem*, Verwaltungsrecht in der Informationsgesellschaft – Einleitende Problemskizze, in: Hoffmann-

um eine rationale Entscheidungsfindung zu ermöglichen.[25] Umgekehrt müssen die Entscheidungsfolgen analysiert und dazu genutzt werden, die Informationssammlungs- und -verwertungsprozesse zu optimieren,[26] um einerseits die Verarbeitungsfähigkeit der Informationen sicherzustellen[27] und andererseits, sofern private Akteure in den Prozess mit den Mitteln des Ordnungsrechts eingebunden werden sollen, deren übermäßige Belastung zu vermeiden.[28]

I. Regulierungsbehördlicher Informationsbedarf

Die Anwendungsfälle, für die im Regulierungsverwaltungsrecht Informationen benötigt werden, sind vor diesem Hintergrund breit gefächert.

Einerseits führt die die Übertragung der Aufgabenerfüllung an private Akteure in den Netzregulierungssektoren zu einer geänderten Rollenverteilung. Die zuständige Behörde muss nicht nur den Verlust des operativen Wissens kompensieren, sondern als Erfüllungsverantwortliche die Zielerreichung durch Private ermöglichen und kontrollieren.[29]

Zum anderen sind der Regulierungsbehörde »klassische« Verwaltungsaufgaben zugewiesen. Als besonderer Gewerbeüberwachungsbehörde obliegt ihr die Amtsermittlung in jeglichen ordnungrechtlichen Verfahren.

Für das hier behandelte Gebiet des Telekommunikationsrechts reichen die Informtionsprozesse erfordernden Bereiche daher von der Kontrolle der Marktteil-

---

Riem/Schmidt-Aßmann (Hrsg.), Verwaltungsrecht in der Informationsgesellschaft, 2000, S. 9 (11) m. w. N.

25 *Herzmann*, Konsultationen, 2010, S. 35; treffend *Schmidt-Aßmann*, Strukturen Europäischer Verwaltung und die Rolle des Europäischen Verwaltungsrechts, in: Blankenagel/Pernice/Schulze-Fielitz (Hrsg.), Verfassung im Diskurs der Welt, Liber Amicorum für Peter Häberle, 2004, S. 395 (413): *»Entscheidungen von Verwaltungen sind niemals besser als die Datenbasis, auf der sie getroffen werden.«*.

26 *Franzius*, Modalitäten und Wirkungsfaktoren der Steuerung durch Recht, in: Hoffmann-Riem/Schmidt-Aßmann/Voßkuhle (Hrsg.), Grundlagen des Verwaltungsrechts, Bd. I, 2006, § 4 Rn. 97 ff.

27 *Lenk*, Außerrechtliche Grundlagen für das Verwaltungsrecht in der Informationsgesellschaft, in: Hoffmann-Riem/Schmidt-Aßmann (Hrsg.), Verwaltungsrecht in der Informationsgesellschaft, 2000, S. 59 (94 f.).

28 *Franzius*, Modalitäten und Wirkungsfaktoren der Steuerung durch Recht, in: Hoffmann-Riem/Schmidt-Aßmann/Voßkuhle (Hrsg.), Grundlagen des Verwaltungsrechts, Bd. I, 2006, § 4 Rn. 100; zur Einrichtung eines behördlichen Wissensmanagements zur produktiven Kopplung der Wissensbestände bereits *Eifert*, Regulierte Selbstregulierung und die lernende Verwaltung, DV, Beiheft 4, Regulierte Selbstregulierung als Steuerungskonzept des Gewährleistungsstaates, 2001, 137 (146 f.); vgl. auch *Voßkuhle*, Beteiligung Privater an der Wahrnehmung öffentlicher Aufgaben und staatliche Verantwortung, VVDStRL 62 (2003), 266 (308).

29 Siehe nur *Herzmann*, Konsultationen, 2010, S. 36 ff. m. w. N.

nehmer zum Schutz der Endkunden über marktstrukturelle Verteilungs- bzw. Vergabeentscheidungen bis zur Netzzugangs-, Netzzugangsentgelt- und im Ausnahmefall sogar der Telekommunikationsdienstleistungsregulierung. Vor allem die hoheitliche Regulierung der Bedingungen des Netzzugangs stellt die Verwaltung dabei vor mannigfaltige Probleme der Informationsbeschaffung und -verarbeitung.

Dies liegt zum einen daran, dass schon die tatsächlichen Grundlagen auf dem Gebiet moderner Informations- und Kommunikationstechniken äußerst komplex sind und sich die Gegebenheiten rasch verändern.[30] Zwischen Marktteilnehmern und Verwaltung besteht daher wie bei anderen komplexen Regelungsmaterien naturgemäß ein ausgeprägtes Wissensgefälle.[31] Zum anderen wirken sich die dynamischen Bedingungen ihrerseits auf die durch ökonomische Besonderheiten geprägten Markt- und Wettbewerbsverhältnisse im Bereich der Netzindustrien[32] in einer schwer zu prognostizierenden Weise aus.[33]

Das entscheidungsnotwendige Wissen muss daher vor Auferlegung einer Regulierungsmaßnahme zumindest teilweise erst situativ erzeugt werden. Das wiegt vor allem deshalb schwer, weil die sektorspezifische Kartellbehörde anders als das Bundeskartellamt nicht nur reaktiv mit der Abstellung wettbewerblicher Missstände im Einzelfall, sondern mit der Herstellung des kartellrechtlichen »Normalzustands« Wettbewerbs aktiv betraut ist. Hierbei simuliert sie den Wettbewerbsverlauf, indem sie durch die Antizipation des zukünftigen Marktpreises dessen Findungsprozess stimuliert. Sie untersucht die Entwicklung des Sektors daher nicht nur anlassbezogen, sondern gestaltet sie aktiv mit.

Ferner ist auch die von der Verwaltung getroffene Entscheidung nur vorläufig und bedarf der situativen, zumindest aber regelmäßigen Anpassung an die aktuellen Marktgegebenheiten.[34] Dementsprechend steht auch das zentrale materiellrechtliche Kriterium der Netzzugangsregulierung, die effiziente Leistungserbrin-

---

30 Vgl. die kurze Realanalyse bei *Voßkuhle*, Der Wandel von Verwaltungsrecht und Verwaltungsprozessrecht in der Informationsgesellschaft, in: Hoffmann-Riem/Schmidt-Aßmann (Hrsg.), Verwaltungsrecht in der Informationsgesellschaft, 2000, S. 349 (351 ff.).
31 Zum Wissensproblem im Telekommunikationsrecht *Wollenschläger*, Wissensgenerierung im Verfahren, 2009, S. 119 ff.; *Broemel*, Strategisches Verhalten in der Regulierung, 2010, S. 196 ff.; *Knauff*, Regulierungsverwaltungsrechtlicher Rechtsschutz, VerwArch 98 (2007), 382 (397); zum Regulierungsverwaltungsrecht allgemein *Fehling*, Instrumente und Verfahren, in: Fehling/Ruffert (Hrsg.), Regulierungsrecht, 2010, § 20 Rn. 117; *Eifert*, Regulierte Selbstregulierung und die lernende Verwaltung, DV, Beiheft 4, Regulierte Selbstregulierung als Steuerungskonzept des Gewährleistungsstaates, 2001, 137 (138 ff.).
32 Dazu unten Teil II, B. I. 1. Übersichtliche Darstellung auch bei *Leschke*, Regulierungstheorie aus ökonomischer Sicht, in: Fehling/Ruffert (Hrsg.), Regulierungsrecht, 2010, § 6 Rn. 99 ff.
33 Vgl. unten Teil III, B. II. 3. c) aa).
34 Siehe Teil III, B. II. 3. c) cc).

gung im Sinne des § 31 Abs. 1 TKG, selbst unter dem ständigen Vorbehalt der Realisierung von Innovationspotentialen und zieht damit eine Dynamisierung der Wissensbestände nach sich.[35]

Beides, die verhältnismäßig dünne Programmdichte bei finaler und proaktiver Ausrichtung wie die Vorläufigkeit der Einzelentscheidung, zwingen zur Erarbeitung von Entscheidungsmaßstäben und -konzepten auf einer mittleren Konkretisierungsebene und verleihen gerade hierdurch der Regulierungstätigkeit einen gestaltenden Charakter mit entsprechendem administrativen Informationsaufwand.[36]

Die Generierung von Entscheidungswissen und die notwendig vorgeschaltete Informationssammlung lassen sich deshalb als funktional essentielles Element des netzwirtschaftlichen Verwaltungsorganisationsrechts identifizieren.[37] Dies führt naturgemäß zu einer gewissen Eigenständigkeit der Fachverwaltung. Netzregulierungsverwaltung dient weniger dem politisch gestaltenden Interessenausgleich, sondern ist am Leitbild unparteiischer und problemlösungsorientierter Entscheidungsfindung ausgerichtet und setzt mithin eine entsprechende technische wie ökonomische Sachkunde voraus.

II. Die Bundesnetzagentur als sektorspezifische Regulierungsbehörde auf dem Gebiet der Netzindustrien

Wesentlicher Bestandteil des Verwaltungsorganisationsrechts ist mithin die Institutionalisierung einer wissensmächtigen wie schlagkräftigen Verwaltungsstelle. Der Vollzug der Regulierungssgesetze und die hiermit einhergehende Koordinierung der Informationssammlung- und verwertungsprozesse obliegen insoweit der Bundesnetzagentur.

Diese wurde auf Grundlage des Art. 87f Abs. 2 S. 2 GG im Rahmen der sog. Postreform III nach § 66 Abs. 1 TKG-1996[38] zunächst als Regulierungsbehörde für Telekommunikation und Post (RegTP) eingerichtet, nachdem die Idee einer Übertragung der Regulierungsaufgabe auf das Bundeskartellamt wegen der mit dieser Aufgabe verbundenen Besonderheiten gegenüber dem allgemeinen Kar-

---

35 *Britz*, Organisation und Organisationsrecht in der Regulierungsverwaltung in der öffentlichen Versorgungswirtschaft, in: Fehling/Ruffert (Hrsg.), Regulierungsrecht, 2010, § 21 Rn. 35.
36 Unten Teil III, B. II. 3. b) aa) sowie B. II. 3. c) cc).
37 Siehe nur *Britz*, Organisation und Organisationsrecht in der Regulierungsverwaltung in der öffentlichen Versorgungswirtschaft, in: Fehling/Ruffert (Hrsg.), Regulierungsrecht, 2010, § 21 Rn. 37 ff.
38 Telekommunikationsgesetz vom 25.7.1996, BGBl. I 1996, S. 1120 ff.

tellrecht verworfen wurde.[39] Mit der Umbenennung der RegtTP in Bundesnetzagentur für Elektrizität, Gas, Telekommunikation, Post und Eisenbahnen (Bundesnetzagentur)[40] wurde deren Zuständigkeitserweiterung Rechnung getragen, mit der das Ziel verfolgt wurde, für den Bereich der Netzwirtschaften erstmals eine sektorübergreifende Regulierungsinstanz zu schaffen.[41] Der Bundesnetzagentur fällt insofern die Aufgabe zu, die in den jeweiligen Sektorengesetzen formulierten Regulierungsziele umzusetzen, im Telekommunikationssektor also die Ziele des § 2 Abs. 2 TKG, um durch hoheitliche Regulierung auf diesen privatisierten Märkten einen funktionsfähigen und chancengleichen Wettbewerb sicherzustellen.

Im Gegensatz etwa zum Energiewirtschaftsrecht, das auch Zuständigkeiten für Landesregulierungsbehörden kennt, sind die Regulierungsaufgaben im Bereich der Telekommunikation auf nationaler Ebene bei der Bundesnetzagentur gebündelt. Während die einzelnen Aufgaben und Befugnisse der Bundesnetzagentur enumerativ durch die oder auf Grund der jeweiligen sektorenspezifischen Fachgesetze zugewiesen sind,[42] enthält das Gesetz über die Bundesnetzagentur für Elektrizität, Gas, Telekommunikation, Post und Eisenbahnen (BNAG)[43] eine Kodifizierung organisationsrechtlicher Vorschriften. Diesen kommt neben den organisationsrechtlichen Vorschriften innerhalb des TKG in den §§ 116 ff. eine gehobene Bedeutung zu, um die Wirksamkeit des Verwaltungshandelns zu erreichen.[44] Nach § 1 S. 2 BNAG ist die Bundesnetzagentur eine selbstständige Bundesoberbehörde im Geschäftsbereich des Bundesministeriums für Wirtschaft und Technologie, die ihrem Namen entsprechend nach § 2 Abs. 1 BNAG auf den Gebieten des Rechts der leitungsgebundenen Versorgung mit Elektrizität und Gas, einschließlich des Rechts der erneuerbaren Energien im Strombereich, des Telekommunikationsrechts, des Postrechts sowie des Rechts des Zugangs zur Ei-

---

39 Dazu *Masing*, Stand und Entwicklungstendenzen eines Regulierungsverwaltungsrechts, in: Bauer/Huber/Niewiadomski (Hrsg.), Ius Publicum Europaeum, 2002, S. 161 (183 f.).
40 Vgl. das Gesetz zur Änderung telekommunikationsrechtlicher Vorschriften vom 18.2.2007, BGBl. I 2007, S. 106 (115 f.).
41 Vgl. das Gesetz über die Bundesnetzagentur für Elektrizität, Gas, Telekommunikation, Post und Eisenbahnen (BNAG) vom 7.7.2005, BGBl. I 2005, S. 1970 (2009). Verfassungsrechtliche Grundlage der erweiterten Zuständigkeit sind die Art. 87e Abs. 1, Art. 87 Abs. 3 S. 1 i. V. m. Art. 74 Abs. 1 Nr. 11 GG, vgl. *Masing*, Soll das Recht der Regulierungsverwaltung übergreifend geregelt werden?, Gutachten zum 66. DJT, 2006, D 41 f.
42 Vgl. § 116 TKG, § 2 Abs. 2 BNAG.
43 Siehe Fn. 41.
44 Zum Zusammenhang zwischen der organisationsrechtlichen Strukturierung einer Verwaltungseinheit und der Effektivität ihrer Aufgabenwahrnehmung für das Verwaltungsorganisationsrecht der Netzzugangsregulierung nur *Britz*, Organisation und Organisationsrecht in der Regulierungsverwaltung in der öffentlichen Versorgungswirtschaft, in: Fehling/Ruffert (Hrsg.), Regulierungsrecht, 2010, § 21 Rn. 32 m. w. N.

senbahninfrastruktur nach Maßgabe des Bundeseisenbahnverkehrsverwaltungsgesetzes tätig ist.

Die Rechtsstellung der Bundesnetzagentur ist mit derjenigen des Bundeskartellamts vergleichbar. Über die schon vom Privatisierungsgedanken getragene und gemeinschafts-[45] wie verfassungsrechtlich[46] geforderte funktionelle Unabhängigkeit der Regulierungsbehörde hinaus, also der Isolierung regulatorischer Funktionen des Staates von seinen betrieblichen Tätigkeiten,[47] hat die Bundesnetzagentur ihre Befugnisse unparteiisch und transparent auszuüben.[48] Diese gedanklich den US-amerikanischen Regulatory Agencies nachempfundene Verselbstständigung der Bundesnetzagentur,[49] deren exakter Umfang unter dem Aspekt ihrer demokratischen Legitimation kontrovers diskutiert wird,[50] soll die Entwicklung einer eigenständigen Regulierungspolitik ermöglichen. Rechtlich wird diese Eigenständigkeit einerseits durch ihre Stellung als Bundesoberbehörde, also durch eigene Etatzuweisungen sowie eigene Organisations- und Personalhoheit gesichert.[51] Eine unparteiische Entscheidungsfindung soll zudem weiterhin durch die personellen Unvereinbarkeitsregelungen in den Abs. 3 und 6 des § 4 BNAG und prozedural durch justizähnliche Beschlusskammerverfahren erreicht werden.[52] Zwar unterliegt die Bundesnetzagentur der Direktionsbefugnis des übergeordneten Ministeriums. Dessen fehlendes Selbsteintrittsrecht und die

---

45 Siehe insoweit etwa für den Telekommunikationssektor Art. 3 Abs. 2 der Rahmenrichtlinie (RL 2002/21/EG des Europäischen Parlaments und des Rates vom 7. März 2002 über einen gemeinsamen Rechtsrahmen für elektronische Kommunikationsnetze und -dienste, ABl. L 108 v. 24.4.2002, S. 33 ff.).
46 Siehe Art. 87f Abs. 2, 3 GG.
47 Ausführlich zum TKG-1996 bereits *Oertel*, Die Unabhängigkeit der Regulierungsbehörde nach §§ 66 ff. TKG, 2000, S. 104 ff.
48 Vgl. für den Telekommunikationssektor Art. 3 Abs. 3 RL 2002/21/EG.
49 Vgl. nur *Masing*, Die US-amerikanische Tradition der Regulated Industries und die Herausbildung eines europäischen Regulierungsverwaltungsrechts, AöR 128 (2003), 558 ff. Ferner *Ruffert*, Verselbständigte Verwaltungseinheiten – Ein europäischer Megatrend im Vergleich, in: Trute/Groß/Röhl/Möllers, Allgemeines Verwaltungsrecht – zur Tragfähigkeit eines Konzepts, 2008, S. 431 ff.
50 Dazu *Hermes*, Legitimationsprobleme unabhängiger Behörden, in: Bauer/Huber/Sommermann (Hrsg.), Demokratie in Europa, 2005, S. 457 (463); *Pöcker*, Unabhängige Regulierungsbehörden und die Fortentwicklung des Demokratieprinzips, VerwArch 99 (2008), 380 (381 f.); *Mayen*, Verwaltung durch unabhängige Einrichtungen, DÖV 2004, 45 ff. Zum TKG-1996 bereits ausführlich *Oertel*, Die Unabhängigkeit der Regulierungsbehörde nach §§ 66 ff. TKG, 2000, S. 187 ff.
51 *Windhorst*, in: Sachs (Hrsg.), GG, 5. Aufl. 2009, Art. 87f Rn. 33.
52 Zu den rechtlichen und organisatorischen, die Unabhängigkeit der Bundesnetzagentur sichernden Vorkehrungen *Schmidt*, Von der RegTP zur Bundesnetzagentur, DÖV 2005, 1025 (1028).

Veröffentlichungspflicht von Weisungen nach § 117 S. 1 TKG tragen aber zur faktisch weitgehenden Entscheidungsunabhängigkeit der Behörde bei.[53]

III. Instrumente der Informationsbeschaffung und -verarbeitung

Die zentrale Voraussetzung für rationale Regulierungsentscheidungen stellt der Aufbau eines spezifischen Regulierungswissens bei der Fachbehörde dar. Das Telekommunikationsrecht kennt daher mehr oder weniger ausgefeilte Mechanismen der Informationsbeschaffung, der Verarbeitung der Informationen zu (situativem) Regulierungswissen und dessen Implementation in konkret-individueller, aber auch in abstrakt-genereller Hinsicht in der Anwendung.

---

53 Spannungspotential birgt diesbezüglich der durch Nr. 3 der "Better-Regulation"-RL (RL 2009/140/EG des Europäischen Parlaments und des Rates vom 25. November 2009 zur Änderung der RL 2002/21/EG über einen gemeinsamen Rechtsrahmen für elektronische Kommunikationsnetze und -dienste, der RL 2002/19/EG über den Zugang zu elektronischen Kommunikationsnetzen und zugehörigen Einrichtungen sowie deren Zusammenschaltung und der RL 2002/20/EG über die Genehmigung elektronischer Kommunikationsnetze und -dienste, ABl. L 337 v. 18.12.2009, S. 37 ff.) neueingefügte Art. 3 Abs. 3a, nach dem die nationalen Regulierungsbehörden im Zusammenhang mit der laufenden Erfüllung der ihnen nach den nationalen Rechtsvorschriften zur Umsetzung des Gemeinschaftsrechts übertragenen Aufgaben weder Weisungen einer anderen Stelle einholen noch solche entgegennehmen, dazu *Ludwigs*, Die Bundesnetzagentur auf dem Weg zur Independent Agency?, DV 44 (2011), 41 ff.
Die Vorschrift betont im Anschluss, dass diese Regelung einer Aufsicht im Einklang mit nationalem Verfassungsrecht nicht entgegenstehe. Von der Europarechtskonformität der Ausgliederung einer Stelle aus der Fachverwaltung ist auch der *EuGH* bei der Bewertung von Art. 28 Abs. 1 UAbs. 2 der Datenschutzrichtlinie (Richtlinie 95/46/EG des Europäischen Parlaments und des Rates vom 24. Oktober 1995 zum Schutz natürlicher Personen bei der Verarbeitung personenbezogener Daten und zum freien Datenverkehr, ABl. L 281 v. 23.11.1995, S. 31 ff.) ausgegangen. Art. 28 Abs. 1 UAbs. 2 der Richtlinie sieht vor, dass die staatlichen Kontrollstellen die ihnen zugewiesenen Aufgaben in völliger Unabhängigkeit wahrnehmen, während im nationalen Recht eine vollständige Ausgliederung aus der hierarchischen Verwaltung nicht vorgesehen ist. Der *EuGH* hat im entsprechenden Vertragsverletzungsverfahren die Auffassung vertreten, dass weder eine unmittelbare noch eine mittelbare Einflussnahme durch die staatliche Aufsicht mit der Systematik und den Zielen der Richtlinie vereinbar sei und eine demokratische Rückanbindung allein über das Parlament bzw. die personelle Legitimation der Behördenspitze erfolgen könne, siehe *EuGH*, Urteil v. 9.3.2010 (Kommission vs. Deutschland) – Rs. C 518/07 –, EuZW 2010, 296 (297 f.); kritisch dazu *Bull*, Die »völlig unabhängige« Aufsichtsbehörde, EuZW 2010, 488 ff.; zur Problematik insgesamt auch *Couzinet*, Die Legitimation unabhängiger Behörden an der Schnittstelle von unionalem und nationalem Verfassungsrecht, in: Debus u. a. (Hrsg.), Verwaltungsrechtsraum Europa, 2011, S. 213 ff.

1. Binnenorganisation

Eine Informationsbeschaffung bzw. -verknüpfung ist insofern nicht nur im Verhältnis zwischen Regulierer und Aufsichtsunterworfenen, sondern auch innerhalb des Verwaltungsapparates vorgesehen. Nach § 132 Abs. 4 S. 1 TKG sind zur Wahrung einer einheitlichen Spruchpraxis in Fällen vergleichbarer oder zusammenhängender Sachverhalte und zur Sicherstellung des Konsistenzgebotes nach § 27 Abs. 2 TKG[54] in der Geschäftsordnung der Bundesnetzagentur nach § 3 Abs. 1 S. 2 BNAG Verfahren vorzusehen, die vor Erlass von Entscheidungen umfassende Abstimmungs-, Auskunfts- und Informationspflichten der jeweiligen Beschlusskammern und der Fachabteilungen vorsehen.

Diese Umsetzung ist in den §§ 10 bis 12 der Geschäftsordnung der Bundesnetzagentur (GO BNetzA) erfolgt.[55] Während § 10 Abs. 1 GO BNetzA im Wesentlichen den Gesetzeswortlaut wiederholt und § 10 Abs. 2 GO BNetzA die Beschlusskammern und Abteilungen zur Beachtung des Vorhabenplans und der Verwaltungsgrundsätze nach den § 122 Abs. 2, 3 TKG anhält, enthalten die §§ 11 und 12 GO BNetzA spezielle Mitwirkungsregelungen.

§ 11 GO BNetzA verpflichtet den Vorsitzenden einer Beschlusskammer im Falle der Anhängigkeit eines besonderes Verfahrens zur rechtzeitigen Unterrichtung des Präsidiums bzw., soweit deren Beteiligung etwas zur Sache beitragen kann oder soweit sich aus dem Verfahren Konsequenzen für deren Arbeit oder Entscheidungen ergeben können, die anderen Beschlusskammern, die Abteilungen und den Leitungsstab über alle neuen Verfahren, damit deren Auffassung bei der Entscheidungsfindung noch Berücksichtigung finden kann. Zudem sind die Beteiligungen aktenkundig zu machen. Nach § 12 GO BNetzA kann der Vorsitzende einer Beschlusskammer darüber hinaus den Leiter einer Fachabteilung ersuchen, als Entscheidungshilfe gutachtliche Stellungnahmen auszuarbeiten.

2. Wissenschaftliche Beratung

Eine noch weitergehende Möglichkeit zur Einholung fachlicher Expertise sieht § 125 TKG vor. Nach dessen Abs. 1 kann die Bundesnetzagentur zur Vorbereitung konkreter Entscheidungen, aber auch zur Begutachtung grundsätzlicher Regulierungsfragen, wissenschaftliche Kommissionen einsetzen, soweit deren Mitglieder auf dem Gebiet der Telekommunikation oder Post über besondere volkswirtschaftliche, betriebswirtschaftliche, sozialpolitische, technologische oder

---

54 Vgl. dazu unten Teil III, B. II. 3. c) cc).
55 Kritisch wegen deren rudimentärer Ausgestaltung *Attendorn*, in: Geppert u. a. (Hrsg.), TKG, 3. Aufl. 2006, § 132 Rn. 27, 30.

rechtliche Erfahrungen und über ausgewiesene wissenschaftliche Kenntnisse verfügen. Das TKG enthält damit eine § 26 Abs. 1 S. 2 Nr. 2 VwVfG konkretisierende und über diese hinaus gehende Sachverständigenregelung, da § 125 TKG über die Einsetzung von Ausschüssen innerhalb konkreter Verwaltungsverfahren hinausgeht. Nach dessen Abs. 2 erhält die Bundesnetzagentur zudem fortlaufend wissenschaftliche Unterstützung, insbesondere was die sektorielle Entwicklung und die Aufbereitung und Weiterentwicklung der wissenschaftlichen Grundlagen angeht. Auch hierdurch wird der Aufbau spezieller Lernstrukturen sichtbar.

§ 125 TKG war nahezu wortgleich bereits in § 70 TKG-1996 normiert. Die Heranziehung externen Sachverstands war allerdings auch schon vor Inkrafttreten des TKG-1996, etwa im Rahmen der Postreformen I und II, üblich.[56] 1998 wurde der Wissenschaftliche Arbeitskreis für Regulierungsfragen (WAR) bei der Regulierungsbehörde eingerichtet, der aus zehn renommierten Wissenschaftlern besteht und für die Beratung der Bundesnetzagentur in Grundsatzfragen und ihre Unterstützung bei der Beratung von Sonderfragen zuständig ist.[57]

Fortlaufend wissenschaftliche Unterstützung erhält die Bundesnetzagentur zudem vom Wissenschaftlichen Institut für Infrastruktur und Kommunikationsdienste (WIK),[58] einem vom Bundesministerium für Wirtschaft und Technologie getragenen Beratungsunternehmen, das über seine 100%-ige Tochtergesellschaft WIK-Consult GmbH in Regulierungsfragen und ordnungspolitischen Aspekten der Kommunikationsmärkte nicht nur die Bundesnetzagentur, sondern auch andere internationale Regulierungsakteure wie die Europäische Kommission, das Bundesamt für Kommunikation in der Schweiz und die Australische Regulierungsbehörde, daneben aber auch private Telekommunikationsunternehmen berät.[59]

3. Erfahrungs- und Informationsaustausch mit anderen Behörden

Ein Informationsaustausch findet zwischenbehördlich auf nationaler Ebene über § 123 TKG insbesondere mit dem Bundeskartellamt statt. Da das Bundeskartellamt nach § 2 Abs. 4 TKG partiell parallelzuständig für die Wettbewerbsaufsicht über die Telekommunikationsmärkte ist und im Rahmen der Regulierung nach dem TKG mit der Marktabgrenzung und der Marktbeherrschung auf Konzepte

---

56 *Oertel*, Die Unabhängigkeit der Regulierungsbehörde nach §§ 66 ff. TKG, 2000, S. 226 ff.
57 Näher *Böcker*, in: Säcker (Hrsg.), TKG, 2. Aufl. 2009, § 125 Rn. 9. Eine Liste der Veröffentlichungen des WAR findet sich auf der Seite der Bundesnetzagentur: http://www.bundesnetzagentur.de/DE/DieBundesnetzagentur/WAR/WAR_node.html.
58 Vgl. bereits BT-Drs. 13/4864, S. 74.
59 Siehe http://www.wik.org/.

des allgemeinen Wettbewerbsrechts zurückgegriffen wird, soll eine möglichst enge Abstimmung zwischen sektorspezifischer und allgemeiner Wettbewerbsbehörde eine konsistente Anwendung der Vorschriften beider Regelungsbereiche unter Anwendung einheitlicher Beurteilungsmaßstäbe sicherstellen.[60] Dieser allgemeine in § 123 Abs. 1 S. 4 TKG niedergelegte Grundsatz wird in erster Linie durch Einvernehmens- und wechselseitige Stellungnahmeregelungen gewährleistet.[61] Darüber hinaus fungiert die Vorschrift aber auch als umfassende Ermächtigungsgrundlage zur Übermittlung von potentiell[62] entscheidungserheblichen Informationen, die regelmäßig Betriebs- und Geschäftsgeheimnisse enthalten, und lässt sich insofern als Umsetzung von Art. 3 Abs. 5 RL 2002/21/EG begreifen.

Die ebenfalls in § 123 geregelte Zusammenarbeit mit den Landesmedienanstalten betrifft demgegenüber primär Fragen mit rundfunkrechtlichen Bezügen. Eine Pflicht der Landesmedienanstalten zur Übermittlung von Erkenntnissen an die Bundesnetzagentur auf deren Anfrage ist in Entsprechung des § 123 Abs. 2 TKG in § 39a Abs. 1 S. 2 RStV geregelt.

4. Gutachten der Monopolkommission

Die Monopolkommission, ein unabhängiges Beratungsgremium für die Bundesregierung auf den Gebieten der Wettbewerbspolitik und der Regulierung, das nach § 45 Abs. 1 GWB aus fünf Mitgliedern besteht, deren Anforderungsprofil mit besonderen volkswirtschaftlichen, betriebswirtschaftlichen, sozialpolitischen, technologischen oder wirtschaftsrechtlichen Kenntnissen und Erfahrungen größtenteils identisch mit demjenigen wissenschaftlicher Berater im Sinne des § 125 Abs. 1 TKG ausfällt, hat nach § 121 Abs. 2 TKG neben ihren Hauptgutachten nach § 44 GWB alle zwei Jahre Sondergutachten für den Telekommunikationssektor und darüber hinaus zu den anderen Netzindustrien im Aufgabenbereich der Bundesnetzagentur[63] zu fertigen.

Die Begutachtung umfasst gemäß § 121 Abs. 2 TKG drei zentrale Gegenstände: erstens die Beurteilung des Standes und der absehbaren Entwicklung des Wettbewerbs sowie der Frage, ob nachhaltig wettbewerbsorientierte Telekommunikationsmärkte in der Bundesrepublik Deutschland bestehen, zweitens die Würdigung der Anwendung der Vorschriften des TKG über die Regulierung und

---

60 *Oehlerich*, in: Säcker (Hrsg.), TKG, 2. Aufl. 2009, § 123 Rn. 7 f.
61 Vgl. im Einzelnen § 123 Abs. 1 S. 1 bis 3 TKG.
62 Nach § 123 Abs. 1 S. 5 TKG haben die Behörden einander Beobachtungen und Feststellungen mitzuteilen, die für die Erfüllung der beiderseitigen Aufgaben von Bedeutung sein könnten.
63 Vgl. § 44 PostG i. V. m. § 81 Abs. 3 TKG-1996, § 62 EnWG, § 36 AEG.

Wettbewerbsaufsicht sowie drittens die Stellungnahme zu sonstigen aktuellen wettbewerbspolitischen Fragen. Den Gutachten kommt daher insbesondere Bedeutung bei der Frage zu, inwieweit sektorspezifische Regulierung auf den fraglichen Märkten noch erforderlich ist bzw. verbesserungswürdig erscheint[64] und hat so eine evaluatorische Funktion.

Die Monopolkommission hat zwar selbst keine Eingriffsmöglichkeiten. Die Begutachtung dient aber der Kontrolle der Verwaltungspraxis der Bundesnetzagentur gerade auch durch die Bundesregierung, die nach § 121 Abs. 3 TKG zum Bericht der Monopolkommission Stellung bezieht, und ist insofern auch eine Ausprägung des Aufsichtsrechts.

5. Internationaler Regulierungsverbund

Weit ausgeprägt und deshalb von zentraler Bedeutung für den Informations- und Erfahrungaustausch ist weiterhin die Zusammenarbeit der Bundesnetzagentur mit internationalen Akteuren,[65] insbesondere mit den anderen nationalen Regulierungsbehörden und der Kommission auf europäischer Ebene. Die interadministrative Vollzugsverflechtung durch institutionalisierte Abstimmungs- und Kooperationspflichten im marktregulierenden Konsultations- und Konsolidierungsverfahren (§ 12 TKG) und die Verständigung der Behördenleiter (bzw. deren hochrangiger Stellvertreter) in informellen Gremien sollen eine transparente Zusammenarbeit zwischen den nationalen Regulierungsbehörden und der Kommission ermöglichen und die Behördenarbeit gegenüber der nationalen politischen und wirtschaftlichen Einflussnahme festigen und für eine konsistente Richtlinienanwendung sorgen.[66]

Im Rahmen der TKG-Novelle 2012 hat durch Einfügung der §§ 123a und 123b TKG endlich auch die informationelle Verflechtung im Regulierungsverbund eine umfassende gesetzliche Ausgestaltung erfahren.

---

64 BT-Drs. 15/2316, S. 99.
65 Dazu umfassend unten Teil III, A. II.
66 Vgl. schon die Erwägungsgründe 36 und 37 sowie Art. 1 Abs. 1, Art. 3 Abs. 1 und 4 und Art. 7 Abs. 2 der RL 2002/21/EG sowie Erwägungsgrund 6 des Beschlusses 2002/67/EG und zuletzt etwa die Erwägungsgründe 13, 18 und 19 der Änderungs-RL 2009/140/EG.

## 6. Informationelle Inanspruchnahme Privater

Als unabdingbar für eine erfolgreiche Verwaltungstätigkeit lässt sich letztlich aber wie oben bereits skizziert[67] die Beschaffung von Marktinformationen konstatieren. Vor allem da die Verwaltung als Folge der Aufgabenprivatisierung hierbei nicht mehr auf eigene Informationsquellen zurückgreifen kann, bedarf es in hohem Maße einer informationellen Inanspruchnahme der am Markt tätigen Unternehmen.[68]

In Ergänzung des Amtsermittlungsgrundsatzes und der verwaltungsverfahrensrechtlichen Beweislastregelung, finden sich, auch soweit die §§ 24 bis 27 VwVfG von § 128 TKG als Spezialvorschrift verdrängt werden,[69] über das Telekommunikationsrecht verstreut zahlreiche gesetzliche Informationstatbestände, auf Grund derer Informationen verbindlich angefordert werden können bzw. der Bundesnetzagentur mitzuteilen sind.[70]

Weil die Zusammenstellung entsprechender Informationen teilweise einen nicht unerheblichen Aufwand für die Unternehmen mit sich bringen kann[71] und verbindliche Anforderungen demnach als Grundrechtseingriffe in Art. 12 Abs. 1 GG zu qualifizieren sind, ist insbesondere die Reichweite der einschlägigen regulierungsbehördlichen Ermächtigungsgrundlagen umstritten und deren systematische Erfassung und Auswertung Gegenstand dieser Arbeit. Neben der rechtsförmlichen Inanspruchnahme der Telekommunikationsunternehmen sollen diese und weitere interessierte Kreise aber auch zur freiwilligen Mitarbeit am Regulierungsgelingen animiert werden. Rein informelle Auskunftsersuchen[72] und öffentliche Konsultationsverfahren[73] bilden daher tragende Säulen zur Kopplung staatlicher und privater Wissensbestände.

Üblicherweise wendet die Bundesnetzagentur die ihr zustehenden Eingriffsmöglichkeiten zudem eher zurückhaltend an und bedient sich auch dann soweit

---

67 Vgl. Teil I, A. I.
68 *Stohrer*, Informationspflichten Privater gegenüber dem Staat in Zeiten von Privatisierung, Liberalisierung und Deregulierung, 2007, S. 111 ff.
69 Näher *Ruffert*, in: Säcker (Hrsg.), TKG, 2. Aufl. 2009, § 128 Rn. 1 ff.
70 Zur Unterscheidung zwischen aktiven und reaktiven Informationspflichten sogleich Teil I, B. I.
71 Vgl. dazu allgemein den Bericht der Wirtschaftsprüfungsgesellschaft KPMG im Auftrag des BMWi zu Möglichkeiten und Grenzen einer Verbesserung der Wettbewerbssituation der Post- und Telekommunikationswirtschaft durch den Abbau von branchenspezifischen Kosten aus Informationspflichten vom 13.9.2010, S. 14.
72 Dazu *Möller-Bösling*, Informelle Auskunftsersuchen der Regulierungsbehörde auf den Märkten der Telekommunikation, 2001.
73 Nunmehr umfassend zur kooperativen Maßstabskonkretisierung als Mittel einer effektiven Energieregulierung *Herzmann*, Konsultationen, 2010. Vgl. auch unten Teil III, B. II. 3. c) bb) und insbesondere Fn. 860.

wie möglich freiwilliger Auskunftsersuchen, wenn ihr ein rechtsförmliches Vorgehen möglich wäre.[74] Dies entspricht auch der Praxis der allgemeinen Kartellbehörden. Diese bedienen sich zumeist formloser Schreiben, in denen Auskünfte und Unterlagen mit dem Hinweis angefordert werden, dass deren freiwillige Erteilung erwartet wird und man ggf. binnen einer kurzen Frist mitteilen möge, dass auf einem formalen Beschluss bestanden wird.[75] Ist dies – wie regelmäßig – nicht der Fall, stehen die Ersuchen ungeachtet eines faktischen Drucks auf die Unternehmen nicht für eine gerichtliche Überprüfung offen, weshalb diese Praxis durchaus kritisiert wird.[76] Alles in allem trägt allerdings die Behörde das größere Risiko. Denn ein nachträglich ergehendes formelles Auskunftsverlangen kommt nach der Rechtssprechung nur dann in Betracht, wenn der begründete Verdacht einer nicht richtigen oder nicht rechtzeitigen Auskunftserteilung besteht.[77] Hierfür trägt die Behörde die Darlegungspflicht und das Risiko deutlicher Verzögerungen.[78]

Nicht zuletzt deshalb wird die Bedeutung der entsprechenden Rechtsgrundlagen als zentral für das regulierungsbehördliche Informationsregime angesehen[79] und ist die Erörterung der Instrumentarien des klassischen Ordnungsrechts unter veränderten Ausgangsbedingungen von großem Interesse.

B. *Dogmatische Einordnung der Informationsbeibringungspflichten*

I. Terminologie und Abgrenzung

Gesetzliche Informationspflichten Privater gegenüber dem Staat lassen sich allgemein unterteilen in solche, die ein Tätigwerden des Gesetzesadressaten von sich aus erfordern, die also unmittelbar kraft Gesetzes bestehen, und solche, die erst eine Aufforderung zum Tätigwerden durch eine staatliche Stelle voraussetzen. Dementsprechend werden die Informationspflichten der ersten Gruppe auch als aktive bzw. selbstständige und die der zweiten Gruppe als reaktive bzw. un-

---

74 Siehe *Nübel*, in: Geppert u. a. (Hrsg.), TKG, 3. Aufl. 2006, § 127 Rn. 2.
75 *Klaue*, in: Immenga/Mestmäcker (Hrsg.), Wettbewerbsrecht, Bd. 2: GWB, 4. Aufl. 2007, § 59 Rn. 3.
76 Vgl. die Nachweise bei *Klaue*, in: Immenga/Mestmäcker (Hrsg.), Wettbewerbsrecht, Bd. 2: GWB, 4. Aufl. 2007, § 59 Rn. 3.
77 *KG Berlin*, Beschluss v. 18.6.1971 – Kart 3/71 –, WuW/E OLG 1189.
78 *Klaue*, in: Immenga/Mestmäcker (Hrsg.), Wettbewerbsrecht, Bd. 2: GWB, 4. Aufl. 2007, § 59 Rn. 3a.
79 *Fehling*, Instrumente und Verfahren, in: Fehling/Ruffert (Hrsg.), Regulierungsrecht, 2010, § 20 Rn. 117 ff.; für das Telekommunikationsrecht *Schneider*, Telekommunikation, in: Fehling/Ruffert (Hrsg.), Regulierungsrecht, 2010, § 8 Rn. 72 ff.

selbstständige Pflichten bezeichnet.⁸⁰ Die Bezeichnungen der einzelnen Arten von Informationspflichten sind dabei vielgestaltig,⁸¹ ohne dass durch die begrifflichen Abweichungen immer auch ein materiell unterschiedlicher Regelungsgehalt zum Ausdruck gebracht werden soll.⁸²

Der in diesem Zusammenhang häufig gebrauchte Begriff Auskunftspflicht wird darüber hinaus in zweifacher Weise verwendet. Einerseits dient er allgemein als Synonym für den Oberbegriff Informationspflicht.⁸³ In einem engeren Sinne bezeichnet er eine Gruppe der unselbstständigen Informationspflichten.⁸⁴ Letzteres Begriffsverständnis entspricht sowohl dem allgemeinen Sprachgebrauch als auch der üblichen Terminologie des Gesetzgebers. So wie eine Auskunft eine diesbezügliche Frage voraussetzt, kann eine Pflicht zur Auskunft nur dann bestehen, wenn ein Informationsersuchen diese Rechtsfolge auslöst. Üblicherweise kommt dieses Erfordernis durch die Tatbestandsmerkmale »auf Anforderung«, »auf Verlangen« oder vergleichbare Formulierungen zum Ausdruck. Ohne eine solche Anforderung müssen in diesen Fällen keine Auskünfte erteilt werden.⁸⁵

Eine Rechtspflicht zur Informationserteilung besteht bei einer Auskunftspflicht mithin nicht unmittelbar kraft Gesetzes, sondern bedarf der Aktualisie-

---

80 Vgl. *Hahn*, Offenbarungspflichten im Umweltschutzrecht, 1984, S. 97 ff.; *Herrmann*, Informationspflichten gegenüber der Verwaltung, 1997, S. 10 ff.; *Hölscheidt*, Information der Parlamente durch die Regierungen, DÖV 1993, 593 (598). Daneben bestehen Pflichten, auf Grund derer sich ein Rechtssubjekt Informationen beschaffen, bereithalten und auf Verlangen der staatlichen Stelle übermitteln muss. Weil hier sowohl aktive als auch reaktive Elemente zusammenfallen, werden diese eigentlich aus mehreren Pflichten zusammengesetzten Informationspflichten auch kombinierte Pflichten genannt, vgl. *Herrmann*, Informationspflichten gegenüber der Verwaltung, 1997, S. 11.
81 *Stohrer*, Informationspflichten Privater gegenüber dem Staat in Zeiten von Privatisierung, Liberalisierung und Deregulierung, 2007, S. 205, nennt Auskunfts-, Aufklärung-, Anzeige-, Melde-, Anmelde-, Abmelde-, Benachrichtigungs-, Erklärung-, Unterrichtungs-, Mitteilungs-, Angabe-, Informations-, Einsendungs-, Übersendungs-, Übermittlungs-, Einreichungs-, Vorlage-, Vorzeige-, Aushändigungs-, Überlassungs- und Nachweispflichten.
82 *Herrmann*, Informationspflichten gegenüber der Verwaltung, 1997, S. 145.
83 Vgl. *Hoppe/Beckmann/Kauch*, Umweltrecht, 2. Aufl. 2000, § 8 Rn. 106 f.
84 Anders *Knemeyer*, Auskunftspflicht, in: Kimminich/von Lersner/Storm (Hrsg.), Handwörterbuch des Umweltrechts, Bd. I, 2. Aufl. 1994, Sp. 178 f., dessen Annahme, dass das Schrifttum unter den Begriff der Auskunftspflicht lediglich die unmittelbar selbstständigen Auskunftspflichten fasse, allerdings von der dort zitierten Literatur nicht gestützt wird (vgl. etwa *Mösbauer*, Immissionsschutzrecht und Staatsaufsicht, VerwArch 72 (1981), 17 [26]). Auch *Knemeyer* ordnet die Auskunftspflichten »der Vollständigkeit halber« in Gruppen ein und setzt den Begriff damit letztlich der Informationspflicht gleich.
85 Möglich sind dabei aber auch terminologische Überschneidungen zwischen aktiven und reaktiven Informationspflichten. So wird etwa in § 87 TKG mit der Pflicht zur Mitteilung ein eher bei aktiven Pflichten gebräuchliche Bezeichnung verwendet (vgl. auch die Überschrift von § 87 TKG: »Umsatzmeldung«), im Regelungszusammenhang wird aber deutlich, dass eine Information hier nur auf Verlangen, also reaktiv zu übermitteln ist.

rung der abstrakt-generellen Gesetzespflicht in eine konkret-individuelle Auskunftsverpflichtung durch eine behördliche Aufforderung zur Auskunftserteilung.[86] Die Rechtsnatur eines solchen Verlangens wird überwiegend als Verwaltungsakt eingeordnet.[87] Gegen die Einordnung als Verwaltungsakt wird gelegentlich vereinzelt vorgebracht,[88] Auskunftsverlangen seien lediglich vorbereitende, beweisschaffende Maßnahmen, um eine Beurteilungsgrundlage herzustellen, auf der ein künftiger Verwaltungsakt ergehen könne. Bezogen ist dies auf das Standardverwaltungsverfahren nach § 9 VwVfG, welches auf den Erlass eines Verwaltungsaktes bzw. den Abschluss eines öffentlich-rechtlichen Vertrages gerichtet ist und ordnet die Informationsersuchen der Sachverhaltsermittlung hierfür zu.[89] Diese Sichtweise ist in zweierlei Hinsicht kritikwürdig.

Einerseits entziehen sich gerade Aufsichtsverhältnisse, in denen Informationspflichten typischerweise geregelt sind, diesem Grundmodell schon dadurch, dass sie traditionell auf eine kontinuierliche Überprüfung abzielen, ob das Überwachungssubstrat die rechtlichen Vorgaben einhält. Hierauf bezogene Auskunftsverlangen an die sich in der Regel rechtskonform verhaltenden Adressaten

---

86   Dies gilt im Übrigen auch, wenn man davon ausgeht, dass sich bei konkreten öffentlich-rechtlichen Pflichten, deren Durchsetzung nicht ausdrücklich durch eine Befugnisnorm geregelt ist, sog. unselbstständige Verfügungen bereits auf die entsprechenden Aufgabennormen stützen lassen. U. a. zur Auskunftspflicht in § 52 Abs. 2 BImSchG *Hansmann/Röckinghausen*, in: Landmann/Rohmer, Umweltrecht, Bd. III, § 52 BImSchG Rn. 19, welche die Rechtsgrundlage für derartige Auskunftsersuchen unmittelbar in der Überwachungspflicht der Behörde gemäß § 52 Abs. 1 BImSchG sehen; dagegen *Gröschner*, Das Überwachungsrechtsverhältnis, 1992, S. 319 f., der zu Recht darauf hinweist, dass in § 52 Abs. 2 BImSchG schon keine konkreten Pflichten normiert sind; generell zu Verwaltungsakten zur Anordnung von Verhaltenspflichten *Druschel*, Die Verwaltungsaktbefugnis, 1999, S. 149 ff. (zu den unselbstständigen Verfügungen S. 168 ff).
87   Bzgl. der »Anforderungen« im Sinne des § 115 Abs. 1 S. 2 TKG *Klesczewski*, in: Säcker, TKG, 2. Aufl. 2009, § 115 Rn. 9; allgemein für Mitwirkungsverlangen *Stelkens*, in: Stelkens./Bonk/Sachs (Hrsg.), VwVfG, 7. Aufl. 2008, § 35 Rn. 149; zu reaktiven Informationspflichten *Stohrer*, Informationspflichten Privater gegenüber dem Staat in Zeiten von Privatisierung, Liberalisierung und Deregulierung, 2007, S. 227; für Prüfungsverlangen in Überwachungsverhältnissen *Scholl*, Behördliche Prüfungsbefugnisse im Recht der Wirtschaftsüberwachung, 1989, S. 89. Rein informalen Informationsersuchen fehlt demgegenüber die Regelungswirkung, dazu nur *Möller-Bösling*, Informelle Auskunftsersuchen der Regulierungsbehörde auf den Märkten der Telekommunikation, 2001, S. 22 ff. und passim.
88   Vgl. zu § 13 Abs. 1 S. 1 ASiG *OLG Düsseldorf*, Beschluss vom 2.2.1982 – 5 Ss (OWi) 643/81 I –, GewArch 1983, 154 ff.; zu § 17 Abs. 1 S. 1 HwO *VG Augsburg*, Urteil vom 15.3.1974 – AU 33 III 74 –, GewArch 1974, 343 f.; *Honig/Knörr*, HwO, 4. Aufl. 2008, § 17 Rn. 6; ferner *Honig*, Die gesetzlichen Auskunftspflichten des Handwerksbetriebes, GewArch 1979, 60 ff.; vgl. auch die Nachweise bei *OLG Hamm*, Beschluss vom 22.10.1992 – 3 Ss Owi 539/92 –, NVwZ-RR 1993, 244 (245); vgl. zu § 115 Abs. 1 S. 2 TKG auch Fn. 96.
89   Vgl. §§ 24, 26 VwVfG.

bezwecken daher typischerweise nicht den späteren Erlass einer Regelung.[90] Vielmehr hängt es gerade vom jeweiligen Ergebnis ab, ob die Kontrolle in ein besonderes Verwaltungsverfahren mündet.[91] Auskunftsverlangen, die im Rahmen einer allgemeinen Überwachungskontrolle ergehen, sind daher allenfalls latent entscheidungsorientiert.[92]

Vor allem aber kommt es für den Rechtscharakter der Mitwirkungsaufforderung nicht darauf an, ob dieses vor dem Hintergrund einer künftigen Entscheidung ergeht. Auch die Einordnung als Beweismittel schließt es nicht aus, dem Verlangen einen Regelungsgehalt zu entnehmen. § 26 VwVfG unterscheidet insoweit zwischen den nicht verbindlichen Auskunftsverlangen[93] und den fachgesetzlich vorgesehenen weitergehenden Mitwirkungspflichten[94]. Die Normierung weitergehender Mitwirkungspflichten dient aber gerade dem Zweck, sie bei Säumigkeit durchsetzen zu können.[95] Vollstreckbare Maßnahmen sind insofern, auch wenn sie Vorbereitungshandlungen für ein Verwaltungsverfahren oder dem Erlass einer Entscheidung vorausgehende Verfahrenshandlungen darstellen, selbst Verwaltungsakte.[96]

---

90  Vgl. *Röhl*, Ausgewählte Verfahrensarten, in: Hoffmann-Riem/Schmidt-Aßmann/Voßkuhle (Hrsg.), Grundlagen des Verwaltungsrechts, Bd. II, 2008, § 30 Rn. 40 ff. und insbesondere Rn. 47; *Rengier*, Bußgeldbewehrte Auskunftspflichten, dargestellt am Beispiel des Umweltordnungswidrigkeitenrechts, in: Geppert (Hrsg.), FS für Rudolf Schmitt, 1992, S. 263 (266).

91  Von einem eigenständigen Verfahren spricht daher *Scholl*, Behördliche Prüfungsbefugnisse im Recht der Wirtschaftsüberwachung, 1989, S. 85.

92  Dem ließe sich noch entgegenhalten, dass ein auf den Erlass eines Verwaltungsaktes gerichtetes Handeln den Erlass nicht voraussetzt, die Kontrollhandlungen aber nur deswegen vorgenommen werden, weil sie potentiell entscheidungsrelevant sind und insofern in einem weiteren Sinne noch als zielgerichtet eingestuft werden können. Vgl. zum vorzeitigen Ende eines Verwaltungsverfahrens *Schmitz*, in: Stelkens/Bonk/Sachs (Hrsg.), VwVfG, 7. Aufl. 2008, § 9 Rn. 131.

93  Vgl. § 26 Abs. 2, Abs. 1 S. 2 Nr. 1 VwVfG. Die Soll-Vorschriften in § 26 Abs. 2 VwVfG begründen daher lediglich verfahrensrechtliche Mitwirkungslasten, die nicht vollstreckbar sind. Dazu *Schneider*, Strukturen und Typen von Verwaltungsverfahren, in: Hoffmann-Riem/Schmidt-Aßmann/Voßkuhle (Hrsg.), Grundlagen des Verwaltungsrechts, Bd. II, 2008, § 28 Rn. 37; *Kallerhoff*, in: Stelkens/Bonk/Sachs (Hrsg.), VwVfG, 7. Aufl. 2008, § 26 Rn. 36, 41, 44 ff.

94  Vgl. § 26 Abs. 2 S. 3 VwVfG.

95  Vgl. *Kopp/Ramsauer*, VwVfG, 12. Aufl. 2011, § 26 Rn. 44a; *Wolff*, Selbstbelastung und Verfahrenstrennung, 1997, S. 148.

96  *Scholl*, Behördliche Prüfungsbefugnisse im Recht der Wirtschaftsüberwachung, 1989, S. 85; *Stelkens*, in: Stelkens./Bonk/Sachs (Hrsg.), VwVfG, 7. Aufl. 2008, § 35 Rn. 148 ff; *Laubinger*, Die gewerberechtliche Unzuverlässigkeit und ihre Folgen, VerwArch 89 (1998), 145 (175). A. A. wohl *Graulich*, in: Arndt/Fetzer/Scherer (Hrsg.), TKG, 2008, § 115 Rn. 7. Dieser bezeichnet § 115 Abs. 1 S. 2 TKG als über § 26 Abs. 2 VwVfG hinausgehende Mitwirkungspflicht im Sinne von § 26 Abs. 2 S. 3 VwVfG, die sich im Verhältnis zu § 115 Abs. 1 S. 1 TKG als Form des rechtlichen Gehörs vor dem Treffen der »Anordnungen und anderen Maßnahmen« (§ 28 VwVfG) darstelle, welches der Ver-

In vielen Fällen gesetzlicher Auskunftspflichten ist die Nichterteilung der Information zudem eine bußgeldbewehrte Ordnungswidrigkeit.[97] Auch unter Rechtsschutzgesichtspunkten muss dem Adressaten solcher Auskunftsverlangen ein Widerspruchs- bzw. Anfechtungsrecht zustehen, um nicht das Risiko der Überprüfung im Bußgeldverfahren tragen zu müssen.[98]

Die konkret-individuelle Anforderung von Informationen ist nur dann kein verbindlicher Verwaltungsakt und enthält mithin kein rechtliches Gebot, wenn sie allein im Interesse des Beibringenden erfolgt. Dies ist im Telekommunikationsrecht nur in wenigen Ausnahmefällen der Fall, nämlich dann, wenn auch die negativen Auswirkungen einer unterbliebenen Informationserteilung allein den Informationslieferanten treffen (können).[99] In diesen Fällen wird man den rechtlichen Charakter schon aus der Formulierung des jeweiligen Ersuchens ersehen können.

II. Informationsbefugnisse als Schwerpunkt der Untersuchung

Im Fokus dieser Arbeit sollen die reaktiven Informationspflichten der Marktteilnehmer stehen, die auch als Informationsbefugnisse bezeichnet werden. Zwar tragen auch die selbstständigen Informationspflichten in relevanter Weise zur Befriedigung des regulierungsbehördlichen Informationsbedarfs bei.[100]

---

pflichtete aber wahrnehmen müsse. Gegen die Nichtbefolgung der Pflicht könne nach S. 1 vorgegangen werden. Dieses Verständnis setzt implizit voraus, dass eine »befolgungsfähige« Mitwirkungspflicht nicht nur durch einen – nach *Graulich* auf S. 1 zu stützenden – Verwaltungsakt konkretisiert werden kann. Eine als Reaktion auf die Nichtbefolgung ergehende Auskunftsanordnung würde sonst keinen zusätzlichen rechtlichen Verpflichtungsgehalt aufweisen. Dem kann aus o. g. Gründen nicht gefolgt werden. Gegen die Nichtbefolgung einer Auskunftspflicht wird die Bundesnetzagentur daher nicht durch eine – weitere – Verfügung (*Graulich* misst den »Maßnahmen« im Sinne des § 115 Abs. 1 TKG insoweit keinen über die »Anordnungen« hinausgehenden rechtlichen Gehalt bei, vgl. Rn. 5, 9), sondern im Wege der Vollstreckung vorgehen.

97 Dazu unten Teil IV, A. VI.
98 Vgl. *Rengier*, Bußgeldbewehrte Auskunftspflichten, dargestellt am Beispiel des Umweltordnungswidrigkeitenrechts, in: Geppert (Hrsg.), FS für Rudolf Schmitt, 1992, S. 263 (266) m. w. N.
99 Siehe unten Teil II, B. I. 5. sowie B. II. 3. c), vgl. aber auch B. II. 2. c).
100 Das TKG kennt zahlreiche solcher selbstständigen Informationspflichten, allen vorangestellt die Meldepflicht in § 6 Abs. 1 TKG als Grundlage jeglicher Marktbeobachtung durch die Bundesnetzagentur. Die für den Bereich der Marktregulierung bedeutsamste selbstständige Informationspflicht ist die Pflicht von Betreibern mit beträchtlicher Marktmacht, genehmigungsbedürftige Unterlagen nach § 31 Abs. 3, 4 i. V. m. § 34 Abs. 1, 2 TKG sowie jährlich nach § 34 Abs. 3 TKG eine Gesamtkostenaufstellung vorzulegen. Auch bei Vorleistungsentgelten, die der nachträglichen Regulierung unterliegen, bzw. regulierten Endnutzerleistungen müssen Entgelte und Entgeltmaßnahmen unter

Zum einen sind bei selbstständigen Informationstatbeständen die konkret zu erteilenden Informationen aber schon aus rechtstaatlichen Gründen im Gesetz in so hinreichend bestimmter Weise vorzuzeichnen, dass eine unaufgeforderte Informationserteilung in klarer und verständlicher Weise leistbar ist, so dass die Bestimmung der Reichweite des Informationsanspruchs in der Regel unproblematisch möglich ist. Häufig handelt es sich bei den selbstständigen Informationspflichten im Telekommunikationsrecht etwa lediglich um tätigkeitsbezogene Anzeigevorbehalte.[101]

Zum anderen und vorliegend entscheidend werden die selbstständigen Informationstatbestände aber von den reaktiven Informationspflichten grundsätzlich ebenfalls erfasst. Es ist deshalb der Bundesnetzagentur grundsätzlich möglich, die bereits selbstständig zu erteilenden Informationen auch im Wege eines Auskunftsersuchens abzufragen, weshalb auf die entsprechenden Informationstatbestände nur dann genauer eingegangen werden soll, wenn es sich im Zusammenhang anbietet.

Die vorliegende Untersuchung beschäftigt sich zudem ausschließlich mit den Informationsbefugnissen der Regulierungsbehörde im Bereich ihres Regulierungsauftrags. Das Telekommunikationsrecht enthält daneben etwa in den §§ 110 ff. TKG auch anderweitige Auskunftsbefugnisse der zuständigen Stellen im Interesse der öffentlichen Sicherheit.[102] § 114 TKG sieht beispielsweise vor, dass Netzbetreiber und Anbieter von Telekommunikationsdiensten für die Öffentlichkeit dem Bundeswirtschaftsministerium entgeltfrei Auskünfte über die Strukturen der Telekommunikationsdienste und -netze sowie bevorstehende Änderungen zu erteilen haben, wenn ein entsprechendes Ersuchen des Bundesnachrichtendienstes vorliegt und soweit die Auskunft zur Erfüllung der Aufgaben nach den §§ 5 und 8 des Artikel-10-Gesetzes erforderlich ist. Auch soweit die Bundesnetzagentur wie im automatisierten Auskunftsverfahren nach § 112 Abs. 1 S. 4 Nr. 1 TKG in den Abruf und die Weiterleitung der entsprechenden Daten formal eingebunden ist, soll dies in dieser Arbeit unberücksichtigt bleiben.

---

Umständen rechtzeitig bekannt gegeben werden wie Vorleistungsangebote (§§ 38 Abs. 1 S. 1, 39 Abs. 3 S. 2, Abs. 4 TKG). Ebenfalls selbstständig angezeigt bzw. erklärt werden müssen daneben etwa die Aufnahme, die Änderung und der Zuteilungsverzicht von Frequenznutzungen (§§ 55 Abs. 7, Abs. 8, 63 Abs. 5 TKG).
Zur Einführung weiterer selbstständiger Informationspflichten durch die TKG-Novelle 2012 vgl. auch BT.-Drs 17/5707, S. 45 ff.
101 Vgl. Fn. 100.
102 Vgl. zur Verfassungswidrigkeit von § 113 Abs. 1 S. 2 TKG aber jüngst *BVerfG*, Beschluss v. 24.1.2012 – 1 BvR 1299/05 –, juris.

## C. Skizzierung der Darstellung

Im Folgenden sollen zunächst in einem Abschnitt die speziellen Informationsbefugnisse der Bundesnetzagentur erörtert werden, also alle Ermächtigungsgrundlagen, die auf einen bestimmten Regelungsbereich innerhalb des Telekommunikationsrechts begrenzt sind.[103] Hierbei sollen neben den Eingriffsgrundlagen des TKG auch die spezialgesetzlichen Befugnisnormen thematisiert werden. Die Ermächtigungen werden hier zur einfacheren Darstellung weiterhin danach unterschieden, ob sie funktional der nicht-ökonomischen[104] oder der ökonomischen Regulierung[105] zuzuordnen sind. Innerhalb der funktional der ökonomischen Regulierung zuzuschlagenden Normen soll insbesondere § 29 Abs. 1 S. 1 Nr. 1 TKG, über den der Regulierungsbehörde ein Zugriff auf Kosteninformationen marktmächtiger Unternehmen im Rahmen konkreter Entgeltverfahren ermöglicht wird, einer genaueren Untersuchung unterzogen werden.

Als Hauptteil dieser Arbeit wird in einem weiteren Abschnitt der Blick auf die Generalklauseln des TKG gelenkt.[106] Das TKG kennt hier allgemeine Informationsbefugnisse der Bundesnetzagentur zur Erfüllung ihrer Informationsverpflichtungen im internationalen Regulierungsverbund[107] sowie zur eigenen Aufgabenerfüllung[108]. Das regulierungsbehördliche Aufgabenprofil soll hierbei einerseits in Abgrenzung zum Aufgabenprofil der allgemeinen Wettbewerbsbehörde und zum typischen Aufgabenprofil von anderen Gewerbeüberwachungsbehörden gebracht werden, andererseits soll anhand der Regelungsmaterie aufgezeigt werden, dass die Ausgangsbedingungen des Regulierungsrechts nicht ohne Folgen für das Aufsichtsverhältnis und seine Instrumente bleiben können.

In weiteren Abschnitten soll ausgehend vom vorgefundenen Ergebnis dargestellt werden, welche Konsequenzen damit für die Regulierungskonzeption einhergehen,[109] bevor die Untersuchungsergebnisse einer systematischen Gesamtbetrachtung unterzogen werden. Inwieweit die erhobenen Informationen einer weiteren Nutzung offenstehen, soll dabei bereits im jeweiligen Kontext erörtert werden.[110]

---

103 Teil II.
104 Teil II, A.
105 Teil II, B.
106 Teil III.
107 Teil III, A.
108 Teil III, B.
109 Teil IV.
110 Siehe insbesondere Teil II, A. V. 4., Teil III, A. V. 3. und Teil IV, A. V.

## Zweiter Teil: Spezielle Informationsbefugnisse

Das Telekommunikationsrecht kennt eine Vielzahl spezieller Informationsbefugnisse, wozu nachstehend nicht nur die besonderen – auf einen bestimmten Regelungsbereich des TKG bezogenen – Ermächtigungsgrundlagen, sondern auch die Generalklauseln der weiteren telekommunikationsrechtlichen Gesetze gezählt werden sollen. Eine weitere Untergliederung der Eingriffsgrundlagen erfolgt weiterhin auf Grund der Zuordbarkeit zur ökonomischen Regulierung, also dem sektorspezifischen Kartellrecht im engeren Sinne.[111]

Der Zweck ökonomischer Regulierung besteht allgemein darin, wirtschaftlichen Akteuren, insbesonder Unternehmen, Beschränkungen aufzuerlegen und Anreize zu geben, um die disziplinierende Wirkung der Märkte zu ergänzen, auf denen sie tätig sind, um unerwünschte Konsequenzen wirtschaftlichen Handelns zu vermeiden.[112] Unter nicht-ökonomischer Regulierung soll hier in Abgrenzung dazu diejenige sektorspezifische Verwaltungstätigkeit verstanden werden, die zumindest nicht unmittelbar auf die Sicherstellung der Güterverfügbarkeit durch Eingriffe in den Marktmechanismus abzielt, sondern die sonstigen Umstände und Bedingungen betrifft, unter denen Marktleistungen erbracht werden. Darunter fallen etwa Aspekte der technischen Regulierung, aber auch Maßnahmen zum Daten- und Verbraucherschutz.[113]

Die Abgrenzung soll hierbei nicht danach erfolgen, ob der jeweils übergeordnete Aufgabenkomplex der ökonomischen Regulierung zuzuordnen ist, sondern nach dem jeweiligen Zweck der durch die einschlägige Ermächtigungsgrundlage ermöglichten Informationserhebung. Eine Zuordnung von Aufgabenkomplexen ließe sich so auch gar nicht trennscharf vornehmen.[114] Nimmt man beispielswei-

---

111 Zur Unterscheidung ökonomischer und nicht-ökonomischer Regulierung *Kühling*, Sektorspezifische Regulierung in den Netzwirtschaften, 2004, S. 11 ff.; *Berringer*, Regulierung als Erscheinungsform der Wirtschaftsaufsicht, 2004, S. 83 ff., 94 ff.
112 Siehe *Kleindorfer/Pedell*, in: Köhler/Küpper/Pfingsten (Hrsg.), Handwörterbuch der Betriebswirtschaft, 6. Aufl. 2007, Sp. 1563 ff.
113 Vgl. insoweit nur die in § 2 Abs. 2 TKG aufgeführten Regulierungsziele.
114 Zur mangelnden Trennschärfe einer Unterscheidung zwischen ökonomischer und nicht-ökonomischer Regulierung anhand der telekommunikationsgesetzlichen Gliederung auch *Schneider*, Telekommunikation, in: Fehling/Ruffert (Hrsg.), Regulierungsrecht, 2010, § 8 Rn. 12. Während diese Unterscheidung an dieser Stelle allein aus Gründen der Darstellbarkeit erfolgt, gewinnt sie eigenständige Bedeutung im Rahmen der Interpretation der allgemeinen Ermächtigungsgrundlagen in Abgrenzung zur Informationsbeschaffung nach allgemeinem Wettbewerbsrecht, vgl. etwa unten Teil III, B. II. 4. a) aa) sowie vor allem B. II. 5. a).

se als Aufgabenkomplex die Nummernverwaltung, lässt sich die Nummervergabe als Marktverteilungsentscheidung der ökonomischen Regulierung, die anschließende Überwachung der ordnungsgemäßen Nummernnutzung hingegen der nicht-ökonomischen Regulierung zuordnen. Hierbei sollte jedoch nicht verkannt werden, dass die erhobenen Informationen anschließend wechselseitig nutzbar sein können,[115] so dass die hier getroffene Einordnung ohnehin zwangsläufig nur bedingt und vorläufig getroffen werden kann.

## A. Nicht-ökonomische Regulierung

### I. Gewährleistung der Netzintegrität und Vertraulichkeit von Telekommunikationsinhalten und -umständen

#### 1. Regelungszusammenhang

Ein spezielles, in seinem Anwendungsbereich aber recht weites Auskunftsrecht der Bundesnetzagentur findet sich im siebten Teil des TKG[116], welcher Vorschriften zur Gewährleistung des Fernmeldegeheimnisses, des Datenschutzes und der öffentlichen Sicherheit beinhaltet. Diesem kommt nach Privatisierung und weitgehender Liberalisierung des Telekommunikationssektors nunmehr eine gehobene Bedeutung zu, stehen die Schutzpflichten des Staates zur Sicherstellung der Privatsphäre in Form von Teilnehmerrechten wie des Fernmeldegeheimnisses und des Rechts auf informationelle Selbstbestimmung doch in einem gewissen Spannungsverhältnis zu den Interessen der beteiligten Anbieter und nicht zuletzt auch diametral seinem eigenen Bedarf an Sicherheitsgewährleistung gegenüber.[117] Den Vorschriften des siebten Teils kommt daher vor allem die Aufgabe zu, diese divergierenden Interessen in einen angemessen Ausgleich zu bringen.[118]

---

115 Siehe unten Teil III, B. II. 4. b) aa) (4).
116 §§ 88 bis 115 TKG.
117 *Holznagel/Enaux/Nienhaus*, Telekommunikationsrecht, 2. Aufl. 2006, S. 250; vgl. dazu auch *Groß*, Die Schutzwirkung des Brief-, Post- und Fernmeldegeheimnisses nach der Privatisierung der Post, JZ 1999, 326 (332 ff.).
118 Das Konfliktpotential dieses einfachgesetzlich determinierten Interessenausgleichs zwischen Freiheit und Sicherheit zeigt sich in diversen verfassungsrechtlichen Streitigkeiten, etwa im Hinblick auf die Regelungen zur Vorratsdatenspeicherung, welche im Rahmen des sog. Telekommunikationsüberwachungsgesetzes (Gesetz zur Neuregelung der Telekommunikationsüberwachung und anderer verdeckter Ermittlungsmaßnahmen sowie zur Umsetzung der Richtlinie 2006/24/EG vom 21.12.2007, BGBl. I 2008, S. 3189) Einzug ins TKG erhielten. Vgl. hierzu das Urteil des *BVerfG* vom 2.3.2010 – 1 BvR 256/08 u. a. –, BVerfGE 125, 260 ff.; zur Problematik *Graulich*, Telekommunikationsgesetz und Vor-

a)   § 115 Abs. 1 S. 2 TKG als Eingriffsgrundlage

Nach § 115 Abs. 1 S. 1 TKG kann die Bundesnetzagentur deshalb Anordnungen und andere Maßnahmen treffen, um die Einhaltung der Vorschriften des Teils 7 und der auf Grund dieses Teils ergangenen Rechtsverordnungen sowie der jeweils anzuwendenden Technischen Richtlinien sicherzustellen. Nach S. 2 muss der Verpflichtete auf Anforderung der Bundesnetzagentur die hierzu erforderlichen Auskünfte erteilen. Während § 91 Abs. 1 S. 2 TKG-1996 in seiner Formulierung noch an die Befugnis der Regulierungsbehörde anknüpfte,[119] rückt der Wortlaut des § 115 Abs. 1 S. 2 TKG nunmehr das Handlungsgebot des Verpflichteten in den Vordergrund.[120]

Obwohl mit der Änderung der Vorschrift offenbar lediglich »redaktionelle Anpassungen an die Struktur des neuen TKG«[121] verfolgt wurden, stellt sich vorab die Frage, ob die Neufassung § 115 Abs. 1 S. 2 TKG nach wie vor eine Ermächtigungsgrundlage darstellt oder ob sich die Befugnis zur Anordnung von Auskünften nunmehr allein auf die Generalklausel § 115 Abs. 1 S. 1 TKG stützen lässt. In der Kommentarliteratur finden sich zu diesem Punkt unterschiedliche Auffassungen. Teilweise wird § 115 Abs. 1 S. 2 TKG nach wie vor als Auskunftsrecht verstanden,[122] teilweise wird der Stellenwert der Norm als gesetzliche Mitwirkungspflicht hervorgehoben,[123] gegen deren Nichtbefolgung nach § 115 Abs. 1 S. 1 TKG vorgegangen werden könne.[124] Diese Unterscheidung wird insbesondere dann relevant, wenn eine Auskunftspflicht isoliert besteht oder Generalklausel und Auskunftspflicht unterschiedliche Adressaten haben. So

---

ratsdatenspeicherung, NVwZ 2008, 485 ff.; *Britz*, Schutz informationeller Selbstbestimmung gegen schwerwiegende Grundrechtseingriffe, JA 2011, 81 ff.

119 § 91 Abs. 1 S. 2 TKG-1996 lautete: »Dazu können von den Verpflichteten erforderliche Auskünfte eingeholt werden.«

120 Der Begriff des Verpflichteten bezieht sich dabei nicht etwa auf die Verpflichtung zur Auskunft, sondern auf die gesetzlichen Pflichten des 7. Teils. Missverständlich insofern die Formulierung bei *Graulich*, in: Arndt/Fetzer/Scherer (Hrsg.), TKG, 2008, § 115 Rn. 7, nach der Verpflichteter derjenige ist, »von wem die BNetzA in Erfüllung ihrer Aufgaben nach dieser Vorschrift eine Auskunft verlangt«.

121 Vgl. Entwurfsbegründung zu § 113 TKG-E, BT-Drs. 15/2316 vom 9.1.2004, S. 98. Zur Entstehungsgeschichte der Norm ausführlich *Gramlich*, in: Manssen (Hrsg.), Telekommunikations- und Multimediarecht, Bd. 1, § 115 Rn. 2 ff.

122 Ohne nähere Begründung *Kleszewski*, in: Säcker (Hrsg.), TKG, 2. Aufl. 2009, § 115 Rn. 4, 9; *Meister/Laun*, in: Wissmann (Hrsg.), Telekommunikationsrecht (Praxishandbuch), 2. Aufl. 2006, S. 781; wohl auch *Büttgen*, in: Scheurle/Mayen, TKG, 2. Aufl. 2008, § 115 Rn. 8.

123 Vgl. *Graulich*, in: Arndt/Fetzer/Scherer (Hrsg.), TKG, 2008, § 115 Rn. 7.

124 Nach *Graulich*, in: Arndt/Fetzer/Scherer (Hrsg.), TKG, 2008, § 115 Rn. 1, lassen sich Befugnisse zum Erlass von Verfügungen »am ehesten« § 115 Abs. 1 S. 1, Abs. 2 S. 2 und Abs. 3 TKG entnehmen.

hat die Rechtsprechung dem ähnlich formulierten § 14c Abs. 3 AEG, der zentralen Ermächtigungsgrundlage zur regulierungsnotwendigen Informationsbeschaffung im Eisenbahnregulierungsrecht, eben diesen Befugnischarakter abgesprochen.[125]

Anerkannt ist insoweit, dass sich eine vom Gesetzgeber erkennbar gewollte, wenn auch nicht wörtlich so gefasste Ermächtigung der Behörde zum hoheitlichen Eingriff aus einer eine solche Ermächtigung zwingend voraussetzenden normativen Einzelregelung oder aus dem Zusammenhang mehrerer Vorschriften eines Regelwerks ergeben kann.[126] Die Behördenrechte im Rahmen staatlicher Befolgungskontrolle sind deshalb gesetzestechnisch in einer Vielzahl von Fällen über Duldungs- und Mitwirkungspflichten der Überwachungsadressaten ausgestaltet,[127] ohne hierdurch etwas qualitativ anderes als einen Mitwirkungsanspruch zu formulieren.[128] Eine Auskunftserteilung ist nämlich ohne ein bestimmtes, konkret abgegrenztes Informationsbedürfnis des Auskunftsbegehrenden nicht denkbar,[129] was vorliegend auch aus dem Tatbestandsmerkmal »auf Anforderung« ersichtlich wird.[130] Die Beschaffung der erforderlichen Informationen, welche die Behörde zur Wahrnehmung ihrer Aufsichtsfunktion benötigt, ist dieser in gewisser Weise vorgeschaltet und von den Abhilfemaßnahmen zu unterscheiden, die auf Grund der so gewonnenen Erkenntnisse vorgenommen werden.[131] »Sicherstellen« im Sinne des § 115 Abs. 1 S. 1 TKG setzt daher einen Verstoß voraus.[132]

---

125 *OVG Münster*, Beschluss vom 22.2.2008 – 13 B 68/08 –, N&R 2008, 152 ff. mit Anmerkung *Grün*.
126 Vgl. *OVG Münster*, Beschluss vom 22.2.2008 – 13 B 68/08 –, N&R 2008, 152 (153).
127 Vgl. hierzu nur die zahlreichen Nachweise bei *Stohrer*, Informationspflichten Privater gegenüber dem Staat in Zeiten von Privatisierung, Liberalisierung und Deregulierung, 2007, S. 206 Fn. 13.
128 Vgl. z. B. für staatliche Überwachungsbefugnisse in den einzelnen Umweltgesetzen *Kloepfer*, Umweltrecht, 3. Aufl. 2004, § 5 Rn. 136.
129 Vgl. hierzu die begriffliche Erfassung bei *Scholl*, Behördliche Prüfungsbefugnisse im Recht der Wirtschaftüberwachung, 1989, S. 115.
130 Üblicherweise ist das »Verlangen« der Informationserteilung ausdrücklich in der Ermächtigungsgrundlage genannt. Abweichende Formulierungen sind dem allgemeinen Sprachgebrauch geschuldet. Dazu *Stohrer*, Informationspflichten Privater gegenüber dem Staat in Zeiten von Privatisierung, Liberalisierung und Deregulierung, 2007, S. 207 m. w. N. in Fn. 16.
131 A. A. wohl *Nübel*, in: Geppert u. a. (Hrsg.), TKG, 3. Aufl. 2006, § 127 Rn. 3. Bei Überwachungsregelungen ohne ausdrückliche Eingriffsbefugnis kann es dementsprechend gerade problematisch sein, ob sich der Regelungsgehalt der Vorschrift in einer Aufgabenzuweisung erschöpft oder darüber hinaus als Befugnisnorm verstanden werden kann, auf die belastende Verwaltungsakte gestützt werden können. Vgl. etwa zu § 52 Abs. 1 S. 1 BImSchG *Jarass*, BImSchG, 8. Aufl. 2010, § 52 Rn. 6: «Die Überwachung, also das Sammeln und Auswerten von Informationen (...) ist von den Maßnahmen zu trennen, mit denen die (festgestellte) Nichteinhaltung (...) korrigiert wird. Solche Maßnahmen können

Allerdings bedeutet dies umgekehrt nicht, dass das Auskunftsrecht nicht auch im Hinblick auf die Überprüfung der Einhaltung der sicherstellenden Maßnahmen ergehen könnte. Das Anordnungsrecht in § 115 Abs. 1 S. 1 TKG wäre in Teilen obsolet, wenn nicht auch die Befolgung der Anordnungen selbst selbst Gegenstand eines Auskunftsersuchens sein könnten.[133]

Die Erlangung potentiell entscheidungserheblicher Informationen ist somit wichtige Voraussetzung für eine effektive behördliche Überwachung. § 115 Abs. 1 S. 2 TKG lässt sich in diesem Sinne als eine auf die Anordnungskompetenz der Generalklausel zugeschnittene spezielle Eingriffsbefugnis verstehen.[134]

b) Sachlicher Anwendungsbereich der Vorschrift

Gegenstand von § 115 Abs. 1 TKG und damit auch der bestehenden Aufsichtsinstrumente ist die Einhaltung der Vorschriften des siebten Teils und der auf Grund dieses Teils ergangenen Rechtsverordnungen sowie der jeweils anzuwendenden Technischen Richtlinien. Dem trägt die Stellung der Vorschrift am Ende des siebten Teils Rechnung.[135] Der siebte Teil selbst ist in drei Abschnitte unterteilt: Unterschieden werden Vorschriften zum Fernmeldegeheimnis[136], zum Datenschutz[137] und zur Öffentlichen Sicherheit[138].

---

nicht auf die Überwachungsnormen gestützt werden.«; allgemein zur Unterscheidung zwischen Prüfungs- und Anordnungsbefugnissen in Überwachungsrechtsverhältnissen *Gröschner*, Das Überwachungsrechtsverhältnis, 1992, S. 305, 317 ff. und 321 ff.; zur Trennung von Beobachtungs- und Berichtigungsfunktion im Rahmen staatlicher Aufsicht auch *Kahl*, Die Staatsaufsicht, 2000, S. 565 ff.; *Edelbluth*, Gewährleistungsaufsicht, 2008, S. 27.

132 So auch ausdrücklich *Graulich*, in: Arndt/Fetzer/Scherer (Hrsg.), TKG, § 115 Rn. 4. Im Gesetzentwurf zu der Vorgängervorschrift § 91 Abs. 1 S. 2 TKG-1996 (§ 88 Abs. 1 S. 2 TKG-E) werden die im Anschluss an die Generalklausel genannten Auskunfts-, Betretungs- und Besichtigungsrechte deshalb als dazu notwendige prozessuale Eingriffsbefugnisse bezeichnet, vgl. BT-Drs. 13/3609, S. 57.
133 Vgl. etwa *OVG Münster*, Beschluss v. 2.11.2009 – 13 B 1392/09 –, MMR 2010, 134.
134 Vgl. zur Parallelregelung des § 42 Abs. 1 PostG etwa *Stern*, in: Badura u. a. (Hrsg.), PostG, 2. Aufl. 2004, § 42 Rn. 7 sowie BR-Drs. 147/97, S. 48 f.
135 Zur alten Rechtslage bestand in systematischer Hinsicht Unsicherheit über das Verhältnis zwischen § 91 und den nachfolgenden §§ 92, 93 TKG-1996. Dazu *Ehmer*, in: Büchner u. a. (Hrsg.), TKG, 2. Aufl. 2000, § 91 Rn. 3; *Büttgen*, in: Scheurle/Mayen (Hrsg.), TKG, 1. Aufl. 2002, § 92 Rn. 2; vgl. auch BT-Drs. 15/2316, S. 97. Da § 115 TKG sich ausdrücklich auf den gesamten 7. Teil bezieht, hätte er insofern konsequenterweise als Abschnitt 4 angefügt werden müssen. So zutreffend *Graulich*, in: Arndt/Fetzer/Scherer (Hrsg.), TKG, 2008, § 115 Rn. 1.
136 §§ 88 bis 90 TKG.
137 §§ 91 bis 107 TKG.
138 §§ 108 bis 115 TKG.

§ 88 Abs. 2 TKG legt die grundsätzliche Verpflichtung der Diensteanbieter[139] zur Einhaltung des Fernmeldegeheimnisses fest.[140] Vor der umfassenden Liberalisierung und Privatisierung der Telekommunikationsmärkte wurden Telekommunikationsdienstleistungen als öffentliche Aufgabe durch staatliche Stellen erbracht, welche nach Art. 1 Abs. 3 GG unmittelbar an die Beachtung der Grundrechte und somit auch zur Wahrung des verfassungsrechtlich geschützten Fernmeldegeheimnisses aus Art. 10 Abs. 1 GG verpflichtet waren. Durch die einfachgesetzliche Konkretisierung des Fernmeldegeheimnisses in § 88 TKG kommt der Staat seiner Pflicht nach, die Schutzgüter des Grundrechts gegen Beeinträchtigungen durch Dritte zu schützen,[141] indem er Grundrechtsberechtigte nun gleichermaßen vor Eingriffen durch privatrechtlich organisierte Anbieter von Telekommunikationsdienstleistungen schützt.[142]

In Ergänzung zum Brief- und Postgeheimnis schützt das Fernmeldegeheimnis die Vertraulichkeit individueller Mitteilungen, die fernmeldetechnisch – also nicht körperlich – übertragen werden, gegen die unbefugte Kenntnisnahme Dritter.[143] Indem das Grundrecht insofern allein an ein fernmeldetechnisch betriebenes Übertragungsmedium anknüpft, ist sein Schutzbereich für technische Entwicklungen offen.[144] Auf dem Übertragungsweg sind die Kommunikationsinhalte einem im Vergleich zur Kommunikation unter Anwesenden deutlich höheren

---

139 Vgl. § 3 Nr. 6 TKG und gleich unter A. I. 2.
140 Demgegenüber richtet sich das Abhörverbot des § 89 TKG an jedermann. Der Missbrauch von Sendeanlagen und sonstigen Telekommunikationsanlagen (§ 90 TKG) betrifft nicht das Fernmeldegeheimnis, sondern das Recht auf informationelle Selbstbestimmung sowie das allgemeine Persönlichkeitsrecht, vgl. *Bock/Piepenbrock*, in: Geppert u. a. (Hrsg.), TKG, 3. Aufl. 2006, § 90 Rn. 7. Vgl. zu den »Jedermann«-Verpflichtungen auch A. I. 2.
141 Zur Herleitung von Schutzpflichten aus Art. 10 GG und daraus folgenden Regelungsanforderungen *Gusy*, in: v. Mangoldt/Klein/Starck (Hrsg.), GG, Bd. 1, 6. Aufl. 2010, Art. 10 Rn. 61 ff.
142 *Holznagel/Enaux/Nienhaus*, Telekommunikationsrecht, 2. Aufl. 2006, S. 251; *Meister/Laun*, in: Wissmann (Hrsg.), Telekommunikationsrecht (Praxishandbuch), 2. Aufl. 2006, S. 775. Inwieweit aus dem staatlichen Post- und Fernmeldemonopol hervorgegangene Nachfolgeunternehmen unmittelbar grundrechtsverpflichtet sind, ist problematisch. Näher *Gusy*, in: v. Mangoldt/Klein/Starck (Hrsg.), GG, Bd. 1, 6. Aufl. 2010, Art. 10 Rn. 52 ff. m. w. N.
143 Vgl. *Hermes*, in: Dreier (Hrsg.), GG, Bd. I, 2. Aufl. 2004, Art. 10 Rn. 36; *Gusy*, in: v. Mangoldt/Klein/Starck (Hrsg.), GG, Bd. 1, 6. Aufl. 2010, Art. 10 Rn. 39 f., 45.
144 Vgl. *BVerfG*, Beschluss v. 12.10.1977 – 1 BvR 216/75 u. a. –, BVerfGE 46, 120 (143); *BVerfG*, Urteil v. 2.3.2006 – 2 BvR 2099/04 –, BVerfGE 115, 166 (182 f.). Dieses Verständnis spiegelt sich in der weiten Legaldefinition des § 3 Nr. 22 TKG wider: »Telekommunikation« ist hiernach der technische Vorgang des Aussendens, Übermittelns und Empfangens von Signalen mittels Telekommunikationsanlagen. »Telekommunikationsanlagen« sind nach § 3 Nr. 23 TKG technische Einrichtungen oder Systeme, die als Nachrichten identifizierbare elektromagnetische oder optische Signale senden, übertragen, vermitteln, empfangen, steuern oder kontrollieren können.

Zugriffsrisiko Dritter – einschließlich staatlicher Stellen – ausgesetzt.[145] Weil der Kommunizierende sich regelmäßig dritter Leistungsanbieter bedient, deren Übertragungswege er nicht einsehen und Zugriffe daher nicht abwehren kann, ist er darauf angewiesen, dass die Diensteanbieter die Vertraulichkeit der Kommunikation achten.[146] Hinsichtlich der Gewährleistung dieser in § 88 Abs. 2 TKG geregelten Verpflichtung lassen sich die in § 115 TKG geregelten Aufsichtsinstrumente somit gleichsam als Ausdruck der staatlichen Schutzpflicht aus Art. 10 GG verstehen.

Den Anwendungsbereich des zweiten Abschnitts legt § 91 Abs. 1 TKG fest. Dessen Regelungsgegenstand ist zunächst der Schutz personenbezogener Daten der Teilnehmer[147] und Nutzer[148] von Telekommunikation bei der Erhebung und Verwendung durch die Diensteanbieter. Die Vorschriften zum Datenschutz dienen damit der Gewährleistung des Rechts auf informationelle Selbstbestimmung aus Art. 2 Abs. 1 i.V. m. Art. 1 Abs. 1 GG im Bereich der Telekommunikation.[149] Das Recht auf informationelle Selbstbestimmung verleiht dem Einzelnen die Befugnis, über die Preisgabe und Verwendung seiner persönlichen Daten selbst zu bestimmen.[150] Nach § 91 Abs. 1 S. 2 TKG werden aber auch Einzelangaben über juristische Personen geschützt, sofern diese dem Fernmeldegeheimnis unterliegen. Dies betrifft in erster Linie die – als nähere Umstände erfolgter oder versuchter Telekommunikation geschützten – Verkehrsdaten im Sinne des § 96 Abs. 1 TKG.

Dadurch wird der Datenschutz im Rahmen der Telekommunikation gegenüber den allgemeinen, auf natürliche Personen zugeschnittenen Bestimmungen des BDSG erheblich ausgeweitet.[151] Sachlich überschneidet sich der Anwendungsbereich von § 115 Abs. 1 TKG insofern mit den Kontrollkompetenzen des Bundesdatenschutzbeauftragten nach § 115 Abs. 4 TKG. Diesem steht über den Verweis des § 115 Abs. 4 S. 1 TKG so ausnahmsweise auch gegenüber nicht-öffentlichen Stellen[152] das Aufsichtsinstrumentarium des § 24 BDSG zu.[153] Die Modalitäten

---

145 Vgl. BVerfGE 115, 166 (182).
146 *Holznagel/Enaux/Nienhaus*, Telekommunikationsrecht, 2. Aufl. 2006, S. 251; *Gusy*, in: v. Mangoldt/Klein/Starck (Hrsg.), GG, Bd. 1, 6. Aufl. 2010, Art. 10 Rn. 62.
147 »Teilnehmer« ist nach § 3 Nr. 20 TKG jede natürliche oder juristische Person, die mit einem Anbieter von öffentlich zugänglichen Telekommunikationsdiensten einen Vertrag über die Erbringung derartiger Dienste geschlossen hat.
148 »Nutzer« ist gemäß § 3 Nr. 14 TKG jede natürliche oder juristische Person, die einen öffentlich zugänglichen Telekommunikationsdienst für private oder geschäftliche Zwecke in Anspruch nimmt oder beantragt, ohne notwendigerweise Teilnehmer zu sein.
149 Vgl. *Robert*, in: Geppert u. a. (Hrsg.), TKG, 2. Aufl. 2006, § 91 Rn. 1.
150 Vgl. *BVerfG*, Urteil v. 15.12.1983 – 1 BvR 209/83 u. a. –,BVerfGE 65, 1 (43); *BVerfG*, Beschluss v. 11.6.1991 – 1 BvR 239/90 –, BVerfGE 84, 192 (194).
151 Vgl. § 1 Abs. 1 i. V. m. § 3 Abs. 1 BDSG.
152 Vgl. §§ 2 Abs. 4, 38 Abs. 6 BDSG.

der Erhebung und Verwendung der Daten haben in den §§ 91 ff. TKG, ergänzt durch weitere Bestimmungen im dritten Abschnitt, eine detaillierte Ausgestaltung erfahren.

Der dritte Abschnitt des siebten Teils dient den Belangen der öffentlichen Sicherheit und enthält weitere Verpflichtungen vor allem der Diensteanbieter. Neben der Pflicht unentgeltlich Notrufmöglichkeiten bereitzustellen[154] und angemessene technische und organisatorische Schutzvorkehrungen gegen unerlaubte Zugriffe zu treffen[155], finden sich in den §§ 110 ff. TKG Vorschriften zur Telekommunikationsüberwachung und zu Auskunftsverfahren der staatlichen Strafverfolgungs- und Sicherheitsbehörden. Während diese Normen die Art und Weise des Zugriffs der staatlichen Stellen im Verhältnis zu den Telekommunikationsunternehmen regeln, finden sich die Befugnisnormen, welche die materiellrechtlichen Eingriffsvoraussetzungen für Überwachungsmaßnahmen und Auskunftsersuchen schaffen, über diverse Gesetze verstreut. Ermächtigungsgrundlagen finden sich etwa im Polizei- und Strafverfahrensrecht sowie im Gesetz zur Beschränkung des Brief-, Post- und Fernmeldegeheimnisses und im Zollfahndungsgesetz. Die Zugriffsnormen werden durch entsprechende Infrastrukturpflichten der Betreiber von Telekommunikationsanlagen ergänzt.[156] Im dritten Abschnitt finden sich zudem die in § 115 Abs. 1 TKG erwähnten Ermächtigungen zum Erlass von Rechtsverordnungen und Technischen Richtlinien.[157] Soweit diese erlassen wurden,[158] führen sie näher aus, wie die gesetzlichen Verpflichtungen technisch und organisatorisch umzusetzen sind.

Die Vorschriften im siebten Teil dienen somit gegenläufigen Zielen. Einerseits wird der grundrechtliche Schutz der Teilnehmer und Nutzer in den beson-

---

153 Nach § 24 Abs. 4 S. 2 BDSG ist dem Bundesbeauftragten und seinen Beauftragten Auskunft, Einsicht in alle Unterlagen sowie Zutritt in alle Diensträume zu gewähren.
154 § 108 TKG.
155 § 109 TKG.
156 Zur begrifflichen Unterscheidung von Infrastrukturpflichten, Zugriffs- und Befugnisnormen *Graulich*, Telekommunikationsgesetz und Vorratsdatenspeicherung NVwZ 2008, S. 485 (487).
157 Vgl. §§ 108 Abs. 3 und 4, 110 Abs. 2, 3 und 9, 112 Abs. 3 S. 1 und 3 TKG.
158 Bislang erlassen wurden auf Grundlage des § 110 Abs. 2 TKG die Verordnung über die technische und organisatorische Umsetzung von Maßnahmen zur Überwachung der Telekommunikation, Telekommunikationsüberwachungsverordnung vom 3.11.2005 (TKÜV), auf Grundlage des § 110 Abs. 3 TKG i. V. m. § 11 TKÜV die Technische Richtlinie zur Beschreibung der Anforderungen an die Umsetzung gesetzlicher Maßnahmen zur Überwachung der Telekommunikation (TR TKÜV), vgl. hierzu aktuell die dritte Entwurfsfassung zur Ausgabe 6.2 vom 29.8.2011, sowie auf Grundlage der § 108 Abs. 2 und 3 TKG a. F. die Verordnung über Notrufverbindungen vom 6.3.2009 (NotrufV) nebst Technischer Richtlinie (TR Notruf). Die Verordnung über das automatisierte Auskunftsverfahren nach § 112 Abs. 3 TKG sowie die Technische Richtlinie hierzu wurden dagegen soweit ersichtlich noch nicht erlassen.

ders eingriffssensiblen Bereichen des Fernmeldegeheimnisses und der informationellen Selbstbestimmung intensiv ausgestaltet, andererseits wird der Staat zwecks seiner Aufgaben der Strafverfolgung und Gefahrenabwehr zu Eingriffen in diese Grundrechte berechtigt. Für die Diensteanbieter stellt sich die gesetzliche Umsetzung beider Ziele als Eingriff in ihre Unternehmergrundrechte aus Art. 12 und 14 GG dar.

2. Adressaten

Die möglichen Adressaten eines Auskunftsbegehrens werden in § 115 Abs. 1 S. 2 TKG als »Verpflichtete« bezeichnet. Die Formulierung nimmt auf die zahlreichen in den §§ 88 ff. TKG und der Telekommunikationsüberwachungsverordnung aufgeführten Verhaltenspflichten Bezug. Der verpflichtete Personenkreis ist damit in Abhängigkeit von der jeweiligen Bestimmung, dessen Einhaltung kontrolliert bzw. sichergestellt werden soll, gesondert zu bestimmen. In einer Vielzahl handelt es sich bei den Verpflichteten um die Diensteanbieter,[159] die als im Telekommunikationssektor tätige Wirtschaftsunternehmen auch in den übrigen Auskunftsermächtigungen regelmäßig informationsverpflichtetes Subjekt sind.

Diensteanbieter ist nach der Legaldefinition des § 3 Nr. 6 TKG jeder, der ganz oder teilweise geschäftsmäßig Telekommunikationsdienste[160] erbringt oder an der Erbringung solcher Dienste mitwirkt.[161] Unter den Begriff fallen demnach sowohl Unternehmen, die ausschließlich Telekommunikationsdienste anbieten als auch solche, die zugleich Infrastruktur- oder Inhaltsleistungen erbringen.[162] Durch die Einbeziehung derjenigen, die an der Erbringung der Dienste mitwirken, wird klargestellt, dass nicht nur der Diensteanbieter selbst, sondern auch seine Mitarbeiter, alle sonstigen Erfüllungsgehilfen einschließlich des Betreibers der Telekommunikationsanlage und dessen Angestellten zum Kreis der Ver-

---

159 Vgl. etwa §§ 88 Abs. 2 und 3, 109 Abs. 1, 111 Abs. 1 TKG sowie die zahlreichen Verpflichtungen im zweiten Abschnitt des siebten Teils.
160 Telekommunikationsdienste sind nach § 3 Nr. 24 TKG in der Regel gegen Entgelt erbrachte Dienste, die ganz oder überwiegend in der Übertragung von Signalen über Telekommunikationsnetze bestehen, einschließlich Übertragungsdienste in Rundfunknetzen.
161 Vgl. auch § 91 Abs. 1 S. 1 TKG: »...Unternehmen und Personen, die geschäftsmäßig Telekommunikationsdienste in Telekommunikationsnetzen, einschließlich Telekommunikationsnetzen, die Datenerfassungs- und Identifizierungsgeräte unterstützen, erbringen oder an deren Erbringung mitwirken.«. Die abweichende Formulierung (ganz oder teilweise geschäftsmäßig) ist allerdings im Hinblick auf die Folgevorschriften (Diensteanbieter) unbeachtlich.
162 *Fetzer*, in: Arndt/Fetzer/Scherer (Hrsg.), TKG, 2008, § 3 Rn. 22.

pflichteten gehören können.[163] Vor dem Hintergrund der grundrechtsschützenden Zielrichtung der Vorschriften zum Fernmeldegeheimnis und zum Datenschutz ist der Begriff des »Mitwirkenden« so einerseits großzügig auszulegen, andererseits ist dieser weite Adressatenkreis jedoch auf die Personen zu begrenzen, die auf die geschützten Rechtsgüter zugreifen und diese damit beeinträchtigen können.[164]

§ 3 Nr. 6 TKG knüpft seinerseits an den Begriff des geschäftsmäßigen Erbringens von Telekommunikationsdiensten im Sinne des § 3 Nr. 10 TKG an. Darunter ist das nachhaltige Angebot von Telekommunikation für Dritte mit oder ohne Gewinnerzielungsabsicht zu verstehen. Während hierdurch rein private oder geschäftliche Nutzungen ohne Drittbezug ausgeschlossen werden, ist ein Angebot für die Öffentlichkeit grundsätzlich nicht erforderlich. Allerdings sind die Verpflichtungen im Bereich des dritten Abschnitts regelmäßig auf solche Anbieter beschränkt, die Telekommunikationsdienste für die Öffentlichkeit erbringen[165] bzw. hierzu bestimmte Netze betreiben[166]. Der Grund hierfür ist in den teilweise enormen Kosten zu sehen, die mit der technischen und organisatorischen Umsetzung der Verpflichtungen einhergehen.[167]

Die Verpflichtungen sind nicht immer ausdrücklich als solche bezeichnet. Dementsprechend sind im siebten Teil einige Verpflichtungen auch als Berechtigung mit der Maßgabe abgefasst, nur innerhalb deren Voraussetzungen tätig zu werden.[168] Darüber hinaus kann auch eine Norm, die einem Teilnehmer Rechte einräumt, dessen Vertragspartner zur Beachtung dieser Rechte verpflichten.[169]

---

163 *Bock*, in: Geppert u. a. (Hrsg.), TKG, 3. Aufl. 2006, § 88 Rn. 25; *Geppert/Ruhle/Schuster*, Handbuch Recht und Praxis der Telekommunikation, 2. Aufl. 2002, S. 476.
164 Vgl. *Klesczewski*, in: Säcker (Hrsg.), TKG, 2. Aufl. 2009, § 91 Rn. 30, der eine Bestimmung des Adressatenkreises in Anlehnung an die strafrechtliche Definition des Gehilfen im Sinne des § 27 StGB vorschlägt; *Fetzer*, in: Arndt/Fetzer/Scherer (Hrsg.), TKG, 2008, § 91 Rn. 5. Wenn jeder Erfüllungsgehilfe schon »Mitwirkender« wäre, hätte etwa die Verpflichtung des »Dritten« nach § 97 Abs. 1 S. 4 TKG keinen eigenen Anwendungsbereich. Dazu *Hartung*, in: Wilms/Masing/Jochum (Hrsg.), TKG, § 91 Rn. 23.
165 Vgl. §§ 108 Abs. 1, 110 Abs. 1 und 5, 112 Abs. 1 und 5, 113 Abs. 1 und 2 TKG.
166 Vgl. §§ 109 Abs. 2 und 4, 110 Abs. 1, 5 und 6 TKG. Eine weitere Begrenzung findet sich in § 110 Abs. 8 TKG (Betreiber nach §§ 100a und 100b StPO). Der Begriff des Betreibens von Telekommunikationsnetzen ist im Gegensatz zu § 3 Nr. 2 TKG-1996 nicht mehr legaldefiniert. Man wird hierfür allerdings weiterhin auf die Funktionsherrschaft, also die rechtliche und tatsächliche Kontrolle über die Gesamtheit der Funktionen des Telekommunikationsnetzes abzustellen haben.
167 Vgl. etwa §§ 112 Abs. 5 und 113 Abs. 2 TKG, aber auch § 110 Abs. 9 TKG und hier wiederum S. 2. Zu den Kosten der Umsetzung der Verpflichtungen auch *Würmeling/Felixberger*, Fernmeldegeheimnis und Datenschutz im Telekommunikationsgesetz, CR 1997, 230 (231 f.).
168 Vgl. z. B. § 97 Abs. 1 und 2, § 107 Abs. 1 TKG.
169 Vgl. im Hinblick auf § 104 TKG *Wilms*, in: Geppert u. a. (Hrsg,), TKG, 3. Aufl. 2006, § 104 Rn. 1.

Neben den Verpflichtungen der Unternehmen enthält der siebte Teil aber auch strafbewehrte[170] Verbotstatbestände, die sich nicht bzw. nicht nur an diese, sondern an jedermann richten. So verbietet § 89 TKG etwa generell den unbefugten Empfang fremder Telekommunikationsvorgänge und die Weitergabe von Informationen hierüber an Dritte. § 90 TKG soll den Missbrauch von Sendeanlagen und sonstigen Telekommunikationsanlagen zum unbemerkten Abhören fremder Gespräche verhindern und verbietet – allerdings nur bußgeldbewehrt – das Werben für derartige Anlagen.

Fraglich ist aber, ob diese Verbotstatbestände auch Verpflichtungen darstellen, gegen die mittels des § 115 Abs. 1 TKG vorgegangen werden kann. Die Formulierung eines Verbotes steht der Einordnung als Verpflichtung zwar gleichfalls nicht entgegen. Ein Verbot beinhaltet immer auch die Pflicht, dieses zu beachten. Zweifelhaft erscheint lediglich, ob § 115 Abs. 1 TKG auch zu einem Vorgehen gegenüber jedermann berechtigt. Ein Blick auf das Betretungs- und Besichtigungsrecht während der üblichen Betriebs- und Geschäftszeiten in § 115 Abs. 1 S. 3 TKG und die Ultima-Ratio-Ermächtigung der Betriebsuntersagung gemäß § 115 Abs. 3 TKG zeigen, dass § 115 TKG insgesamt regelmäßig auf ein Vorgehen gegenüber Unternehmen bzw. Unternehmern[171] angelegt ist. Hiervon ist auch der Gesetzgeber bei der Einführung der Vorgängervorschrift § 91 TKG-1996 ausgegangen. Nach der Entwurfsbegründung regelt die Vorschrift »die Kontroll- und Anordnungsbefugnisse der Regulierungsbehörde zur Durchsetzung der Verpflichtungen, die den Unternehmen nach den Vorschriften des Elften Teils dieses Gesetzes und den auf ihrer Grundlage ergangenen Rechtsverordnungen obliegen«.[172]

§ 115 TKG enthält jedoch im Gegensatz zu den §§ 126 f. TKG gerade keinen abschließend genannten Adressatenkreis. Rechtlich erscheint ein Vorgehen gegenüber natürlichen Personen daher nicht von vornherein ausgeschlossen.[173] Dass der Gesetzgeber diese Vorschriften ebenfalls im Auge hatte, zeigt sich wiederum an der Entwurfsbegründung zum TKG-1996. Danach sollte die Regulierungsbehörde unbeschadet der einschlägigen Straf- und Ordnungswidrigkeitenvorschriften angemessene Reaktionsmöglichkeiten auf das rechtswidrige Verhal-

---

170 Vgl. § 148 TKG.
171 Im Hinblick auf § 6 Abs. 4 TKG werden unter den Begriff auch Einzelunternehmer zu fassen sein, vgl. *Gramlich*, Aufgaben und Verfahren der Bundesnetzagentur (Regulierungsbehörde), in: Heun (Hrsg.), Handbuch zum Telekommunikationsrecht, 2. Aufl. 2007, Teil 1, C Rn. 74 (Fn. 4).
172 BT-Drs. 13/3609, S. 56.
173 A. A. wohl *Frenzel*, in: Wilms/Masing/Jochum (Hrsg.), TKG, § 89 Rn. 17.

ten Beteiligter erhalten.[174] Die Jedermann-Pflichten des siebten Teils sind daher auch gegenüber Privatpersonen durchsetzbar.[175]

### 3. Ausgestaltung

§ 115 Abs. 1 S. 2 TKG gibt der Bundesnetzagentur ein Auskunftsrecht nur soweit die Erteilung der Auskünfte für die Erfüllung ihrer Überwachungsaufgabe nach S. 1 »erforderlich« ist. Beim Merkmal der Erforderlichkeit handelt es sich um einen gerichtlich voll überprüfbaren unbestimmten Rechtsbegriff. Die Befugnis bindet die Reichweite des Auskunftsanspruchs damit einerseits streng an den Verhältnismäßigkeitsgrundsatz und bestimmt andererseits als Maßstab für dessen Anwendung und somit als abstrakten Auskunftszweck allein die behördliche Überwachungstätigkeit. Legitime Zwecke derartiger Eingriffe sind daher vor allem der Grundrechtsschutz, den die zahlreichen Verpflichtungen des siebten Teils im horizontalen Verhältnis Privater bewirken, sowie die staatliche Sicherheitsgewährleistung insgesamt, die sich ihrerseits zuvorderst als Rechtsgüterschutz verstehen und rechtfertigen lässt.[176] Die umfassenden Eingriffsbefugnisse in die Rechte des verpflichteten Personenkreises lassen sich so im Hinblick auf deren Verantwortung für Rechtsgüter Dritter und im Sinne gefahrenabwehrrechtlicher Effizienz begreifen.

a) § 115 Abs. 1 TKG als typische gewerberechtliche Überwachungsnorm

Im Gegensatz zu wissensgenerierenden Auskunftsverfahren, auf die später in dieser Arbeit noch näher einzugehen sein wird,[177] ist das notwendige (abstrakte) Entscheidungswissen beim überwachungsrechtlichen Auskunftsverlangen relativ stabil und bei der Behörde vorhanden. Das Auskunftsverlangen dient deshalb üblicherweise der Erlangung konkreter Sachkenntnis, ob die jeweils geschützten Vorschriften vom Überwachungssubstrat eingehalten werden, also der Prüfung, ob und wenn ja, welche Anordnungen oder weitere Kontrollmaßnahmen im Einzelfall getroffen werden müssen.

---

174 Vgl. BT-Drs. 13/3609, S. 56.
175 *Klesczewski*, in: Säcker (Hrsg.), TKG, 2. Aufl. 2009, § 115 Rn. 5; *Gramlich*, in: Manssen (Hrsg.), Telekommunikations- und Multimediarecht, Bd. 1, § 115 Rn. 10.
176 Näher *Möstl*, Die staatliche Garantie für die öffentliche Sicherheit und Ordnung, 2002, S. 25 ff., 51 ff.
177 Siehe unten Teil III, B. II. 3. c).

Es obliegt damit der ex-ante-Bewertung der Bundesnetzagentur, welche Informationen zur Wahrnehmung der Überwachungsaufgabe erforderlich sind. Da die Regulierungsbehörde erst entscheiden kann, wenn sie umfassende Tatsachenkenntnis über die entscheidungserheblichen Umstände gewonnen hat, erstreckt sich die Informationsbefugnis inhaltlich auf alle Auskünfte, anhand derer die Einhaltung der Vorschriften des siebten Teils kontrolliert werden kann.[178] Die Auskunft muss sich lediglich auf Regelungsgegenstände beziehen, die gerade für den jeweiligen Auskunftspflichtigen eine Verpflichtung begründen. Diese kann wie gezeigt auch in einer Anordnung nach § 115 Abs. 1 S. 1 TKG eine konkrete Ausgestaltung erfahren haben. Der Auskunftsanspruch setzt daher keinen begründeten Verdacht eines Rechtsverstoßes voraus, sondern umfasst gleichermaßen anlassbezogene wie anlasslose Auskunftsersuchen.[179] Hierdurch können die überwachten Unternehmen zu einer regelmäßigen Selbstkontrolle stimuliert und auf diese Weise dazu angehalten werden, Nachlässigkeiten und Mängel gar nicht erst aufkommen zu lassen.[180] Die Überwachungstätigkeit der Behörde nach § 115 TKG dient somit in nicht nur untergeordneter Funktion allgemeinpräventiven Zwecken unterhalb der Schwelle konkreter Gefahrenabwehr.

Ob ein Auskunftsverlangen im Einzelfall erforderlich ist, richtet sich nach dem jeweiligen Auskunftszweck. Hierbei ist nicht nur die behördliche Überwachungsaufgabe, sondern auch jede im Hinblick auf einen bestimmten Regelungsgegenstand ergehende Frage getrennt in den Blick zu nehmen. Diesbezügliche Verallgemeinerungen sind deshalb zwangsläufig auf eine abstrakte Ebene beschränkt. Ungeachtet dessen lassen sich für Auskunftspflichten in Überwachungskonstellationen auch Gemeinsamkeiten feststellen.

Als spezielles Gefahrenabwehrrecht finden sich Rechtsverhältnisse dieser Art über das gesamte Wirtschaftsverwaltungsrecht verstreut, neben dem Regulie-

---

178 Vgl. *Büttgen*, in Scheurle/Mayen (Hrsg.), TKG, 2. Aufl. 2008, § 115 Rn. 8.
179 *Bock*, in: Geppert u. a. (Hrsg.), TKG, 3. Aufl. 2006 § 115 Rn. 5. Hiervon geht auch die Bundesnetzagentur aus, vgl. schon *RegTP*, Tätigkeitsbericht 2002/2003, S. 230. Ähnlich verfährt die Behörde bei den im Zusammenhang geregelten weiteren Überwachungsmaßnahmen. Im Bereich Sicherheit der Telekommunikation führte die Bundesnetzagentur etwa im Jahr 2009 nach eigenen Angaben 41 anlassfreie und 52 anlassbezogene Kontrollen vor Ort durch, vgl. *Bundesnetzagentur*, Jahresbericht 2009, S. 46.
180 Vgl. auch *Janssen*, Der praktische Vollzug der auf § 38 GewO beruhenden Rechtsvorschriften, GewArch 1967, 193 (196). Die Förderung des Willens zum regelkonformen Verhalten betont auch die Rechtsprechung, vgl. zu § 55 Abs. 1 GüKG schon *BVerwG*, Urteil vom 5.6.1959 – VII C 44.59 –, BVerwGE 8, 336 (338); zu § 4 Abs. 2 PfandLV *OLG* Karlsruhe, Beschluss vom 8.12.1988 – 1 Ss 147/88 –, NVwZ 1989, 1102 f. Die Entscheidungen betreffen zwar die Einsichtnahme in den Geschäftsbetrieb, sprechen aber allgemein von Überwachungsmaßnahmen.

rungsverwaltungsrecht vor allem und schon lange im Gewerberecht und dem aus diesem hervorgegangenen wirtschaftsbezogenen Umweltrecht.[181]

b) Überkommene Eingrenzungen

Anerkannt ist insoweit grundsätzlich, dass Auskünfte nur im Hinblick auf bestimmte, sachlich konkret eingegrenzte Fragen zu erteilen sind.[182] Zum einen folgt dies daraus, dass auch gesteigerte Mitwirkungspflichten die Sachverhaltsermittlungspflicht im Grundsatz bei der untersuchenden Behörde belassen, zum anderen darf über ein einzelfallbezogenes Kontrollrecht keine Nachweispflicht der Informationspflichtigen institutionalisiert werden. Von diesen dürfen lediglich tatsächliche Umstände erfragt werden.[183] Weder darf daher umfassende Auskunft über den gesamten Betriebsablauf gefordert noch eine ungezielte Ausforschung »ins Blaue hinein« erfolgen.[184] Die Auskunftsbefugnis berechtigt die Behörde mithin auch nicht zur Einholung von subjektiven Einschätzungen wie Vermutungen oder Beurteilungen etwa der Rechtslage, um sich die Aufsicht zu erleichtern.[185] Die Mitwirkungspflichtigen können daher auch nicht dazu ange-

---

181 Zu den Bezügen zwischen Gewerberecht und Umweltrecht *Stober*, Allgemeines Wirtschaftsverwaltungsrecht, 17. Aufl. 2011, § 2 II, § 29 I 1.
182 Aus der Aufforderung muss hervorgehen, dass der Auskunftsberechtigte eine bestimmte oder zumindest bestimmbare Auskunft begehrt oder Frage beantwortet haben will, vgl. *Lechelt*, in: Koch/Pache/Scheuing (Hrsg.), GK-BImSchG, Bd. III, § 52 Rn. 135; *Jarass*, BImSchG, 8. Aufl. 2010, § 52 Rn. 32a.
183 *Mösbauer*, Der verwaltungsbehördliche Überwachungsauftrag im Immissionsschutzrecht, NVwZ 1985, 457 (460), definiert Auskünfte deshalb als Ausführungen über »cognitive Tatsachen«.
184 *Nobbe/Vögele*, Offenbarungspflichten und Auskunftsverweigerungsrechte, NuR 1988, 313 (315); *Knemeyer*, Überwachung, in: Kimminich/von Lersner/Storm (Hrsg.), Handwörterbuch des Umweltrechts, Bd. II, 2. Aufl., Sp. 2094 (2100); vgl. auch *OVG Berlin*, Urteil vom 18.3.1982 – OVG 2 B 14/79, GewArch 1982, 279 f. Im Kartellrecht bezeichnet man eine ungezielte Ausforschung auch als »fishing expeditions«, vgl. dazu *Gerstner*, Die Grenzen des Auskunftsrechts der Regulierungsbehörde für Telekommunikation und Post nach § 45 I Nr. 1 PostG am Beispiel der Teilleistungsverträge, NVwZ 2000, 637 (638) m. w. N. in Fn. 12.
185 Vgl. *OVG Berlin*, Urteil vom 18.3.1982 – OVG 2 B 14/79, GewArch 1982, 279 f.; *Rathke*, Mitwirkungspflichten bei der Kontrolle nach dem LMBG und dem EichG und ihre Grenzen, ZLR 1985, 115 (124); *Haller*, Auskunftsansprüche im Umwelthaftungsrecht, 1999, S. 81; *Lechelt*, in: Koch/Pache/Scheuing (Hrsg.), GK-BImSchG, Bd. III, § 52 Rn. 133. Vgl. zum allgemeinen polizeirechtlichen Grundsatz, dass Verfügungen und Verordnungen nicht lediglich der Arbeitserleichterung dienen dürfen, auch *Drews/Wacke/Vogel/Martens*, Gefahrenabwehr, 9. Aufl. 1986, S. 415 und S. 497.

halten werden, ihrerseits darzulegen, ob und wie die gesetzlichen Verpflichtungen eingehalten werden.[186]

Allerdings schließt dies keinesfalls die Möglichkeit der Behörde aus, von den Informationspflichtigen (nach anderen Bestimmungen oder Anordnungen) verpflichtend zu erstellende Konzepte im Hinblick auf die Einhaltung bestimmter rechtlicher Vorgaben über das Auskunftsrecht abzurufen, wie die Rechtsprechung zu § 115 Abs. 1 S. 2 TKG es auch im Hinblick auf ein zum Zeitpunkt des Auskunftsverlangens erst noch zu erstellendes Konzept bestätigt hat.[187]

Aus diesen Eingrenzungen folgt weiterhin, dass durch das Auskunftsrecht keine allgemeine, fortlaufende Verpflichtung eines Auskunftspflichtigen begründet werden kann, die Behörde über das Auftreten bestimmter Vorfälle oder Ereignisse zu informieren.[188] Insofern zeigt sich die Natur der Auskunfts- als unselbstständige Informationspflicht, die ein eigeninitiatives Handeln wie etwa bei Melde-, Anzeige- oder Mitteilungspflichten gerade nicht erfordert.

Wie umfangreich etwaige Fragebögen erstellt und wie detailliert einzelne Informationen verlangt werden dürfen, ist unter Angemessenheitsgesichtspunkten in Abhängigkeit davon zu bewerten, wie schwierig die Einhaltung einzelner Bestimmungen kontrollierbar ist und wie nachteilig sich ein eventueller Verstoß auf fremde Rechte und Interessen auswirken kann. Die Auskunftspflicht kann sich somit auch auf Betriebs- und Geschäftsgeheimnisse erstrecken,[189] wenn die

---

186 *Hansmann/Röckinghausen*, in: Landmann/Rohmer (Hrsg.), Umweltrecht, Bd. III, § 52 BImSchG Rn. 42; *Mösbauer*, Immissionsschutzrecht und Staatsaufsicht, VerwArch 72 (1981), 17 (26).
187 Im konkreten Fall hatte die Bundesnetzagentur einem Diensteanbieter, der seinen Datenspeicherungspflichten nach § 113a TKG nicht nachgekommen war, per Bescheid aufgegeben, die technischen Voraussetzungen zur Umsetzung der Verpflichtung zur Vorratsdatenspeicherung zu schaffen, ein darauf bezogenes Umsetzungskonzept vorzulegen und für den Fall der Nichtvorlage ein Zwangsgeld in Höhe von 50.000 Euro angedroht. Während die Bundesnetzagentur die gesamte Anordnung nur auf § 115 Abs. 1 S. 1 TKG stützte und hierbei die Vorlagepflicht als begleitende Maßnahme zur Konzepterstellung ansah, unterschieden die mit dem Widerspruch des Unternehmens befassten Gerichte zwischen der Anordnung zur Schaffung der technischen Voraussetzung und der Erarbeitung einer diesbezüglichen Planung, die sie von § 115 Abs. 1 S. 1 gedeckt sahen, und der Pflicht zur Vorlage des entsprechenden Konzepts, für die § 115 Abs. 1 S. 2 TKG als richtige Ermächtigungsgrundlage heranzuziehen gewesen wäre, vgl. *OVG Münster*, Beschluss v . 2.11.2009 – 13 B 1392/09 –, MMR 2010, 134, sowie vorangehend *VG Köln*, Beschluss v. 8.9.2009 – 21 L 1107/09 –, CR 2009, 786 mit Anm. Schütz.
188 Vgl. etwa *Thiel*, Auskunftverlangen und Nachschau als Instrumente der Informationsbeschaffung im Rahmen der Gewerbeaufsicht, GewArch 2001, 403 (404); *Michel/Kienzle/Pauly*, GastG, 14. Aufl. 2003, § 22 Rn. 10; *Lechelt*, in: Koch/Pache/Scheuing (Hrsg.), GK-BImSchG, Bd. III, § 52 Rn. 135.
189 Vgl. *Lechelt*, in: Koch/Pache/Scheuing (Hrsg.), GK-BImSchG, Bd. III, § 52 Rn. 136. Allerdings stehen der Weitergabe der Geheimnisse an Dritte die §§ 29 Abs. 2, 30 VwVfG entgegen.

Kenntnis dieser Informationen für die Ausübung der Überwachungsaufgabe notwendig ist. Auch hierbei ist aber die maßgebliche ex-ante Sicht der Behörde zu beachten. An der Erforderlichkeit eines Ersuchens dürfte es von vornherein fehlen, wenn die Informationen entweder schon bei der Behörde vorhanden sind oder auf einem eindeutig leichteren Weg unter geringerer Belastung des Betroffenen beschafft werden können.[190]

c) Kein spezielles Einsichts- und Prüfungsrecht

Problematisch ist, ob die Auskunftsbefugnis auch das Recht beinhaltet, sich Unterlagen vorlegen zu lassen und zu prüfen, wenn ein solches Recht nicht ausdrücklich normiert ist.[191] Da Auskunftsrechte sprachlich allein an die Informationserteilung anknüpfen und daher ersichtlich weder dazu berechtigen, Auskunftspflichtige behördlich vorzuladen noch diese verpflichten, durch Übersendung oder Aushändigung an einen Prüfer den Gewahrsam an Originalunterlagen aufzugeben,[192] stellt sich das Problem nicht isoliert, sondern immer im Zusammenhang mit behördlichen Zutrittsrechten. Während § 127 Abs. 2 S. 1 Nr. 2 TKG das Recht der Regulierungsbehörde vorsieht, innerhalb der üblichen Betriebs- und Geschäftszeiten die geschäftlichen Unterlagen einzusehen und zu prüfen,[193] ermächtigt § 115 Abs. 1 S. 3 TKG ausdrücklich nur dazu, die Geschäfts- und Betriebsräume während dieser Zeiten zu betreten und zu besichtigen. Da § 115 Abs. 1 S. 3 TKG keinerlei Anhaltspunkte dafür bietet, in welchem Umfang Prüfungen möglich sein sollen und auch das auf Einzelinformationen beschränkte Auskunftsrecht nicht mit einer unter Umständen deutlich eingriffsintensiveren Vorlagepflicht gleichgesetzt werden kann, ist ein Rückgriff auf die in

---

190 *Hansmann/Röckinghausen*, in: Landmann/Rohmer (Hrsg.), Umweltrecht, Bd. III, § 52 BImSchG Rn. 50.
191 Zustimmend *Thiel*, Auskunftverlangen und Nachschau als Instrumente der Informationsbeschaffung im Rahmen der Gewerbeaufsicht, GewArch 2001, 403 (405). Umgekehrt ist auch fraglich, inwieweit die Pflicht, Unterlagen zur Verfügung zu stellen, zumindest in beschränktem Maße auch eine Auskunftspflicht mitumfasst. In § 21 WHG a. F. wurde deshalb zur Klarstellung ein Auskunftsrecht nachträglich ergänzt, s. *Dahme*, in: Sieder (Begr.), WHG/AbwAG (36. Ergänzungslieferung 2008, mittlerweile aus der Sammlung genommen), Bd. I, § 21 Rn. 19a.
192 Vgl. *Scholl*, Behördliche Prüfungsbefugnisse im Recht der Wirtschaftsüberwachung, 1989, S. 137; *Thiel*, Auskunftverlangen und Nachschau als Instrumente der Informationsbeschaffung im Rahmen der Gewerbeaufsicht, GewArch 2001, 403 (405).
193 Zum Recht der Behörde, sich die Unterlagen in behördlichen Amtsräumen vorlegen zu lassen, wenn die Einsichtnahme vor Ort nicht in Ruhe möglich ist vgl. auch *Jarass*, BImSchG, 8. Aufl. 2010, § 52 Rn. 38; *Lechelt*, in: Koch/Pache/Scheuing (Hrsg.), GK-BImSchG, Bd. III, § 52 Rn. 169.

§ 115 Abs. 1 geregelten Aufsichtsmittel zur Einsichtnahme und Prüfung von Unterlagen ausgeschlossen.[194]

Im Rahmen des § 115 Abs. 1 TKG wird die Frage deshalb vorwiegend im Hinblick auf dessen Verhältnis zu den Aufsichtsbefugnissen nach §§ 126 ff. TKG diskutiert. Weil sich die §§ 126 ff. TKG auf die Überwachung aller Vorschriften des TKG, also auch die des siebten Teils beziehen, wird insofern von einer Teilüberschneidung der Anwendungsbereiche ausgegangen.[195] Unter Bezugnahme auf die Generalklausel in § 115 Abs. 1 S. 1 TKG wird darauf verwiesen, dass der Gesetzgeber bewusst auf einen abschließenden Katalog an Aufsichtsmaßnahmen verzichtet habe, weshalb die in den §§ 126 ff. TKG im einzelnen aufgeführten Aufsichtsbefugnisse – soweit inhaltlich einschlägig – auch für den Bereich von Teil 7 Anwendung finden könnten.[196] Das in § 115 Abs. 1 S. 3 TKG vorgesehene Zutrittsrecht sei daher im Sinne des § 127 Abs. 2 S. 1 Nr. 2 TKG dahingehend zu ergänzen, dass anlässlich einer Besichtigung auch Einsicht in geschäftliche Unterlagen genommen werden könne.[197]

Sofern damit gemeint sein soll, dass das Prüfungsrecht des § 127 Abs. 2 S. 1 Nr. 2 TKG im Rahmen einer Besichtigung nach § 115 Abs. 1 S. 3 TKG allgemein dafür genutzt werden könne, durch entsprechende Einsichtnahme in die Geschäftsunterlagen die Einhaltung der Vorschriften des siebten Teils umfassend zu kontrollieren, drängt sich dieser Schluss auch ungeachtet der Spezialstellung der Kontrollbefugnisse für den siebten Teil nicht zwingend auf. Zwar ist der Begriff der Geschäftsunterlagen grundsätzlich weit zu verstehen,[198] so dass einer

---

194 Nach der Rechtsprechung des *BVerfG* muss die jeweilige Vorschrift den Zweck des Betretens, den Gegenstand und den Umfang der zugelassenen Besichtigung und Prüfung deutlich erkennen lassen, vgl. *BVerfG*, Beschluss vom 13.10.1971 – I BvR 280/66 –, BVerfGE 32, 54 (77). Vgl. insofern exemplarisch auch die Rechtsprechung zu § 17 Abs. 1 HwO a. F.: zum einen ein Recht, die Vorlage von Unterlagen zu verlangen *VG Oldenburg*, Urteil v. 12.12.1995 – 12 A 1355/95 –, GewArch 1997, 345 f.; *VG München*, Urteil v. 11.10.1994 – M 16 K 94.1341 –, GewArch 1995, 77 f.; dagegen *OVG Lüneburg*, Beschluss v. 17.8.1995 – 8 M 2926/95 –, NVwZ-RR 1996, 261; *OVG Koblenz*, Urteil v. 16.1.1986 – 12 A 115/85 –, DÖV 1986, 935 f.; *BayOLG München*, Beschluss v. 8.8.1983 – 3 Ob OWi 116/83 –, BayObLGSt 1983, 119 ff.
195 *Büttgen*, in: Scheurle/Mayen (Hrsg.), TKG, 2. Aufl. 2008, § 115 Rn. 7; *Bock*, in: Geppert u. a. (Hrsg.), TKG, 3. Aufl. 2006, § 115 Rn. 9; zu § 91 TKG a. F. *Trute*, in: Trute/Spoerr/Bosch (Hrsg.), TKG, 2001, § 91 Rn. 1.; a. A. wohl *Klesczewski*, in: Säcker (Hrsg.), TKG, 2. Aufl. 2009, § 115 Rn. 6, der insoweit von einer Sonderstellung des § 115 TKG ausgeht.
196 *Büttgen*, in: Scheurle/Mayen (Hrsg.), TKG, 2. Aufl. 2008, § 115 Rn. 5, 7; *Bock*, in: Geppert u. a. (Hrsg.), TKG, 3. Aufl. 2006, § 115 Rn. 9.
197 Nach *Büttgen*, in: Scheurle/Mayen (Hrsg.), TKG, 2. Aufl. 2008, § 115 Rn. 7, ist eine Prüfung dieser Unterlagen deshalb ebenfalls möglich und zulässig.
198 Vgl. *Ruffert*, in: Säcker (Hrsg.), TKG, 2. Aufl. 2009, § 127 Rn. 26, der unter Geschäftsunterlagen in Anlehnung an § 59 Abs. 1 Nr. 2 GWB alle Unterlagen versteht, aus denen sich die wirtschaftlichen Verhältnisse eines Unternehmens ergeben können. Neben den

solchen Interpretation nicht schon aus diesem Grund enge Grenzen gesetzt wären. Das Recht der Einsichtnahme ist durch den Regelungszusammenhang mit dem auf wirtschaftliche Verhältnisse begrenzten Auskunftsrecht in § 127 Abs. 2 S. 1 Nr. 1 TKG aber nach seiner systematischen Stellung ebenfalls auf diesen Zweck begrenzt, da die Einsichts- und Prüfungsbefugnisse als Sicherungsmittel für die Erteilung bei Auskünften bzw. bei einer Auskunftsverweigerung konzipiert und damit auch stets von den Voraussetzungen dieses Auskunftsrechts abhängig sind.

Etwas anderes kann nur dann gelten, wenn man den Anwendungsbereich von § 127 Abs. 2 S. 1 Nr. 2 TKG im Wege der erweiternden Auslegung auch auf das Auskunftsrecht § 127 Abs. 1 S. 1 TKG bezieht.[199] Auch wenn man von einer parallelen Anwendbarkeit der Aufsichtsmittel ausgeht, dürfte die Prüfungsbefugnis für den siebten Teil daher andernfalls wenig praktische Relevanz entfalten.[200] Die Befugnisse der Bundesnetzagentur nach § 115 Abs. 1 TKG blieben insofern hinter den Kontrollkompetenzen des Bundesdatenschutzbeauftragten teilweise zurück, dem ein derartiges Einsichts- und Prüfungsrecht ausdrücklich zusteht[201]

So oder so bezieht sich das Auskunftsrecht aber durchaus auf den Inhalt dieser Unterlagen. Die in § 115 Abs. 1 S. 2 TKG enthaltene Befugnis schriftliche Auskünfte zu verlangen, kann auch das berechtigte Verlangen nach Anfertigung und Aushändigung von Abschriften, Auszügen und Zusammenstellungen einschließen.[202] Ob und in welcher genauen Form Auskünfte verlangt werden, ist nach pflichtgemäßem Ermessen zu entscheiden. Gibt es Anhaltspunkte für konkrete Verstöße gegen die Verpflichtungen und somit für die Gefährdung der Schutzgüter, kann das Ermessen eingeschränkt und sogar auf Null reduziert sein.[203]

II. Sicherstellung der Telekommunikation in Ausnahmesituationen

1. Regelungszusammenhang

In engem Zusammenhang zu den im siebten Teil des TKG ausgesprochenen Verpflichtungen, bestimmte technische Schutzvorkehrungen zu treffen, steht das

---

nach Handels- und Steuerrecht aufbewahrungspflichtigen Unterlagen sowie sonstigen Unterlagen wie technischen Plänen, Kalkulationen, Vorstands- und Aufsichtsratsprotokollen sowie internen Vermerken seien vor dem Hintergrund einer effektiven Aufgabenerfüllung auch elektronische Datenträger vom Unterlagenbegriff erfasst.
199 Vgl. unten Teil IV, A. III und dort v. a. Fn. 1027.
200 Vgl. *Trute*, in: Trute/Spoerr/Bosch (Hrsg.), TKG, 2001, § 91 Rn. 5.
201 Vgl. § 115 Abs. 4 S. 1 TKG i. V. m. § 24 Abs. 4 S. 2 BDSG.
202 Vgl. *Mösbauer*, Immissionsschutzrecht und Staatsaufsicht, VerwArch 72 (1981), 17 (26).
203 Vgl. *Michel/Kienzle/Pauly*, GastG, 14. Aufl. 2003, § 22 Rn. 4.

Post- und Telekommunikationssicherstellungsgesetz (PTSG)[204], welches erst kürzlich die bis dato geltende Fassung[205] mit den auf Grundlage dieser ergangenen Rechtsverordnungen, die Post- und Telekommunikations-Zivilschutzverordnung (PTZSV)[206], die Post- und Telekommunikationsauskunftsverordnung (PTKAuskV)[207] sowie die Telekommunikations-Sicherstellungs-Verordnung (TKSiV)[208], in einem Normwerk bündelte.

Bereits die nach § 1 PTSG-1994 genannten katastrophenrechtlichen bzw. konfliktbedingten Ausnahmesituationen[209] orientierten sich erkennbar an den in Art. 35 Abs. 2 und 3 GG sowie Art. 80a und 115 Abs. 1 GG genannten, restriktiv auszulegenden Kategorien und hatten daher einen dementsprechend eng auszulegenden Anwendungsbereich.[210] Durch die Neuregelung des Post- und Telekommunikationssicherstellungsrechts wurde das Ziel verfolgt, die Regelungen den veränderten tatsächlichen Rahmenbedingungen anzupassen.[211] Diese sieht deshalb neben der Entbindung der Unternehmen von sachlich nicht mehr gerechtfertigten Verpflichtungen die Anpassung des Verpflichtetenkreises an die Marktentwicklung, die Berücksichtigung der gestiegenen Bedeutung der sicherzustellenden Dienste für die Individualkommunikation und ein funktionierendes Gemeinwesen, die stärkere Ausrichtung auf die gegenwärtigen Bedrohungsszenarien und nicht zuletzt die Zusammenfassung und Anpassung der zuvor über das Gesetz und mehrere Verordnungen verstreuten Regelungen in einem einzigen Gesetz vor.

---

204 Gesetz zur Sicherstellung von Post- und Telekommunikationsdiensten in besonderen Fällen vom 24.3.2011, BGBl. I, S. 506, 941.
205 Gesetz zur Sicherstellung des Postwesens und der Telekommunikation vom 14.9.1994, BGBl. I, S. 2325.
206 Verordnung zur Sicherstellung der Post- und Telekommunikationsversorgung durch Schutzvorkehrungen und Maßnahmen des Zivilschutzes v. 23.10.1996, BGBl. I, S. 1539.
207 Verordnung über die Auskunftspflicht zur Sicherstellung der Versorgung mit Post- und Telekommunikationsdienstleistungen v. 22.4.2003, BGBl. I, S. 545.
208 Verordnung zur Sicherstellung von Telekommunikationsdienstleistungen sowie zur Einräumung von Vorrechten bei deren Inanspruchnahme v. 26.11.1997, BGBl. I, S. 2751.
209 Das PTSG-1994 bezweckte ausweislich seines § 1 die Sicherstellung einer ausreichenden Versorgung mit Post- und Telekommunikationsdienstleistungen bei einer Naturkatastrophe oder einem besonders schweren Unglücksfall, im Rahmen der Notfallbewältigung auf Grund internationaler Vereinbarungen, im Rahmen der Zusammenarbeit mit den Vereinten Nationen, im Rahmen von Bündnisverpflichtungen sowie im Spannungs- und Verteidigungsfall. Ähnliche Formulierungen fanden sich in § 1 TKSiV und § 1 PTZSV, die der inhaltsgleichen Auflistung in § 3 Abs. 1 PTSG entnommen waren.
210 Vgl. *Ehmer*, in: in: Büchner u. a. (Hrsg.), TKG, 2. Aufl. 2000, Anhang zu § 87, § 1 PTSG Rn. 1 f.
211 BT-Drs. 17/3306.

2.  Adressaten

Nach § 1 Abs. 1 Nr. 2 PTSG soll das Gesetz nunmehr für Unternehmen gelten, die im Rahmen ihres geschäftsmäßig an die Öffentlichkeit gerichteten Angebots die im Gesetz bezeichneten Telekommunikationsdienste für mehr als 100.000 Teilnehmer erbringen, Anschlüsse für diese Dienste bereitstellen oder die in diesem Gesetz bezeichneten Übertragungswege bereitstellen, und nach § 1 Abs. 2 PTSG bei erheblichen Störungen der Versorgung, im Rahmen internationaler Vereinbarungen zur Notfallbewältigung, der Zusammenarbeit mit den Vereinten Nationen oder von Bündnisverpflichtungen anzuwenden sein. Hierdurch wurde der Anwendungsbereich von der jeweiligen Fassung des TKG gelöst.[212]

---

[212] Nach § 2 PTSG-1994 sollten zur Sicherung und Sicherstellung der Versorgung mit Post- und Telekommunikationsdienstleistungen die aus dem Sondervermögen Deutsche Bundespost hervorgegangenen Unternehmen, also die Nachfolgeunternehmen Deutsche Post AG und Deutsche Telekom AG sowie die Anbieter von Dienstleistungen des Post- und Telekommunikationswesens in Anspruch genommen werden können. Der Anwendungsbereich der Vorschrift wurde schon nach der Entwurfsbegründung im Hinblick auf die Ungewissheit der konkreten Situation bewusst weit gehalten, wobei die jeweilige Marktposition als Anknüpfungsmoment für eine Heranziehung in Erwägung gezogen wurde (vgl. BT-Drs. 12/6718, S. 112). Das seinerzeit noch bestehende und zuständige Bundesministerium für Post und Telekommunikationswesen hatte versucht, diesem Kriterium beim Erlass der PTZSV Rechnung zu tragen, indem es die in Frage kommenden Unternehmen auflistete. Normadressaten nach § 1 S. 1 PTZSV waren die Deutsche Post AG, die Deutsche Telekom AG, die Deutsche Telekom Mobilnet GmbH, die Mannesmann GmbH und die E-Plus Mobilfunk GmbH sowie nach S. 2 deren Tochterunternehmen und Rechtsnachfolger. Die Beschränkung des Adressatenkreises wurde schon vor Jahren angesichts der zwischenzeitlich eingetretenen Änderungen als nicht mehr zweckmäßig und zu Lasten der Adressaten wettbewerbsverzerrend und vor dem Hintergrund der allgemeinen Entwicklung des Zivilschutzrechts als nicht mehr erforderlich eingeordnet (*Ehmer*, in: Büchner u. a. [Hrsg.], TKG, 2. Aufl. 2000, § 87 Rn. 6; *Bock*, in: Geppert u. a. (Hrsg.), TKG, 3. Aufl. 2006, § 115 Rn. 15).
§ 2 S. 1 TKSiV bestimmte den persönlichen Anwendungsbereich der Verordnung ebenfalls abweichend von § 2 PTSG-1994 eigenständig. Die neben der Deutschen Telekom AG in Bezug genommenen Unternehmen nach § 2 FAG (Verleihung der Befugnis zur Errichtung und zum Betrieb einzelner Fernmeldeanlagen) und § 6 TKG-1996 (Lizenzpflicht) ließen die Vorschrift bereits wegen des Entfallens der Anknüpfungsregelungen ebenso als überholt erscheinen.
Auch § 1 PTKAuskV verpflichtete neben Anbietern von Postdienstleistungen ausdrücklich Anbieter von Telekommunikationsdienstleistungen für die Öffentlichkeit mit eigenen Telekommunikationsanlagen im Sinne des § 3 Nr. 17 TKG-1996 und war insofern veraltet. Anders als bei § 1 S. 1 PTZSV ließ sich hierbei jedoch im Hinblick auf den unverändert in § 3 Nr. 23 TKG aufgegangenen § 3 Nr. 17 TKG-1996 der Inhalt der Vorschrift wenigstens sinngemäß übertragen.

3. Ausgestaltung

Der Anwendungsbereich des Auskunftsrechts erschließt sich leichter vor dem Hintergrund seiner Vorgängerregelungen.[213] Die vormals bestehenden detaillierteren Rechtsverordnungen dienten entsprechend ihrer Ermächtigungsgrundlagen unterschiedlichen Zwecken.

Die TKSiV zielte darauf ab, in den genannten Ausnahmesituationen für bevorrechtigte Aufgabenträger[214], soweit diese lebens- oder verteidigungswichtige Aufgaben zu erfüllen haben, ein Mindestangebot an Telekommunikationsdienstleistungen[215] sicherzustellen. Da in diesen Fällen mit einer außergewöhnlich starken Belastung der Leitungsnetze zu rechnen ist, sollte auf diese Weise Sorge dafür getragen werden, dass die Staats- und Regierungsgewalt und die Versorgungssicherheit aufrechterhalten werden. Nach § 7 TKSiV hatten die verpflichteten Telekommunikationsunternehmen der Regulierungsbehörde die nach der TKSiV für die Aufgabenerfüllung notwendigen Auskünfte zu erteilen.

Obwohl der Wortlaut der §§ 12 Abs. 1 und 17 S. 1 PTZSV und mehr noch die amtliche Überschrift von § 4 PTSG-1994 dies vermuten lassen, enthielt § 4 PTSG-1994 selbst keine unmittelbare Informationsberechtigung der Regulierungsbehörde. § 4 Abs. 1 PTSG-1994 sah lediglich die Möglichkeit vor, die nach dem Gesetz verpflichteten Unternehmen durch Rechtsverordnung zu Auskünften und Informationen über Anlagen, Produkte und Leistungsfähigkeit zu verpflichten, soweit dies zu dem in § 1 genannten Zweck erforderlich war. Auch die nach § 4 Abs. 4 PTSG-1994 bestehende Pflicht, Störungen, die erhebliche Auswirkungen auf die Kunden haben, unverzüglich der Bundesnetzagentur bzw. dem Bundesministerium für Wirtschaft und Technologie mitzuteilen, bestand nur nach Maßgabe einer Rechtsverordnung nach § 4 Abs. 5 PTSG, bedurfte also noch der konkretisierenden Umsetzung.

Diese Ermächtigung wurde – gemeinsam mit § 9 Abs. 1, 2 PTSG-1994 – erstmals im Jahr 1997 zum Erlass der PTZSV angewendet. Nach der PTZSV waren Unternehmen dazu angehalten, für entsprechende Sachlagen Schutzvorrichtungen[216] für ihre Angestellten einzurichten. Nach § 12 Abs. 1 PTZSV konnten

---

213 Im Einzelnen waren dies § 4 Abs. 1, 5 PTSG-1994 i. V. m. § 2 Abs. 1 PTKAuskV, §§ 4 Abs. 1, 5 und 9 Abs. 1, 2 PTSG-1994 i. V. m. §§ 12 Abs. 1 und 17 S. 1 PTZSV und § 3 Abs. 1 bis 3 PTSG-1994 i. V. m. § 7 TKSiV.
214 Vgl. § 4 TKSiV.
215 § 2 TKSiV. Die dort enthaltene Auflistung präzisiert allerdings nicht, in welchem Umfang die Leistungen anzubieten sind. Kritisch bzgl. dessen Verfassungsmäßigkeit im Hinblick auf den Bestimmtheitsgrundsatz daher *Ehmer*, in: Büchner u. a. (Hrsg.), TKG, 2. Aufl. 2000, § 87 Rn. 6.
216 Schutzvorkehrungen waren nach § 2 Abs. 1 PTZSV insbesondere Maßnahmen zum betrieblichen Katastrophenschutz (vgl. §§ 4 ff. PTZSV) sowie bauliche Maßnahmen (vgl. §§ 13 ff. PTZSV) zum Schutz solcher Beschäftigten der Unternehmen, die zur Aufrecht-

hierzu nicht personenbezogene Auskünfte und Informationen zum betrieblichen Katastrophenschutz verlangt werden, wenn die Regulierungsbehörde diese Auskünfte und Informationen benötigte, um ihre Aufgaben nach PTSG-1994 und PTZSV erfüllen zu können.[217]

Gemäß § 17 S. 1 PTZSV hatten die nach der Verordnung verpflichteten Unternehmen in Erfüllung ihrer Auskunfts- und Informationspflicht nach § 4 Abs. 1 PTSG-1994 der Regulierungsbehörde auf Verlangen Auskünfte und Informationen über bauliche Anlagen des Zivilschutzes und deren Leistungsfähigkeit zu erteilen. Den Anspruchsumfang erläuterte § 17 S. 2 PTZSV näher, aber nicht abschließend. Insbesondere mussten danach Angaben über die Anzahl der bauseitig fertiggestellten Schutzräume und Schutzplätze sowie die Anzahl der nach dem Schutzraumprogramm zwar erforderlichen, aber noch nicht errichteten Schutzplätze gemacht werden.

Neben der PTZSV wurde von der Ermächtigungsgrundlage § 4 Abs. 1, 5 PTSG-1994 im Jahr 2003 noch ein weiteres Mal Gebrauch gemacht. Das damals zuständige Bundesministerium für Wirtschaft und Arbeit erließ die PTKAuskV, die ihrerseits in § 2 Abs. 1 eine Auskunftspflicht der in § 1 PTKAuskV genannten Unternehmen gegenüber der Bundesnetzagentur und dem Bundeswirtschaftsministerium normierte und zudem nach § 2 Abs. 2 ergänzende Informationsrechte des Ministeriums bei den in § 3 Abs. 1 Nr. 2 bis 5 PTSG-1994 genannten Konfliktsituationen kannte. § 2 Abs. 1 PTKAuskV berechtigte die genannten Stellen zur Erhebung von Auskünften über den Zustand und die Leistungsfähigkeit der gestörten Infrastruktur sowie über Störungen, die erhebliche Auswirkungen auf die Kunden haben, wenn das in den Post- und Telekommunikations-Sicherstellungs-Verordnungen aufgeführte Mindestangebot nicht mehr gewährleistet werden konnte, soweit die Informationserteilung zur Aufgabenerfüllung nach § 1 PTSG-1994 zwingend erforderlich war.

Durch die Neufassung des PTSG wurden die telekommunikationsrechtlichen Regelungen zum Katastrophenschutz erheblich reduziert. Die Verpflichtungen für Telekommunikationsunternehmen ergeben sich für die in § 1 Abs. 2 PTSG

---

erhaltung des Betriebes unter erschwerten Bedingungen oder während unmittelbarer Kampfhandlungen unerlässlich sind, um eine ausreichende Versorgung mit Post- und Telekommunikationsdiensten zu erreichen.

217 Nach § 12 Abs. 2 S. 1 PTZSV waren darunter Angaben und Informationen über die Leistungsfähigkeit und die Einsätze des betrieblichen Katastrophenschutzes zu verstehen. Für Einsätze großen Umfangs galt nach § 12 Abs. 2 S. 2 PTZSV eine Meldepflicht, das betroffene Unternehmen musste die Bundesnetzagentur also von sich aus über derartige Vorkommnisse in Kenntnis setzen. Ein Einsatz großen Umfangs lag nach § 12 Abs. 2 S. 3 PTZSV dann vor, wenn durch ihn erhebliche Auswirkungen auf die Kunden beseitigt werden mussten oder der Einsatz mehr als 48 Stunden andauerte oder wenn mehr als 50 betriebliche Katastrophenschutzkräfte am Einsatz beteiligt waren. Eine weitere Informationspflicht bestand bzgl. des Schutzraumbaus bzw. -programms.

aufgeführten Fälle mittlerweile aus den §§ 5 ff. PTSG. Während § 5 PTSG die Telekommunikationssicherstellungspflicht und §§ 6 f. die Telekommunikationsbevorrechtigung und ihre Umsetzung näher ausgestaltet, sind die Aufsichtsbefugnisse nach der Neuregelung auf zwei Vorschriften aufgeschlüsselt worden. Während § 8 Abs. 1 PTSG mit der Verpflichtung der Unternehmen, der Bundesnetzagentur Auskünfte zu erteilen, die für die Kontrolle der Verpflichtungen nach diesem Gesetz erforderlich sind, nunmehr eine informationelle Generalklausel in Form einer unselbstständigen[218] Informationspflicht vorsieht, die sämtliche der bisherigen Ermächtigungsgrundlagen ersetzt, sind die Abhilfebefugnisse der Behörde in § 10 PTSG geregelt. Nach § 10 Abs. 1 S. 1 PTSG kontrolliert die Bundesnetzagentur die Erfüllung der Verpflichtungen nach dem Gesetz und setzt diese durch. Nach S. 2 wird ihr hierzu ein Betretungs- und Prüfungsrecht eingeräumt. S. 3 sieht eine Duldungs- bzw. Ermöglichungspflicht der Unternehmen bzgl. der Maßnahmen nach den ersten beiden Sätzen vor. Unklar bleibt, was über das in § 8 Abs. 1 PTSG vorgesehene Auskunftsrecht und über eine bloße Aufgabenbeschreibung hinaus mit Kontrollmaßnahmen im Sinne des § 10 Abs. 1 S. 1 PTSG gemeint sein soll. Zumindest hätte sich aber die Regelung des Auskunftsrechts innerhalb des § 10 Abs. 1 PTSG angeboten.

4. Schnittmengen mit dem TKG

Während formal sowohl § 115 Abs. 1 S. 1 und 2 TKG als auch § 8 Abs. 1 PTSG auf die Kontrolle von Verpflichtungen nach dem jeweiligen Gesetz abstellen, ergeben sich inhaltlich erhebliche Überschneidungsbereiche zwischen PTSG und vor allem § 109 Abs. 2 S. 1 Nr. 1 TKG[219], wonach, wer ein öffentliches Telekommunikationsnetz betreibt oder öffentlich zugängliche Telekommunikationsdienste erbringt, bei den hierfür betriebenen Telekommunikations- und Datenverarbeitungssystemen angemessene technische Vorkehrungen oder sonstige Maßnahmen zum Schutze gegen äußere Angriffe und Einwirkungen von Katastrophen sowie gegen Störungen zu treffen hat, die zu erheblichen Beeinträchtigungen von Telekommunikationsnetzen führen. Da für die Überwachung beider Gesetze die Bundesnetzagentur als zuständige Vollzugsbehörde auftritt, kann sie die Ermächtigungen auch kumulativ nebeneinander anführen.

Darüber hinaus haben im Rahmen der TKG-Novelle 2012 auch zwei spezielle Informationsbefugnisse unmittelbaren Eingang in § 109 TKG gefunden. Nach § 109 Abs. 4 S. 3 TKG kann, wer öffentlich zugängliche Telekommunikationsdienste erbringt, nach der Bereitstellung des Telekommunikationsdienstes von

---

218 Siehe Fn. 130.
219 § 109 Abs. 2 S. 1 TKG a. F.

der Bundesnetzagentur verpflichtet werden, das nach § 109 Abs. 4 S. 1 TKG zu erstellende Sicherheitskonzept gegen Gefährdungen der Netzintegrität und -sicherheit vorzulegen. Angesichts der verbindlich zu erstellenden Konzepte handelt es sich hierbei um eine reine Vorlagebefugnis. Nach § 109 Abs. 5 S. 2 TKG kann die Bundesnetzagentur zudem von den Netzbetreibern bzw. Diensteanbietern einen detaillierten Bericht über eingetretene Sicherheitsverletzungen mit beträchtlichen Auswirkungen und die getroffenen Abhilfemaßnahmen verlangen. Die Sicherheitsverletzungen sind hierbei nach § 109 Abs. 5 S. 1 TKG bereits unverzüglich zu melden.[220] Letztlich hätte es einer Aufnahme der Befugnis nicht bedurft, da über die Auskunftsbefugnis § 115 Abs. 1 S. 2 TKG die Anforderung entsprechender Berichte bereits möglich ist.[221]

III. Produktzulassungs- und Produktsicherheitsrecht

Wesentliche Aspekte der technischen Regulierung sind des Weiteren nicht mehr[222] im TKG, sondern in eigenständigen Gesetzen und – teilweise auf Grund dieser erlassenen – Verordnungen geregelt. Der Bundesnetzagentur obliegt hierbei als spezieller Gewerbeüberwachungsbehörde die Marktaufsicht über das Inverkehrbringen, die Inbetriebnahme und den Betrieb von für die Telekommunikation bestimmten Geräten und Anlagen.

1. Regelungszusammenhang

Die Schaffung eines telekommunikationsspezifischen Produktzulassungs- und Produktsicherheitsrechts ist zuvorderst darauf zurückzuführen, dass das frühere staatliche Fernmeldemonopol auch die Beschaffung und Bereitstellung von Telekommunikationsendgeräten umfasste, entsprechende Standards also bereits bei der Herstellung der Geräte von den öffentlichen Fernmeldeverwaltungen durchgesetzt werden konnten.[223] Während das Gesetz über Funkanlagen und Tele-

---

220 Bzgl. dieser Störungen wird im Gesetzentwurf insoweit auch ausdrücklich auf die Telekommunikationssicherstellungspflicht gemäß § 5 PTSG hingewiesen. BT-Drs. 17/5707, S. 83.
221 Vgl. A. I. 3. c) a. E.
222 Das TKG-1996 enthielt ursprünglich in den §§ 59 bis 64 aus dem Fernmeldeanlagengesetz übernommene Produktzulassungsvorschriften für Telekommunikationsendeinrichtungen.
223 Vgl. auch *Röhl*, Akkreditierung und Zertifizierung im Produktsicherheitsrecht, 2000, S. 16 ff.

kommunikationsendeinrichtungen (FTEG)[224] die Voraussetzungen formuliert, unter denen Telekommunikationsendeinrichtungen und Funkanlagen zugelassen werden, bestimmt das Gesetz über die elektromagnetische Verträglichkeit von Betriebsmitteln (EMVG)[225] die gerätetechnischen Sicherheitsanforderungen im Hinblick auf die elektromagnetische Verträglichkeit. Beide Gesetze dienen zudem – auf europäische Liberalisierungsrichtlinien zurückgehend[226] – dem freien Wettbewerb der entsprechenden Geräte auf dem europäischen Binnenmarkt. Durch die europaweite Angleichung der Zulassungsverfahren ist eine Binnenmarktzulässigkeit inzwischen nur noch von der Zulassung in einem Mitgliedstaat abhängig.[227]

Während das FTEG als »klassisches« Gerätesicherheitsrecht einen produktbezogenen Ansatz verfolgt, bestimmt sich die Einschlägigkeit des EMVG phänomenbezogen nach dem Wirkungsrisiko[228] und knüpft produktneutral an Betriebsmittel an.[229] Entsprechend der europarechtlich initiierten Harmonisierung weisen beide Gesetze ungeachtet der unterschiedlichen Ansätze deutliche Parallelen untereinander, aber auch zum sonstigen öffentlich-rechtlichen Produktrecht auf, etwa dem kürzlich geschaffenen Produktsicherheitsgesetz (ProdSG)[230], welches das Geräte- und Produktsicherheitsgesetz (GPSG)[231] abgelöst hat.

---

224  Gesetz v. 31.1.2001, BGBl. I, S. 170.
225  Gesetz v. 26.2.2008, BGBl. I, S. 220.
226  Dazu *Spoerr*, in: Trute/Spoerr/Bosch (Hrsg.), TKG, 2001, Einführung FTEG Rn. 2. Die aktuellen Gesetzesfassungen gehen auf die Umsetzung der RL 1999/5/EG des Europäischen Parlaments und des Rates vom 9. März 1999 über Funkanlagen und Telekommunikationsendeinrichtungen und die gegenseitige Anerkennung ihrer Konformität, ABl. L 91 v. 7.4.1999, S. 10 ff. (wegen der engl. Bezeichnung »Radio and Telecommuncations Terminal Equipment« auch bekannt als sog. R&TTE-Richtlinie, vgl. etwa *Kartmann*, Die europäische R&TTE-Richtlinie, MMR 2000, 741 ff.), zum anderen auf die RL 2004/108/EG des Europäischen Parlaments und des Rates vom 15. Dezember 2004 zur Angleichung der Rechtsvorschriften der Mitgliedstaaten über die elektromagnetische Verträglichkeit und zur Aufhebung der Richtlinie 89/336/EWG, ABl. L 390 v. 31.12.2004, S. 24 ff., zurück.
227  Dazu sogleich unter A. III. 2.
228  Vgl. dazu bereits *Klindt*, Das novellierte Gesetz über die elektromagnetische Verträglichkeit von Geräten (EMVG), NJW 1999, 175 ff.
229  § 3 Nr. 4 EMVG legaldefiniert elektromagnetische Verträglichkeit insoweit als die Fähigkeit eines Betriebsmittels, in seiner elektromagnetischen Umgebung zufriedenstellend zu arbeiten, ohne elektromagnetische Störungen zu verursachen, die für andere in dieser Umgebung vorhandene Betriebsmittel unannehmbar wären. Unter diesen Störungen sind nach § 3 Nr. 5 EMVG alle elektromagnetischen Erscheinungen zu verstehen, die die Funktion eines Betriebsmittels beeinträchtigen könnten.
230  Gesetz über die Bereitstellung von Produkten auf dem Markt v. 8.11.2011. BGBl. I, S. 2178.
231  Gesetz über technische Arbeitsmittel und Verbraucherprodukte v. 6.1.2004, BGBl. I, S. 2, ber. S. 219.

So ist das FTEG einerseits spezieller als das EMVG. Es gründet gerade auf der nach § 1 Abs. 2 Nr. 2 EMVG für das Inverkehrbringen, die Weitergabe, die Ausstellung, die Inbetriebnahme und den Betrieb von Betriebsmitteln geltende Subsidiaritätsregel dieses Gesetzes. Diese Spezialität wird aber andererseits durch viele zentrale Bezugnahmen überlagert.[232] Verwiesen wird u. a. auch auf die Informationsbefugnisse der Bundesnetzagentur – § 15 Abs. 1 FTEG erklärt insoweit die §§ 14, 15 EMVG für anwendbar –, weshalb sich auch hierzu eine gemeinsame Darstellung anbietet.[233]

2. Zulassungskonzeption auf dem Gebiet technischer Standardisierung

In Abkehr von der ursprünglichen Konzeption einer Vollharmonisierung[234] verfolgen beide Gesetze als Bestandteil des europäischen technischen Sicherheitsrechts das Rechtsetzungsmodell des sog. »new approach« (Neue Konzeption).[235] Dahinter verbirgt sich die Erkenntnis, dass zum einen national abweichende technische Standardisierungen – historisch gewachsen oder aus Gründen einseitig nationaler Interessen bewusst erlassen – zu signifikanten Handelshemmnissen führen und daher zur Verwirklichung eines europäischen Binnenmarkts neben der Abschaffung von Zollpflichten und mengenmäßiger Ein- und Ausfuhrbeschränkungen der Vereinheitlichung bedürfen, zum anderen eine kleinstteilige legislative Determination technischer Anforderungen aber erkennbar zur Überlastung des Gesetzgebers und zudem schneller inhaltlicher Veraltung neigt.[236] Auch der Rückgriff auf den Grundsatz der gegenseitigen Anerkennung, das sog. Herkunftslandprinzip[237], führt allein nicht zur wirksamen Beseitigung negativer Auswirkungen auf den Handel, da Mitgliedstaaten auf dem nationalen Markt

---

232 Vgl. nur §§ 3 Abs. 1 Nr. 2; 7 Abs. 3 FTEG.
233 Dazu sogleich unter A. III. 3.
234 Dazu *Schumann*, Bauelemente des europäischen Produktsicherheitsrechts, 2007, S. 48 ff.
235 Eine Übersicht über die entsprechenden New-Approach-Richtlinien findet sich abrufbar unter http://ec.europa.eu/enterprise/policies/european-standards/documents/harmonised-standards-legislation/list-references/#ch2.
236 Vgl. *Klindt*, Der »new approach« im Produktrecht des europäischen Binnenmarkts, EuZW 2002, 133 ff.; *Tünnesen-Harmes*, Die CE-Kennzeichnung zum Abbau technischer Handelshemmnisse in der Europäischen Union, DVBl. 1994, 1334 (1336).
237 Dazu insbesondere *EuGH*, Urteil v. 28.1.1986 (Kommission vs. Frankreich) – Rs. C-188/84, Slg. 1986, S. I-419 (434 ff.); allgemein zum Prinzip gegenseitiger Anerkennung im Hinblick auf Produktsicherheitsregelungen *Schumann*, Bauelemente des europäischen Produktsicherheitsrechts, 2006, S. 38 ff.

hiernach nur solche Produkte zulassen müssen, die nachweislich einen dem innerstaatlichen Niveau vergleichbaren Schutz gewährleisten.[238]

Der »new approach« baut gleichermaßen auf den Prinzipien der Rechtsangleichung und -anerkennung auf, stellt dabei aber rechtlich nur grundlegende Sicherheitsanforderungen[239] auf und greift darüber hinaus auf die Konkretisierung der Harmonisierungsregelungen durch Normungsorganisationen zurück,[240] die diese im Auftrag der Kommission in speziellen Verfahren erarbeiten.[241]

Während die Einhaltung der grundlegenden Sicherheitsanforderungen verbindlich beim Inverkehrbringen eines Produkts bzw. bei dessen Inbetriebnahme zu beachten ist,[242] erhalten die technischen Normen durch die Inbezugnahme zwar keine Rechtswirkung,[243] lösen aber bei ihrer Einhaltung eine widerlegliche Konformitätsvermutung mit den Sicherheitsanforderungen aus.[244] Grundsätzlich haben die Hersteller daher die Möglichkeit, unter Nichtbeachtung der technischen Standards der Normungsorganisationen zu produzieren, tragen aber als Primärverantwortlicher für die Einhaltung der grundlegenden Anforderungen erhöhte Nachweislasten.[245] Die Konformität mit den grundlegenden Anforderun-

---

238 Vgl. *Rönck*, Technische Normen als Gestaltungsmittel des Europäischen Gemeinschaftsrechts, 1995, S. 89; *Mohr*, Technische Normen und freier Warenverkehr in der EWG, 1990, S. 141.
239 Vgl. § 3 FTEG und § 4 EMVG. Nähere Anforderungen sind in weiteren Verordnungen enthalten, die entsprechend der angestrebten Harmonisierung keine nationalen Konkretisierungen enthalten, sondern nur der Umsetzung europäischer Festlegungen dienen. Vgl. die Vorgaben der auf Grundlage von §§ 3 Abs. 3, 4 Abs. 2 FTEG erlassenen Grundlegende Anforderungen- und Schnittstellen-Verordnung (Verordnung zur Bestimmung von weiteren grundlegenden Anforderungen an Geräte sowie zur Bestimmung von Äquivalenzen nationaler Schnittstellen und Geräteklassenkennungen auf dem Gebiet der Funkanlagen und Telekommunikationsendeinrichtungen [GASV] v. 8.1.2002, BGBl. I, S. 398), sowie der Ersten Verordnung zum Geräte- und Produktsicherheitsgesetz (Verordnung über das Inverkehrbringen elektrischer Betriebsmittel zur Verwendung innerhalb bestimmter Spannungsgrenzen [1. GPSGV] v. 11.6.1979, BGBl. I, S. 629), auf deren vorletzte Fassung der insofern überholungsbedürftige § 3 Abs. 1 FTEG ohne Anwendung der Spannungsgrenzen verweist.
240 Vgl. die umfangreichen Listen unter http://ec.europa.eu/enterprise/policies/european-standards/documents/harmonised-standards-legislation/list-references/rtte/index_ en.htm und http://ec.europa.eu/enterprise/policies/european-standards/documents/harmonised-standards-legislation/list-references/electromagnetic-compatibility/index_en. htm. Zu den für die technische Normung relevanten Normungsorganisationen im Bereich der Telekommunikation unten Teil III, A. II.
241 Zu den Kernaussagen des »new approach« etwa *Anselmann*, Technische Vorschriften und Normen in Europa, 1991, S. 30 f., 91.
242 Vgl. §§ 10, 11 FTEG und § 6 EMVG.
243 Vgl. zur Regelungstechnik *Klindt*, Ausfüllung staatlicher Rechtsvorschriften durch Regeln der Technik, BG 2004, 20 ff.
244 Vgl. § 6 FTEG und § 5 EMVG.
245 *Anselmann*, Technische Vorschriften und Normen in Europa, 1991, S. 36. Vgl. auch die eingeschränkten Verfahrenswahlmöglichkeiten nach § 7 Abs. 2 Nr. 3 FTEG.

gen ist vor dem Inverkehrbringen in entsprechenden Konformitätsbewertungsverfahren nachzuweisen,[246] durch Kennzeichnung des Betriebsmittels, der sog. CE-Kennzeichnung (»Conformité Européenne«), zu bestätigen[247] und die entsprechenden Unterlagen sind über einen langen Zeitraum aufzubewahren und zur Einsicht bereitzuhalten.[248] Daneben treffen den Hersteller bzw. Anbieter diverse sonstige Informations- und Kennzeichnungspflichten.[249]

Der Begriff »Produktzulassungsrecht« ist insofern irreführend, als die Konformitätsbewertungsverfahren beim Inverkehrbringen eines Gerätes weder in allen Fällen verpflichtend überhaupt die Einbeziehung einer Zulassungsinstitution vorsehen, und auch soweit entsprechende Stellen beteiligt sind, eine vorgelagerte Anerkennung regelmäßig fakultativ ist.[250] Soweit für die Konformitätsprüfung private Dritte eingebunden sind, bedürfen diese einer entsprechenden Akkreditierung.[251]

---

246 Vgl. § 7 Abs. 2, 3 sowie auch Abs. 5 EMVG und vor allem § 7 Abs. 2, 3 FTEG, die je nach Produkt bzw. der Einhaltung harmonisierter Normen die Möglichkeit eröffnen, Verfahren nach der 1. GPSGV, dem EMVG bzw. den Anhängen II bis V der RL 1999/5/EG zu wählen. Zur Umsetzung von Europarecht durch Verweisungen siehe auch unten Teil III, A. III. 2.
247 Vgl. § 9 Abs. 1, 3 FTEG und § 8 EMVG.
248 Vgl. § 7 Abs. 4 FTEG und §§ 7 Abs. 3 S. 3, 12 Abs. 1 S. 3 EMVG.
249 Vgl. §§ 9 Abs. 2, 4, 5, 10 Abs. 3, 4 FTEG und §§ 9, 12 Abs. 2 S. 2 EMVG.
250 Vgl. etwa § 7 Abs. 4 EMVG. Der in § 7 Abs. 3 FTEG vom Wortlaut noch umfasste Querverweis auf § 4 Abs. 1 bis 4 EMVG a. F. und damit auf dessen Abs. 2 Nr. 3 a. F. geht offensichtlich auf die unsorgfältige Überarbeitung des Gesetzes (vgl. BGBl. I 2008, S. 227 f.) im Rahmen der Neufassung des EMVG zurück. Demgegenüber bestand nach § 59 Abs. 4 S. 1 Nr. 1 TKG-1996 a. F. i. V. m. § 12 Abs. 1 TKZulV (Verordnung über die Konformitätsbewertung, die Kennzeichnung, die Zulassung, das Inverkehrbringen und das Betreiben von Funkanlagen, die nicht zur Anschaltung an ein öffentliches Telekommunikationsnetz bestimmt sind, und von Telekommunikationseinrichtungen [Telekommunikationszulassungsverordnung] v. 20.8.1997, BGBl. I, S. 2117) noch ein System administrativer Zulassung für das Inverkehrbringen, den Anschluss und den Betrieb von Telekommunikationseinrichtungen.
251 Maßgeblich hierfür sind die Vorschriften der Anerkennungsverordnung (Verordnung über die Anforderung und das Verfahren für die Anerkennung von Konformitätsbewertungsstellen [AnerkV] v. 7.6.2002, BGBl. I, S. 1792). Momentan gibt es 6 anerkannte benannte Stellen nach § 8 Abs. 1 FTEG sowie 19 benannte Stellen nach § 10 Abs. 1 EMVG. Vgl. http://www.bundesnetzagentur.de/cln_1931/DE/Sachgebiete/Telekommunikation/TechRegTelekommunikation/AnerkennungKonformitaetsBewertungsstellen/BenannteStellenFTEG/BenannteStellenRichtL1999_5_EG_Basepage.html sowie weiterhin http://www.bundesnetzagentur.de/cae/servlet/contentblob/121846/publicationFile/7978/ListeBenannteStellenEMVGId16498pdf.pdf.

## 3. Regulierungsbehördliche Informationsbefugnisse bei der Marktaufsicht

Nach der Regelungskonzeption von FTEG und EMVG können Geräte, die nicht die oder nicht alle gesetzlichen Anforderungen erfüllen, demnach auf den Markt gebracht werden, ohne im Vorfeld eine behördliche Zulassung einzuholen. Die Marktaufsicht obliegt gemäß §§ 13 ff. EMVG sowie §§ 14 ff. FTEG der Bundesnetzagentur, der weitgehende Kontroll- und Anordnungsbefugnisse zur Überprüfung der in Verkehr zu bringenden und in Verkehr gebrachten Produkte übertragen sind, die sie entsprechend der weitgehend internen Fertigungskontrolle vor allem in der Nachmarktphase ausübt.[252]

Zur Erfüllung ihrer Aufgaben kann die Behörde nach § 15 Abs. 1 S. 1 ggf. i. V. m. § 15 Abs. 1 S. 1 FTEG von denjenigen, die Betriebsmittel in Verkehr bringen, anbieten, ausstellen, betreiben oder die Weitergabe vermittelnd unterstützen, sowie den akkreditierten Stellen, die Erteilung der hierzu erforderlichen Auskünfte verlangen. Die Verpflichteten haben ihrerseits darüber hinaus jegliche sonstige Unterstützung zu gewähren. Zu den Aufgaben im Sinne der Vorschrift zählen vor allem die stichprobenweise Überprüfung der Geräte auf die Einhaltung der gesetzlichen Anforderungen[253] und die Ergreifung der notwendigen Maßnahmen zur Klärung von elektromagnetischen Unverträglichkeiten.[254] Die Pflicht zur Erteilung von Auskünften zielt demnach primär auf die Bereitstellung von Informationen, die eine Konformitätsbeurteilung eines Betriebsmittels und ggf. behördliche Abhilfemaßnahmen ermöglichen sollen. Dies betrifft etwa Fragen nach Art und Herstellung von Geräteteilen und den Lager-, Vertriebs- und Auslieferungswegen; die Gewährung von sonstigen Unterstützungshandlungen kann demgegenüber etwa darin bestehen, Einsichtnahme in Unterlagen zu gewähren, Zutritt zu besonders gesicherten Räumen oder Computern zu ermöglichen oder auch in der Bereitstellung von eingearbeitetem Fachpersonal.[255] Dem

---

252 Hiervon macht diese regen Gebrauch. Nach der regulierungsbehördlichen Statistik über die Marktüberwachung nach FTEG und EMVG wurden beispielsweise im Jahr 2009 309 Inverkehrbringer (6,9 % aller deutschen Inverkehrbringer) und 1.598 Anbieter (1,6 % der Anbieter) überprüft und dabei 251 Vertriebsverbote ausgesprochen sowie 328 Festsetzungsschreiben verschickt. Nach der EMV-FTE Kostenverordnung (Verordnung über Kosten für Amtshandlungen nach dem EMVG und nach dem FTEG [EMV-FTEKostV] v. 16.7.2002, BGBl. I, S. 2647) wurden in den letzten Jahren jeweils Gebühren und Auslagen bis zu 1.500.000 Euro geltend gemacht. Die Statistiken seit 1997 sind abrufbar unter http://www.bundesnetzagentur.de/cln_1931/DE/Sachgebiete/Telekommunikation/TechRegTelekommunikation/InverkehrbrGeraeteEMVG/MarktaufsichtNachEMVGundFTEG/marktaufsichtnachemvgundfteg_node.html.
253 Vgl. § 14 Abs. 1 EMVG und § 14 Abs. 2 FTEG.
254 Vgl. § 14 Abs. 6 EMVG.
255 Vgl. die entsprechende Auslegung zu § 8 Abs. 9 GPSG in *Geiß/Doll*, GPSG, 2005, B § 8 Rn. 86 f., sowie *Klindt*, GPSG, 2007, § 8 Rn. 181 ff.

korrespondieren ergänzende Betretungs-, Besichtigungs- Prüfungs- und Entnahmerechte.[256] Schon die Behördenaufgabe zur stichprobenweisen Geräteüberprüfung zeigt, dass die Befugnisse anlasslos ohne Kenntnis oder auch nur den Verdacht eines Verstoßes gegen die gesetzlichen Anforderungen ausgeübt werden können.

Im Rahmen des umfassenden Qualitätssicherungssystems nach Anhang V der RL 1999/5/EG haben zudem benannte Stellen – freilich nicht erzwingbare[257] – Inspektionsrechte auch in der Vormarktphase.[258] Öffentlich-rechtliche Nachmarktpflichten der Hersteller sind dagegen im Gegensatz zum allgemeinen Produktsicherheitsrecht[259] bislang soweit ersichtlich nicht kodifiziert.

Je nachdem, ob und welche Gesetzesverstöße festgestellt werden, kann die Bundesnetzagentur das Inverkehrbringen oder die Weitergabe des betreffenden Gerätes einschränken, unterbinden oder rückgängig machen oder seinen freien Warenverkehr einschränken[260] oder ggf. sonstige Maßnahmen ergreifen.[261] Die bei der Marktüberwachung schon weitgehend koordinierte europäische Behördenzusammenarbeit[262] wird zukünftig auch hierbei noch verstärkt. In diesem Zu-

---

256 Die Beauftragten der Bundesnetzagentur dürfen nach § 15 Abs. 2 EMVG die Betriebsgrundstücke, Betriebs- und Geschäftsräume sowie Fahrzeuge, auf oder in denen Betriebsmittel oder Geräte im Sinne des Gesetzes über Funkanlagen und Telekommunikationssendeeinrichtungen geprüft, hergestellt, angeboten oder zum Zwecke des Inverkehrbringens oder der Weitergabe gelagert werden, ausgestellt sind oder betrieben werden, während der Geschäfts- und Betriebszeiten betreten, die Geräte besichtigen und prüfen, zur Prüfung betreiben lassen und unentgeltlich vorübergehend zu Prüf- und Kontrollzwecken entnehmen.
257 Vgl. *Spoerr*, in: Trute/Spoerr/Bosch (Hrsg.), TKG, 2001, § 8 Rn. 3.
258 Diese haben nach § 8 Abs. 2 S. 1 FTEG die Bewertung des Qualitätssicherungssystems zu verweigern oder zurückzuziehen, wenn ihnen für Inspektionszwecke, auch bei unangemeldeten Besuchen, der Zugang zu Entwicklungs-, Abnahme-, Test- oder Lagereinrichtungen des Herstellers oder der Einblick in die erforderlichen Unterlagen verwehrt wird und müssen nach S. 2 die Bundesnetzagentur darüber informieren.
259 Vgl. § 6 Abs. 2, 3 ProdSG.
260 Vgl. § 14 Abs. 2 bis 5 EMVG ggf. i. V. m. § 15 Abs. 1 FTEG. Vgl. hierzu auch eine Übersicht möglicher Maßnahmen auf dem Internet-Auftritt der Bundesnetzagentur http://www.bundesnetzagentur.de/SharedDocs/Downloads/DE/BNetzA/Sachgebiete/Telekommunikation/TechnischeRegulierung/InverkehrbringenGeraeteEMVGFTEG/MarktUeberwachungEMVGFTEG/M%C3%B6glMa%C3%9FnahmenMarktueberwachung.pdf?__blob=publicationFile.
261 Vgl. § 14 Abs. 7, 12 EMVG.
262 Seit 2002 werden durch die Gruppe für administrative Kooperation für den Bereich R&TTE (Group of Administrative Co-operation under R&TTE Directive 99/5/EC – ADCO R&TTE), einem Zusammenschluss von Behördenvertretern der Mitgliedstaaten, paneuropäische Marktüberwachungskampagnen durchgeführt. Diese unterstützt zudem informell das TCAM (Telecommunications Conformity Assessment and Market Surveillance Committee), einem bei der Kommission angesiedelten Beratungsgremium im Bereich Konformitätsbewertung und Marktüberwachung.

sammenhang steht auch die Einführung eines zentralen Datenbanksystems, auch um die Rückverfolgbarkeit von Produkten und der damit verbundenen Identifizierung der verantwortlichen Inverkehrbringer besser zu gewährleisten.[263]

## IV. Nummerierung

Eine besondere Informationsbefugnis findet sich weiterhin in den Vorschriften über die Nummerierung. Da Verbindungen zu Telekommunikationsnetzen und -diensten sowie deren Abrechnung über Nummern[264] erfolgt, sind Anbieter und Endnutzer auf eine Vergabe bzw. Zuweisung entsprechender Zeichenfolgen und -kontingente angewiesen. Vor der Nummernzuteilung werden durch die Bundesnetzagentur die Zuteilungsvoraussetzungen geschaffen, indem sie einerseits den Gesamtnummernraum in einzelne Nummernräume aufteilt und andererseits für diese Räume besondere Nutzungs- und Verteilungsbedingungen festlegt.

Die verschiedenen Arten der Zuteilung sind in § 4 Abs. 2 TNV[265] geregelt. Die Zuteilung von Nummern erfolgt danach entweder direkt durch die Bundesnetzagentur zur eigenen Verwendung (direkte Zuteilung), originär durch die Bundesnetzagentur an einen Betreiber von Telekommunikationsnetzen oder einen Anbieter von Telekommunikationsdiensten zur Verwendung für rechtsgeschäftlich abgeleitete Zuteilungen (originäre Zuteilung), abgeleitet durch einen originären Zuteilungsnehmer zur Verwendung durch den abgeleiteten Zuteilungsnehmer (abgeleitete Zuteilung) oder im Ausnahmefall durch Allgemeinzuteilung der Bundesnetzagentur (allgemeine Zuteilung).

Die in § 67 Abs. 1 S. 2 TKG enthaltene Befugnis betrifft nur die Ebene der (Weiter-)zuteilung und soll die Kontrolle und Sicherstellung rechtskonformer Nummernnutzung ermöglichen. Sie ergänzt das Recht der Bundesnetzagentur, auf Grundlage des § 127 Abs. 1 S. 2 Nr. 7 TKG Informationen bzgl. der Nummernnutzung einzuholen.

---

263 Zur sog. NANDO-Datenbank (»New Approach Notified and Designated Organisations Information System«) http://ec.europa.eu/enterprise/newapproach/nando/.
264 In § 3 Nr. 13 TKG legaldefiniert als Zeichenfolgen, die in Telekommunikationsnetzen Zwecken der Adressierung dienen.
265 Telekommunikations-Nummerierungsverordnung v. 5.8.2008, BGBl. I S. 141.

1. Regelungszusammenhang

§ 67 TKG, der auf § 43c TKG-1996 und damit auf das Gesetz zur Bekämpfung des Missbrauchs von 0190er/0900er-Mehrwertdiensterufnummern zurückgeht,[266] enthält zunächst eine nummerierungsspezifische Generalklausel, mit der Überwachungsmaßnahmen zur Durchsetzung rechtskonformer Nummernnutzung ermöglicht werden.[267] § 67 Abs. 1 S. 1 TKG befugt die Bundesnetzagentur im Rahmen der Nummernverwaltung Anordnungen und andere geeignete Maßnahmen zu treffen, um die Einhaltung gesetzlicher Vorschriften und der von ihr erteilten Bedingungen über die Zuteilung von Nummern sicherzustellen.[268] Gesetzliche Vorschriften sind neben den Vorschriften des TKG und der TNV auch Normen anderer Gesetze, soweit die Rechtsverletzung im Zusammenhang mit einer Nummernnutzung erfolgt. So stellt unverlangte Spamwerbung etwa eine Rechtsverletzung nach § 823 Abs. 1. 1004 Abs. 1 S. 2 BGB sowie nach § 7 Abs. 2 UWG dar.[269] Von der Bundesnetzagentur erteilte Bedingungen sind insbesondere die nach § 1 Abs. 1 TNV erlassenen Zuteilungsregeln und die nach § 66 Abs. 2 TKG erlassenen Anordnungen.[270]

Der Anwendungsbereich der Norm wurde bewusst offengehalten, da sich neben den Mehrwertdiensten auch in anderen Nummernbereichen des E.164-Nummernraums[271] und bei Kurzwahlnummern die Verbraucherbeschwerden gehäuft hatten.[272] Gegen diejenigen vorzugehen, die entsprechende Rechtsverletzungen begingen, erwies sich in der Vergangenheit aber als schwierig.[273] Zwar

266 Dazu *Ditscheid/Rudloff*, Das Gesetz zur Bekämpfung des Missbrauchs von 0190er-/0900er-Mehrwertdiensterufnummern – sinnvolle Lösungen im Spannungsfeld zwischen Verbraucherschutz und Wirtschaft?, TKMR 2003, 406 ff.; *Rösler*, Die Bekämpfung des Missbrauchs von Mehrwertdiensterufnummern, NJW 2003, 2633 ff.
267 *Paschke*, in: Scheurle/Mayen (Hrsg.), TKG, 2. Aufl. 2008, § 67 Rn. 1 ff.
268 Einige Eingriffsbefugnisse als Beispiele für Maßnahmen führt die Norm in den S. 4 bis 7 desselben Abs. auf. Zahlreiche Beispiele für Missbrauchsfälle einerseits sowie Anordnungen und Maßnahmen andererseits finden sich bei *Herchenbach-Canarius/Thoma*, in: Arndt/Fetzer/Scherer (Hrsg.), TKG, 2008, § 67 Rn. 5 ff.; die praktische Relevanz der Vorschrift betont auch die Entwurfsbegründung zum TKG-ÄndG 2007, vgl. BT-Drs. 16/2581, S. 27.
269 Vgl. *Brodkorb*, in: Säcker (Hrsg.), TKG, 2. Aufl. 2009, § 67 Rn. 9 m. w. N.
270 Vgl. *Brodkorb*, in: Säcker (Hrsg.), TKG, 2. Aufl. 2009, § 67 Rn. 10.
271 Die Richtlinie E.164 der Internationalen Fernmeldeunion (International Telecommunications Union – ITU) regelt international die Nummerierung der Rufnummern, vor allem deren Bestandteile und die internationalen Vorwahlen, vgl. näher http://www.itu.int/rec/T-REC-E.164/en.
272 *Brodkorb*, in: Säcker (Hrsg.), TKG, 2. Aufl. 2009, § 67 Rn. 6. Zur diesbezüglichen Kritik an der Vorgängernorm *Tiedemann*, Mehrwertdiensterufnummern: Der Schutz der Verbraucher und der seriösen Anbieter vor schwarzen Schafen - eine (un-)lösbare Aufgabe?, K&R 2003, 328 (336).
273 *Brodkorb*, in: Säcker (Hrsg.), TKG, 2. Aufl. 2009, § 67 Rn. 21.

werden Rufnummern für Mehrwertdienste – inzwischen als Premium-Dienste legaldefiniert in § 3 Nr. 17b TKG[274] – mittlerweile nur noch im Wege der direkten Zuteilung vergeben, gerade um auf Verstöße im Zusammenhang mit der Nummernnutzung adäquat reagieren zu können.[275] Für andere Rufnummerngassen werden Nummern aber teilweise weiterhin im Wege der originären Zuteilung in Blöcken zugeteilt und von den Zuteilungsnehmern weitergegeben. Die Bundesnetzagentur verfügt in diesen Fällen bzgl. der Identität der Nummernnutzer über keine Kenntnis.

2. Ausgestaltung

Im Zuge des TKG-Änderungsgesetzes 2007 wurde der bereichsspezifischen Generalklausel deshalb ein Auskunftsrecht beiseite gestellt, um die entsprechenden Informationen akquirieren zu können. Die Bundesnetzagentur kann seitdem Betreiber von öffentlichen Telekommunikationsnetzen und die Anbieter von Telekommunikationsdiensten für die Öffentlichkeit nach § 67 Abs. 1 S. 2 Hs. 1 TKG verpflichten, Auskünfte zu personenbezogenen Daten wie den Namen und die ladungsfähige Anschrift von Nummerninhabern und Nummernnutzern zu erteilen, soweit dies für den Vollzug des TKG und auf Grund des TKG ergangener Verordnungen sowie der erteilten Bedingungen erforderlich ist. Nach § 67 Abs. 1 S. 2 Hs. 2 TKG steht ihr dieses Recht insbesondere dann zu, wenn Verpflichtungen einzelfallbezogen überprüft werden, wenn ihr eine Beschwerde vorliegt oder sie aus anderen Gründen eine Verletzung von Pflichten annimmt oder von sich aus Ermittlungen durchführt. Die Formulierung von Hs. 2 ist größtenteils wortidentisch mit § 127 Abs. 1 S. 2 Nr. 2 TKG und geht ebenso auf den Wortlaut von Art. 11 Abs. 1 UAbs. 1 lit. b) der RL 2002/20/EG zurück.[276]

Der Gesetzgeber ist mit guten Gründen davon ausgegangen, dass ein Rückgriff auf § 127 Abs. 1 S. 2 Nr. 7 TKG als Ermächtigungsgrundlage für die Erhebung personenbezogener Daten ausscheidet, da hierfür erhöhte rechtliche Anforderungen gelten.[277] Über § 67 Abs. 1 S. 2 TKG sollen personenbezogene Daten

---

274 Dienste, insbesondere der Rufnummernbereiche 0190 und 0900, bei denen über die Telekommunikationsdienstleistung hinaus eine weitere Dienstleistung erbracht wird, die gegenüber dem Anrufer gemeinsam mit der Telekommunikationsdienstleistung abgerechnet wird und die nicht einer anderen Nummernart zuzurechnen ist.
275 Vgl. *Brodkorb*, in: Säcker (Hrsg.), TKG, 2. Aufl. 2009, § 67 Rn. 21.
276 Dazu eingehend unten Teil III, B. II. 4. b) aa) (1).
277 Vgl. aber aus der postrechtlichen Rechtsprechung *OVG Münster*, Beschluss v. 5.10.2009 – 13 B 1056 –, NVwZ 2010, 270 (272), nach dem einem auf eine postrechtliche Generalklausel § 45 Abs. 1 Nr. 1 PostG gestützten Auskunftsverlangen, in dem nach Name, Anschrift und Firmenbezeichnung von Subunternehmern gefragt wurde, nicht entgegengehalten werden könne, die Erteilung der Informationen verstoße gegen datenschutzrechtli-

Dritter erhoben werden, so dass es insoweit eines hinreichend klaren Hinweises in der Ermächtigungsgrundlage bedurfte.[278] Zwar werden der Name und die ladungsfähige Anschrift nur exemplarisch als personenbezogene Daten aufgeführt, Generalklauseln sind aber nicht prinzipiell ausgeschlossen, sofern Ziel und Umfang der beabsichtigten Datenverarbeitung deutlich werden.[279] Datenschutzrechtliche Gründe können einem Auskunftsverlangen daher nicht entgegengehalten werden.[280]

Die Bundesnetzagentur muss personenbezogene Daten ausschließlich in Situationen ermitteln, in denen eine Weitergabe der betroffenen Rufnummer durch den originären Zuteilungsnehmer erfolgte. Im Gegensatz zum Auskunftsrecht nach § 66h Abs. 1 S. 3 TKG a. F. zur Ermittlung missbräuchlicher Nutzung von 0190er-Rufnummern trifft den Adressaten des Auskunftsverlangens keine Pflicht zur Informationsbeschaffung. In § 67 Abs. 1 S. 2 Hs. 1 TKG wird die Informati-

---

che Bestimmungen. Das Gericht verweist schlicht darauf, dass das Erheben von personenbezogenen Daten nach § 13 BDSG zulässig sei, wenn ihre Kenntnis zur Erfüllung der Aufgaben der verantwortlichen Stelle erforderlich sei, was im konkreten Fall bejaht wird. (vgl. auch die a. a. O. zitierte gegenteilige Stellungnahme des Bundesdatenschutzbeauftragten und die Ausführungen der Vorinstanz, *VG Köln*, Beschluss v. 30.6.2009 – 22 L 582/09 –, N&R 2009, 277 [278], in denen die grundsätzliche Möglichkeit der Erhebung personenbezogener Daten ausdrücklich offen gelassen wird).

Dem kann so nicht gefolgt werden. Ein Tatbestand, der den Umgang mit personenbezogenen Daten regelt, vermag nur dann in verfassungsmäßiger Art und Weise in das informationelle Selbstbestimmungsrecht einzugreifen, wenn er den Anforderungen genügt, die das *BVerfG* zuerst im Volkszählungsurteil aufgestellt hat. Danach muss ein entsprechender Tatbestand im überwiegenden Allgemeininteresse liegen, das Verhältnismäßigkeitsprinzip berücksichtigen und – vor allem – normenklar formuliert sein (*BVerfG*, Urteil v. 15.12.1983 – 1 BvR 209 u. a. –, BVerfGE 65, 1 [43 ff.]; vgl. auch *BVerfG*, Urteil v. 14.7.1999 – 1 BvR 2226/94 u. a. –, BVerfGE 100, 313 [359 f.]; zur in der Literatur vorgebrachten Kritik an diesem »totalen Eingriffsvorbehalt« nur *Tinnefeld/Ehmann/Gerling*, Einführung in das Datenschutzrecht, 4. Aufl. 2005, S. 463 ff.; *Hoffmann-Riem*, Informationelle Selbstbestimmung in der Informationsgesellschaft: auf dem Weg zu einem neuen Konzept des Datenschutzes, AöR 123 [1998], 513 [516 f.]; zum Ganzen auch *Simitis*, in: Simitis [Hrsg.], BDSG, 7. Aufl. 2011, § 1 Rn. 98 ff. m. w. N.).

Nach dem Prinzip der Normenklarheit ist der Gesetzgeber verpflichtet, in einer für den Betroffenen nachvollziehbaren Weise Voraussetzungen und Umfang der Einschränkung sowie den Ablauf des Verarbeitungsprozesses zu erkennen zu geben (*BVerfG*, Urteil v. 15.12.1983 – 1 BvR 209 u. a. –, BVerfGE 65, 1 [45 f.]). Er muss also sowohl den spezifischen Zweck der angestrebten Regelung als auch die für dessen Verwirklichung erforderlichen Daten präzise umschreiben (*Dreier*, in: Dreier [Hrsg.], GG, Bd. 1, 2. Aufl. 2004, Art. 2 I Rn. 86; *Schmitt Glaeser*, Schutz der Privatsphäre, in: Isensee/Kirchof [Hrsg.], Handbuch des Staatsrechts, Bd. VI, 2. Aufl. 2001, § 129 Rn. 105.).

278 So die Begründung des Gesetzentwurfs, BT-Drs. 16/2581, S. 27.
279 *Scholz/Pitschas*, Informationelle Selbstbestimmung und staatliche Informationsverantwortung, 1984, S. 30 f.; kritisch *Simitis*, Die informationelle Selbstbestimmung – Grundbedingung einer verfassungskonformen Informationsordnung, NJW 1984, 394 (400 f.).
280 *Paschke*, in: Scheurle/Mayen (Hrsg.), TKG, 2. Aufl. 2008, § 67 Rn. 7.

onspflicht nämlich dahingehend eingeschränkt, dass die Daten dem Unternehmen bekannt sein müssen.

Regelmäßig werden der Bundesnetzagentur aber bereits ihre Zuteilungsnehmer die geforderten Daten zur Verfügung stellen können. Ist der abgeleitete Zuteilungsnehmer zugleich Nummernnutzer bzw. -inhaber, sind die Daten dem originären Zuteilungsnehmer auf Grund der rechtsgeschäftlichen Weitergabe i. S. d. § 4 Abs. 5 TNV zumeist bekannt.[281] Netzbetreiber, in deren Netzen Rufnummern für Massenverkehrsdienste[282], Dienste[283] oder Kurzwahldienste[284] geschaltet sind, trifft zudem nach § 66i Abs. 3 S. 5 TKG die Pflicht, die Angaben derer, die über die Rufnummern Dienstleistungen anbieten, aktuell vorzuhalten. Andernfalls ist die Bundesnetzagentur auf ein schrittweises Vorgehen angewiesen, das nicht immer erfolgversprechend erscheint.

In der Praxis treten aber auch immer wieder Fälle auf, in denen originäre Zuteilungsnehmer schon nicht in der Lage sind, der Bundesnetzagentur die personenbezogenen Daten derjenigen zu nennen, die von ihm abgeleitete Rufnummernzuteilungen erhalten haben, weil sie entweder die Daten überhaupt nicht erhoben haben, der abgeleitete Zuteilungsnehmer falsche Daten angegeben hat, die vom originären Zuteilungsnehmer nicht in geeigneter Weise geprüft wurden oder Daten, die sich geändert haben, vom originären Zuteilungsnehmer nicht aktuell gehalten wurden.[285] In der Diskussion war daher für gewisse Zeit eine nummernrechtliche Regelung, wonach originäre Zuteilungsnehmer zur Erhebung und Pflege der entsprechenden Daten des abgeleiteten Zuteilungsnehmers mit einer entsprechenden Identitätsprüfung verpflichtet werden sollen.[286] Dieser Gedanke

---

281 *Brodkorb*, in: Säcker (Hrsg.), TKG, 2. Aufl. 2009, § 67 Rn. 23.
282 Massenverkehrsdienste sind nach § 3 Nr. 11d TKG Dienste, insbesondere des Rufnummernbereichs 0137, die charakterisiert sind durch ein hohes Verkehrsaufkommen in einem oder mehreren kurzen Zeitintervallen mit kurzer Belegungsdauer zu einem Ziel mit begrenzter Abfragekapazität.
283 Neuartige Dienste sind nach § 3 Nr. 12b TKG Dienste, insbesondere des Rufnummernbereichs (0)12, bei denen Nummern für einen Zweck verwendet werden, für den kein anderer Rufnummernraum zur Verfügung steht.
284 Kurzwahldienste sind nach § 3 Nr. 11b TKG Dienste, die die Merkmale eines Premium-Dienstes haben, jedoch eine spezielle Nummernart mit kurzen Nummern nutzen.
285 Vgl. *Bundesnetzagentur*, Nummerierungskonzept 2009, S. 21 f., wonach entsprechende Probleme insbesondere im Zusammenhang mit nationalen Teilnehmerrufnummern, die für VoIP-Dienste im Internet zugeteilt werden, Mobilfunkrufnummern von Prepaid-Kunden und Massenverkehrsrufnummern auftreten. Vor der Freischaltung von Mobilfunk-Karten würden beispielsweise entweder ungeprüfte Daten oder die Daten des Vertriebspartners erhoben oder gespeichert worden sein, um dem Nutzer den direkten Gebrauch der Mobilfunkrufnummer zu Prepaid-Produkten zu ermöglichen.
286 *Bundesnetzagentur*, Nummerierungskonzept 2009, S. 22.

wurde jedoch im Hinblick auf Konflikte mit der Regelung des § 111 TKG, der die Erhebung von Teilnehmerdaten ermöglicht, zuletzt verworfen.[287]

§ 67 Abs. 1 S. 3 TKG bestimmt, dass andere Regelungen von der Auskunftspflicht nach S. 2 unberührt bleiben. Dies betrifft neben allen vertraglichen und hoheitlichen Auskunftsansprüchen vor allem den Fall, dass ein Zuteilungsinhaber auf Grund der in der Zuteilung erhaltenen Regelungen bereits auskunftsverpflichtet ist.[288]

## V. Sicherstellung der störungsfreien Frequenznutzung

Da Funkfrequenzen, auf die Funktechnik – und mithin vor allem die derzeit etwa ein Drittel der Umsatzerlöse im Telekommunikationsdienstemarkt erzielende Mobilfunktelefonie – angewiesen ist, nur in einem begrenzten Spektrum genutzt werden können, und dem durch technologische Entwicklung erhöhten Effizienzgrad, vor allem der digitalen Dividende, ein durch datenintensivere Sendungen steigender Frequenzbedarf gegenübersteht, bleiben Frequenzen auf unabsehbare Zeit eine knappe Ressource,[289] an deren effizienter Nutzung ein hohes Interesse besteht. Sie beziehen ihren Stellenwert für die Telekommunikationswirtschaft nicht zuletzt daraus, dass die Unabhängigkeit von festen Leitungswegen einen im Verhältnis kostengünstigen schnellen und flächenmäßigen Ausbau der Infrastruktur ermöglicht.

Verschärft wird die Knappheitssituation durch die Störanfälligkeit bestimmter Funkfrequenzanwendungen gegenüber anderen, die Gefahr funktechnischer Überlagerungen (sog. Interferenzen). Beide Aspekte erfordern einen hohen Koordinierungsaufwand und machen zudem ein international abgestimmtes Vorgehen notwendig. Einerseits können nur so wechselseitige Störungen von Funkdiensten insbesondere in grenznahen Räumen wirksam vermieden werden. Zudem liegt die universelle Einsetzbarkeit von funkgestützten Telekommunikationssystemen sowohl im Interesse der Verbraucher als auch der Hersteller. Dementsprechend weist das TKG in § 2 Abs. 2 Nr. 7 TKG die Sicherstellung der effizienten und störungsfreien Frequenznutzung als eigenständiges Regulierungsziel aus. Zusammen mit dem gleichberechtigten Zugang aller Staaten zu den benötig-

---

287 *Bundesnetzagentur*, Nummerierungskonzept 2011, S. 25.
288 *Brodkorb*, in: Säcker (Hrsg.), TKG, 2. Aufl. 2009, § 67 Rn. 27.
289 Vgl. etwa *Bumke*, Frequenzvergabe nach dem Telekommunikationsgesetz, 2006, S. 39 ff.; *Holznagel*, Frequenzplanung im Telekommunikationsrecht, in: Erbguth/Oebbecke/Rengeling (Hrsg.), Planung, 2000, S. 767 (769 f.).

ten Kapazitäten ist dies auch das zentrale Anliegen des internationalen Funkfrequenzregimes.[290]

Die Koordinierung findet – ähnlich der Nummernverwaltung – auf drei Ebenen statt. Auf der ersten Stufe, der Planungsebene, müssen die verschiedenen abstrakten Nutzungsbedürfnisse eruiert, das Frequenzspektrum aufgegliedert und einzelnen Nutzungs- bzw. Dienstearten zugeschrieben werden. Daneben werden Qualitätsstandards festgelegt. Entsprechend der Einbindung der nationalen Ebene in die europäische und die internationale nimmt der Detaillierungsgrad der Vorschriften hierbei kaskadenartig zu. Eine weltweite Frequenzplanung wird durch die Internationale Fernmeldeunion (International Telecommunications Union – ITU) vorgenommen. Die von dieser auf den Weltfunkkonferenzen verabschiedeten internationalen Frequenzbereichspläne bilden die Grundlage der Frequenzzuweisungsverordnung nach § 53 TKG, die allgemein gehaltene Festlegungen der Frequenzbereiche für Funkdienste und andere Anwendungen elektromagnetischer Wellen für die Bundesrepublik Deutschland enthält. Bei der Erstellung der Verordnung hat die Bundesnetzagentur gemäß § 54 Abs. 2 S. 1 TKG die einschlägigen internationalen Übereinkünfte, einschließlich der Vollzugsordnung für den Funkdienst (VO Funk), die europäische Harmonisierung[291] und die technische Entwicklung zu berücksichtigen. Basierend auf dieser Verordnung erstellt die Bundesnetzagentur den Frequenzplan, der die weitere Aufteilung der Frequenzbereiche in Frequenznutzungen sowie darauf bezogene Nutzungsbestimmungen enthält.[292]

Auf einer zweiten Ebene erfolgt die Zuteilung konkreter Frequenzen, also die behördliche oder durch Rechtsvorschrift erteilte Erlaubnis zur Nutzung bestimmter Frequenzen unter festgelegten Bedingungen.[293] Während die Erteilung durch Rechtsvorschrift hierbei die Ausnahme darstellt,[294] unterteilt das TKG die behördliche Erteilung weiter in zwei Varianten und stellt ein Rangverhältnis für

---

290 Vgl. Art. 44, 45 der Konstitution der Internationalen Fernmeldeunion (BGBl. II 2001, S. 1131 ff.).
291 Neben den ohnehin zu beachtenden Vorgaben der Frequenzentscheidung (Entscheidung 676/2002/EG des Europäischen Parlaments und des Rates vom 7.3.2002 über einen Rechtsrahmen für die Frequenzpolitik der Europäischen Gemeinschaft, ABl. Nr. L 108 v. 24.4.2002, S. 1 ff.) erhalten so auch die grundsätzlich nicht bindenden Vereinbarungen der Europäischen Konferenz der Verwaltungen für Post und Telekommunikation (Conférence Européenne des administrations des Postes et des Télécommunications – CEPT), der als ein die Europäische Union regional überragendes Gremium eine Schlüsselrolle für die europäische Frequenzplanung zukommt, mittelbar rechtliche Bedeutsamkeit.
292 § 54 Abs. 1 S. 1 TKG.
293 § 55 Abs. 1 S. 2 TKG.
294 Vgl. § 55 Abs. 2 S. 1 TKG. Fälle gesetzlicher Frequenzzuteilungen sind etwa die Ausweisung von Frequenzen für den Amatateurfunkdienst im Frequenznutzungsplan gemäß § 3 Abs. 5 AFuG oder die Erlaubnis zur Weiternutzung von Frequenzen bei Frequenzübertragungen nach § 55 Abs. 8 S. 2 TKG.

diese auf. Behördliche Zuteilungen haben im Regelfall durch Allgemeingenehmigung zu erfolgen, oder, wenn dies nicht möglich ist, auf schriftlichen Antrag als Einzelzuteilung, insbesondere dann, wenn eine Gefahr von funktechnischen Störungen nicht anders ausgeschlossen werden kann oder wenn dies zur Sicherstellung einer effizienten Frequenznutzung notwendig ist.[295] Auf das Knappheitsproblem reagiert das Telekommunikationsrecht einerseits mit der Befristung der Zuteilungen,[296] andererseits mit der Anordnung von Vergabeverfahren, wenn auf Grund der eingegangenen Anträge feststellbar oder auf Grund der zu erwartenden Anträge absehbar ist, dass die zur Verfügung stehenden Frequenzen nicht ausreichen, um alle Interessenten zu berücksichtigen.[297] In der Regel wird die effiziente Ressourcennutzung hierbei dadurch sichergestellt, dass die Frequenzen versteigert werden und so eine unwirtschaftliche Hortung von Frequenzen vermieden.[298] Nur ausnahmsweise bestimmt die Bundesnetzagentur die Eignung von Bewerbern im Wege des Ausschreibungsverfahrens.[299] Die nachträgliche Anpassungsfähigkeit an die Ziele der Frequenzverwaltung wird zusätzlich durch besondere und über § 49 Abs. 2 VwVfG hinausgehende Erlöschensgründe sichergestellt.[300]

Durch die TKG-Novelle 2012 wurden gewisse Freiräume geschaffen, um eine effiziente Ressourcennutzung sicherzustellen. So sieht § 62 Abs. 1 TKG nunmehr die Freigabe von Frequenzbereichen zum Handel, zur Vermietung oder zur kooperativen, gemeinschaftlichen Nutzung (Frequenzpooling) vor, um flexible Frequenznutzungen zu ermöglichen. Zuteilungen sind nach § 63 Abs. 1 TKG inzwischen etwa auch schneller widerrufbar.

1. Regelungszusammenhang

Neben der Frequenzplanung und Zuteilung von Frequenznutzungsrechten stellt die Überwachung der Frequenznutzung nach § 64 Abs. 1 TKG die dritte Ebene des Frequenzordnungsrechts dar. Sie hat zum Ziel, die Einhaltung der die Fre-

---

295 § 55 Abs. 2, 3 TKG. Eine Einzelzuteilung von Frequenzen ergeht nach § 55 Abs. 5 TKG unter vier Voraussetzungen, nämlich dann, wenn sie für die vorgesehene Nutzung im Frequenzplan ausgewiesen sind, sie verfügbar sind, sie für die vorgesehene Nutzung im Frequenzplan ausgewiesen sind und eine effiziente und störungsfreie Frequenznutzung durch den Antragsteller sichergestellt ist.
296 § 55 Abs. 9 TKG.
297 Vgl. § 55 Abs. 10 i. V. m. § 61 TKG. Ausführlich zu Versteigerungen als Instrument der hoheitlichen Verteilungslenkung *Martini*, Der Markt als Instrument hoheitlicher Verteilungslenkung, 2008, S. 283 ff.
298 § 61 Abs. 4 TKG.
299 Zum Ausschreibungsverfahren vgl. § 61 Abs. 5 TKG.
300 Vgl. § 63 TKG.

quenzordnung konstituierenden Regelungen zu kontrollieren.[301] Mit § 64 Abs. 1 S. 2 TKG verfügt die Bundesnetzagentur insoweit über eine spezielle Befugnis zur Informationsbeschaffung. Danach sind die Bediensteten der Behörde befugt, sich, soweit es zur Überwachung, insbesondere zur Identifizierung eines Frequenznutzers, erforderlich und angemessen ist, Kenntnis von den näheren Umständen eines Telekommunkationsvorgangs zu verschaffen und in besonderen Fällen auch in Aussendungen hineinzuhören.

Da die Vorschrift für die Kontrolle der rechtlichen, technischen und betrieblichen Anforderungen einer effizienten und störungsfreien Frequenznutzung i. S. d. § 52 Abs. 1 TKG angelegt ist, ist eine zielgerichtete Überwachung der Kommunikationsinhalte, etwa zu repressiven Zwecken, nicht von der Ermächtigungsgrundlage gedeckt.[302] Vom Anwendungsbereich der Norm erfasst sind alle Vorschriften zur Frequenzordnung nach dem TKG einschließlich aller dazu ergangenen Verordnungen und Entscheidungen, nicht dagegen die Schutzvorschriften nach dem EMVG. Diese zu § 49 TKG-1996 noch umstrittene und auf dessen Gesetzesbegründung[303] zurückgehende Problematik[304] kann inzwischen als erledigt gelten, da die Vorschriften des EMVG einerseits ebenso wenig wie die Vorschriften des FTEG Bestandteil der Frequenzordnung sind und andererseits wegen der dort geregelten spezielleren Ermächtigungsgrundlagen[305] auch kein Bedürfnis für eine entsprechende Interpretation von § 64 Abs. 1 TKG besteht.

2. Adressaten

Als Adressaten entsprechender Anordnungen kommen grundsätzlich alle tatsächlichen Frequenznutzer in Betracht, da § 64 Abs. 1 TKG gerade auch dem Ziel dient, die Einhaltung der entsprechenden Verfahren und damit auch die Frequenznutzung im Rahmen der Zuteilung zu kontrollieren. Diesem Ziel dienen generell von vornherein auch die in § 55 Abs. 7 TKG normierten selbstständigen Informationspflichten. Danach sind Beginn und Beendigung der Frequenznutzung unverzüglich sowie Namensänderungen, Anschriftenänderungen, Änderungen in den Eigentumsverhältnissen und identitätswahrende Umwandlungen der Bundesnetzagentur anzuzeigen, um diese bei der Ermittlung von Tatsachen für

---

301 *Wegmann*, in: Säcker (Hrsg.), TKG, 2. Aufl. 2009, § 64 Rn. 1.
302 *Wegmann*, in: Säcker (Hrsg.), TKG, 2. Aufl. 2009, § 64 Rn. 12.
303 Vgl. zu § 48 TKG-1996-E BT-Drs. 13/3609, S. 48.
304 Vgl einerseits *Spoerr*, in: Ttute/Spoerr/Bosch (Hrsg.), TKG, 2001, § 49 Rn. 2; *Ehmer*, in: Büchner u. a. (Hrsg.), TKG, 2. Aufl. 2000, § 49 Rn. 2; andererseits *Zerres*, in: Scheurle/Mayen (Hrsg.), TKG, 1. Aufl. 2002, § 49 Rn. 3.
305 Vgl. oben A. III.

verfahrenseinleitende, -lenkende oder -abschließende Entscheidungen zu entlasten.[306]

### 3. Ausgestaltung

§ 64 Abs. 1 S. 2 TKG nennt keine näheren Modi der Informationserhebung, sondern ist als zweckgebundene Generalbefugnis ausgestaltet. Um sich Kenntnis von den Kommunikationsvorgängen zu verschaffen, überprüft typischerweise der Prüf- und Messdienst der Bundesnetzagentur auf technischem Wege, also durch entsprechende Messungen, die tatsächliche Frequenznutzung.[307] Dieser ermittelt anlassbezogen und präventiv Frequenznutzer ohne eine Frequenzzuteilung nach § 55 TKG sowie, ob die Bestimmungen von Frequenzzuteilungen eingehalten werden.[308] Auf Grundlage des § 64 Abs. 1 S. 2 TKG sind allerdings auch andere Formen der Informationsbeschaffung, insbesondere Auskunftsverlangen, möglich.[309]

Da § 64 Abs. 1 S. 1 TKG die zentrale Überwachungsnorm für die Frequenznutzung darstellt, die Informationsbeschaffung nach S. 2 aber nur auf Telekommunikationsvorgänge zugeschnitten ist und sonstige Anwendungen wie etwa ISM-Nutzungen, soweit diese zuteilungsbedürftig sind,[310] nicht erfasst, ist die Vorschrift rechtspolitischer Kritik ausgesetzt.[311] Eine Änderung der Vorschrift erfolgte im Rahmen der TKG-Novelle 2012 gleichwohl nicht.

Weil § 64 Abs. 1 S. 1 TKG als gegenüber § 126 Abs. 1 TKG speziellere Vorschrift anzusehen ist und § 64 Abs. 1 S. 2 TKG die Informationserhebung zum Zweck der Überwachung der Frequenznutzung abschließend regelt, ist ein Rückgriff auf § 127 Abs. 1 TKG im Rahmen gewerblicher Überwachung ausgeschlossen.[312]

Die Generalklausel lässt sich aber ausdrücklich etwa für Informationsersuchen im Zusammenhang mit Frequenzzuteilungsverfahren anwenden.[313]

---

306 Näher *Hahn/Hartl*, in Scheurle/Mayen (Hrsg.), TKG, 2. Aufl. 2008, § 55 Rn. 46 ff.
307 *Zerres*, in: Scheurle/Mayen (Hrsg.), TKG, 2. Aufl. 2008, § 64 Rn. 3.
308 Näher *Göddel*, in: Geppert u. a. (Hrsg.), TKG, 3. Aufl. 2006, § 64 Rn. 2.
309 *Wegmann*, in: Säcker (Hrsg.), TKG, 2. Aufl. 2009, § 64 Rn. 15.
310 ISM-Bänder (Industrial, Scientific and Medical) sind Frequenzbereiche für Hochfrequenzanwendungen, etwa Mikrowellenherde oder Kurzwellenbestrahlungen in der Medizin. Vgl. näher http://emf2.bundesnetzagentur.de/tech_ism.html. Eine Überprüfung der Geräte und Einrichtungen steht der Bundesnetzagentur aber nach den §§ 14 f. EMVG zu.
311 *Wegmann*, in: Säcker (Hrsg.), TKG, 2. Aufl. 2009, § 64 Rn. 16.
312 A. A. wohl *Zerres*, in: Scheurle/Mayen (Hrsg.), TKG, 2. Aufl. 2008, § 64 Rn. 1.
313 Vgl. § 127 Abs. 1 S. 2 Nr. 6 TKG. Zur Reichweite der Generalklausel im Zusammenhang mit der Frequenzverwaltung näher unten Teil III, B. II. 4. b) aa) (4).

4. Informationsnutzung

Die das Fernmeldegeheimnis einschränkende Vorschrift enthält weiterhin eine spezielle Regelung, wie mit erhobenen Informationen verfahren werden darf. Nach § 64 Abs. 1 S. 3 TKG ist eine Informationsnutzung demnach grundsätzlich nur zur Sicherstellung der Frequenzordnung gestattet. Hierdurch findet zunächst eine (relative) Rückbindung an den Zweck der Informationserhebung statt. Durch die Bezugnahme auf die Sicherstellung der Frequenzordnung wird man schon im Hinblick auf die Verwendung des Begriffs in § 52 Abs. 1 TKG sinnvollerweise nicht nur die dritte Ebene der Frequenzverwaltung als erfasst ansehen dürfen, sondern eine Nutzung auch auf Planungs- und Zuteilungsebene einschließen müssen, sofern die auf der Nutzungsebene gewonnenen Erkenntnisse diesbezüglich Rückschlüsse zulassen.[314]

Eine Ausnahme vom Zweckbindungsgrundsatz enthält jedoch § 64 Abs. 1 S. 4 TKG. Danach dürfen Informationen an die zuständigen Behörden übermittelt werden, soweit dies für die Verfolgung einer der in § 100a StPO genannten Straftaten erforderlich ist. Hiermit geht allerdings keine Erweiterung der Befugnis einher. Gestattet ist lediglich die Weitergabe von entsprechenden Informationen an die Strafverfolgungsbehörden, wenn diese bei Gelegenheit der Kontrolle zufällig erhoben werden, was primär beim Gebrauchmachen der Befugnis zum Hineinhören in Aussendungen der Fall sein kann.[315]

## B. *Ökonomische Regulierung*

### I. Zugangs- und Entgeltregulierung

#### 1. Ökonomische Besonderheiten der Netzregulierung

Spezielle Auskunftsermächtigungen finden sich auch im zweiten Teil des TKG, den Vorschriften über die Marktregulierung. Der Zugangs- und Entgeltregulierung kommt für das mit dem Regulierungsregime zuvorderst intendierte Ziel der Wettbewerbsförderung die zentrale Bedeutung zu. Während Wettbewerb auf freien Märkten üblicherweise dazu führt, dass sich Preise und Kosten annähern, wird das Streben nach Gewinnmaximierung auf monopolistisch geprägten Märkten nicht in gleicher Weise dadurch ausgeglichen, dass durch eine Konkurrenzsituation Preisdruck hervorgerufen wird. Neben die historisch begründete Markt-

---

314 Vgl. näher und mit Beispielen *Wegmann*, in: Säcker (Hrsg.), TKG, 2. Aufl. 2009, § 64 Rn. 23.
315 *Wegmann*, in: Säcker (Hrsg.), TKG, 2. Aufl. 2009, § 64 Rn. 24.

dominanz des Altsassen treten die ökonomischen Eigenheiten von Netzwirtschaften.[316] Zumindest in Teilbereichen des Telekommunikationssektors können Bündelungseffekte wie Größen- und Verbundvorteile bewirken, dass ein einziger Anbieter einen bestimmten Nachfrageraum kostengünstiger versorgen kann als eine Mehrzahl von Anbietern (sog. natürliches Monopol).[317] Dies betrifft insbesondere die lokalen physischen Versorgungsnetze, bei denen ein Marktungleichgewicht durch die unterschiedlichen Zugriffsmöglichkeiten auf die Infrastruktur gefördert und ohne staatliche Regulierung verfestigt wird.

Solange und soweit der Aufbau alternativer Netze unwirtschaftlich erscheint, weil die Errichtung mit erheblichen irreversiblen Kosten verbunden ist, die einmal getätigten Investitionen also nicht bei Marktaustritt durch eine andere Verwendung der Netzinfrastruktur egalisiert werden können, und netzsubstituierende Techniken zumindest unter wirtschaftlichen Bedingungen keinen adäquaten Ersatz bieten, besteht kein Anreiz zum Aufbau von eigenen Produktionseinheiten und somit eine Abhängigkeit von der existierenden Infrastruktur.[318] Ausgangspunkt von Marktmacht ist deshalb regelmäßig das Eigentum am Netz.[319]

Während der Zugangsregulierung insofern die Aufgabe zukommt, die Nutzbarkeit von Netzen unabhängig von der Eigentümerstellung zu gestalten, damit der (ehemalige) Monopolist durch potentielle Wettbewerber zur Vermeidung ineffizienten Verhaltens angehalten wird, soll die Entgeltregulierung verhindern, dass der Netzeigentümer seine Machtposition durch Preisgestaltung gegenüber Endkunden oder Wettbewerbern durchsetzt, etwa indem er Zugang zum Netz nur zu ungünstigeren Bedingungen verschafft als er sie selbst hat, bei der Preisgestaltung einzelne Nachfrager gegenüber anderen bevorzugt oder die finanziellen Folgen ineffizienten Wirtschaftens weiterreicht.[320]

---

316 Eine übersichtliche Darstellung der ökonomischen Besonderheiten der Netzregulierung findet sich bei *Leschke*, Regulierungstheorie aus ökonomischer Sicht, in: Fehling/Ruffert (Hrsg.), Regulierungsrecht, 2010, § 6 Rn. 99 ff.
317 Vgl. *Kühling*, Sektorspezifische Regulierung in den Netzwirtschaften, S. 35 ff.; *Knieps*, Wettbewerbsökonomie, 3. Aufl. 2008, S. 21 ff. Siehe auch *Eifert*, Regulierungsstrategien, in: Hoffmann-Riem/Schmidt-Aßmann/Voßkuhle (Hrsg.), Grundlagen des Verwaltungsrechts, Bd. I, 2006, § 19 Rn. 130.
318 Zu derartigen nicht angreifbaren Netzinfrastrukturen bzw. monopolistischen Engpassressourcen (»bottlenecks«) näher *Knieps*, Der disaggregierte Regulierungsansatz der Netzökonomie, in: Knieps/Brunekreeft (Hrsg.), Zwischen Regulierung und Wettbewerb, 2. Aufl. 2003, S. 9 ff.; zur ökonomischen Theorie um angreifbare bzw. bestreitbare Märkte allgemeiner nur *Baumol/Panzar/Willig*, Contestable Markets and the theory of industry structure, 2. Aufl. 1988, S. 5 und passim.
319 Vgl. *Busse von Colbe*, in: Säcker (Hrsg.), TKG, 2. Aufl. 2009, Vor § 27 Rn. 1 f.
320 Vgl. hierzu § 27 Abs. 1 TKG: »Ziel der Entgeltregulierung ist es, eine missbräuchliche Ausbeutung, Behinderung oder Diskriminierung von Endnutzern oder von Wettbewerbern durch preispolitische Maßnahmen von Unternehmen mit beträchtlicher Marktmacht zu verhindern.«.

Die Entgeltregulierung betrifft in erster Linie die Vorleistungen, da sich bei wirksamer Zugangs- und Zugangsentgeltregulierung funktionsfähiger Wettbewerb auf den Endkundenmärkten einstellt.[321] Entgelte für nach § 21 TKG auferlegte Zugangsleistungen bedürfen nach Maßgabe des § 30 Abs. 1 TKG in der Regel einer Genehmigung durch die Bundesnetzagentur, werden also einer Ex-Ante-Regulierung unterworfen. Die entscheidende Frage für die Genehmigungsfähigkeit eines Entgelts lautet, wie hoch die Kosten für eine angebotene Leistung unter Wettbewerbsbedingungen wären. § 31 Abs. 1 S. 2 TKG bestimmt insoweit als Grundlage der kostenbasierten Einzelentgeltgenehmigung als Obergrenze die Kosten der effizienten Leistungsbereitstellung. Diese ergeben sich gemäß § 32 Abs. 1 S. 1 TKG aus den langfristigen zusätzlichen Kosten der Leistungsbereitstellung und einem angemessenen Zuschlag der leistungsmengenneutralen Gemeinkosten einschließlich einer angemessenen Verzinsung des eingesetzten Kapitals, soweit diese Kosten für die Leistungsbereitstellung notwendig sind. Aber auch im Rahmen nachträglicher Entgeltregulierung können die Kosten einer Leistung eine Rolle spielen.[322]

Das – auch mit Hilfe von Informationsbefugnissen zu lösende – Problem der Entgeltregulierung besteht nun in erster Linie darin, die Kosten einer Leistung zu bestimmen. Dies ist nicht nur auf Grund der bestehenden Informationsasymmetrie zwischen regulierten Unternehmen und Behörde eine komplexe Aufgabe,[323] sondern vor allem deshalb kompliziert, weil Gemeinkosten und leistungsunabhängige Fixkosten einzelnen Netzzugangsleistungen häufig nicht eindeutig zugerechnet werden können.[324] Hinzu tritt die Problematik, dass der fortschreitende technische Wandel die Einschätzung erschwert, ab wann ein Netz duplizierbar erscheint, unter welchen Bedingungen Investitionen in alternative Übertragungs-

---

321 Dieses Verhältnis spiegelt sich auch in der Regelungsdichte im Gesetz wider (§§ 30 bis 38 TKG betreffen die Regulierung von Entgelten für Zugangsleistungen, die Entgeltregulierung bei Endnutzerleistungen ist in § 39 TKG geregelt).
322 Vgl. etwa § 28 Abs. 2 Nr. 1 (»Preisdumping«) und Nr. 2 (»Preis-Kosten-Schere«) TKG.
323 Vgl. BT-Drs. 15/2316, S. 67 zu § 27 TKG-E, wonach Entgeltregulierungsmaßnahmen einen bestimmten Kenntnisstand der Behörde voraussetzen.
324 Die Gemein- und Fixkosten sind in Netzindustrien besonders bedeutsam, da bei Netzen die Kapitalkosten einen hohen Anteil an der Kostenstruktur haben und die Netzkosten Bereitstellungskosten für verschiedene Produkte darstellen, während der Anteil der variablen Kosten, also der vom Produktionsvolumen abhängigen Herstellungskosten, vergleichsweise gering ist. Es existieren jedoch keine allgemeingültigen Kriterien, wie eine Zuschlüsselung zu erfolgen hat. Vgl. *Monopolkommission*, XIV. Hauptgutachten (2000/2001), Netzwettbewerb durch Regulierung, 2003, Kap. VI. Tz. 731; vgl. auch schon *Kommission*, Mitteilung über die Anwendung der Wettbewerbsregeln auf Zugangsvereinbarungen im Telekommunikationssektor, ABl. C 265/2 v. 22.8.1998, Tz. 113. Zur Ermittlung von Kosten, die bei der Erstellung von Leistungen entstehen, umfassend *Busse von Colbe*, in: Säcker (Hrsg.), TKG, 2. Aufl. 2009, vor § 27 Rn. 15 ff.

netze erfolgen und dass diese Marktbedingungen selbst auf die Kosten Einfluss haben.[325]

## 2. Kostentransparenz als Grundlage von Entgeltregulierung

Vor allem Unternehmen mit beträchtlicher Marktmacht unterliegen deshalb ausgeprägten Transparenzpflichten und können verpflichtet werden, ihre Kostenrechnung nach bestimmten formellen und materiellen Vorgaben zu gestalten.[326]

Um überhaupt eine Zuordnung einzelner Kostenfaktoren vornehmen zu können, werden die Unternehmen flankierend obligatorischen und fakultativen Separierungsvorschriften unterworfen. Während § 7 TKG Telekommunikationsunternehmen, die zugleich besondere oder ausschließliche Rechte für die Diensteerbringung in anderen Sektoren innerhalb der Europäischen Union besitzen, verpflichtet, die telekommunikationssektorielle Tätigkeit strukturell auszugliedern oder zumindest eine getrennte Buchführung wie von rechtlich unabhängigen Unternehmen einzurichten, um die finanziellen Beziehungen zwischen beiden Bereichen offenzulegen und unzulässige Quersubventionierung zu verhindern, normiert § 24 TKG aus gleichem Anlass ein Recht der Bundesnetzagentur, die Offenlegung der Beziehungen innerhalb eines Telekommunikationsunternehmens mit beträchtlicher Marktmacht zwischen regulierten und sonstigen Bereichen anordnen zu können.[327]

Darüber hinaus bedarf es der Sicherstellung des Zugriffs auf die Kostenrechnungsinformationen der zu regulierenden Telekommunikationsunternehmen. In der Kostenrechnung eines Unternehmens werden die Kosten ermittelt, die bei der Erstellung der jeweiligen Leistungen entstehen. Dem Wettbewerb ausgesetzte Unternehmen kalkulieren üblicherweise für die Abgabe eines Angebots die

---

325 *Berringer*, Regulierung als Erscheinungsform der Wirtschaftsaufsicht, 2004, S. 55 ff.; *Ladeur*, Privatisierung öffentlicher Aufgaben und die Notwendigkeit der Entwicklung eines neuen Informationsverwaltungsrechts, in: Hoffmann-Riem/Schmidt-Aßmann (Hrsg.), Verwaltungsrecht in der Informationsgesellschaft, 2000, S. 225 (244 ff.).
326 Vgl. zum Folgenden auch die Vorgaben des europäischen Rechtsrahmens, etwa Art. 9, 11 und 13 der Zugangsrichtlinie (RL 2002/19/EG des Europäischen Parlaments und des Rates vom 7. März 2002 über den Zugang zu elektronischen Kommunikationsnetzen und zugehörigen Einrichtungen sowie deren Zusammenschaltung, ABl. L 108 v. 24.4.2002, S. 7 ff.), Art. 5 und 13 der Rahmenrichtlinie und Art. 17 der Universaldienstrichtlinie (RL 2002/22/EG des Europäischen Parlaments und des Rates vom 7. März 2002 über den Universaldienst und Nutzerrechte bei elektronischen Kommunikationsnetzen und -diensten, ABl. L 108 v. 24.4.2002, S. 51 ff.).
327 Vgl. zu § 7 TKG nur *Busse von Colbe*, in: Säcker (Hrsg.), TKG, 2. Aufl. 2009, § 7 Rn. 1 ff., zu § 24 TKG unten B. I. VI.

Preisuntergrenze auf Basis ihrer tatsächlichen Kostensituation.[328] Die Berechnungsergebnisse werden in den Kostenunterlagen festgehalten. Bei Entgeltanträgen nach § 31 Abs. 3 TKG sind deshalb zum Nachweis der tatsächlichen Kostensituation die zur Genehmigungserteilung erforderlichen Unterlagen vorzulegen, um Kostenkalkulation und Kostenorientierung abzugleichen. § 35 Abs. 1 S. 2 TKG erklärt diesen Abgleich als für das Genehmigungsverfahren vorrangige Prüfungsform. Erst soweit die der Regulierungsbehörde vorliegenden Kosteninformationen für eine Prüfung der genehmigungspflichtigen Entgelte (allein) nicht ausreichen, kann die Bundesnetzagentur nach § 35 Abs. 1 S. 1 Nr. 1 TKG Preise solcher Unternehmen als Vergleich heranziehen, die entsprechende Leistungen auf vergleichbaren, dem Wettbewerb geöffneten Märkten anbieten (sog. Vergleichsmarktverfahren) und/oder nach § 35 Abs. 1 S. 1 Nr. 2 TKG zur Ermittlung der Kosten der effizienten Leistungsbereitstellung auch eine von der Kostenberechnung des Unternehmens unabhängige Kostenrechnung anstellen und hierfür Kostenmodelle heranziehen (sog. analytische Kostenmodelle).

§ 34 Abs. 1 TKG normiert mit der Pflicht zur Vorlage der zur Prüfung des Antrags erforderlichen Unterlagen eine Darlegungs- und Beweislast des verpflichteten Betreibers, dass sich die beantragten Entgelte aus den Kosten sowie einer angemessenen Investitionsrendite errechnen.[329] § 34 TKG nennt insofern einen Mindestumfang der einzureichenden Nachweise[330] und stellt quantitative[331] und qualitative[332] Anforderungen an deren Darlegung.

---

328 *Groebel/Seifert*, in: Säcker (Hrsg.), TKG, 2. Aufl. 2009, § 33 Rn. 2.
329 § 34 Abs. 1, 2 TKG nennt die zu erbringenden Nachweise nicht abschließend (»insbesondere«). Wie § 34 Abs. 4 TKG zeigt, der auf eine Ermöglichung der Prüfung innerhalb der Frist abstellt, obliegt dem Antragsteller damit der Nachweis der Genehmigungsfähigkeit durch rechtzeitige und vollständige Vorlage aller objektiv erforderlichen Unterlagen. Dadurch wird die Norm zu einer »unlimitierten Vorlagepflicht«, *Müller*, in: Spindler/Schuster (Hrsg.), Recht der elektronischen Medien, 2. Aufl. 2011, § 33 TKG Rn. 10; *Groebel/Seifert*, in: Säcker (Hrsg.), TKG, 2. Aufl. 2009, § 33 Rn. 16, sowie näher auch unten B. I. 5.
330 Nach § 34 Abs. 1 TKG sind insbesondere aktuelle Kostennachweise, eine detaillierte Beschreibung der angebotenen Leistung, sowie Angaben über den Umsatz, Absatzmengen, die Höhe der einzelnen Kosten vorzulegen. Nach dem neu eingefügten § 34 Abs. 1 Nr. 4 TKG soll, soweit für bestimmte Leistungen oder Leistungsbestandteile keine Pauschaltarife beantragt werden, eine Begründung dafür gegeben werden, warum eine solche Beantragung ausnahmsweise nicht möglich ist.
331 Nach § 34 Abs. 2 sollen die Nachweise nach § 34 Abs. 1 TKG nach Einzel- und Gemeinkosten aufgeschlüsselt werden und hierbei die der Kostenrechnung zu Grunde liegenden Einsatzmengen, die dazu gehörigen Preise, die Kapazitätsauslastung, die Ermittlungsmethode der Kosten und der Investitionsrendite sowie plausible Mengenschlüssel für die Kostenzuordnung zu den einzelnen Diensten angegeben werden.
332 Nach § 34 Abs. 4 TKG müssen die Kostennachweise im Hinblick auf ihre Transparenz und die Aufbereitung der Daten eine Prüfung durch die Bundesnetzagentur sowie eine

3. Zugriff auf Kostenrechnungsinformationen im Rahmen konkreter Entgeltverfahren

a) Regelungszusammenhang

Da die Beibringung der Unterlagen nicht allein im Interesse des regulierten Unternehmens erfolgt, sondern die Genehmigungsfähigkeit gleichsam die Zugangsbedingungen für andere Wettbewerbsunternehmen im regulierten Markt bestimmt, stehen der Bundesnetzagentur quasi spiegelbildlich Anordnungsbefugnisse zu, um die Kalkulationsprüfung zu ermöglichen.

Sie kann zunächst nach § 29 Abs. 1 S. 1 Nr. 1 im Rahmen oder zur Vorbereitung von Verfahren der Entgeltregulierung anordnen, dass ihr von einem Unternehmen mit beträchtlicher Marktmacht detaillierte Angaben zum Leistungsangebot, zum aktuellen und erwarteten Umsatz für Dienstleistungen, zu den aktuellen und erwarteten Absatzmengen und Kosten, zu den voraussehbaren Auswirkungen auf die Endnutzer sowie auf die Wettbewerber und sonstige Unterlagen und Angaben zur Verfügung gestellt werden, die sie zur sachgerechten Ausübung ihres Entgeltregulierungsrechts für erforderlich hält, etwa wenn das antragstellende Unternehmen seiner Vorlagepflicht nur unzureichend nachkommt oder die Behörde darüber hinausgehende Informationen begehrt.[333]

Obwohl die Vorschrift damit in einem engen Verhältnis zu genehmigungsbedürftigen Entgeltverfahren steht, bezieht sich die Befugnis als Vorschrift des ersten Unterabschnitts (»Allgemeine Vorschriften«) gleichermaßen auf nachträgliche Entgeltregulierungsverfahren, in denen die Bereitstellung von Kostenunterlagen ebenfalls verlangt werden kann,[334] und hierbei sowohl auf die Regulierung von Entgelten für Zugangsleistungen als auch auf die Regulierung von Entgelten von Endnutzerleistungen. Der Bundesnetzagentur soll hierdurch die Berechtigung zukommen, alle für die Beurteilung von unternehmerischen Preisstrategien relevanten Daten zu erheben.[335]

---

Quantifizierung der Kosten der effizienten Leistungsbereitstellung innerhalb der Entscheidungsfrist nach § 31 Abs. 4 TKG ermöglichen.
333 Beispielsweise sind die vom Unternehmen erwarteten Auswirkungen auf Wettbewerber und Endnutzer nicht grundsätzlich Teil der vorzulegenden Unterlagen, vgl. *Hölscher/Lünenbürger*, in: Scheurle/Mayen (Hrsg.), TKG, 2. Aufl. 2008, § 33 Rn. 63; *Schuster/Ruhle*, in: Geppert u. a. (Hrsg.), TKG, 3. Aufl. 2006, § 33 Rn. 39.
334 Dazu gleich unter B. I. 3. d).
335 Vgl. *Groebel*, in: Säcker (Hrsg.), TKG, 2. Aufl. 2009, § 29 Rn. 17.

b) Adressaten

§ 29 Abs. 1 S. 1 Nr. 1 TKG nennt als Anordnungsadressaten zunächst Unternehmen mit beträchtlicher Marktmacht, setzt also die Durchführung eines Marktregulierungsverfahrens zumindest insoweit voraus, dass eine Marktdefinition und Marktanalyse durch die Bundesnetzagentur auf dem entsprechenden Feld bereits stattgefunden haben.[336]

Während mit der Marktdefinition nach § 10 TKG die sachlich und räumlich relevanten Telekommunikationsmärkte festgelegt werden, dient die Marktanalyse der Überprüfung, ob auf einem untersuchten Markt wirksamer Wettbewerb besteht.[337] Dies wird abgelehnt, wenn ein oder mehrere Unternehmen auf diesem Markt über beträchtliche Marktmacht verfügen.[338] Beträchtliche Marktmacht eines Unternehmens wird dann angenommen, wenn es entweder allein oder gemeinsam mit anderen eine der Beherrschung gleichkommende Stellung einnimmt, das heißt eine wirtschaftlich starke Stellung, die es ihm gestattet, sich in beträchtlichem Umfang unabhängig von Wettbewerbern oder Endnutzern zu verhalten.[339] Mit der Formulierung »der Beherrschung gleichkommende Stellung« wurde die Schwelle regulatorischen Eingreifens dem europäischen Kartellrecht angeglichen, wo sie in der Regel für ein einzelnes Unternehmen ab 40% Marktanteil angesetzt wird.[340]

Die Norm knüpft damit primär an die Regelung des § 9 Abs. 2 TKG an, die marktbeherrschenden Unternehmen besondere Pflichten auferlegt, da diese aus der Sicht des Wettbewerbs die Regulierungsbedürftigkeit auslösen (sog. asymetrische Regulierung). Die Ermittlung kostenrechnungsrelevanter Daten dient dementsprechend der vorherigen oder nachträglichen Überprüfung der Entgelte eines asymmetrisch regulierten Unternehmens, während Unternehmen, die nicht über derartige Marktmacht verfügen, keiner sektorspezifischen Entgeltaufsicht, sondern lediglich dem allgemeinen Wettbewerbsrecht unterfallen.

---

336 *Masing/Wißmann*, in: Wilms/Masing/Jochum (Hrsg.), TKG, § 29 Rn. 14; *Hölscher/Lünenbürger*, in: Scheurle/Mayen (Hrsg.), TKG, 2. Aufl. 2009, § 29 Rn. 6.
337 § 11 Abs. 1 S. 1 TKG.
338 § 11 Abs. 1 S. 2 TKG.
339 § 11 Abs. 1 S. 3 TKG.
340 Vgl. Nr. 75 der Leitlinien der Kommission zur Marktanalyse und Ermittlung beträchtlicher Marktmacht nach dem gemeinsamen Rechtsrahmen für elektronische Kommunikationsnetze und -dienste (ABl. C 165 v. 11.7.2002, S. 6 [15]); zum Begriff der »beherrschenden Stellung« *EuGH*, Urteil v. 14.2.1978 (United Brands vs. Kommission) – Rs. 27/76, Slg. 1978, S. 207 ff.; *EuGH*, Urteil v. 13.2.1979 (Hoffmann-La Roche vs. Kommission) – Rs. 85/76, Slg. 1979, S. 461 ff. Zur Voraussetzung der Regulierungsbedürftigkeit (anhand des Tatbestandsmerkmals »beträchtliche Marktmacht« in § 42 Abs. 1 TKG) auch *BVerwG*, Urteil v. 18.4.2007 – 6 C 21/06 –, BVerwGE 128, 305 (309).

Die Erweiterung der Informationspflicht auch auf andere, nicht über beträchtliche Marktmacht verfügende Unternehmen nach § 29 Abs. 6 TKG erfolgte ausweislich der Begründung des Gesetzentwurfs[341] vor dem Hintergrund, dass auch solche Unternehmen einer Regulierung bedürfen können, etwa wenn Betreiber von alternativen Teilnehmernetzen[342] den Zugang zu Endnutzern kontrollieren.[343] Da nach der Regulierungspraxis[344] jedes Teilnehmernetz bzgl. der Terminierungsleistung einen eigenen Markt darstellt und dessen Betreiber folglich ohnehin als Betreiber mit beträchtlicher Marktmacht anzusehen ist, lief der Anwendungsbereich von § 29 Abs. 6 TKG allerdings bislang ins Leere.[345]

Der Wortlaut sieht eine solche Einschränkung auf regulierungsbedürftige Unternehmen ohne beträchtliche Marktmacht indes nicht vor. Dem Gesetz lässt sich generell nicht ausdrücklich entnehmen, dass Informationen nur von Unternehmen verlangt werden können, die einen unmittelbaren Bezug zu einer Entgeltregulierungsmaßnahme haben.[346] Denkbar ist daher, Anordnungen auch gegenüber solchen Unternehmen zu treffen, die nicht selbst Adressat einer Entgeltmaßnahme bzw. Antragssteller im jeweiligen Verfahren sind. So wird einerseits darauf

---

341 § 27 Abs. 6 TKG-E (§ 29 Abs. 6 TKG) erfolgt demnach zur Umsetzung von Art. 5 Abs. 1 a) der Zugangsrichtlinie, vgl. BT-Drs. 15/2316, S. 68. Vgl. auch *Müller*, in: Spindler/Schuster (Hrsg.), Recht der elektronischen Medien, 2. Aufl. 2011, § 29 TKG Rn. 26.
342 Auf diese, also in erster Linie alternative Festnetz- und Mobilfunknetzbetreiber, zielt die Begründung des Regierungsentwurfs ab, vgl. BT-Drs. 15/2316, S. 64.
343 Vgl. §§ 9 Abs. 3, 18, 38 TKG.
344 Dies geht auf die Märkteempfehlung der *Kommission* (Empfehlung 2003/311/EG der *Kommission* vom 11. Februar 2003 über relevante Produkt- und Dienstmärkte des elektronischen Kommunikationssektors, die auf Grund der Richtlinie 2002/21/EG des europäischen Parlaments und des Rates über einen gemeinsamen Rechtsrahmen für elektronische Kommunikationsnetze und -dienste für eine Vorabregulierung in Betracht kommen, ABl. L 114 v. 8.5.2003, S. 45 ff. [Märkte Nr. 7 und 16], mittlerweile ersetzt durch Empfehlung 2007/879/EG, ABl. L 344 v. 28.12.2007, S. 65 ff. [Märkte Nr. 3 und 7]) zurück. Bzgl. alternativer Teilnehmernetzbetreiber zuerst *Bundesnetzagentur*, Mitteilung Nr. 191, ABl. BNetzA 2006, 1650 (1655 f.); vgl. auch *dies.*, Mitteilung Nr. 481 bis 483, ABl. BNetzA 2009, 3426 ff., 3452 ff., 3478 ff.; bzgl. Mobilfunknetzbetreibern zuerst *dies.*, Mitteilung Nr. 283, ABl. BNetzA 2006, 2271 (2279); vgl. auch *dies.*, Mitteilung Nr. 457 bis 460, ABl. BNetzA 2009, 3278 ff., 3287 ff., 3296 ff., 3305 ff. sowie Mitteilung Nr. 479 und 480, 3381 ff., 3403 ff.; vgl. auch *Koenig/Vogelsang/Winkler*, Marktregulierung im Bereich der Mobilfunkterminierung, K&R 2005, Beilage 1, 1 ff. Gegenüber der ursprünglichen Marktanalyse der RegTP, Mitteilung Nr. 280, ABl. RegTP 2004, 1171 (1273 ff.), die bzgl. der alternativen Festnetzbetreiber keine beträchtliche Marktmacht festgestellt hatte, war ein Veto der Kommission ergangen, vgl. Mitteilung Nr. 118, ABl. BNetzA 2005, 865 (866 ff.); kritisch zu den entsprechenden netzbezogenen Marktdefinitionen *Coppik*, Die sektorspezifische ex post-Entgeltkontrolle von Teilnehmernetzbetreibern, MMR 2007, 225 (228 f.); zur Problematik insgesamt schon *Koenig/Winkler*, Die Regulierung alternativer Festnetzbetreiber im neuen TKG, MMR 2004, 783 ff.
345 Vgl. *Hölscher/Lünenbürger*, in: Scheurle/Mayen (Hrsg.), TKG, 2. Aufl. 2008, § 29 Rn. 43.
346 *Schuster/Ruhle*, in: Geppert u. a. (Hrsg.), TKG, 3. Aufl. 2006, § 29 Rn. 16.

verwiesen, dass das TKG in den Entgeltvorschriften teilweise auf »effiziente Unternehmen«[347] abstelle, weswegen auch in Entgeltverfahren gegenüber asymmetrisch regulierten Unternehmen Informationen über die Kostensituation von Wettbewerbern benötigt werden könnten.[348] Andererseits ist die Konstellation vorstellbar, dass Informationen marktmächtiger Unternehmen verlangt werden, um sie mit Daten von Betreibern alternativer Teilnehmernetze abzugleichen.[349]

Soweit »effiziente Unternehmen« im TKG in Bezug genommen werden, geschieht dies immer zur Überprüfung, ob Wettbewerber, die auf Vorleistungsprodukte des Unternehmens mit beträchtlicher Marktmacht angewiesen sind, ausreichende wirtschaftliche Handlungsmöglichkeiten verbleiben, um auf den Endnutzermärkten in Konkurrenz zum marktmächtigen Unternehmen zu treten. Obwohl die Bundesnetzagentur hierbei Kostenbetrachtungen nicht abhängig von unternehmensindividuellen Gegebenheiten, sondern anhand eines objektivierten Prüfungsmaßstabs, also einer abstrakten Einschätzung über effizientes Verhalten vornimmt,[350] können reale Marktkonstellationen nach ihrer Einschätzung bei diesen Überlegungen durchaus eine Rolle spielen, da diese am ehesten die tatsächlichen Effizienzzustände von Wettbewerbsunternehmen widerspiegelten.[351]

---

347 Vgl. § 28 Abs. 2 Nr. 2 TKG (»effizientes Unternehmen«) und § 28 Abs. 2 Nr. 3 TKG (»effiziente Wettbewerber«).
348 *Höffler*, in: Arndt/Fetzer/Scherer (Hrsg.), TKG, 2008, § 29 Rn. 36, nennt für diese Fälle § 29 Abs. 6 TKG als einschlägige Ermächtigungsgrundlage.
349 Bsp. bei *Schuster/Ruhle*, in: Geppert u. a. (Hrsg.), TKG, 3. Aufl. 2006, § 29 Rn. 16.
350 *Bundesnetzagentur*, Mitteilung Nr. 940 (Hinweise zu Preis-Kosten-Scheren i. S. d. § 28 Abs. 2 Nr. 2 TKG), ABl. BNetzA 2007, 4532 (4544, 4591); *dies.*, Mitteilung Nr. 198 (Hinweise zu sachlich ungerechtfertigter Bündelung i. S. d. § 28 Abs. 2 Nr. 3 TKG), ABl. BNetzA 2005, 1188 (1204 f., 1206).
351 *Bundesnetzagentur*, Mitteilung Nr. 940, ABl. 2007, 4532 (4549); kritisch gegenüber der Heranziehung tatsächlicher Kosten zur Kostenbestimmung eines effizienten Unternehmens *Mayen*, in: Scheurle/Mayen (Hrsg.), TKG, 2. Aufl. 2008, § 28 Rn. 57; *Groebel*, in: Säcker (Hrsg.), TKG, 2. Aufl. 2009, § 28 Rn. 70 f.; vgl. auch *Bundesnetzagentur*, Hinweise zur konsistenten Entgeltregulierung i. S. d. § 27 Abs. 2 TKG, Konsultationsentwurf vom 13. Mai 2009, S. 21 ff. In letztgenanntem Dokument hat die *Bundesnetzagentur* präzisiert, was sie unter der Berücksichtigung marktspezifischer Gegebenheiten versteht (S. 25 ff.). Weil einer allgemeingültigen Definition des Begriffs des effizienten Wettbewerbers nicht zuletzt wegen der hohen technologischen Dynamik im Telekommunikationssektor kommerzielle Charakteristika wie z. B. die Größe des Netzes und die Anzahl der Kunden nur schwer zuzuweisen seien, müssten normative Festlegungen auf absehbare Zeiträume beschränkt bleiben. Bei den in Ansatz zu bringenden Parametern müssten daher die – von der aktuellen Wettbewerbssituation aus betrachtet – von einem effizienten Wettbewerber realistischerweise zu erwartenden Entwicklungsmöglichkeiten einfließen. Durch die Approximation effizienter Wettbewerberkosten auf Grundlage der tatsächlichen Marktverhältnisse könnten etwaige Verzerrungen infolge fehlerhafter normativer Festlegungen minimiert werden. Für die Berücksichtigung der spezifischen Kosten effizienter Wettbewerber sei eine hinreichend valide Datenbasis unerlässlich. Die Behörde habe daher etwa im Rahmen der im Frühjahr 2008 ergangenen Entscheidung über die

Eine Informationsbeschaffung über § 29 Abs. 6 TKG ist in diesem Zusammenhang gleichwohl sehr fraglich. Obschon § 29 Abs. 1 S. 1 Nr. 1 TKG durch seine generalklauselartig weite Fassung die Erlangung der benötigten Informationen möglicherweise tatbestandlich nicht ausschließt,[352] ist die Regelung – wie auch der ebenfalls in Abs. 6 enthaltene Verweis auf die Sanktionsmöglichkeit nach Abs. 4 zeigt – ersichtlich auf ein Vorgehen gegenüber Maßnahmeadressaten angelegt.[353] Dies zeigt sich auch an der Art der Informationen, die nach § 29 Abs. 1 S. 1 Nr. 1 TKG erhoben werden können. Mit den »voraussichtlichen Auswirkungen« etwa sind Änderungen des Nachfrageverhaltens in Folge der Entgeltregulierungsmaßnahme gemeint.[354] Dies aber kann ein Wettbewerber auf seiner Datenbasis überhaupt nicht oder zumindest nur unzureichend beurteilen.

§ 29 ermöglicht daher nach der Regulierungspraxis ausschließlich Informationserhebungen bei Unternehmen mit beträchtlicher Marktmacht. Generelle Auskunftsersuchen lassen sich auf die Norm nicht stützen. In der Begrenzung auf einzelne Anordnungen liegt ein wesentlicher Unterschied zu den Befugnissen der Bundesnetzagentur nach den §§ 126 ff. TKG.

c) Ausgestaltung

aa) Verfahrensbezug

§ 29 Abs. 1 S. 1 Nr. 1 TKG setzt für eine Informationsanforderung voraus, dass diese in einem laufenden oder bevorstehenden Entgeltverfahren ergeht. Das Recht besteht damit im Gegensatz zur früheren Rechtslage nunmehr ausdrücklich bereits vor der Einleitung eines konkreten Regulierungsverfahrens.[355] Die

---

Entgelte für den IP-Bitstrom-Zugang eine umfangreiche Marktdatenabfrage durchgeführt, deren Ergebnisse auch Grundlage für einem effizienten Wettbewerber zu unterstellende Charakteristika geworden seien. Als Beispiele für die hierbei benötigten Daten werden genannt: durchschnittliche Kundenverweildauer, durchschnittliches Telefonieverhalten (Wenig- und Vieltelefonierer), durchschnittliche Nutzungsdauern bestimmter Leistungen, Gewichtung verschiedener Bandbreiteklassen bei DSL-Anschlüssen, Kosten eines IP-Bitstrom-Nachfragers für den Transport durch das IP-Backbone-Netz sowie die durchschnittliche Quadratmeterzahl von Wettbewerbern in Kollokationsräumen.

352 Zu den Anordnungsgegenständen sogleich unter B. I. 3. c) bb).
353 *Schuster/Ruhle*, in: Geppert u. a. (Hrsg.), TKG, 3. Aufl. 2006, § 29 Rn. 16, verstehen § 29 TKG in diesem Sinne als vor die Klammer gezogene Verfahrensvorschrift für die in den § 30 ff. geregelten Fälle der Entgeltregulierung. Zur entsprechenden Vorschrift im Postrecht vgl. *Lübbig*, in: Badura u. a. (Hrsg.), PostG, 2. Aufl. 2004, § 26 Rn. 10.
354 *Schuster/Ruhle*, in: Geppert u. a. (Hrsg.), TKG, 3. Aufl. 2006, § 29 Rn. 31.
355 Dies wurde angesichts der unscharfen Formulierung in § 31 Abs. 1 S. 1 Nr. 1 TKG-1996 (»In Wahrnehmung der Entgeltregulierung kann die Regulierungsbehörde anordnen...«)

Bundesnetzagentur kann daher auch im Vorfeld eines Verfahrens Anordnungen treffen,[356] um Teile der Kostenprüfung vorzuziehen und so die Durchführung des Verfahrens beschleunigt vornehmen zu können.[357]

Neben der gemäß § 35 Abs. 1 TKG bestehenden Möglichkeit der Behörde, ihre Berechnungen auch auf – von den Kostenunterlagen des regulierten Unternehmens – unabhängige Berechnungen zu stützen, sollen damit die Anreize verringert werden, durch unvollständige Informationserteilung Entscheidungen zu verzögern oder Einfluss auf deren Inhalt zu nehmen.[358] Gleichwohl gestattet die Ermächtigungsgrundlage keine von einem konkreten Verfahren losgelöste Datenerhebung. Dafür spricht neben dem Wortlaut der Vorschrift, der einen »kausalen Zusammenhang«[359] zwischen Anordnung und Verfahren beschreibt, die Funktion des Auskunftsrechts, welches der Behörde die Bestimmung tatsächlicher Kosten und deren Ermittlung im Hinblick auf eine konkrete Entgeltüberprüfung ermöglichen soll.[360] Eine rein »präventive« Informationsgewinnung ist damit ausgeschlossen.[361]

§ 29 Abs. 1 S. 1 Nr. 1 TKG setzt weiterhin voraus, dass die Bundesnetzagentur die angeforderten Angaben zur sachgerechten Ausübung ihres Entgeltregulierungsrechts für erforderlich hält. Mit diesem subjektiven Maßstab erhält ein Beurteilungsspielraum Einzug in die Vorschrift, der gerichtlich nur eingeschränkt überprüfbar ist.[362] Die Überprüfungsmöglichkeit der Entscheidung ist vielmehr darauf beschränkt, ob die Behörde die angeforderten Informationen für erforderlich halten durfte.[363]

teilweise bestritten, vgl. *VG Köln*, Beschluss v. 21.1.1998 – 1 L 4289/97 –, ArchivPT 1998, 395 ff. mit Anmerkung von *Neumaier*.
356 Vgl. BT-Drs. 15/2316, S. 68.
357 Indem nach § 29 Abs. 1 Nr. 2 TKG die Form der Kostenrechnung und hierdurch die Gestaltung der Kostenunterlagen vorgegeben werden darf, können Prüfungen zudem »standardisiert« vorgenommen werden, vgl. *Groebel*, in: Säcker (Hrsg.), TKG, 2. Aufl. 2009, § 29 Rn. 3, 14.
358 Vgl. *Groebel/Seifert*, in: Säcker (Hrsg.), TKG, 2. Aufl. 2009, § 35 Rn. 38.
359 *Schuster/Ruhle*, in: Geppert u. a. (Hrsg.), TKG, 3. Aufl. 2006, § 29 Rn. 8.
360 Dies meinen wohl *Hölscher/Lünenbürger*, in: Scheurle/Mayen (Hrsg.), TKG, 2. Aufl. 2008, § 29 Rn. 19, wenn sie schreiben, die sachgerechte Ausübung der Aufgabe der Entgeltregulierung könne mangels ausreichender Informationen erst dann gefährdet sein, wenn nachweisbar ein konkretes Entgeltverfahren anstehe. A. A. noch *Witte*, in: Scheurle/Mayen (Hrsg.), TKG, 1. Aufl. 2002, § 31 Rn. 4.
361 *Masing/Wißmann*, in: Wilms/Masing/Jochum (Hrsg.), TKG, § 29 Rn. 43; *Hölscher/Lünenbürger*, in: Scheurle/Mayen (Hrsg.), TKG, 2. Aufl. 2008, § 29 Rn. 45. Die Informationserhebung darf nicht zum Selbstzweck erfolgen, vgl. *Klaue*, in: Immenga/Mestmäcker (Hrsg.), Wettbewerbsrecht, Bd. 2: GWB, 4. Aufl. 2007, § 59 Rn. 19.
362 *Groebel*, in: Säcker (Hrsg.), TKG, 2. Aufl. 2009, § 29 Rn. 21. Ähnliche Formulierungen finden sich im Zusammenhang mit Auskunftspflichten in § 47 Abs. 2 S. 1 LuftVZO und § 95 Abs. 1 SäHO.
363 *Schuster/Ruhle*, in: Geppert u. a. (Hrsg.), TKG, 3. Aufl. 2006, § 29 Rn. 9.

Damit wird zum einen dem Umstand Rechnung getragen, dass die Entgeltüberprüfung in tatsächlicher Hinsicht ein komplexes und daher fehleranfälliges Unterfangen darstellt und Irrtümer auf Ebene der Sachverhaltsermittlung nicht zur Angreifbarkeit der Entgeltentscheidung führen sollen.[364] Die Regelung soll damit mittelbar für erhöhte Rechtssicherheit der Wettbewerber im für Kalkulationen weichenstellenden Bereich der Vorleistungsentgelte sorgen. Zum anderen stellt diese Neuerung gegenüber der Vorgängervorschrift eine Reaktion auf die unter dem vormaligen Rechtsregime praktizierte Hinhaltetaktik des Incumbent dar.[365]

Im Ergebnis dürfte ungeachtet der ausdrücklichen Klarstellung mit dieser Formulierung allerdings keine Besonderheit behördlicher Informationsbeschaffung einhergehen, da für die Beurteilung der Rechtmäßigkeit wie in sonstigen verwaltungsrechtlichen Verfahren auch ohnehin die ex-ante-Sicht der Behörde maßgeblich ist.

bb) Rechtsnatur der Anordnungen

Weil die Informationserhebung im Öffentlichen Interesse erfolgt, sind Anordnungen nach § 29 TKG verbindlich und damit als Verwaltungsakte gesondert anfechtbar. Dies ist insbesondere bei der Einordnung von Informationsersuchen im laufenden Entgeltgenehmigungsverfahren von Belang. Von den Anordnungen sind die in § 34 Abs. 5 S. 2 TKG erwähnten Nachforderungen zusätzlicher Unterlagen und Auskünfte zu unterscheiden. Diese Nachforderungen zielen als unselbstständige Verfahrenshandlungen nicht auf eine notfalls erzwingbare Informationserteilung ab. Ihre Nichtbefolgung wirkt sich allenfalls auf die Genehmigungsentscheidung aus.[366] Ob eine Anordnung nach § 29 Abs. 1 S. 1 Nr. 1 TKG oder eine Aufforderung zur Vorlage weiterer Unterlagen oder Erteilung erläuternder Auskünfte nach § 34 Abs. 5 S. 2 TKG vorliegt, dürfte im Einzelfall je-

---

364 *Schuster/Ruhle*, in: Geppert u. a. (Hrsg.), TKG, 3. Aufl. 2006, § 29 Rn. 9.
365 Vgl. *Geppert/Ruhle/Schuster*, Handbuch Recht und Praxis der Telekommunikation, 2. Aufl. 2002, S. 210; *Groebel*, in: Säcker (Hrsg.), TKG, 2. Aufl. 2009, § 29 Rn. 2, 42; *Groebel/Seifert*, in: Säcker (Hrsg.), TKG, 2. Aufl. 2009, § 33 Rn. 12; *Schuster/Ruhle*, in: Geppert u. a. (Hrsg.), TKG, 3. Aufl. 2006, § 29 Rn. 6. Früher musste die Behörde daher regelmäßig auf Grundlage von Kostenmodellen und Vergleichsmarktbetrachtungen entscheiden. Während Vergleichsmarktbetrachtungen nach § 3 Abs. 3 TEntgV schon ausdrücklich möglich waren, war die zusätzliche Heranziehung von Kostenmodellen umstritten. Deren Rechtmäßigkeit »in zumutbarem Rahmen« bejahend *OVG Münster*, Beschluss v. 3.5.2001 – 13 B 69/01 – 1 , MMR 2001, 548 (550); dagegen *Doll/Wieck*, Analytische Kostenmodelle als Grundlage für Entgeltregulierungsentscheidungen, MMR 1998, 280 ff.
366 Näher unter B. I. 3. e).

denfalls anhand der Umstände und des Inhalts des jeweiligen Informationsersuchens deutlich werden.

Ob Anordnungen nach § 29 TKG darüber hinaus als Entscheidungen nach Teil 2 im Sinne des § 132 Abs. 1 TKG zu verstehen sind und deshalb den in § 131 TKG genannten formalen Erfordernissen unterliegen, erscheint eher zweifelhaft, da unter Entscheidungen grundsätzlich nur materiell verfahrensabschließende Entscheidungen zu verstehen sind.[367]

cc) Anordnungsinhalte

(1) Konzeption

§ 29 Abs. 1 S. 1 TKG ermöglicht der Bundesnetzagentur die Einholung bestimmter Angaben und Unterlagen. Diese gehen teilweise über den Inhalt reiner Kostennachweise hinaus und sind daher von den Kostenunterlagen i. S. d. § 34 TKG zu unterscheiden, die von marktmächtigen Unternehmen im Rahmen von Entgeltanträgen nach § 31 Abs. 3 und 4 TKG eingereicht werden müssen.[368] Die Befugnis enthält eine Liste anordnungsfähiger Gegenstände, die nahezu unverändert[369] aus § 31 Abs. 1 S. 1 Nr. 1 TKG-1996 übernommen wurde. Diese enthält neben betrieblichen Angaben (detaillierte Angaben zum Leistungsangebot, zum aktuellen und erwarteten Umsatz für Dienstleistungen, zu den aktuellen und erwarteten Absatzmengen und Kosten) auch Angaben zu der durch einen Entgeltgenehmigungsantrag verfolgten Marktstrategie (Angaben zu den voraussehbaren Auswirkungen auf die Endnutzer und Wettbewerber). Die daneben genannten sonstigen Angaben und Unterlagen sind im Lichte der in der Vorschrift genannten Verfahrensbezogenheit auf Betriebsdaten beschränkt, die im Zusammenhang mit einer konkreten Entgeltüberprüfung stehen.[370] Hierbei darf die Behörde jedoch sämtliche Informationen verlangen, von denen sie sich Rückschlüsse auf das Verhalten des Unternehmens im Markt verspricht, wie durch den neu in die Vorschrift integrierten Beurteilungsspielraum nochmals untermauert wird.

---

367 A. A. zu den Anordnungen nach § 26 PostG *Lübbig*, in: Badura u. a. (Hrsg.), PostG, 2. Aufl. 2004, § 26 Rn. 38.
368 Dies betrifft vor allem die in § 34 Abs. 1, 2 TKG nicht (mehr) enthaltenen subjektiven Elemente. Vgl. hierzu schon Fn. 333.
369 Das Wort »Nutzer« wurde durch den Begriff »Endnutzer« ersetzt, ohne dass damit inhaltliche Änderungen einhergehen. Hinzu kam das Recht, neben den »sonstigen Unterlagen« auch »sonstige Angaben« zu verlangen.
370 *Masing/Wißmann*, in: Wilms/Masing/Jochum (Hrsg.), TKG, § 29 Rn. 17; *Hölscher/Lünenbürger*, in: Scheurle/Mayen (Hrsg.), TKG, 2. Aufl., 2008 § 29 Rn. 17.

Insgesamt soll § 29 Abs. 1 S. 1 Nr. 1 damit die Erhebung aller Daten und Informationen ermöglichen, die für eine Beurteilung nötig sind, wie das Unternehmen bei der Preisbildung kalkuliert. Hierzu zählen vor allem auch Rechnungslegungsdaten zu den mit den Vorleistungsmärkten verbundenen Endnutzermärkten. Dies stellt der durch die Richtlinienänderung präzisierte Art. 5 RL 2002/21/EG, die Zentralnorm für die Bereitstellung von Informationen innerhalb der unionsrechtlichen Vorschriften, ausdrücklich klar,[371] wenngleich eine Umsetzung systemwidrig nicht im Rahmen der Anordnungsrechte gegenüber Betreibern mit beträchtlicher Marktmacht, sondern in den allgemeinen Befugnissen als § 127 Abs. 2 S. 3 TKG erfolgt ist.

Der Begriff der Angaben ist weiter zu verstehen, als dies bei »Auskünften« in der Regel ableitbar ist und enthält neben Informationen über Tatsachen, die auch sonst ggf. zu ergründen und zusammenzustellen sind, die Erteilung von Einschätzungen über Entwicklungen, also begründeter Prognosen, wie aus den beispielhaft aufgeführten Anordnungsgegenständen deutlich wird.[372]

(2) Kein Rückgriff auf Vorgaben der Entgeltregulierungsverordnung

Eine nähere Umschreibung einiger der genannten Begriffe gab es unter dem Regime des TKG-1996 noch in § 2 Abs. 1, 2 der Entgeltregulierungsverordnung (TEntgV)[373]. Die Vorschriften der TEntgV fanden über §§ 27 Abs. 4, 39 TKG-1996 Eingang in Entgeltregulierungsverfahren. Große Teile der dort gemachten Spezifizierungen wurden im Rahmen der TKG-Novelle 2004 in § 34 Abs. 1, 2 TKG (§ 33 Abs. 1, 2 TKG a. F.) übernommen. Teilweise wird darauf hingewiesen, dass die TEntgV selbst keine eigenständigen Eingriffstatbestände formulierte[374] und einer Normierung entsprechender Vorgaben für das Genehmigungsverfahren keine Ausschlusswirkung für andere Verfahren zukäme, weshalb die Angaben weiter vom Anordnungsrecht der Bundesnetzagentur umfasst seien. Die Bundesnetzagentur könne deshalb im Anwendungsbereich von § 29 Abs. 1 S. 1 Nr. 1 TKG weiterhin auf die Elemente der früheren TEntgV zurückgreifen.[375]

---

371 Vgl. Art. 5 Abs. 1 UAbs. 1 und 3 RL 2002/21/EG.
372 So auch zur postrechtlichen Parallelnorm *Lübbig*, in: Badura u. a. (Hrsg.), PostG, 2. Aufl. 2004, § 26 Rn. 42. Vgl. demgegenüber oben Fn. 183 und 185.
373 Telekommunikations-Entgeltregulierungsverordnung (TEntgV) v. 1.10.1996, BGBl. I, S. 1492.
374 Vgl. aber §§ 4 Abs. 6, 6 Abs. 1 TEntgV und hierzu später im Text.
375 *Masing/Wißmann*, in: Wilms/Masing/Jochum (Hrsg.), TKG, § 29 Rn. 15, unter Bezugnahme auf *Manssen*, in: Manssen (Hrsg.), Telekommunikations- und Multimediarecht, Bd. 1, § 27, § 2 TEntgV (mittlerweile aus der Sammlung genommen).

Zuzustimmen ist der Auffassung, dass die begrifflich kürzeren Darstellungen eine Einbeziehung der zusätzlichen Erläuterungen nicht ausschließen. Ist beispielsweise in § 29 Abs. 1 S. 1 Nr. 1 TKG nach wie vor »nur« von detaillierten Angaben zum Leistungsangebot die Rede, wird die Erhebung von Angaben zur Leistungsqualität schon vom Begriff her ebenso wenig ausgeschlossen wie diejenige der verwendeten Geschäftsbedingungen,[376] da sich Leistungsumfang und -qualität unmittelbar in den Kosten niederschlagen und die entsprechenden Parameter daher Rückschlüsse auf die Kalkulation erlauben.[377]

Dies ergibt sich allerdings schon daraus, dass § 29 Abs. 1 S. 1 Nr. 1 TKG nicht wie § 34 Abs. 1, 2 TKG dem § 2 Abs. 1, 2 TEntgV,[378] sondern dem § 31 Abs. 1 S. 1 Nr. 1 TKG-1996 nachgebildet bzw. dieser fast unverändert übernommen wurde.[379] Die in § 2 Abs. 1, 2 TEntgV genannten, mit einem Entgeltgenehmigungsantrag vorzulegenden Kostennachweise mögen dabei begrifflich einen verglichen mit den Gegenständen der Anordnungsbefugnis größeren Übereinstimmungsgrad aufweisen als die gegenwärtige Regelung, die Konkretisierung des Anordnungsrechts waren sie allerdings auch schon früher nicht.[380] Mit anderen Worten: Führte die am Wortlaut des § 31 Abs. 1 S. 1 Nr. 1 TKG-1996 orientierte Auflistung der zu erbringenden Kostennachweise in § 2 Abs. 1, 2 TEntgV dazu, dass der Informationsumfang beider Normen – mit dem Unterschied der auch schon in der alten Fassung enthaltenen »sonstigen Unterlagen« – inhaltlich als identisch angesehen wurde,[381] wird der inhaltlich unveränderte Tatbestand der Anordnungsbefugnis im TKG-2004 nicht dadurch beschränkt, dass die vorzulegenden Kostennachweise in inhaltlich veränderter Fassung Aufnahme in das Gesetz gefunden haben.

---

376 Vgl. § 2 Abs. 1 Nr. 1 TEntgV sowie § 34 Abs. 1 Nr. 2 TKG.
377 Näher *Schuster/Ruhle*, in: Geppert u. a. (Hrsg.), TKG, 3. Aufl. 2006, § 29 Rn. 17.
378 BT-Drs. 15/2316, S. 69. Zu den (weitreichenden) inhaltlichen Unterschieden aber *Müller*, in: Spindler/Schuster (Hrsg.), Recht der elektronischen Medien, 2. Aufl. 2011, § 33 TKG Rn. 10.
379 Die Darstellung erfolgt dennoch regelmäßig undifferenziert, *Schuster/Ruhle*, in: Geppert u. a. (Hrsg.), TKG, 3. Aufl. 2006, § 29 Rn. 17 (»der jetzige Begriff«).
380 Vgl. zur ähnlichen Konstellation im Postrecht *Lübbig*, in: Badura u. a. (Hrsg.), PostG, 2. Aufl. 2004, § 26 Rn. 16. Von einer Konkretisierung sprechen dagegen etwa *Holznagel*, Die Erhebung von Marktdaten im Wege des Auskunftsersuchens nach dem TKG, 2001, S. 26; *Masing/Wißmann*, in: Wilms/Masing/Jochum (Hrsg.), TKG, § 29 Rn. 15; *Hölscher/Lünenbürger*, in: Scheurle/Mayen (Hrsg.), TKG, 2. Aufl. 2008, § 29 Rn. 8, 16; *Schuster/Stürmer*, in: Büchner u. a. (Hrsg.), TKG, 2. Aufl. 2000, § 31 Rn. 6. Auch *Witte*, in: Scheurle/Mayen (Hrsg.), TKG, 1. Aufl. 2002, § 31 Rn. 6 f., macht als Unterschied zwischen Informationsumfang nach § 31 Abs. 1 S. 1 Nr. 1 TKG-1996 und den Kostennachweisen nach § 2 TEntgV allein die »sonstigen Unterlagen« aus.
381 Vgl. etwa *Witte*, in: Scheurle/Mayen (Hrsg.), TKG, 1. Aufl. 2002, § 31 Rn. 6 f.

(a) Divergenz der Regelungszwecke

Zu beachten ist nämlich zweierlei. Zum einen ist der Informationsumfang, der über § 29 Abs. 1 S. 1 Nr. 1 TKG erhoben werden kann, insgesamt weiter. Dies erklärt sich aus den unterschiedlichen Funktionen der Vorschriften. Ein Ziel der Prozeduralisierung des materiell-rechtlichen Prüfungsprogramms durch die TEntgV war die Schaffung von Transparenz für die regulierten Unternehmen.[382] Die Konkretisierung gemäß § 2 Abs. 1, 2 TEntgV diente auch dem Zweck, dem antragstellenden Unternehmen gerade zu Beginn der Vorab-Preisregulierung – und auch im Hinblick auf eine Genehmigungsversagung wegen ungenügender Kostennachweise[383] – eine Orientierungshilfe zu bieten, indem die im Entgeltgenehmigungsverfahren vorzulegenden Nachweise (noch) abschließend aufgeführt waren. § 29 Abs. 1 S. 1 Nr. 1 TKG ist demgegenüber wie seine Vorgängernorm die zentrale Ermittlungsnorm für alle Entgeltverfahren,[384] läuft dem Gedanken einer Nachweisbegrenzung durch Informationspräzisierung also regelrecht zuwider. Es kann deshalb nicht weiter verwundern, dass ungeachtet der Aufnahme der neugefassten Vorlagepflicht in das Gesetz und deren Erweiterung zu einer Nachweispflicht[385] die »unbestimmteren«[386] Rechtsbegriffe der Anordnungsbefugnis sowohl beibehalten wurden als auch inhaltlich unverändert blieben. Auch wenn einzelne Informationsgegenstände genannt werden, ist das Auskunftsrecht als Generalbefugnis konzipiert, von marktmächtigen Unternehmen sämtliche Informationen zu verlangen, die die Behörde für die Entgeltregulierung marktbeherrschender Unternehmen benötigt. Dies wird durch die Neuaufnahme der »sonstigen Angaben« in die Norm nochmals unterstrichen.[387] Bezogen auf Entgeltgenehmigungsverfahren wird der erhebbare Informationsumfang durch die zeitliche Vorverlagerung zudem ausdrücklich auf die Einholung aller Angaben ausgedehnt, die im Verfahren prüfrelevant werden könnten. Dadurch wird die Auslegung der in der Norm benannten Anordnungsgegenstände zwar nicht entbehrlich, die Vergleichbarkeit mit § 2 Abs. 1, 2 TEntgV verliert aber an Tragweite.

---

382 Vgl. die Begründung zu § 26 Abs. 4 TKG-E (§ 27 Abs. 4 TKG-1996), BT-Drs. 13/3609, S. 44.
383 Vgl. § 2 Abs. 3 TEntgV als Vorläufernorm des § 35 Abs. 3 S. 3 TKG.
384 Vgl. *Müller*, in: Spindler/Schuster (Hrsg.), Recht der elektronischen Medien, 2. Aufl. 2011, § 29 TKG Rn. 3; *Spoerr*, in: Trute/Spoerr/Bosch (Hrsg.), TKG, 2001, § 31 Rn. 1.
385 Siehe oben B. I. 2. a. E.
386 *Hölscher/Lünenbürger*, in: Scheurle/Mayen (Hrsg.), TKG, 2. Aufl. 2008, § 29 Rn. 9.
387 Inhaltlich hat die Neuaufnahme wohl allein klarstellenden Charakter, da der Begriff der Unterlagen im § 31 TKG-1996 dementsprechend weit verstanden wurde, vgl. *Masing/Wißmann*, in: Wilms/Masing/Jochum (Hrsg.), TKG, § 29 Rn. 20 f.

(b) Divergenz der Regelungsinhalte

Zum zweiten wichen die Tatbestände schon nach alter Rechtslage voneinander ab. Besonders deutlich zeigte sich dies schon immer an den Zeiträumen, für die Informationen erteilt werden mussten. Während § 31 Abs. 1 S. 1 Nr. 1 TKG-1996 lediglich die Erhebung aktueller und erwarteter Betriebsdaten ermöglichte, mussten nach § 2 Abs. 1 Nr. 2, Nr. 3 und Nr. 4 TEntgV mit einem Entgeltantrag Kostennachweise für die fünf zurückliegenden Jahre, das Antragsjahr und die darauffolgenden vier Jahre vorgelegt werden. Mit Aufnahme der vorzulegenden Kostennachweise ins Gesetz wurde dieser zeitliche Rahmen zwar halbiert und erstreckt sich nach § 34 Abs. 1 Nr. 3 TKG nur noch auf die zwei zurückliegenden Jahre, das Antragsjahr und die darauffolgenden zwei Jahre. Einer erzwingbaren Erhebung von Angaben für (mehrere) vergangene Rechnungsjahre steht aber nach wie vor die Wortlautgrenze der Anordnungsbefugnis entgegen.[388]

Aus der Gegenüberstellung von aktuellen und erwarteten Betriebsdaten folgt zunächst, dass die aktuellen Betriebsdaten bekannt sein müssen bzw. zu einem vergangenen Zeitpunkt angefallen sind. Dem entsprechen die in der betriebswirtschaftlichen Kostenrechnung gebräuchlichen Bezeichnungen der Ist- und Plankosten, die man in Geschäftsplänen einander gegenüberstellt. Unter Ist-Kosten versteht man die in einer vergangenen Abrechnungsperiode tatsächlich angefallenen Kosten, während in die Plankosten Vorgaben für einen zukünftigen Abrechnungszeitraum eingehen. »Aktuell« sind darüber hinaus nur die Betriebsdaten, die am zeitnächsten zur Erhebung angefallen sind, bezeichnen also nur die tatsächlichen Zahlen der zuletzt erfolgten Abrechnungsperiode. Als Abrechnungsperiode kommt in erster Linie das Geschäftsjahr in Betracht, da die Buchführung für dieses erfolgt.[389] Bei der Frage, ab wann diese Daten vorliegen müssen, wird man dem Unternehmen einen Übergangszeitraum zuzugestehen haben, da zunächst ein Jahresabschluss erstellt werden muss, von dem aus eine Überleitung in die interne Kostenrechnung erfolgt.[390] Insofern umfasst der »aktuelle

---

388 A. A. wohl *Voß*, in Säcker (Hrsg.), TKG, 2. Aufl. 2009, § 34 Rn. 22 und zu § 31 Abs. 1 S. 1 Nr. 1 TKG-1996 noch *Schuster/Stürmer*, in: Büchner u. a. (Hrsg.), TKG, 2. Aufl. 2000, § 31 Rn. 6, welche unter den Begriff »aktueller Umsatz« auch umfassend Vergangenheitsdaten fassten; *Spoerr*, in: Trute/Spoerr/Bosch (Hrsg.), TKG, 2001, § 31 Rn. 8; vgl. auch *Lübbig*, in: Badura u. a. (Hrsg.), PostG, 2. Aufl. 2004, § 26 Rn. 45.
389 Vgl. § 242 HGB. Im Laufe des Gesetzgebungsverfahrens wurde in § 34 Abs. 3 TKG das Wort »Kalenderjahr« durch das Wort »Geschäftsjahr« ersetzt, um Unternehmen, die nicht nach dem Kalenderjahr abrechnen, einen unverhältnismäßigen Aufwand zu ersparen, vgl. BT-Drs. 15/2316, S. 114.
390 Näher *Hölscher/Lünenbürger*, in: Scheurle/Mayen (Hrsg.), TKG, 2. Aufl. 2008, § 33 Rn. 11.

Umsatz« im Sinne der Vorschrift immer einen zurückliegenden Abrechnungszeitraum, aber eben nicht mehrere.[391]

Aus der Formulierung des in § 29 Abs. 1 S. 1 Nr. 1 TKG genannten »erwarteten Umsatzes« folgt zudem, dass auch Plandaten nicht für mehrere, sondern nur

---

[391] Dies steht auf den ersten Blick scheinbar im Widerspruch zur Verwendung des Begriffs »aktuell« in § 34 Abs. 1 Nr. 1 TKG. Dort findet sich die Bezeichnung in Bezugnahme auf Kostennachweise und wird für die Auslegung des in § 34 Abs. 1 Nr. 3 TKG genannten Nachweiszeitraums herangezogen (vgl. etwa *Hölscher/Lünenbürger*, in: Scheurle/Mayen [Hrsg.], TKG, 2. Aufl. 2008, § 33 Rn. 9), dies aber nicht etwa in dem Sinne, dass sich die Aktualität auf den Zeitraum bezieht (im Ergebnis hält *Höffler*, in: Arndt/Fetzer/Scherer [Hrsg.], TKG, 2008, § 29 Rn. 20 f., diesen Nachweiszeitraum auch für Informationsanforderungen nach § 29 Abs. 1 S. 1 Nr. 1 TKG für maßgeblich, ohne allerdings auf die »Aktualität« der Betriebsdaten einzugehen; sieht man mit *Masing/Wißmann*, in: Wilms/Masing/Jochum [Hrsg.], TKG, § 29 Rn. 15, die Vorgaben der TEntgV weiterhin als vom Anordnungsrecht der Bundesnetzagentur umfasst an, könnten danach Informationen sogar für den dort genannten 10-Jahres-Zeitraum erhoben werden.), sondern dass die für diesen Zeitraum vorzulegenden Nachweise aktuell sein müssen.
Auch wenn sich der Begriff »aktuell« in § 34 Abs. 1 Nr. 1 TKG dadurch grundsätzlich auf alle Nachweise, also auch Plankosten bezieht, lässt er sich ebenso wie in § 29 Abs. 1 S. 1 Nr. 1 TKG dahingehend deuten, dass die letztverfügbaren Daten vorgelegt werden müssen (freilich folgt im Hinblick auf die Plankosten aus dem Gebot der der Privatwirtschaftlichkeit [Art. 87f Abs. 2 GG], dass das Unternehmen lediglich vertretbare Prognosen machen muss, welche die Behörde nicht durch eigene ersetzen darf, vgl. *Säcker*, Der Einfluss der sektorspezifischen Regulierung auf die Anwendung des deutschen und gemeinschaftlichen Kartellrechts, 2006, S. 146; *Sedemund*, in: Badura u. a. [Hrsg.], PostG, 2. Aufl. 2004, Anhang zu § 21, § 2 PEntgV Rn. 8, § 20 Rn. 51; zum Fall einer offenkundig fehlerhaften Produktkalkulation *RegTP*, Beschluss v. 10. 11. 2000 – BK 2c-00/026 –, MMR 2001, 197 ff. mit Anmerkung *Schuster*).
Damit soll in erster Linie verhindert werden, dass für vergangene Zeiträume zwar formal umfassende Kostenunterlagen vorgelegt werden, diese aber keine tatsächlichen, sondern Planwerte enthalten. Nach der Rechtsprechung des *VG Köln* ist im Zusammenhang mit der Einreichung eines Entgeltantrags nach § 31 Abs. 3 und 4 TKG dementsprechend die Aktualität der vorzulegenden Kostennachweise regelmäßig dann nicht gewahrt, wenn die Darstellung des dem Antragsjahr vorangegangenen Jahres lediglich auf budgetierten Kosten und Einsatzmengen beruht (*VG Köln*, Beschluss v. 8.8.2007 – 1 L 289/07 –, juris Rn. 15 ff.). Grundsätzlich muss es sich daher bei den Nachweisen des Telekommunikationsunternehmens gemäß § 34 Abs. 1 TKG über die tatsächliche Entwicklung der Kosten in beiden dem Antragsjahr vorangehenden Jahren um Ist-Kosten handeln.
Da die tatsächlich angefallenen Kosten den Ausgangspunkt bei der Ermittlung der Kosten der effizienten Leistungsbereitstellung bilden, sind, sofern dem Unternehmen die Angabe der Daten möglich ist (vgl. *VG Köln*, a. a. O, juris Rn. 19; die Möglichkeit der Informationserteilung hängt vom dem dem Unternehmen zuzubilligenden Übergangszeitraum ab, vgl. Fn. 390.), die Ist-Zahlen des dem Antragsjahr vorangegangenen Jahres vorzulegen (dazu auch *VG Köln*, Urteil v. 17.2.2005 – 1 K 8312/01 –, juris Rn. 53, zu § 2 Abs. 1 Nr. 2 und 4 TEntgV; so bezieht das Gericht die mangelnde Aktualität der vorgelegten Kostennachweise auf das dem Antragsjahr vorhergehende Jahr [vgl. etwa Rn. 45], obwohl § 2 TEntgV »nur« den Nachweiszeitraum aufführte und keine § 34 Abs. 1 Nr. 1 TKG entsprechende Regelung kannte).

für die laufende Abrechnungsperiode erteilt werden müssen.[392] Auch wenn § 29 Abs. 1 S. 1 Nr. 1 TKG bei den aktuellen und erwarteten Absatzmengen und Kosten eine Formulierung im Plural enthält, ist hiervon kein zeitliches Mehr erfasst. Für aktuelle Daten kann die Mehrzahl den Zeitraum ohnehin nicht in die Vergangenheit verlängern. Die Norm wäre außerdem in sich unschlüssig, wenn für Perioden, für die nicht einmal der (erwartete) Umsatz genannt werden müsste, aufgeschlüsselte Daten angefordert werden könnten. Informationen für vorangegangene oder nachfolgende Zeiträume lassen sich auch nicht etwa über den Tatbestand der sonstigen Angaben und Unterlagen erheben, da die Einschränkung sonst unterlaufen würde.

Letztendlich bleibt § 29 Abs. 1 S. 1 Nr. 1 TKG damit vom geregelten »Zeitumfang« deutlich hinter § 34 Abs. 1 Nr. 3 TKG zurück. Mit der Konzeption einer Generalbefugnis verträgt sich diese zeitliche Beschneidung nur in Grenzen und war in dieser Form wohl vom Gesetzgeber auch nicht beabsichtigt.[393] Gerade die Neuaufnahme der sonstigen Angaben in den Tatbestand und die ausdrückliche Ausdehnung der Befugnis auf Vorfeldermittlungen bei Einführung eines subjektiven Maßstabs der Erforderlichkeit legen nahe, dass der Gesetzgeber die Anordnungsbefugnis als zentrales Instrument der Beseitigung existierender Informationsasymmetrien lediglich in seiner Wirkung verbessern wollte.[394] Dafür spricht auch die Verdopplung des möglichen Zwangsgelds in § 29 Abs. 4 TKG.

Letztlich zeigt auch der auf eine sachgerechte Ausübung des Entgeltregulierungsrechts bezogene Wortlaut der Norm, dass zumindest die Erhebung sämtlicher für ein konkretes Verfahren (potentiell) benötigte Daten einer Kostenrechnung möglich sein sollte. Weil diese Daten bezogen auf die Effizienz der Leistungsbereitstellung aber eine erheblich höhere Aussagekraft besitzen, wenn sie auch Informationen über die Kostenentwicklung enthalten, da nur durch Zeitreihenanalysen Rückschlüsse auf die Kostenkalkulation und die nötige Anpassungsdauer der Produktionsstrukturen möglich sind,[395] besitzen auch die nicht über § 29 Abs. 1 S. 1 Nr. 1 TKG erzwingbaren Informationen Verfahrensbedeutung. Dies gilt auch ungeachtet des vor dem Hintergrund der schnelllebigen Entwicklung auf den Telekommunikationsmärkten verkürzten Nachweiszeitraums im Genehmigungsverfahren.

---

392 Wie hier *Hölscher/Lünenbürger*, in: Scheurle/Mayen (Hrsg.), TKG, 2. Aufl. 2008, § 29 Rn. 14 f.; a. A. bei *Schuster/Ruhle*, in: Geppert u. a. (Hrsg.), 3. Aufl. 2006, § 29 Rn. 20, welche die Zulässigkeit der Plankostenerhebung an § 34 Abs. 1 Nr. 3 TKG orientieren.
393 Der Gesetzgeber hatte im Rahmen der TKG-Novelle 2004 angesichts des verbreiteten Meinungsstandes allerdings auch keinen Anlass, die einzelnen Tatbestände der Anordnungsbefugnis grundlegend zu überarbeiten, vgl. Fn. 388.
394 Vgl. BT-Drs. 15/2316, S. 67.
395 *Groebel/Seifert*, in: Säcker (Hrsg.), TKG, 2. Aufl. 2009, § 33 Rn. 37.

d) Verhältnis zu § 38 Abs. 2 S. 3 TKG

Fraglich ist darüber hinaus, welche Rolle der Norm im Rahmen der nachträglichen Regulierung von Entgelten von Zugangsleistungen zukommt. § 38 Abs. 2 S. 3 TKG bestimmt insoweit für den Fall, dass eine Überprüfung eines Entgelts nach dem Vergleichsmarktverfahren nicht möglich sein sollte, die Zulässigkeit eines Vorgehens nach § 34 TKG. Diese Verweisung wurde erst im Laufe des Gesetzgebungsverfahrens auf Wunsch des Bundesrates aufgenommen, der damit sicherstellen wollte, dass auch in nachträglichen Entgeltregulierungsverfahren Kostenprüfungen möglich sein sollten.[396]

Obwohl sich auch schon § 31 Abs. 1 S. 1 Nr. 1 TKG-1996 sowohl auf ex-ante als auch auf ex-post regulierte Leistungen erstreckt hatte, enthielt die TEntgV in § 6 Abs. 1 S. 1 ausdrücklich die Befugnis der Regulierungsbehörde in Verfahren der nachträglichen Regulierung von Entgelten gegenüber dem betroffenen Unternehmen anzuordnen, ihr Nachweise nach § 2 Abs. 1, 2 TEntgV sowie sonstige sachgerechte Nachweise vorzulegen. Eine ähnliche Befugnis fand sich darüber hinaus in § 4 Abs. 6 TEntgV für das damals nach § 1 Abs. 1 TEntgV primär anzuwendende Price-Cap-Verfahren, allerdings ohne den Zusatz der »sonstigen sachgerechten Nachweise«.

Die in § 6 Abs. 1 S. 1 TEntgV enthaltene Befugnis der Regulierungsbehörde, Kostennachweise per zwangsweise durchsetzbarem Bescheid anzufordern,[397] wenn das marktbeherrschende Unternehmen einer Aufforderung zur Vorlage nicht freiwillig oder nicht rechtzeitig nachkommt und die notwendigen Informationen auch nicht anderweitig der Behörde bekannt sind, wurde aber – entgegen den hier vertretenen obigen Ausführungen – auch in ihrer Reichweite als eine § 31 Abs. 1 S. 1 Nr. 1 TKG-1996 entsprechende Bestimmung und damit im Ergebnis als überflüssig angesehen.[398] Die Aufnahme von § 38 Abs. 2 S. 3 TKG ist daher nicht mit dem Wegfall von § 6 Abs. 1 S. 1 TEntgV bei gleichzeitiger Aufnahme der vorzulegenden Nachweise in das Gesetz zu erklären,[399] sondern resultiert aus der Trennung der Entgeltregulierungskonzepte für ex-ante und ex-post regulierte Leistungen. Weil für letztere nach dem überarbeiteten Rechtsrahmen nicht mehr die Kosten der effizienten Leistungsbereitstellung, sondern lediglich die dem allgemeinen Wettbewerbsrecht entlehnten weicheren Missbrauchskriterien des § 28 TKG gelten, war im Laufe des Gesetzgebungsprozesses Unsicher-

---

396 BT-Drs. 15/2316, S. 114 zu § 36 TKG-E, BT-Drs. 15/2345, S. 4, BT-Drs. 15/2674, S. 37 sowie BT-Drs. 15/2679, S. 14.
397 Dazu *OVG Münster*, Beschluss v. 12.6.2003 – 13 B 2407/02 –, MMR 2003, 615 (617).
398 *VG Köln*, Beschluss v. 27.10.1999 – 1 L 1917/99 –, MMR 2000, 227 (231).
399 In diese Richtung wohl *Stamm*, in: Scheurle/Mayen (Hrsg.), TKG, 2. Aufl. 2008, § 38 Rn. 10.

heit darüber aufgekommen, ob die zurückgenommene Prüfdichte möglicherweise beschränktere Erhebungsmöglichkeiten nach sich ziehen würde.[400]

Der in § 38 Abs. 2 S. 3 TKG aufgenommene Hinweis schafft diesbezüglich leider mehr Verwirrung als dass er Nutzen bringt. § 34 TKG enthält nämlich entgegen dem diesen Eindruck erweckenden Verweis, der von einem »Vorgehen« spricht, weder eine Befugnis der Behörde zur umfassenden Anforderung von Kostenunterlagen noch nähere Bestimmungen bzgl. des Antragsverfahrens. Die in § 34 Abs. 5 S. 2 TKG erwähnte Möglichkeit der Bundesnetzagentur zur Nachforderung von Unterlagen bzw. deren Erläuterung bezieht sich einerseits auf den Zeitpunkt nach Antragstellung, ist auch inhaltlich auf eine Ergänzung ausgerichtet und darüber hinaus für eine zwangsweise Erhebung unabhängig von der Frage, ob die Norm überhaupt zum Erlass von Verwaltungsakten berechtigt, mangels § 29 Abs. 4 TKG entsprechender Sanktionsmöglichkeiten ungeeignet.[401] Letzteres traf überdies auch schon auf § 4 Abs. 6 und § 6 Abs. 1 S. 1 TEntgV zu. Auch § 38 Abs. 2 S. 3 TKG selbst ist nicht als behördliche Ermächtigungsgrundlage ausgestaltet, wie der Wortlaut des Verweises selbst deutlich macht. Der durch die Norm zum Ausdruck kommende Zweck der Informationsbeschaffung aus Kostenunterlagen auch in nachträglichen Entgeltregulierungsverfahren ändert deshalb nichts daran, dass eine solche Erhebung allein über § 29 Abs. 1 S. 1 Nr. 1 TKG möglich ist.[402] Über diesen lassen sich die in § 34 TKG genannten In-

---

400 Vgl. *Thomaschki*, Referentenentwurf zum TKG – Auswirkungen auf die Praxis der Marktregulierung, MMR 2003, 500 (503), welche hierbei interessanterweise (aber leider ohne nähere Begründung) voraussetzt, § 25 RefE (§ 29 TKG) bleibe im Erhebungsumfang hinter § 29 RefE (§ 34 TKG) zurück.

401 Wegen des Zuschnitts der Norm auf das Genehmigungsverfahren ebenfalls gegen eine Analogie *Mielke*, in: Säcker (Hrsg.), TKG, 2. Aufl. 2009, § 38 Rn. 71; a. A. nunmehr *BVerwG*, Urteil v. 23.6.2010 – 6 C 36/08 –. NVwZ 2010, 1356 (1358); *Stamm*, in: Scheurle/Mayen (Hrsg.), TKG, 2. Aufl. 2008, § 38 Rn. 47, welche scheinbar davon ausgeht, dass der frühere § 6 Abs. 1 S. 1 TEntgV nunmehr in § 34 Abs. 5 S. 2 TKG aufgegangen ist. Die an der Fundstelle unter Bezugnahme auf *Thomaschki*, Referentenentwurf zum TKG – Auswirkungen auf die Praxis der Marktregulierung, MMR 2003, 500 (503), zitierte Rechtsprechung des *OVG Münster* (Beschluss v. 12.6.2003 – 13 B 2407/02 –, MMR 2003, 615 [617]), nach der im ex-post-Verfahren eine gesteigerte Mitwirkungs- und Hinwirkungspflicht der Bundesnetzagentur bestehe, die aktuelle oder zeitnahe Kostenlage des Unternehmens zu ermitteln, kann zudem in dieser Form als Argument nicht in Stellung gebracht werden, da sie sich ausdrücklich auf die (damalige) Preisausrichtung an den Kosten der effizienten Leistungsbereitstellung bezog.

402 Vgl. auch *Heinickel/Scherer*, in: Arndt/Fetzer/Scherer (Hrsg.), TKG, 2008, § 38 Fn. 107. Auch das *VG Köln*, Urteil v. 6.11.2008 – 1 K 3194/06 –, CR 2009, 375 (376 f.), »übersetzt« das Vorgehen deshalb in einem Fall einer nach seiner Ansicht unmöglichen Vergleichsmarktbetrachtung dahingehend, dass die Bundesnetzagentur eine am (in diesem Fall lediglich in Betracht kommenden) Maßstab des § 28 Abs. 1 S. 1 und 2 Nr. 1 TKG auszurichtende Entgeltbeurteilung auf der Grundlage von – erst noch anzufordernden – Kostenunterlagen hätte durchführen müssen. Die Revisionsinstanz rügte indes schon die

formationsumfänge aber gerade nicht anfordern, ganz abgesehen davon, dass der Verweis in § 38 Abs. 2 S. 3 TKG auf den gesamten § 34 TKG auch insoweit keinerlei Differenzierungskriterium nennt. Hingewiesen sei an dieser Stelle nur auf die in § 34 Abs. 3 TKG genannte, jährlich vom beantragenden Unternehmen vorzulegende Gesamtkostenaufstellung. Dass § 34 TKG insgesamt auf das Genehmigungsverfahren zugeschnitten ist – die vorzulegenden Unterlagen sollen ja gerade die Ableitung der Kosten der effizienten Leistungsbereitstellung ermöglichen,[403] schließt eine Uminterpretation in der Weise, dass über § 38 Abs. 2 S. 3 TKG Auskünfte in einem § 34 TKG entsprechendem Umfang eingeholt werden können,[404] zumindest insofern nicht aus, soweit dies über § 29 Abs. 1 S. 1 Nr. 1 TKG möglich ist.

Zwar hat der Gesetzgeber als Referenzgröße für die Ex-post-Entgeltregulierung nicht die Kosten der effizienten Leistungsbereitstellung, sondern allein die Missbrauchskriterien des § 28 TKG bestimmt, wie § 38 Abs. 2 S. 1 TKG zum Ausdruck bringt. Damit geht eine Annäherung an den Missbrauchstatbestand des § 19 Abs. 4 GWB einher, wenn auch zunächst und insbesondere in § 28 Abs. 2 TKG typische sektorspezifische Vermutungstatbestände eingerichtet wurden, um langfristig eine Überführung einzelner Märkte in die allgemeine Wettbewerbsaufsicht vorzubereiten. Grundsätzlich werden die Entgelte daher einer Gesamtbetrachtung unterzogen, statt vorrangig eine Kostenprüfung durchzuführen. Die Priorisierung der Vergleichsmarktmethode im Bereich der nachträglichen Missbrauchskontrolle und die Ausgestaltung des § 38 Abs. 2 S. 3 TKG als Ermessensvorschrift wollen eine generelle Vorlagepflicht gerade vermeiden[405] und stehen scheinbar für eine zurückgenommene Eingriffsintensität. Auch ausweislich der Gesetzesbegründung soll bei der Unmöglichkeit einer Überprüfung im Wege des Vergleichsmarktverfahrens[406], also etwa bei innovativen Märkten oder Marktbesonderheiten, die Preisobergrenze nicht anhand der Kosten der effizienten Leistungsbereitstellung, sondern »nur« anhand von § 28 Abs. 1 S. 2 Nr. 1 TKG subsidiär (kosten)geprüft werden,[407] womit auch sprachlich von einer verringerten Prüfdichte ausgegangen wird.[408]

---

Nichtanwendbarerklärung des Vergleichsmarktprinzips, *BVerwG*, Urteil v. 23.6.2010 – 6 C 36/08 –. NVwZ 2010, 1356 (1358 f.).
403 Vgl. § 34 Abs. 4 TKG.
404 So *Mielke*, in: Säcker (Hrsg.), TKG, 2. Aufl. 2009, § 38 Rn. 72.
405 BR-Drs. 755/03 (Beschluss), S. 16 (zu Nr. 31).
406 *VG Köln*, Urteil v. 6.11.2008 – 1 K 3194/06 –, CR 2009, 375 ff. und kritisch dazu *Berger*, Sind Terminierungsmärkte unvergleichlich?, CR 2009, 361 ff.
407 BT-Drs. 15/2316, S. 70 zu § 36 TKG-E. Vgl. auch *Masing/Ehrmann*, in: Wilms/Masing/Jochum (Hrsg.), TKG, § 28 Rn. 18.
408 In diese Richtung im Ergebnis wohl auch *Heinickel/Scherer*, in: Arndt/Fetzer/Scherer (Hrsg.), TKG, 2008, § 38 Rn. 47.

Eine im Hinblick auf den unterschiedlichen Prüfungsmaßstab qualitativ-inhaltlich reduzierte Kompetenz[409] kann hieraus gleichwohl nicht abgeleitet werden. Einerseits bedarf es zur Bejahung der Missbräuchlichkeit eines Entgelts im Unterschied zum Kartellrecht keiner erheblichen Überschreitung des fiktiven Wettbewerbspreises, weshalb sich auch der in § 28 TKG festgelegte Maßstab am Effizienzgrundsatz orientiert und deswegen kein grundsätzlich anderes Regulierungsniveau schafft.[410] Zum anderen sollte mit der Aufnahme der (nachrangigen) Kostenprüfung in § 38 Abs. 2 S. 3 TKG sichergestellt werden, dass der Regulierer ungeachtet des veränderten Prüfungsmaßstabs nicht in seinen Prüfmöglichkeiten eingeschränkt wird. Die Anforderung von Unterlagen (nur) im Einzelfall dient letztlich auch der Entlastung der Behörde von einem unangemessenen Prüfaufwand.

e) Zwischenfazit

Ungeachtet der erörterten Einschränkung der Informationsbefugnis § 29 Abs. 1 S. 1 Nr. 1 TKG auf die Erhebung von Daten der zurückliegenden und der laufenden Abrechnungsperiode scheinen die praktischen Auswirkungen eher gering auszufallen. Dies hat mehrere Gründe.

Zum einen haben sich mittlerweile bei der Bundesnetzagentur sowohl Erfahrungswerte als auch Kosteninformationen gesammelt. Bei einer kontinuierlichen Leistungsregulierung kann daher auf früher eingereichte Kostenunterlagen zurückgegriffen werden, wodurch die eingeschränkten Erhebungsmöglichkeiten von Vergangenheitsdaten weniger stark ins Gewicht fallen.

Da nach § 37 Abs. 1 TKG nur genehmigte Entgelte erhoben werden dürfen, kann die Förderung des Genehmigungsverfahrens zudem auch im Sinne des beantragenden Unternehmens liegen. In der Praxis scheint darüber hinaus ein Eigeninteresse der regulierten Unternehmen zu bestehen, dass bei Entgeltprüfungen nicht auf analytische Kostenmodelle, sondern die eigenen Ist-Kosten abgestellt wird.[411] Diese hat die Bundesnetzagentur neben dem Vergleichsmarktverfahren in der Vergangenheit regelmäßig zur (ergänzenden) Grundlage ihrer Entscheidungen gemacht, anstatt Anträge ganz oder teilweise abzulehnen.[412] Die nunmehr vorhandene Möglichkeit, sowohl das Vergleichsmarktverfahren als

---

409 Nach *Heinickel/Scherer*, in: Arndt/Fetzer/Scherer (Hrsg.), TKG, 2008, § 38 Rn. 33, gilt es deshalb, die gesetzlichen Regelungen zu Inhalt und Umfang der Kostenunterlagen an die Erfordernisse des abweichenden Prüfungsmaßstabs im Verfahren der nachträglichen Entgeltregulierung anzupassen.
410 *Masing/Ehrmann*, in: Wilms/Masing/Jochum (Hrsg.), TKG, § 28 Rn. 20 f..
411 Vgl. *Höffler*, in: Arndt/Fetzer/Scherer (Hrsg.), TKG, 2008, § 35 Rn. 21.
412 Vgl. schon Fn. 365.

auch ein Kostenkalkulationsmodell allein zur Entscheidungsgrundlage zu machen, kann daher neben den vorhandenen Erzwingungsmöglichkeiten dazu genutzt werden, die Kooperationsbereitschaft regulierter Unternehmen zu fördern.

4. Ergänzung des Anordnungsrechts durch formelle und materielle Gestaltungsvorgaben für die Kostenrechnung

Mittelbar kann die Bundesnetzagentur auf die zu erteilenden Informationen durch ihre ebenfalls in § 29 TKG angesiedelten weiteren Anordnungsrechte einwirken. Nach § 29 Abs. 1 S. 1 Nr. 2 TKG kann die Bundesnetzagentur im Rahmen oder zur Vorbereitung von Verfahren der Entgeltregulierung anordnen, dass ein Unternehmen mit beträchtlicher Marktmacht die Kostenrechnung in einer Form ausgestaltet, die es ihr ermöglicht, die für die Entgeltregulierung auf Grund dieses Gesetzes notwendigen Daten zu erlangen.

Die Bedeutung dieser Vorschrift erschließt sich erst aus einem Zusammenlesen mit § 29 Abs. 2 TKG, wonach die Behörde befugt ist, Unternehmen mit beträchtlicher Marktmacht Verpflichtungen in Bezug auf Kostenrechnungsmethoden zu erteilen. Während das formale Ausgestaltungsrecht die Behörde in die Lage versetzen soll, Informationen in den (extern) zu übersendenden Kostenunterlagen zu finden,[413] erstreckt sich die Anordnungsbefugnis nach § 29 Abs. 2 TKG auf die (interne) Verwendung von Kostenrechnungsmethoden. Durch die Vorgabe der formalen (Außen-)Darstellung nach einem bestimmten Kostenmodell wird faktisch schon auf die Freiheit des Unternehmens eingewirkt, die betriebliche Kostenrechnung innerhalb der Grenzen des Handels- und Steuerrechts frei zu bestimmen, da ein theoretisch denkbares, alternatives internes Vorgehen regelmäßig einen unverhältnismäßig hohen Aufwand bedeuten würde.[414] Durch die Vorgabe einer bestimmten (verfahrensunabhängigen) Kostenrechnungsmethode kann auf betriebsinterne Vorgänge zudem auch rechtlich eingewirkt werden. Beide Vorschriften haben daher ein erhebliches Überschneidungspotential und sind grundsätzlich notwendig, um zu verhindern, dass dem Regulierer vom Unternehmen Sonderrechnungen vorgelegt werden, die an der betrieblichen Realität vorbeigehen.[415]

---

413 Die Formvorgaben betreffen daher die Kostenunterlagen und nicht etwa die Kostenrechnung, weil § 29 Abs. 2 TKG sonst überflüssig wäre, vgl. *Höffler*, in: Arndt/Fetzer/Scherer (Hrsg.), TKG, § 29 Rn. 24; *Masing/Wissmann*, in: Wilms/Masing/Jochum (Hrsg.), TKG, § 29 Rn. 27.
414 Zu dieser Möglichkeit *Masing/Wissmann*, in: Wilms/Masing/Jochum (Hrsg.), TKG, § 29 Rn. 24, 27, und zuerst *Spoerr*, in: *Trute*, in: Trute/Spoerr/Bosch (Hrsg.), TKG, 2001, § 31 Rn. 14.
415 Vgl. *RegTP*, Tätigkeitsbericht 2002/2003, S. 59 f.

5. Exkurs: Nachforderung von Angaben und Unterlagen im Präklusionsverfahren nach § 34 Abs. 5 TKG

Neben § 29 TKG findet sich eine Vorschrift zu Informationsanforderungen für das Genehmigungsverfahren auch in § 34 Abs. 5 S. 2 TKG. Hierbei handelt es sich aber weder um eine Ermächtigungsgrundlage zur Informationsanforderung noch sind entsprechende Anforderungen als Anordnungen im Sinne des § 29 Abs. 1 S. 1 Nr. 1 TKG zu verstehen. Hintergrund der Regelung ist allein eine Einschränkung der Präklusionswirkung im Hinblick auf unvollständig vorgelegte Antragsunterlagen, wenn die Bundesnetzagentur innerhalb der Prüffrist auf eine Ergänzung des Antrags hinwirkt. Die Norm ist daher als § 10 VwVfG konkretisierende Verfahrensermessensnorm einzuordnen.

a) Regelungszusammenhang

Die Bundesnetzagentur soll nach § 31 Abs. 4 S. 3 TKG im Prüfverfahren nach § 31 Abs. 1 Nr. 1 i. V. m. § 34 TKG innerhalb von zehn Wochen nach Eingang der Entgeltvorlage über deren Genehmigungsfähigkeit befinden.[416] Diese Frist soll im Interesse eines schnellen Verfahrens – schließlich hängt von der Entscheidung die Rechts- und Planungssicherheit für einen Markt ab – für dessen zügige Durchführung sorgen, ist aber hinsichtlich des Umfangs und der Komplexität der vorzulegenden Daten äußerst knapp bemessen. Neben den in § 29 Abs. 1 S. 1 Nr. 2 und Abs. 2 TKG enthaltenen Gestaltungsmöglichkeiten trifft § 34 TKG Vorkehrungen, die eine Bearbeitungsmöglichkeit der Behörde innerhalb der Frist sicherstellen sollen. Die zusammen mit einem Entgeltantrag nach § 31 Abs. 3 und 4 TKG einzureichenden Unterlagen und Nachweise sind daher nicht nur bereits mit der Antragstellung vollständig in dem Sinne einzureichen, dass sie eine Beurteilung darüber, ob das beantragte Entgelt genehmigungsfähig ist, prinzipiell ermöglichen; die Kostenunterlagen müssen nach § 34 Abs. 4 TKG im Hinblick auf ihre Transparenz und die Aufbereitung der Daten auch in tatsächlicher Hinsicht eine fristgerechte Prüfung zulassen, unterliegen also über ihren formalen Inhalt hinaus materiellen Anforderungen. Vollständig sind die Unterlagen also erst dann, wenn sie im Hinblick auf die Prüffrist hinreichend aussagekräftig sind.[417] Das beantragende Unternehmen trägt das Risiko, dass die Kosteninformationen nicht oder nur teilweise im Genehmigungsverfahren Berück-

---

416 Beim Price-Cap-Verfahren beträgt die Soll-Entscheidungsfrist nach § 31 Abs. 4 S. 4 TKG davon abweichend gar nur zwei Wochen.
417 So schon zur alten Rechtslage *OVG Münster*, Beschluss v. 28.11.2005 (unveröffentlicht) – 13 A 3133/03 –, S. 15 ff.

sichtigung finden, weil sie über die relevanten Daten hinaus – etwa durch einen zu hohen Detaillierungsgrad – undurchsichtig sind,[418] und soll auf diese Weise angehalten werden, Nachbesserungsbedarf gar nicht erst entstehen zu lassen.

Dennoch ist in der Praxis zum Zeitpunkt der Antragstellung nicht immer endgültig klar, ob die vorgelegten Unterlagen inhaltlich den Nachweis ermöglichen, dass sich die beantragten Entgelte aus den Kosten der effizienten Leistungsbereitstellung und einer angemessenen Investitionsrendite zusammensetzen.[419] Aus Sicht des regulierten Unternehmens folgt ein gewisses Gefahrenpotential in quantitativer Hinsicht schon daraus, dass die Liste der gemäß § 34 Abs. 1, 2 TKG vorzulegenden Nachweise nicht abschließend ist (»insbesondere«). In qualitativer Hinsicht fällt letztendlich der Bundesnetzagentur als Genehmigungsbehörde die Entscheidung darüber zu, ob die Kostenunterlagen eine Prüfung erlauben.[420] Damit wird zunächst klar, dass eine Präzisierung der Vorlagepflicht auch nach Antragstellung notwendig werden kann.

Unterlagen können deshalb grundsätzlich auch nachgereicht werden, müssen aber in diesen Fällen gemäß § 34 Abs. 5 S. 1 TKG nur dann berücksichtigt werden, wenn hierdurch keine Gefährdung der Einhaltung der Verfahrensfristen erfolgt. Auch über diese Präklusionsvorschrift soll letztendlich das beantragende Unternehmen von vornherein zur Vermeidung von Nachbesserungsbedarf angehalten werden, indem ihm das Risiko auferlegt wird, dass nachträglich eingereichte Unterlagen oder Erläuterungen in der Entscheidungsfindung im Zweifel keine Berücksichtigung mehr finden. Wann die Einhaltung der Verfahrensfristen gefährdet ist, hängt sowohl vom Stand des jeweiligen Verfahrens wie auch von der Art der nachgereichten Informationen ab. Je später im Laufe der Entscheidungsfrist Unterlagen nachgereicht werden und je grundlegender deren Bedeutung ist, desto weniger wird die Behörde dazu in der Lage sein, ihre Entscheidung auf ein neues Fundament zu stellen, insbesondere wenn hierzu umfangreich neue Berechnungen vorgenommen werden müssten.[421] § 34 Abs. 5 S. 1 TKG

---

418 Zum Aspekt der Relevanz der Daten auch *ERG*, Opinion on proposed changes to the Commission Recommendation of 1998 on Accounting separation and cost accounting, ERG (04) 15rev1, veröffentlicht am 14. Oktober 2004, S. 4.
419 Vgl. *Höffler*, in: Arndt/Fetzer/Scherer (Hrsg.), TKG, 2008, § 35 Rn. 34.
420 Dass es bei der Beurteilung, ob die Unterlagen vollständig sind, neben objektiven Kriterien maßgeblich auch auf die Sicht der Bundesnetzagentur ankommt, zeigt ein Vergleich mit § 29 Abs. 2 TKG. Nach § 29 Abs. 2 S. 3 TKG überprüft diese das Ergebnis der Anwendung ihrer Kostenrechnungsvorgaben. Ihr obliegt demnach auch diesbezüglich die Entscheidung über den materiellen Aussagegehalt der Nachweisunterlagen, vgl. *Höffler*, in: Arndt/Fetzer/Scherer (Hrsg.), TKG, 2008, § 35 Rn. 4, 18 f. Dies ist von der Frage zu unterscheiden, wann die Regulierungsbehörde einen Entgeltgenehmigungsantrag wegen unvollständiger Unterlagen ablehnen darf. Dazu *Mayen/Lünenbürger*, in: Scheurle/Mayen (Hrsg.), TKG, 2. Aufl. 2008, § 35 Rn. 64 f.
421 *Groebel/Seifert*, in: Säcker (Hrsg.), TKG, 2. Aufl. 2009, § 35 Rn. 65, 80 f.

knüpft nicht an ein Verschulden, sondern allein an ein Veranlassen der Nachbesserung durch den Antragsteller an.

b) Ausgestaltung

Die Fälle, in denen ein Nachreichen von Informationen durch die Behörde veranlasst wird, werden hingegen von § 34 Abs. 5 S. 2 TKG erfasst. Auch von der Bundesnetzagentur während des Verfahrens angeforderte zusätzliche Unterlagen und Auskünfte, worunter im Sinne der Vorschrift insbesondere Erläuterungen im Hinblick auf die bereits eingereichten Unterlagen fallen,[422] sind danach nur dann zu berücksichtigen, wenn diese innerhalb einer von der Bundesnetzagentur zu setzenden Frist vorgelegt werden. Das Merkmal »zusätzlich« in § 34 Abs. 5 S. 2 TKG ist nicht in dem Sinne zu verstehen, dass Informationen verlangt werden dürften, die nicht eigentlich schon mit dem Antrag vorzulegen gewesen wären.[423] Dies ergibt sich schon daraus, dass das antragstellende Unternehmen nach § 34 Abs. 1 TKG alle zur Prüfung des Antrags erforderlichen Unterlagen beizubringen hat und diese nach § 34 Abs. 4 TKG auch so beschaffen sein müssen, dass sie für sich genommen einen Erläuterungsbedarf ausschließen. Darüber hinaus gehende Informationen wären für das Genehmigungsverfahren nicht erforderlich und können demnach auch nicht »zusätzlich« erhoben werden.

Die Berücksichtigungspflicht nachträglich angeforderter Informationen macht aber deutlich, dass die Norm nicht auf Sachverhalte zugeschnitten ist, in denen völlig unzureichende Anträge eingereicht wurden. Würde die Bundesnetzagentur in diesen Fällen das Nachreichen der fehlenden Informationen »zusätzlich« zu den bereits eingereichten Unterlagen anmahnen, würde sie angesichts der bereits laufenden begrenzten Entscheidungsfrist die Funktionsfähigkeit des durch § 34 Abs. 5 S. 1 TKG geschützten Beschlusskammerverfahrens gefährden.[424] Die Be-

---

422 *Groebel/Seifert*, in: Säcker (Hrsg.), TKG, 2. Aufl. 2009, § 33 Rn. 84.
423 In diese Richtung auch *Höffler*, in: Arndt/Fetzer/Scherer (Hrsg.), TKG, 2008, § 33 Rn. 27.
424 Insofern unterscheidet sich die Nachforderungsmöglichkeit nach § 34 Abs. 5 S. 2 TKG etwa erheblich von derjenigen im immissionsschutzrechtlichen Genehmigungsverfahren nach § 10 BImSchG, das in der 9. BImSchV eine nähere Ausgestaltung erfahren hat. Nach § 10 Abs. 1 S. 3 BImSchG i. V. m. § 7 Abs. 1 S. 3 der 9. BImSchV hat die Genehmigungsbehörde nach einer unverzüglich nach Antragseingang vorzunehmenden Vollständigkeitsprüfung den Antragsteller unverzüglich zur Ergänzung des Antrags bzw. der Unterlagen innerhalb einer angemessenen Frist, die nach § 20 Abs. 2 S. 2 der 9. BImSchV nicht länger als drei Monate betragen soll, aufzufordern. Die Entscheidungsfrist beginnt jedoch nach § 10 Abs. 6a BImSchG erst mit dem vollständigen Eingang der einzureichenden Unterlagen, die ihrerseits unter Umständen noch verlängert werden

stimmung einer sinnvollen Nachtragsfrist wäre ihrerseits häufig überhaupt nicht möglich. Von ihrem Entschließungsermessen wird die Bundesnetzagentur daher nur in Fällen Gebrauch machen, in denen eine Berücksichtigung der nachgeforderten Informationen überhaupt noch denkbar erscheint. Dies gilt insbesondere für den Fall, dass die Behörde zunächst vom Erhalt umfassender Unterlagen ausgeht, im Rahmen des Beschlusskammerverfahrens aber feststellt, dass weitere Unterlagen benötigt werden oder Teile der eingereichten Nachweise erläuterungsbedürftig sind.[425] Auch wenn die Behörde zusätzliche Informationen nach § 34 Abs. 5 S. 2 TKG anfordert, werden die Nachtragsfristen mit Rücksicht auf die insgesamt kurze Bearbeitungszeit eher knapp ausfallen, da die Fristeinhaltung mit einem Anspruch auf Berücksichtigung der nachgereichten Informationen verbunden ist, im Falle deren grundlegender Relevanz wie oben gezeigt aber nicht unerhebliche Folgeauswirkungen haben kann.

Vor allem wenn der verbleibende Aufklärungsbedarf bei einer Betrachtung ex ante nicht zurechenbar ist, seine Ursache also sowohl in unzureichend aufbereiteten Unterlagen als auch einem potentiellen Fehlverständnis des Regulierers haben kann, wird man ungeachtet der Regelung des § 34 Abs. 4 TKG ein Tätigwerden der Behörde auch erwarten können. Eine Pflicht der Behörde, unter Fristsetzung zu berücksichtigungspflichtigem Nachtrag aufzufordern, erscheint aber auch hier in Anbetracht der umfassenden Mitwirkungspflicht des Antragstellers und der begrenzten Frist eher fernliegend. Allerdings kann dem allgemeinen Verwaltungsverfahrensrecht dann, wenn Mitwirkungspflichten nach § 26 Abs. 2 S. 3 VwVfG die Behörde berechtigen, von eigenen Ermittlungen abzusehen, eine Pflicht zur nachvollziehenden Kontrolle entnommen werden. Bzgl. der Überprüfung der Vollständigkeit und Richtigkeit der vorgelegten Unterlagen kann insofern in entsprechender Anwendung des § 25 S. 1 VwVfG in dessen Grenzen eine Beratungs- bzw. Fürsorgepflicht der Bundesnetzagentur bestehen, auf das Fehlen notwendiger Angaben hinzuweisen und auf das Nachreichen von Informationen hinzuwirken.[426] Ähnliche Überlegungen lassen sich ebenfalls aus dem im Rahmen einer Ermessensentscheidung nach § 35 Abs. 3 S. 3 TKG zu beachtenden Verhältnismäßigkeitsgrundsatz ableiten.[427] Zu berücksichtigen sind

---

kann, zu laufen. Näher dazu *Dietlein*, in: Landmann/Rohmer (Hrsg.), Umweltrecht, Bd. III, § 10 BImSchG Rn. 57 f.
425 Vgl. *Groebel/Seifert*, in: Säcker (Hrsg.), TKG, 2. Aufl. 2009, § 33 Rn. 84.
426 Vgl. *Kopp/Ramsauer*, VwVfG, 12. Aufl. 2011, § 24 Rn. 10a, 54, § 25 Rn. 11.
427 Zu § 2 Abs. 3 TEntgV bereits das *OVG Münster*, Beschluss v. 28.11.2005 (unveröffentlicht) – 13 A 3133/03 –, S. 15, wonach der Verhältnismäßigkeitsgrundsatz gebieten könne, »zunächst in der Entscheidungsfrist noch verwertbare Aufklärung etwa in Form von Nachfragen oder Nachforderung weiterer Unterlagen zu betreiben...«. Im Hinblick auf die erst anschließend eingeführte Berücksichtigungspflicht während der Prüffrist nachgeforderter und fristgerecht eingereichter Unterlagen dürfte der Beratungspflicht größeres Gewicht zukommen.

diese Informationen dann allein unter den Voraussetzungen des § 34 Abs. 5 S. 1 TKG.

»Nachforderungen« im Sinne der Vorschrift sind keine Verwaltungsakte und können daher wie die Vorlage der Unterlagen selbst – über § 34 TKG – nicht erzwungen werden. Sie erzielen ohnehin nur bei einer entsprechenden Kooperationsbereitschaft des antragstellenden Unternehmens die erhoffte Wirkung. Als behördliche Verfahrenshandlung nach § 44a VwGO kann gegen sie Rechtsbehelf nur gleichzeitig mit einem Rechtsbehelf gegen die Sachentscheidung, also der Genehmigungsentscheidung nach § 35 TKG eingelegt werden. Da sich Nachforderungen wegen der Regelung des § 34 Abs. 5 S. 1 TKG im Hinblick auf das Entscheidungsverfahren als vorteilhaft darstellen, ist mit einer Anfechtung in der Sache allerdings grundsätzlich nicht zu rechnen.[428]

6. Zugriff auf Kostenrechnungsinformationen im Rahmen der Zugangsregulierung

Eine spezielle Informationsbefugnis zur Anforderung von Kostenunterlagen steht der Bundesnetzagentur weiterhin dann zu, wenn ein Betreiber mit beträchtlicher Marktmacht zu einer getrennten Rechnungsführung verpflichtet wurde.

a) Regelungszusammenhang

In einem inneren Zusammenhang mit den Vorschriften der Entgeltregulierung und hierbei insbesondere § 29 Abs. 1 S. 1 Nr. 1, Abs. 2 TKG steht § 24 TKG. Nach § 24 Abs. 1 S. 1 TKG kann die Bundesnetzagentur im Rahmen einer Regulierungsverfügung nach § 13 TKG anordnen, dass ein Betreiber eines öffentlichen Telekommunikationsnetzes mit beträchtlicher Marktmacht für bestimmte Tätigkeiten im Zusammenhang mit Zugangsleistungen eine getrennte Rechnungsführung einrichtet. Die Anordnung kann zwar unabhängig von einem Entgeltregulierungsverfahren ergehen, erleichtert aber die Feststellung der Notwendigkeit, ob Maßnahmen der Entgeltregulierung zu ergreifen sind.[429]

Während § 29 Abs. 1 und 2 TKG auf Vorgaben gegenüber marktmächtigen Unternehmen begrenzt ist, die der Entgeltregulierung unterliegen, können An-

---

428 *Müller*, in: Spindler/Schuster (Hrsg.), Recht der elektronischen Medien, 2. Aufl. 2011, § 33 TKG Rn. 12, spricht insoweit treffend davon, dass der Antragsteller in den »Genuss einer von der Behörde gesetzten Nachfrist zur Auskunft« kommt.
429 *Busse von Colbe*, in: Säcker (Hrsg.), TKG, 2. Aufl. 2009, § 24 Rn. 4.

ordnungen nach § 24 TKG gegenüber allen Betreibern öffentlicher Telekommunikationsnetze mit beträchtlicher Marktmacht ergehen.

Wie die Norm selbst in Abs. 1 S. 3 zu erkennen gibt, sollen durch die Verpflichtung zur getrennten Rechnungsführung vor allem Verstöße gegen das Diskriminierungsverbot und unzulässige Quersubventionen verhindert werden. Hintergrund ist die unternehmerische Paralleltätigkeit auf vor- und nachgelagerten Produktionsstufen einer Wertschöpfungskette in einer wirtschaftlichen Einheit (sog. vertikale Integration). Werden die auf einer Produktionsstufe erwirtschafteten Gewinne dazu eingesetzt, eine andere, in der Regel nachgelagerte Produktionsstufe zu alimentieren, indem die Kosten der weniger einträglichen Stufe der anderen zugeschrieben werden (Quersubventionierung), kann Marktmacht übertragen und dadurch Wettbewerb auf anderen Produktionsstufen behindert oder gar Marktzutritt verhindert werden. Bietet ein Betreiber eines vorgelagerten Marktes mit beträchtlicher Marktmacht Leistungen Anbietern auf nachgelagerten Märkten zu unterschiedlichen Konditionen an, indem er ein eigenes Tochter- oder Subunternehmen durch intern günstigere Verrechnungspreise bevorzugt oder auch andere Nachfrager – ggf. sogar unter Missachtung einer Gleichbehandlungsverpflichtung nach § 19 TKG – sachlich ungerechtfertigt unterschiedlich behandelt, liegt zudem ein Verstoß gegen das Diskriminierungsmissbrauchsverbot i. S. d. § 28 Abs. 1 S. 2 Nr. 3 TKG vor. Deshalb »können« – das ermessensvorstrukturierende »sollen« in § 24 Abs. 1 S. 2 TKG ist im Hinblick auf Art. 11 Abs. 1 UAbs. 2 S. 1 RL 2002/19/EG gemeinschaftsrechtskonform auszulegen[430] – insbesondere vertikal integrierte Unternehmen dazu angehalten werden, ihre Vorleistungs- und internen Verrechnungspreise transparent zu gestalten, um derlei Querverbindungen aufzuzeigen und so die Einhaltung der Gleichbehandlungsverpflichtungen überprüfen zu können.[431] Die Wendung »im Zusammenhang mit Zugangsleistungen« i. S. d. Abs. 1 S. 1 ist dementsprechend weit zu verstehen und umfasst – unabhängig von der Freiwilligkeit ihrer Erbringung oder Verpflichtung hierzu – einschließlich der Zusammenschaltung als deren Sonderfall[432] alle Leistungen, die im Zusammenhang mit der Zugangsgewährung erbracht werden.[433]

Der Begriff »getrennte Rechnungsführung« ist in der deutschen Betriebswirtschaftslehre nicht gebräuchlich, macht aber deutlich, dass zum Erkennen der innerbetrieblichen Transfervorgänge eine Trennung von Kreisen der Kosten- und

---

430 A. A. *Holthoff-Frank*, in: Geppert u. a. (Hrsg.), TKG, 3. Aufl. 2006, § 24 Rn. 17; *Scherer*, in: Arndt/Fetzer/Scherer (Hrsg.), 2008, TKG, § 24 Rn. 7; *Neitzel*, in: Spindler/Schuster (Hrsg.), Recht der elektronischen Medien, 2. Aufl. 2011, § 24 TKG Rn. 10.
431 Vgl. auch Erwägungsgrund 18 der RL 2002/19/EG.
432 Vgl. § 3 Nr. 34 TKG.
433 *Scherer*, in: Arndt/Fetzer/Scherer (Hrsg.), 2008, TKG, § 24 Rn. 5.

Leistungsrechnung einzelner Leistungsbereiche notwendig sein kann.[434] Er setzt damit einen inhaltlich deutlicheren Schwerpunkt als der in Art. 11 RL 2002/19/EG gebrauchte Begriff der getrennten Buchführung[435], der sich auf das Rechnungswesen insgesamt, also sowohl die Finanzbuchhaltung als externes und die Betriebsbuchhaltung als internes Rechnungswesen bezieht, ohne diesen einzuschränken.[436] Die Bundesnetzagentur kann hierbei nach § 24 Abs. 1 S. 4 TKG

434 *Busse von Colbe*, in: Säcker (Hrsg.), TKG, 2. Aufl. 2009, § 24 Rn. 19 ff.
435 Engl.: »accounting separation«, franz.: »séparation comptable«.
436 Teilweise wird im Schrifttum angenommen, das Anordnungsrecht nach § 24 Abs. 1 TKG erstrecke sich lediglich auf das interne Rechnungswesen, also die Kosten- und Leistungsrechnung, so *Busse von Colbe*, in: Säcker (Hrsg.), TKG, 2. Aufl. 2009, § 24 Rn. 22; *Pedell/Holzwarth*, in: Scheurle/Mayen (Hrsg.), TKG, 2. Aufl. 2008, § 24 Rn. 13 ff.; differenzierend *Scherer*, in: Arndt/Fetzer/Scherer (Hrsg.), TKG, 2008, § 24 Rn. 6; im Ergebnis wie hier, allerdings ohne nähere Begründung *Neitzel*, in: Spindler/Schuster (Hrsg.), Recht der elektronischen Medien, 2. Aufl. 2011, § 24 TKG Rn. 9. Erstere Ansicht stützt sich auf den Wortlaut von § 7 TKG, der ein gesetzliches Unternehmenswahlrecht zur strukturellen Separierung oder getrennten Buchführung von Telekommunikationsbereich und anderen Unternehmensbereichen mit besonderen oder ausschließlichen Rechten für die Erbringung von Diensten in anderen Sektoren statuiert, womit ebenfalls die finanzielle Lage zwischen den Bereichen transparent gemacht werden soll, um unzulässige Quersubventionierungen zu erkennen und zu verhindern.

Der abweichende Wortlaut scheint aber weniger auf eine bewusste gesetzgeberische Entscheidung (die Gesetzesbegründung spricht lediglich von Richtlinienumsetzung, vgl. BT-Drs. 15/2316, S. 60 zu § 7 TKG-E, S. 66 zu § 22 TKG-E; selbst bei der schlichten Richtlinienübersetzung findet sich mit »Rechnungslegung« in der Überschrift von Art. 13 RL 2002/21/EG eine Abweichung zum im Englischen und Französischen diesbezüglich gleichlautenden Art. 11 RL 2002/19/EG) als auf die Entstehungsgeschichte zurückzugehen. Während der Begriff Rechnungsführungsmethode aus § 14 Abs. 2 TKG-1996 übernommen wurde, war § 7 TKG im Referentenentwurf noch nicht enthalten.

Die – in Art. 11 Abs. 2 S. 1 RL 2002/19/EG nicht vorgesehene – Unterscheidung zwischen Kostenrechnungs- und Buchungsunterlagen nach Abs. 1 in § 24 Abs. 2 S. 1 TKG ergibt zudem nur Sinn, wenn sich das Anordnungsrecht auch auf beide Teile des Rechnungswesens bezieht. Zwar sind nicht alle Teile der externen Rechnungslegung veröffentlichungspflichtig, so dass theoretisch auch ein Interesse an nicht publizierten Segmentberichterstattungen bestehen kann (skeptisch *Scherer*, a. a. O.). Der Wortlaut stellt demgegenüber unterschiedslos auf Unterlagen nach Abs. 1 ab, also Dokumente, die nach Maßgabe der Bundesnetzagentur erst angefertigt wurden.

Von einem entsprechend weiten Verständnis der Zugangsrichtlinie geht auch die Kommission in ihrer Empfehlung zur getrennten Buchführung aus (vgl. Empfehlung der Kommission 2005/698/EG vom 19. September 2005 über die getrennte Buchführung und Kostenrechnungssysteme entsprechend dem Rechtsrahmen für die elektronische Kommunikation, ABl. L 266 v. 11.10.2005, S. 64 ff.), wenn sie empfiehlt, Betroffenen eine Gewinn- und Verlustrechnung und eine Aufstellung des Kapitals für jeden Geschäftsbereich aufzuerlegen, als ob es sich um getrennt geführte Betriebe handele (S. 66). Eine Annäherung an die Vorschrift § 7 TKG hat durch die TKG-Novelle 2012 auch auf instrumenteller Ebene stattgefunden. Mit der Änderungs-RL 2009/140/EG wurde ein Art. 13a in die Zugangsrichtlinie eingefügt, nach dem die nationalen Regulierungsbehörden einem vertikal integrierten Unternehmen auch innerhalb der telekommunikationswirtschaftlichen Tätigkeit als Ultima-Ratio-Maßnahme die funktionelle Trennung seiner

konkrete Vorgaben zu dem zu verwendenden Format sowie zu der zu verwendenden Rechnungsführungsmethode machen. Auch das Begriffspaar Format und Rechnungsführungsmethode ist in der betriebswirtschaftlichen Praxis unüblich[437] und meint wohl – ähnlich wie bei § 29 Abs. 1 S. 1 Nr. 2, Abs. 2 TKG im Rahmen der Entgeltregulierung – das Recht der Bundesnetzagentur, hierbei Unternehmen mit beträchtlicher Marktmacht sowohl in formeller als auch in materieller Hinsicht Vorgaben bei der Rechnungserstellung zu machen. Die Bundesnetzagentur kann demnach etwa den Ansatz, die Bewertung und den Ausweis der Bestandteile des Rechnungswesens vorgeben.[438] Ein Unternehmen mit beträchtlicher Marktmacht muss so unter Umständen eine Sonderrechnung nach Maßgabe der Bundesnetzagentur anfertigen.

b) Ausgestaltung

§ 24 Abs. 2 S. 1 TKG eröffnet der Bundesnetzagentur für den Fall, dass Maßnahmen nach § 24 Abs. 1 TKG angeordnet wurden, die Möglichkeit, von Unternehmen, die einer Verpflichtung zur getrennten Rechnungsführung unterworfen wurden, die entsprechenden Kostenrechnungs- und Buchungsunterlagen einschließlich sämtlicher damit zusammenhängender Informationen und Dokumente auf Anforderung in vorgeschriebener Form zu verlangen. Es handelt sich um eine unselbstständige Vorlagepflicht (»auf Anforderung«). Die Bundesnetzagentur muss daher im jeweiligen Einzelfall konkret benennen, welche Informationen geliefert werden sollen.[439]

---

Geschäftsbereiche aufgeben können. Dieser sieht aber, weil Art. 11 RL 2002/19/EG diese Möglichkeit schon ausweist, eine Verpflichtung zur getrennten Buchführung als Alternative gerade nicht vor. Im TKG sind die Vorgaben inzwischen in den §§ 40, 41 TKG umgesetzt worden, vgl. BT-Drs. 17/5707, S. 63 f.
437 Vgl. *Busse von Colbe*, in: Säcker (Hrsg.), TKG, 2. Aufl. 2009, § 24 Rn. 19, 25, 28.
438 *Pedell/Holzwarth*, in: Scheurle/Mayen (Hrsg.), TKG, 2. Aufl. 2008, § 24 Rn. 41. Vgl. zur Aufschlüsselung der Kosten und zur Bewertung der Kostenrechnungssysteme die Empfehlung der Kommission 2005/698/EG, S. 66, sowie die Richtschnur der Gruppe der Europäischen Regulierer, *ERG*, Guidelines for implementing the Commissions Recommendation C (2005) 3480 on Accounting Separation and Cost Accounting Systems under the regulatory framework for elctronic communications, ERG (05) 29; vgl. auch die Unabhängige Gruppe der Regulierer, *IRG*, Regulatory Accounting Principles of Implementation and Best Practice for WACC calculation, 2007. Näher zu den Gliederungsvorgaben *Scherer*, in: Arndt/Fetzer/Scherer (Hrsg.), TKG, 2008, § 24 Rn. 9.
439 *Pedell/Holzwarth*, in: Scheurle/Mayen (Hrsg.), TKG, 2. Aufl. 2008, § 24 Rn. 45, nennen als typischerweise für die Zwecke nach § 24 TKG interessierende Informationen: Erlöse und Kosten, wie sie auf Buchungskonten originär erfasst sind, Umfang und Prinzipien der Kostenverrechnung zwischen Konten, Verteilungsschlüssel für Gemeinkosten, Preise und Volumina der internen Leistungsverrechnung zwischen den Unternehmensbereichen,

Die Regulierungsbehörde hat regelmäßig in den Fällen, in denen mit der Regulierungsverfügung die Leistung einer Entgeltgenehmigungspflicht unterworfen wurde, die nach § 34 TKG zu erbringenden Kostennachweise prinzipiell als ausreichend angesehen, um auf Grundlage von ihnen die internen Leistungsbeziehungen und deren wirtschaftliche Auswirkungen im Unternehmen zu ermitteln.[440] Sie hat die Verpflichtung zur getrennten Rechnungsführung und eine darauf beruhende Abfrage von Kostenrechnungsinformationen deshalb vorwiegend bei Entgelten in Betracht gezogen, die der nachträglichen Kontrolle nach § 38 i. V. m. § 28 TKG unterworfen wurden,[441] ist von dieser Linie – die von den Wettbewerbern und der Kommission kritisiert wurde[442] – aber auch schon abgewichen.[443]

Die Befugnis stellt ein recht eingriffsintensives Instrument der Regulierungsbehörde dar, so dass dem Verhältnismäßigkeitsprinzip in besonderer Weise Beachtung zu schenken ist. Zu berücksichtigen ist nämlich bei der Auferlegung von Verpflichtungen nach § 24 TKG – gerade bei Leistungen, für die eine nachträgliche Entgeltkontrolle als ausreichend zur Erreichung der Regulierungsziele angesehen wird – dass sowohl die Erstellung von Sonderrechnungen als auch die Vorlage und Erläuterung auf Anforderung entsprechend zusammengestellter Informationen mit erheblichem Arbeitsaufwand verbunden ist. In den Fällen, in denen die Bundesnetzagentur bislang Verpflichtungen nach § 24 Abs. 2 S. 1 TKG ausgesprochen hat, wurden die vorzulegenden Informationen deshalb stark eingegrenzt. Neben der transparenten Gestaltung der betreffenden Vorleistungspreise und internen Verrechnungspreise wurde die Angabe der entsprechenden Absatzmengen und Umsätze für ausreichend erachtet, um eine Plausibilitätsprüfung vornehmen zu können, ob die jeweils Betroffene tatsächlich eine unzulässige Quersubventionierung vornimmt bzw. sich intern günstigere Bedingungen einräumt.[444] Die vom Wortlaut her mögliche Anforderung von Wert- und Men-

---

Mengeninformationen zur Berechnung von Stückerlösen und Stückkosten sowie Ergebnisberechnungen für Leistungsbereiche des Netzbetreibers.

440 Vgl. *RegTP*, Mitteilung Nr. 83, ABl. RegTP 2005, 578 ff.; *Bundesnetzagentur*, Mitteilung Nr. 244, ABl. BNetzA 2005, 1461 ff.; *Bundesnetzagentur*, Mitteilung Nr. 283, ABl. BNetzA 2006, 2271 ff.; *Bundesnetzagentur*, Mitteilung Nr. 504, ABl. BNetzA 2007, 2619 ff.
441 *Bundesnetzagentur*, Mitteilung Nr. 278, ABl. BNetzA 2005, 1781 ff.; *Bundesnetzagentur*, Mitteilung Nr. 131, ABl. BNetzA 2007, 684 ff.
442 Vgl. die in den Nachw. in den beiden vorangehenden Fn. dargestellten Stellungnahmen.
443 Vgl. *Bundesnetzagentur*, Mitteilung Nr. 302, ABl. BNetzA 2006, 2717 ff., mit paralleler Verpflichtung zur getrennten Buchführung und Unterwerfung unter die Entgeltgenehmigungspflicht beim Markt für Breitbandzugang für Großkunden.
444 Vgl. die Nachw. in Fn. 440 und 441.

gengerüsten sowie der verwendeten Schlüssel ist nach Ansicht der Bundesnetzagentur hierfür nicht erforderlich.[445]

7. Erfassung der Telekommunikationsinfrastruktur

Spezielle Formen der – nicht asymmetrischen – Zugangsregulierung finden sich inzwischen innerhalb der Vorschriften über die Wegerechte.[446] Diese müssen im Zusammenhang mit der Förderung des Infrastrukturaufbaus, insbesondere durch Stimulation der Investitionen in leistungsstarke Breitbandnetze,[447] gesehen werden, die ein wesentliches Anliegen der Überarbeitung des Rechtsrahmens auf europäischer Ebene im Rahmen der Richtliniennovellierung im Jahr 2009 war.

Während der nahezu populär gewordene § 9a TKG, mitunter spöttisch auch als "lex Telekom" bezeichnet, über den der nationale Gesetzgeber bereits im Jahr 2007 Investitionen in neue Netze vorübergehend von der Regulierung freistellen wollte, im Rahmen der TKG-Novelle 2012 gestrichen wurde, nachdem der *Europäische Gerichtshof* eine derartige Regelung für unvereinbar mit der Ermessensfreiheit der nationalen Regulierungsbehörden erachtet hatte,[448] finden sich nunmehr mehrere Ansätze im Gesetz, um Anreize für den kostspieligen Ausbau der Netzinfrastruktur zu schaffen.

Hierzu zählen neben einer erhöhten Planungssicherheit für investierende Unternehmen durch Festlegung von zumindest mittelfristig verstetigten Regulierungsgrundsätzen und -konzepten[449], der Ausdehnung der Regulierungsperioden[450] und der Berücksichtigung von Investitionsrisiken zum Investitionszeitpunkt im Rahmen der Entgeltgenehmigungsverfahren[451] vor allem Maßnahmen, um beim Netzaufbau Synergieeffekte zu erzielen und damit die Kosten zu reduzieren.[452]

445 Vgl. etwa Fn. 443.
446 Teil 5, Abschnitt 3 TKG.
447 Vgl. auch die Empfehlung 2010/572/EU der *Kommission* vom 20. September 2010 über den regulierten Zugang zu Zugangsnetzen der nächsten Generation, ABl. L 251 v. 25.9.2010, S. 35 ff.
448 *EuGH*, Urteil v. 3.12.2009 (Kommission vs. Deutschland) – Rs. C-424/07, Slg. 2009, S. I-11431 ff.; kritisch *Gärditz*, Keine Regulierungsfreistellung für neue Märkte im Telekommunikationsrecht, JZ 2010, S. 198 ff.; zur Diskussion im Vorfeld *Kühling*, Innovationsschützende Zugangsregulierung in der Informationswirtschaft, in: Eifert/Hoffmann-Riem (Hrsg.), Innovationsfördernde Regulierung, 2009, S. 47 (57 ff.).
449 §§ 2 Abs. 3 Nr. 4, 15a TKG.
450 § 14 Abs. 2 TKG.
451 § 30 Abs. 3 S. 3 TKG.
452 Dies betrifft wiederum vor allem die Schaffung von Rahmenbedingungen für Unternehmenskooperationen. Nach § 30 Abs. 3 S. 4 und 5 TKG sind im Bereich der Entgeltgenehmigung nunmehr etwa, soweit sich weitere Unternehmen (als die Netzeigentümer) an

a) Regelungszusammenhang

Im Bereich der Wegerechte waren hierbei große Teile der Änderungen im ursprünglichen Gesetzentwurf noch nicht enthalten, sondern wurden erst im Laufe des Gesetzgebungsverfahrens ergänzt.[453] Hierzu zählen insbesondere die Möglichkeit nach § 68 Abs. 2 S. 1 TKG, Glasfasernetze in Abweichung der Allgemeinen Technischen Bestimmungen für die Benutzung von Straßen in einer geringeren Verlegetiefe zu errichten, sowie die Pflicht von Grundstückseigentümern nach § 76 Abs. 1 TKG, die Errichtung von Netzen der nächsten Generation zu dulden, etwa wenn ganze Straßenzüge an Glasfasernetze angeschlossen werden sollen.

In besonderer Weise soll eine bessere Kapazitätsauslastung daneben durch die gemeinsame Nutzung vorhandener Infrastrukturen erreicht werden. Aus diesem Grund wurden nunmehr umfassend Zugangsregelungen in die Vorschriften über die Wegerechte integriert und die §§ 77a ff. TKG eingefügt. Während die §§ 77c ff. TKG einen bedingten Anspruch der Betreiber öffentlicher Telekommunikationsnetze auf Mitbenutzung der Bundesfern- und Bundeswasserstraßen sowie der Eisenbahninfrastruktur überwiegend in der Hand des Bundes befindlicher Unternehmen formulieren, sehen die §§ 77a f. TKG allgemein ein dreistufiges Vorgehen zur gemeinsamen Infrastrukturnutzung durch die Unternehmen vor.

Auf der ersten Stufe wurde der auf die Breitbandstrategie der Bundesregierung zurückgehende und bei der Bundesnetzagentur bereits seit Dezember 2009 nutzbare Atlas über die vorhande Telekommunikationsinfrastruktur formalisiert. Der Infrastrukturatlas ist ein bei der Bundesnetzagentur geführtes Geodateninformationssystem, in welchem die Geodaten der betreffenden Infrastrukturen gespeichert sind, und ermöglicht Telekommunikationsunternehmen, Planungsbüros sowie Unternehmen, die über Einrichtungen verfügen, die zu Telekommunikationszwecken genutzt werden können, im Rahmen konkreter Projektrelevanz die Möglichkeit der Einsichtnahme nach vorherigem Antrag. Derartige Abfragen sollen in Zukunft auch online möglich sein.[454]

Auf einer zweiten Ebene sollen die Nutzungsberechtigten mit den Inhabern der Infrastruktur nach Möglichkeit privatrechtliche Nutzungsverträge schließen. Letztere sind jedoch gemäß § 77b Abs. 1 TKG nunmehr verpflichtet, Betreibern öffentlicher Telekommunikationsnetze auf schriftliche Anfrage ein Angebot zur

---

den Investitionsrisiken beteiligen, die Entgelte so zu differenzieren, dass sie das unterschiedliche Ausmaß der Risikoübernahme korrekt abbilden und ist vereinbarten Risikomodellen dabei so weit wie möglich Rechnung zu tragen. Hierdurch wird eine Risikoteilung bereits vor Tätigung der Investition ermöglicht.

453 Vgl. BT-Drs. 17/7521, S. 57 ff, 115 ff.
454 Sog. Phase 3, vgl. die Hinweise der Bundesnetzagentur zur Umsetzung von § 77a Abs. 3 TKG-E (Umsetzungskonzept), Entwurf v. 6.12.2011, S. 16.

Mitnutzung dieser Einrichtungen gegen ein angemessenes Entgelt zu unterbreiten.

Auf dritter und letzter Stufe kann die Bundesnetzagentur schließlich gemäß § 77a Abs. 1 und 2 TKG die gemeinsame Nutzung anordnen und angemessene Entgelte hierfür festsetzen, sofern eine Einigung nicht auf freiwilliger Basis – auch nicht nach ggf. durchgeführtem Schlichtungsverfahren gemäß § 77b Abs. 2 und 3 TKG – zu Stande kommt. Derartige Anordnungen kommen nach § 77a Abs. 1 S. 2 TKG dann in Betracht, wenn eine Vervielfachung der Infrastruktur wirtschaftlich ineffizient oder praktisch unmöglich wäre.

Da die Daten für den Infrastrukturatlas bislang allein aus freiwilligen Angaben der Unternehmen und Gebietskörperschaften stammten und daher keine vollständige Übersicht bieten konnten,[455] wurde in Entsprechung des neu eingefügten Art. 12 Abs. 4 der Rahmenrichtlinie mit § 77a Abs. 3 S. 1 TKG ein spezielles Auskunftsrecht hierfür eingeführt.[456] In der Vergangenheit hatten Unternehmen insbesondere Bedenken geäußert, sich durch die Datenweitergabe gegenüber ihren Kunden und Geschäftspartnern schadensersatzpflichtig machen zu können.[457]

b) Adressaten

Adressaten eines Auskunftsverlangens nach § 77a Abs. 3 S. 1 TKG können Betreiber – auch nicht öffentlich zugänglicher – Telekommunikationsnetze sowie Unternehmen und juristische Personen des öffentlichen Rechts sein, die über Einrichtungen verfügen, die zu Telekommunikationszwecken genutzt werden können.[458] Auskunftsverpflichtet sind daher regelmäßig auch Unternehmen aus der Energiewirtschaft bzw. der Gas- und Wasserversorgung, da diese über entsprechende Infrastrukturbestandteile verfügen.[459] Die Einbeziehung von Infrastruktureinrichtungen von Bund, Ländern und Kommunen geht auf eine Initiative des Bundesrates zurück und soll ebenfalls helfen, den Datenpool weiter zu optimieren.[460] Insgesamt rechnet die Bundesnetzagentur auf Grund des sehr weit

---

455 Vgl. http://www.bundesnetzagentur.de/DE/Sachgebiete/Telekommunikation/Infrastrukturatlas/infrastrukturatlas_node.html.
456 Für eine Umsetzung im Rahmen des § 127 TKG dagegen noch *Gärditz*, Gestaltungsspielräume und Gestaltungsverantwortung des nationalen Gesetzgebers im europäischen Telekommunikationsregulierungsrecht, N&R, Beilage 2/2011, 1 (32).
457 *Bundesnetzagentur*, Umsetzungskonzept zu § 77a Abs. 3 TKG-E, S. 2.
458 Zum Begriff der Einrichtungen, die zu Telekommunikationszwecken genutzt werden können, vgl. näher *Bundesnetzagentur*, Umsetzungskonzept zu § 77a Abs. 3 TKG-E, S. 10 ff.
459 Vgl. BT-Drs. 17/5707, S. 78.
460 Vgl. BT-Drs. 17/7521, S. 116.

gefassten Adressatenkreises mit einer fünfstelligen Zahl an möglichen Adressaten.[461]

Hierbei plant sie, Auskunftsersuchen an die Inhaber der Funktionsherrschaft über die entsprechenden Infrastrukturbestandteile (z. B. innerhalb eines Konzerns) zu adressieren, und, um herauszufinden wer Adressat in diesem Sinne ist, ggf. auf Grundlage des § 127 Abs. 1 TKG Auskunftsersuchen zumindest gegenüber den dort genannten Adressaten zu erlassen.[462]

c) Ausgestaltung

Nach § 77a Abs. 3 S. 1 TKG kann die Bundesnetzagentur von diesen Auskunftspflichtigen diejenigen Informationen verlangen, die für die Erstellung eines detaillierten Verzeichnisses über Art, Verfügbarkeit und geographische Lage der zu Telekommunikationszwecken nutzbaren Einrichtungen, sprich: dem Infrastrukturatlas, erforderlich sind. Hierzu zählen nach § 77a Abs. 3 S. 2 TKG unter anderem Gebäude, Gebäudezugänge, Verkabelungen oder Kabelkanäle in Gebäuden, Masten, Antennen, Türme und andere Trägerstrukturen, Leitungsrohre, Leerrohre, Einstiegsschächte und Verteilerkästen. Diese Aufzählung entspricht annähernd der Auflistung in Art. 12 Abs. 1 RL 2002/21/EG, enthält wie aber auch der im Laufe des Gesetzgebungsverfahrens dahingehend geänderte § 77a Abs. 1 TKG den Begriff Kabelkanäle. Während die Aufnahme dort die Anordnungsbefugnis der Bundesnetzagentur beträchtlich erweitert, kommt der Klarstellung im Rahmen der ohnehin nicht abschließenden Aufzählung in Abs. 3 keine Bedeutung zu.[463]

Betrifft eine nach § 77a Abs. 3 S. 1 TKG zu erteilende Information eine Einrichtung, bei deren Ausfall die Versorgung der Bevölkerung erheblich beeinträchtigt wird, ist nach § 77a Abs. 3 S. 3 TKG von einer Aufnahme ins Verzeichnis abzusehen. Da die Netzinfrastrukturen der Daseinsvorsorge regelmäßig die Versorgung berühren, ist unklar, wie der Begriff »erheblich« in diesem Zusammenhang zu verstehen ist. Nach dem Gesetzentwurf sollen die in Abs. 3 S. 2 aufgezählten Einrichtungen aber im Regelfall nicht hierunter fallen,[464] weshalb

---

461 *Bundesnetzagentur*, Umsetzungskonzept zu § 77a Abs. 3 TKG-E, S. 15.
462 *Bundesnetzagentur*, Umsetzungskonzept zu § 77a Abs. 3 TKG-E, S. 3, 14 ff.
463 Dem während des Gesetzgebungsverfahrens von Unternehmensseite eingebrachten Vorschlag, die sachliche Reichweite des Abs. 1 an diejenige des Abs. 3 anzugleichen, und damit das Anordnungsrecht auf alle nutzbaren Infrastrukturbestandteile zu erstrecken (dazu *Körber*, TKG-Novelle 2011, MMR 2011, 215 [217]), wurde dagegen nicht entsprochen.
464 BT-Drs. 17/5707, S. 78. Die Bundesnetzagentur geht deshalb davon aus, dass der jeweilige Infrastrukturinhaber deren Sensibilität mitteilen muss, da sie selbst darüber keine

der Terminus sehr restriktiv zu interpretieren sein dürfte. Der Informationsanspruch der Bundesnetzagentur wird indes hierdurch, wie der Wortlaut (»zu erteilende«) zeigt, ohnehin nicht berührt.

Um das Informationssystem möglichst aktuell zu halten, erwägt die Bundesnetzagentur auch den Erlass von Verwaltungsakten mit Dauerwirkung (regelmäßige Aktualisierungspflicht) und den Abschluss öffentlich-rechtlicher Verträge, auf Grund derer die Adressaten Änderungen in bestimmten Abständen selbstständig mitteilen müssen.[465] Auch wenn § 77a Abs. 3 S. 1 TKG von Informationen und nicht von Auskünften spricht, scheint Letzteres in Anbetracht der überkommenen (terminologischen) Eingrenzungen behördlicher Auskunftsrechte im Wirtschaftsaufsichtsrecht, wonach durch ein Auskunftsrecht gerade keine allgemeine, fortlaufende Verpflichtung eines Auskunftspflichtigen begründet werden kann, die Behörde über das Auftreten bestimmter Vorfälle oder Ereignisse zu informieren,[466] jedenfalls als der (rechts-)sicherere Weg.

II. Gewährleistung der universalen Versorgungssicherheit

Weitere spezielle Informationsbefugnisse der Bundesnetzagentur finden sich innerhalb der Vorschriften zum Universaldienst im sechsten Teil des TKG[467]. Der sechste Teil setzt neben dem verfassungsrechtlichen Infrastrukturauftrag nach Art. 87f Abs. 1 GG[468] inhaltlich vor allem europäische Vorgaben um.[469] Universaldienstleistungen sind entsprechend der Legaldefinition des § 78 Abs. 1 TKG ein Mindestangebot an Diensten für die Öffentlichkeit, für die eine bestimmte Qualität festgelegt ist, zu denen alle Endnutzer unabhängig von ihrem Wohn- oder Geschäftsort zu einem erschwinglichen Preis Zugang haben müssen und deren Erbringung für die Öffentlichkeit als Grundversorgung unabdingbar gewor-

---

Kenntnisse besitzt, vgl. *Bundesnetzagentur*, Umsetzungskonzept zu § 77a Abs. 3 TKG-E, S. 24 f.
465 *Bundesnetzagentur*, Umsetzungskonzept zu § 77a Abs. 3 TKG-E, S. 21 ff.
466 Vgl. oben A. I. 3. b).
467 §§ 78 bis 87 TKG. Die Regelungen der Telekommunikations-Universaldienstverordnung (TUDLV v. 30.1.1997, BGBl. I, S. 141) wurden im Rahmen der TKG-Novelle 2004 vollständig in das TKG integriert.
468 Nach Art. 87f Abs. 1 hat der Bund im Bereich der Telekommunikation flächendeckende und ausreichende Dienstleistungen zu gewährleisten. Art. 87f Abs. 2 S. 1 GG bestimmt, dass diese Dienstleistungen als privatwirtschaftliche Tätigkeiten durch die aus dem Sondervermögen Deutsche Bundespost hervorgegangenen Unternehmen sowie durch andere private Anbieter erbracht werden. Dazu nur *Eifert*, Grundversorgung mit Telekommunikationsleistungen im Gewährleistungsstaat, 1998.
469 Vgl. *Stotz*, Zwischen Verbraucherschutz und Wettbewerb – Die Universaldienstrichtlinie 2002/22/EG und ihre Auswirkungen auf das deutsche Telekommunikationsrecht, 2006.

den ist. Dahinter steht die Überlegung, dass einerseits eine soziale wie ökonomische Angewiesenheit der Gesellschaft auf moderne Kommunikationsmöglichkeiten besteht, dass sich aber andererseits ein wettbewerbsorientiertes System weitestgehend an den tatsächlichen Kosten orientiert und das Risiko birgt, dass in Bereichen, die sich als unrentabel erweisen, die Versorgung eingeschränkt wird.[470] § 1 TKG nennt neben der Förderung des Wettbewerbs und der Infrastrukturförderung die Gewährleistung flächendeckend angemessener und ausreichender Dienstleistungen ausdrücklich als Gesetzeszweck, § 2 Abs. 2 Nr. 4 TKG die Erschwinglichkeit der Universaldienstleistungen – mit näheren Vorgaben in § 79 TKG – als Regulierungsziel. Um ein Mindestmaß an Kommunikationsmöglichkeiten sicherzustellen, wird insofern notfalls auf die unternehmerische Entscheidungsfreiheit eingewirkt, indem Anbieter ab einer gewissen Größenordnung verpflichtet werden können, eine Dienstleistung zu erbringen bzw. finanziell dazu beizutragen, dass diese erbracht werden kann.[471]

Hierfür besteht nach den §§ 80 ff. TKG ein gestuftes Verfahren, in dem einerseits festgelegt wird, wer einen bestimmten Universaldienst zu erbringen hat und wer die zusätzlichen Kosten für den entsprechenden Dienst zu tragen hat. Stellt die Bundesnetzagentur nach § 81 Abs. 1 S. 1 TKG eine bestehende oder potentielle Unterversorgung mit Universaldienstleistungen fest, ist nach § 80 S. 1 TKG jeder Anbieter, der auf dem jeweiligen sachlich relevanten Markt tätig ist und ei-

---

470 Dies ist bislang weder unter dem Regime des TKG-1996 noch seitdem geschehen. Auch der Gesetzgeber ist davon ausgegangen, dass die Universaldienstleistungen zunächst weiterhin vom ehemaligen Monopolisten erbracht werden, der seinerseits eine geplante Unterversorgung frühzeitig anzuzeigen hat (§ 150 Abs. 9 TKG). Vgl. dazu auch *Holznagel/Enaux/Nienhaus*, Telekommunikationsrecht, 2. Aufl. 2006, S. 240 f.
Beispielberechnungen der britischen Regulierungsbehörde (Office of Telecommunication – Oftel) haben zudem gezeigt, dass unzumutbare Belastungen, die zu einem Ausgleichsanspruch führen würden, praktisch unwahrscheinlich sind, vgl. dazu *Kirchner*, Die Bedeutung der Europäischen Wettbewerbsvorgaben für den Universaldienst im Post- und Telekommunikationssektor, ZögU 25 (2002), 297 (301). Da die Daseinsvorsorge typischerweise im Wettbewerb sichergestellt werden soll, kommt es regelmäßig zu einer Verzahnung versorgungssichernder und wettbewerbsfördernder Regulierungsinstrumente, vgl. näher *Fehling*, Energieversorgung zwischen Daseinsvorsorge und Liberalisierung, in: Leible/Lippert/Walter (Hrsg.), Die Sicherung der Energieversorgung auf globalisierten Märkten, 2007, S. 115 (122); von einem »Auffangnetz« spricht *Eifert*, Regulierungsstrategien, in: Hoffmann-Riem/Schmidt-Aßmann/Voßkuhle (Hrsg.), Grundlagen des Verwaltungsrechts, Bd. I, 2006, § 19 Rn. 135.
Zur aktuellen politischen Debatte um Breitbandanschlüsse als Universaldienst *Fetzer*, Breitbandinternetzugang als Universaldienst?, MMR 2011, 707 ff.; *Möstl*, Perspektiven des Regulierungsrechts, GewArch 2011, 265 (268).
471 Näher zum Universaldienstregime *Cornils*, Staatliche Infrastrukturverantwortung und kontingente Marktvoraussetzungen, AöR 131 (2006), 378 ff.; *Schütz/Cornils*, Universaldienst und Telekommunikation, DVBl. 1997, 1146 ff.; mit vergleichender Perspektive zum amerikanischen Recht auch *Windthorst*, Der Universaldienst im Bereich der Telekommunikation, 2000.

nen Anteil von mindestens vier Prozent des Gesamtumsatzes dieses Marktes im Geltungsbereich dieses Gesetzes auf sich vereint oder auf dem räumlich relevanten Markt über eine beträchtliche Marktmacht verfügt, verpflichtet, dazu beizutragen, dass der Universaldienst erbracht werden kann (Universaldienstverpflichtung).

Kommt es in der nach § 81 Abs. 1 S. 2 TKG auf die Feststellung folgenden einmonatigen Frist nicht zu einer Bereiterklärung der universaldienstverpflichteten Unternehmen, die Dienstleistung ohne Ausgleich zu erbringen, kann die Bundesnetzagentur nach Anhörung der in Betracht kommen Unternehmen gemäß § 81 Abs. 2 S. 1 TKG entscheiden, ob und inwieweit sie eines oder mehrere dieser Unternehmen verpflichten will, die Universaldienstleistung zu erbringen. Macht das für eine Verpflichtung in Frage kommende Unternehmen glaubhaft, dass ihm unzumutbare Belastungen drohen, schreibt die Regulierungsbehörde anstelle einer Entscheidung die Universaldienstleistung nach § 81 Abs. 3 S. 1 TKG aus und vergibt sie an denjenigen Bewerber, der den geringsten finanziellen Ausgleich fordert.

Wird jedoch durch das Ausschreibungsverfahren kein geeigneter Bewerber ermittelt, verpflichtet die Behörde nach § 81 Abs. 5 TKG das nach § 81 Abs. 2 TKG ermittelte Unternehmen (Universaldienstleistungsverpflichtung), gewährt aber nach Ablauf des jeweiligen Kalenderjahres einen entsprechenden Defizitausgleich[472] falls das Defizit eine unzumutbare Belastung für das Unternehmen darstellt.[473]

Die Ausgleichsgewährung bemisst sich also im Fall eines erfolgreichen Ausschreibungsverfahrens nach dem gemachten Angebot,[474] bei einer Verpflichtung nach § 81 Abs. 5 TKG ermittelt die Bundesnetzagentur die Höhe des Ausgleichs anhand der durch die Erbringung der Universaldienstleistungsverpflichtung entstehenden Mehrkosten unter Berücksichtigung der darauf zurückzuführenden Vorteile und Erträge des Universaldienstbetreibers einschließlich immaterieller Vorteile.[475] Bestritten wird die Ausgleichszahlung über einen finanzverfassungsrechtlich äußerst umstrittenen Universaldienstfonds,[476] in den alle universal-

---

472 § 82 Abs. 5 TKG.
473 § 82 Abs. 3 TKG.
474 § 82 Abs. 1 TKG.
475 § 82 Abs. 2 TKG.
476 Vgl. *Gersdorf*, Die Zulässigkeit einer Universaldienstabgabe im Regulierungsrecht, untersucht am Beispiel des Telekommunikations- und Postrechts, in: Osterloh/Schmidt/Weber (Hrsg.), Staat, Wirtschaft, Finanzverfassung, 2004, S. 351 ff.; *Pohl*, Der Universaldienst in der Telekommunikation, 1998, S. 79 ff.; *Manssen*, Das Telekommunikationsgesetz (TKG) als Herausforderung für die Verfassungs- und Verwaltungsrechtsdogmatik, ArchivPT 1998, 236 (238); *Gramlich*, Rechtliche Möglichkeiten zur Finanzierung von Infrastrukturleistungen im Post- und Telekommunikationsbereich durch die Einrichtung eines Infrastrukturfonds, ArchivPT 1995, 189 ff.

dienstverpflichteten Unternehmen entsprechend ihres Anteils am Gesamtumsatz auf dem Markt einzahlen.[477]

Ein verfahrensbezogener Informationsbedarf kann insofern auf mehreren Ebenen entstehen. Zum einen muss die Bundesnetzagentur ersehen können, ob angemessene und ausreichende Dienstleistungen tatsächlich erbracht werden. Ist dies nicht der Fall, muss die Regulierungsbehörde in Erfahrung bringen, wer die universaldienstverpflichteten Unternehmen auf dem betreffenden Markt sind bzw. wer eine Universaldienstleistung ohne Ausgleich erbringen kann. Kommt es andernfalls zu einem erfolglosen Ausschreibungsverfahren, muss sich die Behörde über die Umsätze der universaldienstverpflichteten Unternehmen auf dem entsprechenden Markt informieren können, da sich der Anteil der jeweils zu entrichtenden Universaldienstabgabe für den Ausgleich nach dem Verhältnis des Umsatzes des jeweiligen Unternehmens zu der Summe des Umsatzes aller auf dem sachlich relevanten Markt Universaldienstverpflichteten bemisst.[478] Die Bundesnetzagentur muss deshalb im Zuge dessen ebenfalls die zur Ausgleichberechnung notwendigen Kostenunterlagen vom universaldienstleistungsverpflichteten Unternehmen einsehen können.

Für einige dieser Informationsbedarfe sieht das TKG spezielle Informationsbefugnisse vor. Die Bundesnetzagentur kann nach § 84 Abs. 3 TKG von Unternehmen, die Universaldienstleistungen erbringen, Leistungsparameter abfragen, nach § 87 Abs. 1 S. 1 TKG zur Bestimmung des Kreises der Universaldienstverpflichteten die einschlägigen Marktumsätze ermitteln und zur Berechnung des Universaldienstleistungsausgleichs nach § 82 Abs. 4 TKG die entsprechenden Kosteninformationen des Unternehmens anfordern.

1.  Erhebung aktueller Informationen über die Leistungsbereitstellung nach § 84 Abs. 3 TKG

a)  Regelungszusammenhang

Ein Auskunftsrecht der Bundesnetzagentur ist innerhalb des § 84 TKG geregelt, der in seinen Abs. 1 und 2 einen Anspruch der Endnutzer auf entbündelten Zugang zu erschwinglichen Universaldienstleistungen normiert und damit – wenn auch auf bestimmte Dienstleistungen beschränkt – in engem Verhältnis zu den in §§ 43a ff. in das TKG integrierten Kundenschutzvorschriften steht.

Zum Zweck der Qualitätstransparenz verpflichtet § 84 Abs. 3 S. 1 TKG Unternehmen, die Universaldienstleistungen erbringen, der Bundesnetzagentur auf

---

477 § 83 Abs. 1 TKG.
478 § 83 Abs. 1 S. 2 TKG.

Anfrage angemessene und aktuelle Informationen über ihre Leistungen bei der Bereitstellung der entsprechenden Dienste mitzuteilen und zu veröffentlichen. Genauere Angaben zu den mitzuteilenden Parametern, Definitionen und Messverfahren ergeben sich hierzu aus Anhang III der Universaldienstrichtlinie, der über die Verweisung in § 83 Abs. 3 S. 2 TKG Einzug ins Gesetz erhält.

b) Adressaten

Nach seinem Wortlaut setzt § 84 Abs. 3 TKG ebenso wie die beiden vorangehenden Abs. lediglich voraus, dass eine Universaldienstleistung erbracht wird. Im Schrifttum wird daher überwiegend davon ausgegangen, Informationen könnten von jedem Unternehmen verlangt werden, welches tatsächlich Leistungen i. S. d. § 78 Abs. 2 TKG anbietet, unabhängig davon, ob dies freiwillig geschieht oder auf ein erfolgreiches Ausschreibungsverfahren[479] bzw. eine hoheitliche Verpflichtung[480] zurückzuführen ist.[481] Hierfür wird in erster Linie der Wortlaut angeführt, der im Gegensatz zu den §§ 85 bis 87 TKG nicht explizit von einer förmlichen Verpflichtung spricht, und daneben auf eine durch § 84 Abs. 1 TKG gewollte Umsetzung des mittlerweile in Art. 20 Abs. 1 RL 2002/22/EG geregelten Vertragsanspruchs aller Endnutzer verwiesen.[482]

Dieses Verständnis wird allerdings weder durch die Entstehungsgeschichte der Norm noch deren systematische Stellung gestützt.[483] Nach der Entwurfsbegründung war die Herauslösung aus den Kundenschutzvorschriften gerade der Überlegung geschuldet, dass der Anspruch lediglich Universaldienstleistungsverpflichtete betraf.[484] Eine Umsetzung des alle Netzbetreiber und Diensteanbieter für die Öffentlichkeit betreffenden Art. 22 RL 2002/22/EG wird hierbei deshalb auch gerade nicht erwähnt. Vielmehr diene § 84 Abs. 3 TKG der Umset-

---

479 § 81 Abs. 3 TKG.
480 § 81 Abs. 2, 5 TKG.
481 Vgl. *Mager*, in: Säcker (Hrsg.), TKG, 2. Aufl. 2009, § 84 Rn. 7, 12, 15; *Cornils*, in: Geppert u. a. (Hrsg.), TKG, 3. Aufl. 2006, § 84 Rn. 20; differenzierend wohl *Windthorst*, in: Scheurle/Mayen (Hrsg.), TKG, 2. Aufl. 2008, § 84 Rn. 5, der unter einer freiwilligen Erbringung (lediglich) eine Bereiterklärung nach § 81 Abs. 1 S. 2 TKG versteht und damit anscheinend die Feststellung bestehender oder drohender Unterversorgung nach § 81 Abs. 1 S. 1 TKG voraussetzt; unklar *Storr*, in: Wilms/Masing/Jochum (Hrsg.), TKG, § 84, der einerseits den Teilhabeanspruch nach § 84 Abs. 1 TKG als gegenüber allen Telekommunikationsunternehmen bestehend ansieht (Rn. 5), andererseits aber als Adressaten eines Auskunftsersuchens nach Abs. 3 nur verpflichtete Unternehmen ansieht (Rn. 14).
482 *Mager*, in: Säcker (Hrsg.), TKG, 2. Aufl. 2009, § 84 Rn. 4, 7.
483 Im Ergebnis wie hier deshalb auch *Fischer*, in. Arndt/Fetzer/Scherer (Hrsg.), TKG, 2008, § 84 Rn. 5, 13.
484 BT-Drs. 15/2316, S. 87.

zung von Art. 11 Abs. 1 RL 2002/22/EG,[485] der ausdrücklich die Auferlegung förmlicher Verpflichtungen voraussetzt. Diese Auslegung wird nicht nur durch die systematische Stellung innerhalb der Universaldienstvorschriften, sondern auch durch § 81 Abs. 1 S. 2 TKG gestützt, der ein Vorgehen der Bundesnetzagentur und damit die Anwendbarkeit der §§ 81 bis 87 TKG gerade davon abhängig macht, dass sich kein Unternehmen bereit erklärt, eine nicht angemessen oder ausreichend erbrachte Universaldienstleistung ohne Ausgleich nach § 82 TKG zu erbringen.

Im Übrigen weist das Gesetz die Adressaten innerhalb der Universaldienstvorschriften auch an anderer Stelle nur ungenau aus.[486] Ein Informationsdefizit ist mit dieser Auslegung gleichwohl nicht verbunden, da sämtliche Auskünfte jederzeit auch dadurch erlangt werden können, dass die Bundesnetzagentur die Veröffentlichungspflicht nach § 45n Abs. 5 TKG durchsetzt.

c) Ausgestaltung

Inhaltlich berechtigt § 84 Abs. 3 TKG die Bundesnetzagentur zur Einholung von angemessenen und aktuellen Informationen über die Leistungen dieser Unternehmen bei der Bereitstellung des Universaldienstes.[487] Der Informationsanspruch ist dabei allerdings auf die in Anhang III der RL 2002/22/EG festgehaltenen Parameter, Definitionen und Messverfahren beschränkt. Während die Parameter dort im Einzelnen aufgeführt sind,[488] wird für die Definitionen und Messverfahren auf die entsprechenden Veröffentlichungen des Europäischen Instituts für Telekommunikationsnormen (ETSI) verwiesen. Der eingegrenzte und genau beschriebene mögliche Auskunftsinhalt und das daher begrenzte Auswahlermessen ist darauf zurückzuführen, dass Art. 11 Abs. 1 S. 2 RL 2002/22/EG als

---

485 Nach der Gesetzesbegründung dient § 84 Abs. 1 der Umsetzung der Art. 3 Abs. 1 und 4 Abs. 1, 2, § 84 Abs. 2 der Umsetzung des Art. 10 Abs. 1 und § 84 Abs. 3 der Umsetzung des Art. 11 Abs. 1 der RL 2002/22/EG, vgl. BT-Drs. 15/2316, S. 87.

486 Das Gesetz unterscheidet etwa nicht sorgfältig zwischen der Verpflichtung zum Universaldienst und der Verpflichtung zu einer Universaldienstleistung. Vgl. § 82 Abs. 3 TKG, der mit »dem universaldienstverpflichteten Unternehmen« offensichtlich die Auferlegung einer Universaldienstleistungsverpflichtung voraussetzt und die amtliche Überschrift von § 80 TKG (Verpflichtung zur Erbringung des Universaldienstes).

487 Zu den Kriterien der Angemessenheit und der Aktualität *Mager*, in: Säcker (Hrsg.), TKG, 2. Aufl. 2009, § 84 Rn. 17.

488 Genannt sind dort die Frist für die erstmalige Bereitstellung des Anschlusses, die Fehlerquote pro Anschlussleitung, die Fehlerbehebungszeit, für Unternehmen, die einen öffentlich zugänglichen Telefondienst bereitstellen, die Verbindungsaufbauzeit, die Antwortzeiten bei Verzeichnisauskunftsdiensten, der Anteil der funktionsfähigen öffentlichen Münz- und Kartentelefone, Beschwerden über Abrechnungsfehler und die Häufigkeit des erfolglosen Verbindungsaufbaus.

selbstständige Informationspflicht der universaldienstleistungsverpflichteten Unternehmen ausgestaltet ist und entsprechend höhere Bestimmtheitsanforderungen erfüllen muss.

Zusammen mit einem Auskunftsersuchen oder alternativ kann die Bundesnetzagentur die Veröffentlichung der Qualitätskennwerte anordnen. Weitere Rechte, etwa die Möglichkeit eigene Messungen vorzunehmen, sieht die Norm dagegen nicht vor. Damit wird deutlich, dass § 84 Abs. 3 TKG im Ergebnis weniger für eine effektive Kontrollmöglichkeit der Leistungsparameter steht als vielmehr eine kundenschutzorientierte Transparenzvorschrift darstellt.

2. Umsatzmitteilung zur Berechnung des Anteils an der Universaldienstabgabe gemäß § 87 Abs. 1 S. 1 TKG

a) Regelungszusammenhang

Eine weitere spezielle Ermächtigung der Bundesnetzagentur zur Einholung von Auskünften findet sich am Ende des sechsten Teils in § 87 Abs. 1 S. 1 TKG. Um zunächst den Kreis der Universaldienstverpflichteten zu bestimmen[489] und im Anschluss daran die Höhe der jeweils zu entrichtenden Universaldienstabgabe berechnen zu können,[490] benötigt die Bundesnetzagentur eine Umsatzmeldung der für eine Universaldienstpflichtigkeit in Frage kommenden Unternehmen. Deshalb haben nach § 87 Abs. 1 S. 1 TKG unter der Voraussetzung, dass eine Universaldienstleistung nach § 81 Abs. 3 oder 5 auferlegt ist, alle Unternehmen, die in dem jeweiligen sachlich relevanten Markt der betreffenden Telekommunikationsdienste tätig sind, der Bundesnetzagentur ihre Umsätze auf diesem Markt jeweils auf Verlangen jährlich mitzuteilen.

Die Pflicht zur Mitteilung des Umsatzes auf dem jeweiligen Markt besteht nicht unmittelbar kraft Gesetzes, sondern setzt ein Auskunftsersuchen der Bundesnetzagentur voraus.[491] Dies beruht darauf, dass nur diese die erforderlichen Kenntnisse über den Verfahrensstand nach § 81 TKG besitzt.[492]

---

489 § 83 Abs. 1 S. 1 i. V. m. § 80 S. 1 TKG.
490 § 83 Abs. 1 S. 2 TKG.
491 Der Begriff der Mitteilungspflicht wird ansonsten überwiegend bei selbstständigen Informationspflichten gebraucht. Da aus ihm (wegen der bestehenden Ausnahmen) nicht klar wird, wie die Informationspflicht aktualisiert wird, ist er Kritik ausgesetzt, vgl. *Stohrer*, Informationspflichten Privater gegenüber dem Staat in Zeiten von Privatisierung, Liberalisierung und Deregulierung, 2007, S. 210.
492 *Windhorst*, in: Scheurle/Mayen (Hrsg.), TKG, 2. Aufl. 2008, § 87 Rn. 5.

b)  Adressaten

Eine Mitteilung kann von sämtlichen Unternehmen verlangt werden, die auf dem sachlich relevanten Markt, für den eine Verpflichtung zur Universaldienstleistung besteht, tätig sind.[493] Da durch die Mitteilung erst festgestellt werden soll, für wen eine Beitragspflicht nach § 80 S. 1 TKG besteht, ist die Mitteilungspflicht weder davon abhängig, wo das Unternehmen im Bundesgebiet tätig ist,[494] noch, ob es einen bestimmten Mindestanteil am Gesamtumsatz auf dem jeweiligen Markt hat.[495] Die für eine Universaldienstpflicht maßgebliche Bestimmung des § 80 S. 1 TKG, die eine Mitwirkungspflicht neben einer bestehenden oder drohenden Unterversorgung von einem bestimmten Anteil auf dem sachlichen oder einer beträchtlichen Macht auf dem räumlichen Markt abhängig macht, ist für die Auskunftspflicht in § 87 Abs. 1 S. 1 TKG deshalb gerade nicht maßgeblich.

c)  Rechtsnatur der Auskunftsverpflichtung

Da die Bundesnetzagentur im Falle der Nichtmitteilung des Umsatzes gemäß § 87 Abs. 1 S. 2 TKG die Möglichkeit hat, diesen zu schätzen, wird allgemein von der Nichtvollstreckbarkeit des Auskunftsverlangens ausgegangen,[496] weil die Schätzung als ein gegenüber der Vollstreckung milderes Mittel angesehen wird. Unklar ist deshalb die Rechtsnatur des Auskunftsersuchens. So wird etwa bei der Parallelregelung im Postrecht teilweise die Einordnung des Auskunftsersuchens als Verwaltungsakt gerade mit dem Hinweis bestritten, die Rechtsprechung betrachte die Durchsetzbarkeit einer Verwaltungshandlung im Wege des Verwaltungszwangs als Indiz für die Verwaltungsaktsqualität der Informationsanforde-

---

493 Der Begriff des Unternehmens ist in § 3 Nr. 29 TKG legaldefiniert. »Unternehmen« sind danach das Unternehmen selbst oder mit ihm im Sinne des § 36 Abs. 2 und § 37 Abs. 1 und 2 des Gesetzes gegen Wettbewerbsbeschränkungen verbundene Unternehmen. Vgl. insofern auch die Bezugnahme auf § 36 Abs. 2 GWB in § 87 Abs. 2 TKG.
494 *Mager*, in: Säcker (Hrsg.), TKG, § 87 Rn. 6; vgl. auch *Schütz*, in: Büchner u. a. (Hrsg.), TKG, 2. Aufl. 2000, § 22 Rn. 3.
495 *Windhorst*, in: Scheurle/Mayen (Hrsg.), TKG, 2. Aufl. 2008, § 87 Rn. 4; *Cornils/Schütz*, in: Geppert u. a. (Hrsg.), TKG, 3. Aufl. 2006, § 87 Rn. 5.
496 *Storr*, in: Wilms/Masing/Jochum (Hrsg.), TKG, § 87 Rn. 5; *Mager*, in: Säcker (Hrsg.), TKG, 2. Aufl. 2009, § 87 Rn. 7; *Windhorst*, in: Scheurle/Mayen (Hrsg.), TKG, 2. Aufl. 2008, § 87 Rn. 7; *Cornils/Schütz*, in: Geppert u. a. (Hrsg.), TKG, 3. Aufl. 2006, § 87 Rn. 4. Näher allgemein zur Durchsetzbarkeit der Auskunftsersuchen später unter Teil IV, A. IV.

rung.[497] Sei eine Auskunftspflicht daher nach dem Willen des Gesetzgebers nicht zwangsweise durchsetzbar, sei kein Grund ersichtlich, das Auskunftsverlangen als Verwaltungsakt zu qualifizieren.[498] Es entstehe auch keine Rechtsschutzlücke, da sich die Funktion des Ersuchens in der Vorbereitung der Universaldienstabgabe erschöpfe, deren Rechtmäßigkeit auch der Höhe nach gerichtlich nachprüfbar sei.[499]

Tatsächlich werden Verfahrenshandlungen, die dem Erlass eines Verwaltungsakts vorausgehen, in der Regel dann nicht selbst als Verwaltungsakt angesehen, wenn ihnen ein eigenständiger Regelungsgehalt fehlt, wobei in diesem Zusammenhang unter Regelung eine bestandskräftige, vollstreckungstaugliche Regelung verstanden wird.[500] Unabhängig von der Frage, ob man die Heranziehung der Eigenschaft der Nichtvollstreckbarkeit überhaupt als überzeugendes Kriterium ansieht, ist eine Abgrenzung danach zumindest im vorliegenden Zusammenhang ungeeignet.[501] Hierfür spricht die Ausgestaltung der Zuwiderhandlung als Bußgeldtatbestand. Nach § 149 Abs. 1 Nr. 14 1. Alt. TKG handelt ordnungswidrig, wer vorsätzlich oder fahrlässig entgegen § 87 Abs. 1 S. 1 TKG eine Mitteilung nicht, nicht richtig, nicht vollständig oder nicht rechtzeitig macht. Die tatbestandliche Zuwiderhandlung setzt das Bestehen einer Rechtspflicht voraus.[502] Diese Rechtspflicht besteht aber nicht schon unmittelbar kraft Gesetzes, sondern wird erst durch das Ersuchen der Bundesnetzagentur konkretisiert. Die konkreten Eigenschaften einer Zuwiderhandlung hängen dementsprechend gerade vom Regelungsgehalt der Anordnung ab.[503] Die Rechtspflicht wird deshalb

---

497 *V. Danwitz*, in: Badura u. a. (Hrsg.), PostG, 2. Aufl. 2004, § 17 Rn. 10, unter Bezugnahme auf *OVG Münster*, Urteil v. 24.4.1990 – 8 A 1662/88 –, NVwZ 1990, 1192 (1193).
498 *V. Danwitz*, in: Badura u. a. (Hrsg.), PostG, 2. Aufl. 2004, § 17 Rn. 11.
499 *V. Danwitz*, in: Badura u. a. (Hrsg.), PostG, 2. Aufl. 2004, § 17 Rn. 12.
500 *Stelkens*, in: Stelkens/Bonk/Sachs, VwVfG, 7. Aufl. 2008, § 35 Rn. 148; *Kopp/Ramsauer*, VwVfG, 12. Aufl. 2011, § 35 Rn. 65. Wegen seiner Nichterzwingbarkeit wird aus diesem Grund das Benennungsverlangen nach § 160 Abs. 1 S. 1 AO nicht als Verwaltungsakt angesehen, vgl. *BFH*, Urteil v. 12.9.1985 – VIII R 371/83 –, NVwZ 1987, 174 f.; *Cöster*, in: Pahlke/Koenig, AO, 2. Aufl. 2009, § 160 Rn. 49 f.; a. A. *Martens*, Die Rechtsprechung zum Verwaltungsverfahrensrecht, NVwZ 1987, 106 (109), der es für die Annahme eines Verwaltungsakts als ausreichend erachtet, wenn durch das Verlangen eine Rechtspflicht konkretisiert wird.
501 Gegen eine generelle Heranziehung als Kriterium *Henneke*, in: Knack/Hennecke (Hrsg.), VwVfG, 9. Aufl. 2010, Vor § 35 Rn. 35.
502 Insofern wird allgemein davon ausgegangen, dass die Mitteilungspflicht nicht als bloße Obliegenheit zu qualifizieren ist. Siehe *Mager*, in: Säcker (Hrsg.), TKG, 2. Aufl. 2009, § 87 Rn. 7; *Windhorst*, in: Scheurle/Mayen (Hrsg.), TKG, 2. Aufl. 2008, § 87 Rn. 7; *Cornils/Schütz*, in: Geppert u. a. (Hrsg.), TKG, 3. Aufl. 2006, § 87 Rn. 4; vgl. auch *v. Danwitz*, in: Badura u. a. (Hrsg.), PostG, 2. Aufl. 2004, § 17 Rn. 14; anders noch *Schütz*, in: Büchner u. a. (Hrsg.), TKG, 2. Aufl. 2000, § 22 Rn. 2.
503 *Klesczewski*, in: Säcker (Hrsg.), TKG, 2. Aufl. 2009, § 149 Rn. 10.

nur durch eine wirksame[504] und vollziehbare[505] Anordnung der Bundesnetzagentur ausgelöst.[506] Damit hat der Gesetzgeber aber das Verlangen mit einem eigenständigen Regelungsgehalt ausgestattet, der sich nicht in der Vorbereitung einer Entscheidung erschöpft.[507] Für die Anfechtbarkeit des Verlangens spricht auch, dass es angesichts des Bußgeldtatbestands unzumutbar ist, dem Verlangen nicht nachzukommen, sondern die Schätzung abzuwarten und die Verpflichtung zur Universaldienstabgabe anzugreifen.

d) Ausgestaltung

Neben dem Auskunftsverlangen hängt der Auskunftsanspruch gemäß § 87 Abs. 1 S. 1 TKG von zwei weiteren Voraussetzungen ab.

Zunächst muss eine Universaldienstleistung nach § 81 Abs. 3 oder 5 TKG auferlegt worden sein, das heißt, es muss mindestens ein Unternehmen im Wege der Ausschreibung oder der Vergabe zur Erbringung der defizitären Universaldienstleistung verpflichtet worden sein. Denn erst dann entsteht ein Ausgleichsanspruch, für dessen Finanzierung die Universaldienstabgabe benötigt wird. Daran zeigt sich, dass § 87 Abs. 1 S. 1 TKG nicht als Ermächtigungsgrundlage für die Beurteilung herangezogen werden kann, welche Unternehmen für die Erbringungspflicht selbst in Frage kommen, obwohl auch die Umsätze beim Befinden über die Erbringungseignung der Unternehmen[508] benötigt werden können.[509] Zwar kann die Bundesnetzagentur im Rahmen der Anhörung nach § 81 Abs. 2 S. 1 TKG angebotene Informationen aufnehmen, eine Rechtspflicht kann aus dem Anhörungsrecht aber nicht abgeleitet werden. Möglich ist dagegen ein Vorgehen auf Grundlage der allgemeinen Informationsermächtigungen.[510] § 127

---

504 Zum umstrittenen Erfordernis der Rechtmäßigkeit der Anordnung näher *Klesczewski*, in: Säcker (Hrsg.), TKG, 2. Aufl. 2009, § 149 Rn. 13 m. w. N.
505 Vgl. § 137 Abs. 1 TKG, wonach Widerspruch und Klage gegen Entscheidungen der Bundesnetzagentur keine aufschiebende Wirkung haben.
506 *Klesczewski*, in: Säcker (Hrsg.), TKG, 2. Aufl. 2009, § 149 Rn. 11; vgl. auch *Sedemund*, in: Badura u. a. (Hrsg.), PostG, 2. Aufl. 2004, § 49 Rn. 68. Zur Notwendigkeit der Vollziehbarkeit zum Zeitpunkt der Zuwiderhandlung *BGH*, Beschluss v. 23.7.1969 – 4 StR 371/68 –, BGHSt 23, 86 (93).
507 Im Ergebnis auch *Mager*, in: Säcker (Hrsg.), TKG, 2. Aufl. 2009, § 87 Rn. 5; *Klesczewski*, in: Säcker (Hrsg.), TKG, 2. Aufl. 2009, § 149 Rn. 8.
508 Vgl. § 81 Abs. 2 TKG.
509 Kritisch zum Geltungsbereich von § 22 Abs. 1 TKG-1996 daher *Klein*, in: Manssen (Hrsg.), Telekommunikations- und Multimediarecht, Bd. 1 (Stand: 11. Erg.-Lfg. 12/2003, mittlerweile aus der Sammlung genommen), § 22 Rn. 3 (TKG-1998).
510 *Cornils/Schütz*, in: Geppert u. a. (Hrsg.), TKG, 3. Aufl. 2006, § 87 Rn. 6 f., die zudem auf das Vorlagerecht nach § 82 Abs. 4 TKG hinweisen, welches sich auch auf entsprechende Inhalte erstreckt.

Abs. 2 S. 1 Nr. 1 TKG ermächtigt seinem Wortlaut nach ausdrücklich auch zur Einholung von Umsatzzahlen.[511]

Zum anderen besteht die Mitteilungspflicht der Unternehmen nur einmal jährlich. Daran wird die unterstützende Funktion der Verpflichtung für die Abgabenberechnung erkennbar, welche nach § 83 Abs. 2 S. 1 TKG nach Ablauf eines Kalenderjahres erfolgt.[512] Der Gesetzgeber hat bewusst die Konzeption einer retrospektiven Universaldienstregulierung in Jahresabschnitten gewählt, weil sich der umsatzabhängige Marktanteil und damit auch der Kreis der Universaldienstverpflichteten während des laufenden Kalenderjahres ändern können.[513]

Der Auskunftsanspruch umfasst die Jahresumsätze der Unternehmen auf dem jeweils sachlich relevanten Markt.[514] Für deren Ermittlung sind nach § 87 Abs. 2 TKG die kartellrechtlichen Vorschriften über die Fusionskontrolle, §§ 36 Abs. 2, 38 GWB, entsprechend heranzuziehen. Während in § 36 GWB geregelt ist, wann Unternehmen als wirtschaftliche Einheit zu betrachten sind, finden sich in § 38 GWB nähere Regeln zur Berechnung der Umsatzerlöse und der Marktanteile.

Da über § 87 Abs. 1 S. 1 TKG nur eine sachlich sehr begrenzte Informationserhebung und diese nur unter den genannten Voraussetzungen möglich ist, spielen Verhältnismäßigkeitserwägungen bei der Anwendung der Norm eine untergeordnete Rolle. Besteht ein Ausgleichsanspruch, muss die Bundesnetzagentur nach § 83 Abs. 2 S. 1 TKG die auf die jeweiligen Unternehmen entfallenden Universaldienstleistungsabgaben festsetzen und ist insofern auch zur Einholung der Umsatzinformationen verpflichtet, soweit diese nicht schon bei der Behörde aus anderem Grund vorhanden sind oder Unternehmen zwar auf dem sachlich relevanten Markt tätig sind, aber zweifelsfrei nicht den in § 80 S. 1 TKG genannten Voraussetzungen entsprechen.

3. Anforderung von Betriebsunterlagen zur Ausgleichsberechnung nach § 82 Abs. 4 TKG

a) Regelungszusammenhang

aa) Keine Kostenermittlung im Ausschreibungsverfahren

Die wohl komplexeste Aufgabe innerhalb der Vorschriften zum Universaldienst ist die Berechnung des Universaldienstleistungsausgleichs. Ausgleichsleistungen

---

511 Zur Reichweite von § 127 Abs. 2 S. 1 Nr. 1 TKG unten Teil III, B. II. 4. a).
512 Vgl. auch §§ 82 Abs. 5, 83 Abs. 2 S. 3 TKG.
513 *Storr*, in: Wilms/Masing/Jochum (Hrsg.), TKG, § 87 Rn. 2.
514 *Fischer*, in: Arndt/Fetzer/Scherer (Hrsg.), TKG, 2008, § 87 Rn. 4 f.

kommen entsprechend der einleitenden Ausführungen zum Universaldienstverfahren nur dann in Betracht, wenn Universaldienstleistungen nach einer Verpflichtung nach Ausschreibung[515] oder nach hoheitlicher Auferlegung[516] von einem oder mehreren Unternehmen tatsächlich erbracht wurden.[517]

Eine umfassende Berechnung der Ausgleichskosten hat die Bundesnetzagentur hierbei lediglich im Auferlegungsverfahren vorzunehmen,[518] da der Ausgleich andernfalls im Ausschreibungsverfahren verbindlich durch Zuschlag anerkannt wird.[519] Zwar kann es im Ausschreibungsverfahren deshalb zu einer Gewinnfinanzierung des universaldienstleistungsverpflichteten Unternehmens durch seine Konkurrenten kommen, wenn der anerkannte Ausgleich über den dem Unternehmen durch die Verpflichtung entstehenden Mehrkosten liegt.[520] Hierin liegt aber gerade der für alle Unternehmen gleichermaßen bestehende Anreiz zur Teilnahme am Ausschreibungsverfahren, das so zur Angemessenheit und Plausibilität der prognostizierten Kosten beiträgt.[521] Der Ausgleichsanspruch hängt damit im Falle einer Vergabe nach Ausschreibung nicht von den tatsächlich entstehenden Kosten für das Unternehmen und somit weder von einer erneuten Prüfung ab, ob die Kosten eine unzumutbare Belastung darstellen,[522] noch von der Entstehung eines tatsächlichen Defizits nach § 82 Abs. 5 TKG[523].[524]

---

515 § 81 Abs. 3 TKG.
516 § 81 Abs. 5 TKG.
517 § 82 Abs. 5 TKG.
518 § 82 Abs. 2 TKG.
519 §§ 81 Abs. 3, 82 Abs. 1 TKG. Vgl. BT-Drs. 15/2316, S. 86.
520 Kritisch u. a. frühzeitig *Schütz/Esser-Wellié*, Wettbewerb in der Telekommunikation?, AfP 1995, 580 (584).
521 *Mager*, in: Säcker (Hrsg.), TKG, 2. Aufl. 2009, § 82 Rn. 6.
522 So aber *Windhorst*, in: Scheurle/Mayen (Hrsg.), TKG, 2. Aufl. 2008, § 82 Rn. 5, der auf diese Weise eine richtlinienkonforme Auslegung im Hinblick auf Art. 13 Abs. 1 RL 2002/22/EG herbeiführen will; wie hier ablehnend *Fischer*, in: Arndt/Fetzer/Scherer (Hrsg.), TKG, 2008, § 82 Rn. 12; *Storr*, in: Wilms/Masing/Jochum (Hrsg.), TKG, § 82 Rn. 12.
523 A. A. *Mager*, in: Säcker (Hrsg.), TKG, 2. Aufl. 2009, § 82 Rn. 6; *Fischer*, in: Arndt/Fetzer/Scherer (Hrsg.), TKG, 2008, § 82 Rn. 5.
524 Zum einen findet bei einem Ausschreibungsverfahren gerade keine gesetzlich vorgeschriebene Überprüfung statt, ob überhaupt ein Defizit entstanden ist. Zudem würde das Unternehmen bei einer anderen Beurteilung unter Umständen zu defizitärem Wirtschaften angehalten, sofern abzusehen wäre, dass ein Gewinn kleiner ausfiele als die Differenz zwischen einem Defizit und dem im Ausschreibungsverfahren anerkannten Wert. Dies kann gesetzgeberisch nicht beabsichtigt worden sein. Die Formulierung in § 82 Abs. 5 TKG bezieht sich im Fall eines Ausschreibungsverfahrens deshalb auf das prognostizierte Defizit, wobei davon ausgegangen werden dürfte, dass der Gesetzgeber in Anbetracht der qualifizierten Voraussetzungen nach § 81 Abs. 3 S. 1 TKG, also der vorherigen Glaubhaftmachung einer unzumutbaren Kostenunterdeckung, mit einer Gewinnwirtschaftung nicht gerechnet hat und dementsprechend in § 82 Abs. 5 TKG lediglich den Ausgleichszeitpunkt regeln wollte.

bb)  Ermittlung der Differenzkosten im hoheitlichen Auferlegungsverfahren

Für den Ausgleichsanspruch im Auferlegungsverfahren sind demgegenüber die durch Auferlegung der Universaldienstleistungsverpflichtung entstehenden Differenzkosten heranzuziehen, also diejenigen Kosten, die für das Unternehmen nicht entstanden wären, wenn es nicht zur Erbringung der Dienstleistung verpflichtet worden wäre,[525] abzüglich der Vorteile und Erträge des Universaldienstbetreibers einschließlich immaterieller Vorteile.[526] Die Kosten für die »Erbringung« sind dabei weit zu verstehen und schließen Infrastrukturerrichtungskosten ein.[527] Erträge sind die Einnahmen aus dem Universaldienst,[528] Vorteile materieller Art die an das Bestehen des Universaldienstes anknüpfenden Erlöse, etwa aus Zusammenschaltungsvereinbarungen.[529] Vorteile immaterieller Art können etwa durch den mit dem Status als Universaldienstleister verbundenem Werbeeffekt sowie dem flächendeckenden Versorgungangebot entstehen[530] und sich etwa aus durch den Universaldienst bewirkten Kundenbeziehungen ergeben.[531]

Auch wenn § 82 Abs. 2 TKG im Gegensatz zu § 20 TKG-1996 keine Bezugnahme mehr auf den Maßstab der effizienten Leistungsbereitstellung kennt, können nur solche Kosten ersatzfähig sein, die unmittelbare Folge der Erbringung von Universaldienstleistungen und damit für den Universaldienstleister unvermeidbar sind.[532] Dies folgt schon daraus, dass nach § 82 Abs. 3 TKG nur unzumutbare Belastungen ausgleichsfähig sind. Im Ergebnis sollen dem nach § 81 Abs. 5 TKG verpflichteten Universaldienstleister weder Wettbewerbsvorteile

---

Bei offensichtlich erheblichen Abweichungen in der Kalkulationsgrundlage und auch schon bei der Ausgestaltung der Verfahrensbedingungen stehen der Bundesnetzagentur aber die Instrumente des allgemeinen Verwaltungsrechts zur Verfügung, vgl. schon *Bosch*, in: Trute/Spoerr/Bosch (Hrsg.), TKG, 2001, § 20 Rn. 8; *Mager*, in: Säcker (Hrsg.), TKG, 2. Aufl. 2009, § 82 Rn. 8.

525  Vgl. § 82 Abs. 2 S. 1 TKG.
526  § 82 Abs. 2 S. 2 TKG.
527  Die Berechnung hat nach Anhang IV Teil A RL 2002/22/EG unabhängig davon zu erfolgen, ob das Netz voll ausgebaut ist oder sich noch im Aufbau befindet.
528  *Cornils*, in: Geppert u. a. (Hrsg.), TKG, 3. Aufl. 2006, § 82 Rn. 22.
529  *Freund*, Infrastrukturgewährleistung in der Telekommunikation, 2002, S. 164.
530  *Nett/Neu*, Die Gewährleistung eines Universaldienstes und die Bestimmung der Universaldienstkosten bei Wettbewerb im Telekommunikationsbereich, ZögU 22 (1999), 134 (140).
531  *Mager*, in: Säcker (Hrsg.), TKG, 2. Aufl. 2009, § 82 Rn. 13.
532  Vgl. *EuGH*, Urteil v. 6.12.2002 (Kommission vs. Frankreich) – Rs. C-146/00, Slg. 2001, S. 9767 (9815).

noch -nachteile entstehen. Nicht um zusätzliche Kosten handelt es sich daher beispielsweise bei leistungsmengenneutralen Gemeinkosten.[533]

Nähere Vorgaben zur Differenzberechnung sind in Anhang IV der Universaldienstrichtlinie enthalten. In die Berechnung einzustellen sind danach die Kosten, die Dienstebestandteilen[534] zugeordnet werden können, die nur mit Verlust oder in einer Kostensituation außerhalb normaler wirtschaftlicher Standards erbracht werden können, bzw. besonderen Endnutzern oder Endnutzergruppen zugerechnet werden können, die in Anbetracht der Kosten für die Bereitstellung des besonderen Netzes und der besonderen Dienste, der erwirtschafteten Erträge und einer vom Mitgliedstaat möglicherweise auferlegten räumlichen Durchschnittsbildung bei den Preisen nur mit Verlust oder in einer Kostensituation außerhalb normaler wirtschaftlicher Standards bedient werden können, von einem gewinnorientierten Unternehmen ohne Verpflichtung zur Erbringung eines Universaldienstes also nicht bedient würden. Die Kosten, Erträge und Vorteile sind im Interesse der Transparenz zunächst getrennt für alle Dienstebestandteile zu berechnen und erst anschließend ist daraus eine Gesamtkostendifferenz zu bilden.

b) Ausgestaltung

Nach § 82 Abs. 4 S. 1 kann die Bundesnetzagentur zur Berechnung des Ausgleichs von dem universaldienstverpflichteten Unternehmen die erforderlichen Unterlagen anfordern, die nach § 82 Abs. 4 S. 2 TKG insbesondere auf die Notwendigkeit zur Leistungsbereitstellung im Hinblick auf den Inhalt der Verpflichtung zu prüfen sind. Die einzureichenden Unterlagen müssen die Berechnung der universaldienstspezifischen Zusatzkosten entsprechend der beschriebenen Berechnungsweise in einer Weise ermöglichen, bei der eine Doppelzählung mittelbarer oder unmittelbarer Vorteile und Kosten vermieden wird. Auch ohne dass behördliche Anordnungsrechte bzgl. der formellen und materiellen Kostenrechnungsgestaltung gesetzlich vorgesehen wären, müssen die Unterlagen daher im Hinblick auf ihre Transparenz und die Aufbereitung der Daten eine Prüfung durch die Bundesnetzagentur ermöglichen, ähnlich wie es § 34 Abs. 4 TKG explizit für im Entgeltgenehmigungsverfahren vorzulegende Kostennachweise vorschreibt.

---

533 *Cornils*, in: Geppert u. a. (Hrsg.), TKG, 3. Aufl. 2006, § 82 Rn. 18, der daher die Bedeutung analytischer Kostenmodelle für die Berechnung hervorhebt (Rn. 21).
534 Z. B. Zugang zu Notrufdiensten, Bereitstellung bestimmter öffentlicher Münz- oder Kartentelefone, Erbringung bestimmter Dienste oder Bereitstellung von Geräten für Behinderte.

c) Rechtsnatur des Auskunftsverlangens

Zwar korrespondiert gemäß § 82 Abs. 4 S. 2 TKG mit der Einreichung der Unterlagen, aus denen sich eine Erstattungsfähigkeit der Differenzkosten ergeben soll, eine Prüfungspflicht der Regulierungsbehörde.[535] Auch trägt die Bundesnetzagentur die Verantwortung für die Objektivität und Transparenz des Kostenberechnungsverfahrens. Allerdings liegt die Erstattungsfähigkeit des Defizits – und damit die Berechnung des Universaldienstausgleichs – allein im Interesse des universaldienstverpflichteten Unternehmens. Dieses kann deshalb auch nach Einleitung universaldienstregulatorischer Maßnahmen über das Eingreifen des Ausgleichsmechanismus einschließlich aller damit zusammenhängenden Verfahrensschritte disponieren.[536]

Entgegen dem Wortlaut von § 82 Abs. 2 TKG erfolgt eine Ausgleichsberechnung dementsprechend nicht antragsunabhängig, kann also etwa entfallen, wenn das Unternehmen sich nach der Verpflichtung zu einer freiwilligen Leistungserbringung ohne Ausgleich bereit erklärt. Dagegen lassen sich auch nicht etwa die in §§ 82 Abs. 4 S. 3, 87 Abs. 3 TKG der Regulierungsbehörde obliegenden Veröffentlichungspflichten anführen. Ein öffentliches Interesse besteht an der Publikation der Kostenberechnung und -prüfung wie auch der jeweiligen Universaldienstleistungsabgaben und etwaiger Marktvorteile des Universaldienstleisters ersichtlich nur dann, soweit zur Finanzierung der Universaldienstverpflichtungen ein Fonds errichtet wurde und tätig ist.[537]

Auch die nach § 84 Abs. 4 S. 1 TKG an das universaldienstleistende Unternehmen ergehende Aufforderung zur Beibringung der für die Kostenberechnung erforderlichen Unterlagen bewirkt deshalb keine ggf. im Wege des Verwaltungszwangs vollstreckbare Mitwirkungspflicht.[538] Können in der Folge unzureichend vorgelegter Kostennachweise die Differenzkosten nicht berechnet und ausgehend hiervon eine unzumutbare Belastung nicht festgestellt werden, hat das antragstellende Unternehmen die Konsequenzen – sprich: im äußersten Fall die Ablehnung des Antrags auf Ausgleichsgewährung – zu tragen.[539]

Eine Aufforderung zur Unterlagenvorlage von anderen Unternehmen als dem Universaldienstleister, etwa um Vergleichsberechnungen vorzunehmen, kann im Übrigen, obwohl § 82 Abs. 4 S. 3 TKG auf die Unterlagen der »betroffenen Un-

---

535 Vgl. *Windhorst*, in: Scheurle/Mayen (Hrsg.), TKG, 2. Aufl. 2008, § 82 Rn. 15.
536 Näher *Cornils*, in: Geppert u. a. (Hrsg.), TKG, 3. Aufl. 2006, § 82 Rn. 13.
537 *Windhorst*, in: Scheurle/Mayen (Hrsg.), TKG, 2. Aufl. 2008, § 87 Rn. 8 f.
538 So aber *Mager*, in: Säcker (Hrsg.), TKG, 2. Aufl. 2009, § 82 Rn. 17; *Storr*, in: Wilms/Masing/Jochum (Hrsg.), TKG, § 82 Rn. 14.
539 Von einer Mitwirkungslast spricht daher *Fischer*, in: Arndt/Fetzer/Scherer (Hrsg.), TKG, 2008, § 82 Rn. 14.

ternehmen« Bezug nimmt, wegen des eindeutigen Wortlauts ohnehin nicht auf § 82 Abs. 4 S. 1 TKG gestützt werden.[540]

4. Zwischenfazit

Die speziellen Informationsbefugnisse im Rahmen der Universaldienstregulierung sollen der Intention nach dessen Finanzierung und Qualitätskontrolle ermöglichen. Eine tragende Rolle für die Sicherstellung einer flächendeckenden Grundversorgung fällt ihnen indes nicht zu.

Für die Feststellung des Unterversorgungstatbestands nach §§ 80, 81 Abs. 1 S. 1 TKG, der ein Vorgehen nach den Vorschriften §§ 81 bis 87 TKG ermöglicht, sofern sich kein Unternehmen innerhalb von einem Monat nach Bekanntgabe dieser Veröffentlichung bereit erklärt, diese Universaldienstleistung ohne Ausgleich nach § 82 TKG zu erbringen, ist die Bundesnetzagentur ebenso auf die Anwendung ihrer allgemeinen Informationsrechte angewiesen[541] wie bei der Beurteilung, welche Unternehmen für die Erbringungspflicht grundsätzlich in Frage kommen.

Die innerhalb der Universaldienstleistungsvorschriften geregelten Informationsansprüche überschneiden sich zudem teilweise mit anderen Befugnissen der Behörde. Da § 84 Abs. 3 S. 1 TKG im Gegensatz zu dessen europarechtlicher Vorlage Art. 11 Abs. 1 S. 2 RL 2002/22/EG keine selbstständige Informationserteilung der benannten Unternehmen vorsieht, ist die Vorschrift mehr oder weniger funktionslos, da die Informationen regelmäßig nach der Rechtsverordnung gemäß § 45n Abs. 1 TKG veröffentlichungspflichtig sind und die Bundesnetzagentur diese Pflicht durchsetzen kann. Die Existenz von § 87 Abs. 1 S. 1 TKG erscheint angesichts der in § 127 Abs. 2 S. 1 Nr. 1 TKG getroffenen Regelung eher von der Rechtsfolge der Erfolglosigkeit – die Möglichkeit einer Umsatzschätzung nach § 87 Abs. 1 S. 2 TKG – als vom Informationsanspruch selbst gerechtfertigt.

Eine originäre Regelung zur Informationsübermittlung trifft insofern in erster Linie § 82 Abs. 4 TKG zu. Da dieser allerdings eine Erhebung allein im Interesse des ausgleichsberechtigten Unternehmens regelt, spielt er für den Universaldienstmechanismus an sich eine lediglich untergeordnete Rolle.

---

540 Anders wohl *Storr*, in: Wilms/Masing/Jochum (Hrsg.), TKG, § 82 Rn. 14.
541 Zur Zulässigkeit dieses Rückgriffs auch *Holznagel*, Die Erhebung von Marktdaten im Wege des Auskunftsersuchens nach dem TKG, 2001, S. 58.

# Dritter Teil: Allgemeine Informationsbefugnisse

## A. *Erfüllung internationaler Berichtspflichten*

### I. Regelungszusammenhang

Nach § 4 TKG kann die Bundesnetzagentur von Betreibern öffentlicher Telekommunikationsnetze und Anbietern von öffentlich zugänglichen Telekommunikationsdiensten Informationen verlangen, die sie ihrerseits zur Erfüllung von Berichtspflichten gegenüber der Kommission und anderen internationalen Gremien benötigt.[542]

Die Norm entspricht weitgehend § 5 TKG-1996 und wurde insoweit um Berichtspflichten gegenüber anderen internationalen Gremien erweitert. Während § 5 TKG-1996 noch ausdrücklich die Rechtsvorschriften nannte, auf die Berichtspflichten gestützt werden konnten, sieht § 4 TKG nunmehr von einer näheren Eingrenzung ab. Erfasst sind aber allein internationale Berichtspflichten. § 4 TKG kann also nicht etwa als Informationsbeschaffungsgrundlage zur Erfüllung von Pflichten nach § 121 Abs. 1 S. 1 TKG (Tätigkeitsbericht) und § 122 Abs. 1 TKG (Jahresbericht) herangezogen werden.

Ein originäres Informationsinteresse kann die Bundesnetzagentur für Auskunftsersuchen auf Grund dieser Ermächtigungsgrundlage nach dem eindeutigen Wortlaut ohnedies nicht geltend machen.[543] Inhaltlich entsprechen die Auskunftspflichten spiegelbildlich allein den internationalen Berichtspflichten der Bundesnetzagentur.[544] Die Bundesnetzagentur kann demnach nur die zur Erfüllung der jeweiligen Berichtspflicht unmittelbar benötigten Informationen anfordern. Da die Norm jenseits der Berichtspflichten keine Begrenzung des Informationsgegenstands kennt und auch keinem sonstigen Regelungsbereich zugeordnet werden kann, soll sie hier im Zusammenhang mit den übrigen, allgemeinen Informationsbefugnissen erörtert werden.

---

542 Normadressaten sind demnach alle nach § 6 Abs. 1 S. 1 TKG meldepflichtigen Unternehmen. Vgl. auch § 3 Nr. 8 TKG sowie ausführlich *Fetzer*, in: Arndt/Fetzer/Scherer (Hrsg.), TKG, 2008, § 6 Rn. 12 ff. Die Betreiber nicht-öffentlicher Telekommunikationsnetze und die Anbieter von nicht öffentlich zugänglichen Telekommunikationsdiensten werden insofern nicht von der Informationspflicht erfasst.
543 Ähnlich *Kreitlow*, in: Wissmann (Hrsg.), Telekommunikationsrecht (Praxishandbuch), 2. Aufl. 2006, S. 308.
544 Vgl. *Schuster*, in: Büchner u. a. (Hrsg.), TKG, 2. Aufl. 2000, § 5 Rn. 7; *Holznagel*, Die Erhebung von Marktdaten im Wege des Auskunftsersuchens nach dem TKG, 2001, S. 10.

Die Auskunftspflicht besteht nur »auf Verlangen«, wird also durch einen konkretisierenden Verwaltungsakt aktualisiert, und bezieht sich allein auf Informationen. Eine Pflicht der Normadressaten, diese Informationen ihrerseits in der Form eines Berichtes auszuarbeiten, besteht grundsätzlich nicht (mehr).[545] Für die Informationserteilung kann die Bundesnetzagentur eine angemessene Frist setzen. Dies ergibt sich schon aus der Verfahrensherrschaft der Behörde[546] und wird zudem in § 149 Abs. 1 Nr. 1 TKG vorausgesetzt, wonach u. a. eine nicht rechtzeitige Informationserteilung eine bußgeldbewehrte Ordnungswidrigkeit darstellt. Die Angemessenheit der Fristsetzung hängt entscheidend vom Umfang der angeforderten Informationen und dem Aufwand für deren Bereitstellung ab.[547]

Auch wenn die Norm (im Gegensatz dazu) weiterhin von Berichtspflichten der Bundesnetzagentur spricht, dürfte dieser Begriff nicht nur die Anfertigung wie auch immer gearteter berichtsmäßiger Ausarbeitungen einschließen, sondern im Hinblick auf ihren Zweck umfassend im Sinne von selbstständigen wie unselbstständigen Informationspflichten zu verstehen sein.[548] Hintergrund der Vorgängerregelung war eine umfassende Ermöglichung der gemeinschaftsrechtlichen Implementations- bzw. Anwendungskontrolle. Hierzu zählt neben der Aufsicht über die fristgerechte und vollständige Umsetzung der Richtlinien durch die Mitgliedstaaten auch die Überprüfung, ob durch das nationale Recht die angesteuerten Ziele auch faktisch erreicht werden.

Das Gemeinschaftsrecht kennt vielfältige Kooperationsformen informationeller Art, neben Berichtspflichten vor allem Unterrichtungs-, Notifizierungs- und Auskunftspflichten.[549] Ganz überwiegend handelt es sich hierbei zwar um selbst-

---

545 Während nach § 5 TKG-1996 noch eine Pflicht bestand, »Berichte zur Verfügung zu stellen«, kennt § 4 TKG keine bestimmte Form der Informationsübermittlung. Die Bundesnetzagentur kann aber die Einhaltung einer bestimmten Form verlangen, wenn dies sachlich gerechtfertigt ist und nicht mit einem zu hohen Aufwand einhergeht, vgl. *Gosse*, in: Säcker (Hrsg.), TKG, 2. Aufl. 2009, § 4 Rn. 12.
546 Vgl. Fn. 1013.
547 *Lammich*, in: Manssen (Hrsg.), Telekommunikations- und Multimediarecht, Bd. 1, § 4 Rn. 11; *Letixerant*, in: Geppert u. a. (Hrsg.), TKG, 3. Aufl. 2006, § 4 Rn. 37.
548 Ein weites Begriffsverständnis wird auch vorausgesetzt von *Fetzer*, in: Arndt/Fetzer/Scherer (Hrsg.), TKG, 2008, § 4 Rn. 3, wonach § 4 TKG im Hinblick auf die Art der Berichtspflicht keine Beschränkung kenne. Im Übrigen ist (im Gegensatz zum alten Rechtsrahmen) weder in der Rahmenrichtlinie noch in den Einzelrichtlinien ausdrücklich von (nationalen) Berichtspflichten die Rede.
549 Grundlegend zu den Informations- und Kommunikationspflichten der mitgliedsstaatlichen Verwaltungen im Rahmen europäischer Kommunikationsstrukturen *Sommer*, Verwaltungskooperation am Beispiel administrativer Informationsverfahren im Europäischen Umweltrecht, 2003, S. 100 ff.; *Sydow*, Verwaltungskooperation in der Europäischen Union, 2004, S. 104 ff.; *Hatje*, Die gemeinschaftsrechtliche Steuerung der Wirtschaftsverwaltung, 1998, S. 435 f.; für das Telekommunikationsrecht *Hombergs*, Europäisches

ständige Informationspflichten der nationalen Verwaltungen.[550] Dies ist aber eher dem Umstand geschuldet, dass die Kommission – als »Hüterin der Verträge« i. S. d. Art. 17 Abs. 1 EUV – nur über begrenzte Kapazitäten bei der Aufsicht über die Anwendung des Unionsrechts verfügt und daher auf ein großes Maß an Unterstützung angewiesen ist.[551]

Eine Einschränkung auf bestimmte Kooperationsformen wäre auch nicht sachgerecht.[552] Der in § 4 TKG vorausgesetzte Informationsbeschaffungsbedarf bei den Marktteilnehmern[553] setzt zudem stillschweigend konkrete Informationsersuchen voraus.[554]

Verwaltungskooperationsrecht auf dem Sektor der elektronischen Kommunikation, 2006, S. 260 ff.
550 Vgl. zur alten Rechtslage schon den detaillierten Überblick bei *Scheurle*, in: Scheurle/Mayen (Hrsg.), TKG, 1. Aufl. 2002, § 5 Rn. 4 f.
551 Zur Kodifizierung von selbstständigen Informationspflichten zur Erleichterung der Aufsicht *Eekhoff*, Die Verbundaufsicht, 2006, S. 114. Über die Kooperationsverpflichtungen der mitgliedstaatlichen Verwaltungen hinaus lenken vor allem das Europäische Parlament und die Öffentlichkeit über informale Kontrollmechanismen wie Beschwerden, Anfragen und Petitionen die Aufmerksamkeit der Kommission auf Vollzugsdefizite. Näher dazu *Huber*, Das Kooperationsverhältnis von Kommission und nationalen Verwaltungen beim Vollzug des Unionsrechts, in: Eberle/Ibler/Lorenz (Hrsg.), Der Wandel des Staates vor den Herausforderungen der Gegenwart, 2002, S. 127 (129 f.).
552 Nicht zufällig nennt *Hatje*, Die gemeinschaftsrechtliche Steuerung der Wirtschaftsverwaltung, 1998, S. 436, als vertragliche Grundlage entsprechender Vorschriften zur Berichterstattung Art. 213 EGV (Art. 337 AEUV), also eine Gesetzgebungskompetenz des Rates gerade auch zur Normierung unselbstständiger Informationspflichten.
553 Dazu unten Teil III, A. IV.
554 In der Begründung des Gesetzentwurfs wurden deshalb dementsprechende »Anfragen« vorausgesetzt (vgl. BT-Drs. 13/3609, S. 37) – und gerade keine systematische, aber eben auch nur allgemeine Informationszusammenstellung, wie sie dem Terminus Berichtspflicht herkömmlich zugeschrieben wird (vgl. näher etwa *Eekhoff*, Die Verbundaufsicht, 2006, S. 116). Bei Implementationskontrolle ließe sich insgesamt eher von einer Art Berichtswesen sprechen, bei der die Funktionsfähigkeit des Gemeinschaftsrechts ausgewertet wird. Schon nach alter Rechtslage war es der Kommission insbesondere dann unbenommen, über einzelfallbezogene Anfragen Informationen bei den Mitgliedstaaten einzuholen, wenn im Zusammenhang Kommissionsaufgaben geregelt waren (vgl. z. B. Art. 22 Abs. 2 S. 2 RL 97/33/EG. Zu vergleichbaren Regelungen nach geltender Rechtslage siehe unten insbesondere Fn. 605 und 606).
Auf gemeinschaftsrechtlicher Ebene erfolgt eine punktuelle Informationserhebung etwa zum Zweck der Anfertigung von Berichten durch das jeweilige Gremium. Die Kommission leitet eine Auswertung ihrer Informationserhebung regelmäßig an den Rat und das Parlament weiter und veröffentlicht sie zur Kenntnisnahme der Mitgliedstaaten. Durch die Offenlegung der mitgliedstaatlichen Verhältnisse soll im Sinne eines Peer-Review-Verfahrens auch auf horizontaler Ebene Transparenz geschaffen und hiermit das Vertrauen in die Funktionsfähigkeit des Gemeinschaftsrechts gestärkt werden (zum Zusammenwirken von Vollzugskontrolle und Veröffentlichungen des Kontrollorgans näher *Sommer*, Verwaltungskooperation am Beispiel administrativer Informationsverfahren im Europäischen Umweltrecht, 2003, S. 297 f.). Gleichzeitig wird hiermit ein Anreiz zu gemeinschaftsrechtskonformem Verhalten geschaffen.

Die Erweiterung auf Berichtspflichten gegenüber anderen internationalen Gremien zielte ausweislich der Begründung des Gesetzentwurfs insbesondere auf die Mitwirkung Deutschlands in der Internationalen Fernmeldeunion (International Telecommunication Union – ITU), einer Sonderorganisation der Vereinten Nationen mit Sitz in Genf, ab.[555]

Der Wegfall einer näheren Eingrenzung der Bezugsnormen und die Ausweitung auf die völkerrechtliche Zusammenarbeit werfen die Frage nach dem nunmehrigen Inhalt und Anwendungsbereich der Vorschrift auf. Zum besseren Verständnis soll den Ausführungen zur Auslegung der Norm eine kurze Darstellung der internationalen Zusammenarbeit der Bundesnetzagentur vorangestellt werden.

II. Exkurs: Zusammenarbeit der Bundesnetzagentur mit der Europäischen Kommission und anderen internationalen Gremien

Die Kooperationsformen zwischen der Bundesnetzagentur und internationalen Stellen finden in vielschichtiger Weise und auf unterschiedlichen Ebenen statt und finden ihre gesetzliche Anbindung in § 140 TKG. § 140 enthält Regelungen zu den »internationalen Aufgaben« der Bundesnetzagentur und trifft insofern eine Unterscheidung zwischen einem »Auftragsbereich« und einem »Eigenbefugnisbereich«.[556]

1. Tätigkeit im Auftrag des Bundeswirtschaftsministeriums

Im Auftragsbereich gemäß § 140 Abs. 1 S. 1 TKG wird die Bundesnetzagentur im Bereich der europäischen und internationalen Telekommunikationspolitik, insbesondere bei der Mitarbeit in europäischen und internationalen Institutionen und Organisationen, im Auftrag – also strikt weisungsgebunden – für das Bundesministerium für Wirtschaft und Technologie (BMWi) tätig, bei der die Zuständigkeit für entsprechende Aufgaben verbleibt. Der Bereich der europäischen und internationalen Telekommunikationspolitik ist grundsätzlich weit zu verste-

---

555 Vgl. BT-Drs. 15/2316, S. 59.
556 Begriffe nach *Groebel*, in: Säcker (Hrsg.), TKG, 2. Aufl. 2009, § 140 Rn. 1 ff. Die Differenzierung ist auch im vorliegenden Zusammenhang interessant, weil die Berichtspflichterfüllung nach § 4 TKG gelegentlich der eigenzuständigen Aufgabenwahrnehmung im Sinne der zweiten Gruppe (vgl. *Mayen/Goebbels*, in: Scheurle/Mayen (Hrsg.), TKG, 2. Aufl. 2008, § 140 Rn. 3; grundsätzlich bejahend *Groebel*, in: Säcker (Hrsg.), TKG, 2. Aufl. 2009, § 140 Rn. 6), die in der Gesetzesbegründung zu § 4 TKG genannte Mitwirkung in den Foren der ITU dagegen der ersten Gruppe zugerechnet wird.

hen und umfasst alle Bereiche der Telekommunikation einschließlich der Innovationsförderung.[557] Auch im europäischen Kontext lässt sich die Zusammenarbeit hierbei sowohl auf gemeinschafts- als auch auf völkerrechtliche Grundlagen zurückführen. Die Befassung der Behörde mit Aufgaben des Ministeriums hängt vor allem damit zusammen, dass die Gremienarbeit praxisbezogenen, technischen Sachverstand und mithin Expertenwissen erfordert, welches naturgemäß in größerem Maße bei der zuständigen Fachbehörde als bei den mit Grundsatzfragen beschäftigten Angehörigen des Ministeriums angesiedelt ist.[558]

Im Auftrag des Bundeswirtschaftsministeriums werden die entsprechenden Fachabteilungen deshalb etwa im Bereich der Frequenzregulierung sowie der technischen Regulierung aktiv.[559]

Auf europäischer Ebene wird die Bundesnetzagentur hierzu in der Europäischen Konferenz der Verwaltungen für Post und Telekommunikation (Conférence Européenne des administrations des Postes et des Télécommunications – CEPT) und hierbei vor allem in deren Ausschuss für elektronische Kommunikation (Electronic Communications Committee – ECC), welcher bei seiner Arbeit vom Europäischen Büro für Funkangelegenheiten (European Radiocommunications Office – ERO, inzwischen umbenannt in European Communications Office – ECO) unterstützt wird, tätig. Harmonisierte Frequenzlösungen werden auf gemeinschaftsrechtlicher Stufe zudem vom Hochrangigen Beratergremium in frequenzpolitischen Fragen (Radio Spectrum Policy Group – RSPG)[560] und vom Funkfrequenzausschuss (Radio Spectrum Committee – RSC)[561] erarbeitet. Auf globaler Ebene werden Frequenznutzungen von der ITU koordiniert.[562]

---

557 Vgl. hierzu auch schon die Entwurfsbegründung zu § 140 TKG (§ 138 TKG-E), BT-Drs. 15/2316, S. 103.
558 *Groebel*, in: Säcker (Hrsg.), TKG, 2. Aufl. 2009, § 140 Rn. 16.
559 Gerade der Frequenzkoordinierung kommt in Anbetracht der Ausbreitung mobiler Anwendungen, der Überwindung der Breitbandkluft zwischen dichtbesiedelten Gebieten und ländlichen Regionen durch die Entwicklung drahtloser Plattformen (dazu die Mitteilung der *Europäischen Kommission* vom 20. März 2006 an das Europäische Parlament, den Rat, den Wirtschafts- und Sozialausschuss und den Ausschuss der Regionen, Überwindung der Breitbandkluft, KOM [2006] 129 endg.) und damit einhergehenden enormen Wachstumspotentialen eine nach wie vor immens hohe Bedeutung zu, vgl. eingehend *Holznagel*, Frequenzeffizienz und Rundfunkspektrum, MMR 2008, 207 ff.
560 Vgl. Beschluss 2002/622/EG der Kommission vom 26. Juli 2002 zur Einrichtung einer Gruppe für Frequenzpolitik, ABl. L 198 v. 27.2.2002, S. 49 ff.
561 Vgl. Art. 3 der Entscheidung Nr. 676/2002/EG des Europäischen Parlaments und des Rates vom 7. März 2002 über einen Rechtsrahmen für die Funkfrequenzpolitik in der Europäischen Gemeinschaft (Frequenzentscheidung), ABl. L 108 v. 24.4.2002, S. 1 ff.
562 Vgl. die in Art. 1 Abs. 2 der Konstitution der Internationalen Fernmeldeunion genannten Aufgaben der ITU. Für die Frequenzkoordinierung ist herbei der Sektor für das Funkwesen (ITU-Radiocommunication Sector – ITU-R) zuständig, der turnusmäßig weltweite Funkkonferenzen (World Radiocommunication Conferences – WRC) einberuft, auf de-

Für den Bereich der technischen Regulierung stehen vor allem Normungsorganisationen, für den Telekommunikationsbereich insbesondere das aus der CEPT abgespaltene Europäische Institut für Normsetzung (European Telecommunications Standards Institute – ETSI), welches zusammen mit dem Europäischen Komitee für Elektrotechnische Normung (Comité Européen de Normalisation Électrotechnique – CENELEC) und dem Europäischen Komitee für Normung (Comité Européen des Normalisation – CEN) das europäische System für technische Normen bildet. Auf völkerrechtlicher Ebene wird das Ziel einer Vereinheitlichung technischer Standards auch über die ITU verfolgt.[563]

Als weiteres Beispiel für ein Tätigwerden der Bundesnetzagentur im Auftrag des Ministeriums nennt die Gesetzesbegründung die Mitwirkung in der Organisation für wirtschaftliche Zusammenarbeit und Entwicklung (Organisation for Economic Co-operation and Development – OECD).[564] Die weltweite Entwicklung des Telekommunikationssektors insgesamt liegt darüber hinaus ebenfalls im Augenmerk der ITU.[565]

Besondere Relevanz kommt der Mitarbeit im durch Art. 22 der RL 2002/21/EG eingerichteten Kommunikationsausschuss (Communications Committee – COCOM) zu, der die Europäische Kommission bei der Ausübung ihrer Befugnisse nach dem gemeinsamen Rechtsrahmen für elektronische Kommunikationsnetze und -dienste unterstützt und sich aus stimmberechtigten Vertretern der Mitgliedstaaten unter dem Vorsitz der Kommission zusammensetzt.[566] Ebenso wie der Funkfrequenzausschuss wird der Kommunikationsausschuss über das Komitologieverfahren an bestimmten, ausdrücklich in den europäischen Rechts-

---

nen Maßnahmen zur internationalen Harmonisierung der Frequenznutzung verabschiedet werden. Näher *Tegge*, Die Internationale Telekommunikations-Union – Organisation und Funktion einer Weltorganisation im Wandel, 1994, S. 233 ff.
563 Die Hauptarbeiten erfolgen hierbei in den Studiengruppen (study groups) des Sektors für die Standardisierung im Fernmeldewesen (ITU-Telecommunication Standardization Sector – ITU-T).
564 Vgl. BT-Drs. 15/2316, S. 103. In der OECD-Arbeitsgruppe CISP (Working Party on Communication Infrastructures and Service Policies), einer Untergruppierung des Information, Computer and Communication Policy Committee (ISSP), werden aktuelle telekommunikationsrechtliche Themen behandelt. Die Arbeitsgruppe veröffentlicht die Ergebnisse ihrer Berichte und Studien im Zwei-Jahres-Rhythmus im OECD Communications Outlook.
565 Neben dem Normungs- und Funksektor bildet der Sektor für die Entwicklung des Fernmeldewesens (ITU-Telecommunication Development – ITU-D) die dritte Säule der Internationalen Fernmeldeunion. Zu den drei Sektoren *Schrogl*, Die »neue« ITU, VN 1994, 97 (99). Eine graphische Übersicht zur Gesamtstruktur der ITU findet sich bei *Noll*, The International Telecommunication Union (ITU) – Ist Inception, Evolution and Innate, Constant Reform Process, MMR 1999, 465 (469).
566 Näher *Hombergs*, Europäisches Verwaltungskooperationsrecht auf dem Sektor der elektronischen Kommunikation, 2006, S. 293 f.; *Grussmann*, in: Geppert u. a. (Hrsg.), TKG, 2. Aufl. 2006, Einleitung B Rn. 120.

akten festgelegten Maßnahmen beteiligt. Während die beratenden Gremien der horizontalen Kooperation wie das RSPG vornehmlich mit Anwendungsfragen befasst sind, werden im Kommunikationsausschuss vornehmlich politische Entscheidungen getroffen.[567] Der COCOM dient darüber hinaus als Plattform für den Informationsaustausch zu Marktentwicklungen und allgemeinen Regulierungsfragen.[568]

2. Eigenzuständige Wahrnehmung internationaler Aufgaben

Der Eigenbefugnisbereich gemäß § 140 Abs. 1 S. 2 TKG bezeichnet demgegenüber ein Feld eigenzuständiger Wahrnehmung von internationalen Aufgaben, die der Behörde auf Grund des TKG oder anderer Gesetze sowie auf Grund von Verordnungen der Europäischen Gemeinschaften zugewiesen wurden. Für diesen Bereich kann nach dem Gesetzeswortlaut der in § 140 Abs. 1 S. 1 TKG geregelte Zuständigkeitsgrundsatz keine Geltung beanspruchen. Die Funktion von § 140 Abs. 1 S. 2 TKG erschließt sich vor allem vor dem Hintergrund der Einbindung der Bundesnetzagentur in den Europäischen Regulierungsverbund, der eine weitgehende Aufgabenteilung und -verschränkung der mitgliedstaatlichen Verwaltungsstellen kennt und damit das Modell des indirekten Vollzugs des Gemeinschaftsrechts stark moduliert.[569] § 140 Abs. 1 S. 2 TKG sichert die in § 116 TKG i. V. m. § 2 Abs. 1 Nr. 2, Abs. 2 BNAG vorgefundene Stellung der Bundesnetzagentur insofern auch für deren grenzüberschreitende Tätigkeit ab.

Im ursprünglichen Gesetzentwurf wurde ein Bereich eigenständiger Aufgabenwahrnehmung noch nicht erwähnt. § 138 S. 2 TKG-E enthielt lediglich einen Hinweis, dass die Aufgabenzuweisung an die Regulierungsbehörde – der heutige § 116 TKG – von der Regelung unberührt bleiben sollte. Der jetzige § 140 Abs. 1 S. 2 TKG geht auf einen Antrag des Bundesrates zurück. Dieser hatte in seiner Stellungnahme zum Gesetzentwurf darauf hingewiesen, dass nach dem bisherigen Wortlaut eine eigenständige Handlungsfähigkeit der Regulierungsbehörde in ihrem originären Zuständigkeitsbereich nicht sichergestellt würde, da ihr keine Aufgaben im internationalen Bereich im Sinne von § 114 Abs. 1 S. 1

---

567 Vgl. *Groebel*, European Regulators Group (ERG), MMR 2002, Heft 12, XV, XVI.
568 Vgl. Art. 23 Abs. 2 RL 2002/21/EG.
569 Dazu nur *Hermeier*, Der Europäische Regulierungsverbund im EG-Rechtsrahmen für Telekommunikation, 2009; *Britz*, Vom Europäischen Verwaltungsverbund zum Regulierungsverbund?, EuR 2006, 45 (53 ff.).; *Ladeur/Möllers*, Der Europäische Regulierungsverbund der Telekommunikation im deutschen Verwaltungsrecht, DVBl. 2005, 525 ff.; *Trute*, Der Europäische Regulierungsverbund in der Telekommunikation – ein neues Modell europäisierter Verwaltung, in: Osterloh/Schmidt/Weber (Hrsg.), Staat, Wirtschaft, Finanzverfassung, 2004, S. 565 ff.

TKG-E[570] »zugewiesen« wären.[571] Dieser Einwand verkennt, dass das TKG bereits selbst auf ein transnationales Zusammenwirken angelegt ist. So wird etwa die Durchführung des Konsolidierungsverfahrens nach § 12 Abs. 2 TKG einhellig zu den internationalen Aufgaben nach § 140 Abs. 1 S. 2 TKG gezählt,[572] ohne dass es insoweit einer über den Entwurf hinausgehenden Klarstellung bedurft hätte.

Eine besondere Rolle im Bereich der eigenzuständigen Aufgabenwahrnehmung kommt der Tätigkeit der Bundesnetzagentur in der Nachfolgeorganisation der Gruppe der Europäischen Regulierer (ERG), dem Gremium Europäischer Regulierungsstellen für elektronische Kommunikation GEREK (Body of European Regulators for Electronic Communications – BEREC) zu, das durch die TKG-Novelle 2012 eine starke Einbindung in die Marktregulierungsverfahren erfahren hat.[573]

### III. Ausgestaltung

#### 1. Berichtspflichten der Bundesnetzagentur

##### a) Objektive Rechtspflicht zur Auskunftserteilung

Indem § 4 TKG die Verpflichtung zur Berichterstattung voraussetzt, wird deutlich, dass sich die Verbindlichkeit bereits aus der Rechtsquelle selbst ergeben muss. Von einer Pflicht zur Berichterstattung wird man im Hinblick auf Art. 20 Abs. 3 GG zumindest, aber auch nur dann sprechen können, wenn die objektive Rechtsordnung eine Handlungspflicht der Behörde obligatorisch vorsieht.[574]

---

570  § 116 TKG.
571  Vgl. BT-Drs. 15/2316, S. 126 (Nr. 85). Die Kritik nimmt auch nicht etwa die in § 140 Abs. 1 S. 1 TKG getroffene Unterscheidung zwischen europäischer und internationaler Telekommunikationspolitik auf, wie die Bezugnahme auf europäische Rechtsakte zeigt.
572  Vgl. *Fetzer*, in: in: Arndt/Fetzer/Scherer (Hrsg.), TKG, § 140 Rn. 3; *Lieser*, in: Geppert u. a. (Hrsg.), TKG, 3. Aufl. 2006, § 140 Rn. 3; *Groebel*, in: Säcker (Hrsg.), TKG, 2. Aufl. 2009, § 140 Rn. 17.
573  Vgl. Fn. 860.
574  Ähnlich *Gosse*, in: Säcker (Hrsg.), TKG, 2. Aufl. 2009, § 4 Rn. 11, nach der die Bundesnetzagentur Berichte nur verlangen kann, wenn sie ihrerseits gemeinschaftsrechtlich zwingend zu einem Bericht verpflichtet ist. Unerheblich dürfte dagegen sein, dass die Kommission sich bei unselbstständigen Informationspflichten, bei denen eine konkrete Pflicht grundsätzlich erst durch ein Verlangen entsteht, formloser Ersuchen bedient, da sich eine Handlungspflicht der Mitgliedstaaten, erforderliche Maßnahmen zur Erhebung der angeforderten Auskünfte zu ergreifen, bereits aus dem Grundsatz der Gemeinschaftstreue nach Art. 4 Abs. 3 EUV ableiten lässt. Vgl. etwa *EuGH*, Urteil v. 6.3.2003 (Kommission vs. Luxemburg) – Rs. C-478/01, Slg. 2003, S. I-2351 (2367), sowie bereits

Mit Blick auf das nationale Telekommunikationsrecht findet man Informationspflichten gegenüber der Kommission (und anderen nationalen Regulierungsbehörden) allein im Konsolidierungsverfahren nach § 12 Abs. 2 TKG (ggf. i. V. m. § 10 Abs. 3 und § 11 Abs. 4 TKG), sucht sie anderweitig im TKG aber vergebens. Internationale Berichtspflichten finden sich auch weder im daraus abgeleiteten Recht noch ist eine informationelle Zusammenarbeit mit internationalen Foren im BNAG oder dem sonstigen nationalen Telekommunikationsrecht geregelt.

Daher soll hier zunächst der Frage nachgegangen werden, wie eine objektive Rechtspflicht gegenüber den in Frage kommenden Stellen grundsätzlich begründet werden kann.

aa) Informationspflichten gegenüber der Kommission und anderen gemeinschaftsrechtlichen Gremien

Da sich § 4 TKG strukturell gegenüber der Vorgängernorm nicht grundlegend verändert hat, ist davon auszugehen, dass der Gesetzgeber gerade die in den Richtlinien aufgestellten Berichts- bzw. Informationspflichten in den Anwendungsbereich der Norm einbeziehen wollte. Während Verordnungen und Entscheidungen als unmittelbar anwendbares Gemeinschaftsrecht eine Verbindlichkeit im genannten Sinne zumindest dann beanspruchen, wenn sie keine Ergänzung durch die Mitgliedstaaten vorsehen,[575] sind die Rechtswirkungen von Richtlinien weniger eindeutig, da sie nach Art. 288 Abs. 3 AEUV für jeden Mitgliedstaat, an den sie sich richten, nur hinsichtlich des zu erreichenden Ziels verbindlich sind, den innerstaatlichen Stellen aber die Wahl der Form und der Mittel überlassen.[576]

---

*EuGH*, Urteil v. 9.11.1995 (Deutschland vs. Rat) – Rs. C-426/93, Slg. 1995, S. I-3723 (3752); vgl. auch *Wegener*, in: Callies/Ruffert (Hrsg.), EUV/AEUV, 4. Aufl. 2011, Art. 337 AEUV Rn. 4; zur Reichweite der Kooperationspflicht auch *Kotzur*, in: Grabitz/Hilf (Begr.), Das Recht der Europäischen Union, Bd. IV, 40. Erg.-Lfg. 2009, Art. 284 EGV Rn. 3, 25 (mittlerweile aus der Sammlung genommen).

575 Zur Umsetzungsbedürftigkeit trotz unmittelbarer Wirkung *EuGH*, Urteil v. 8.7.1999 (Kommission vs. Frankreich) – Rs. C-354/98, Slg. 1999, S. I-4927 (4936 f.); *EuGH*, Urteil v. 6.5.1980 (Kommission vs. Belgien) – Rs. 102/79, Slg. 1980, S. 1473 (1486). Zu gemeinschaftsrechtlichen Vorschriften im Hinblick auf den Grundsatz der Gesetzmäßigkeit der Verwaltung *Kadelbach*, Allgemeines Verwaltungsrecht unter europäischem Einfluss, S. 230 ff.

576 Zwar wird bei dynamischen Verweisungen wie hier (dazu sogleich näher unter A. III. 2.) auf Gemeinschaftsrecht regelmäßig davon ausgegangen, dass sich der Verweis im Lichte der Verwobenheit von nationalem und europäischem Recht selbst in Wahrheit als Umsetzungsvorgang erweise (*OVG Münster*, Beschluss v. 1.2.1996 – 13 B 3388/95 –, DVBl. 1997, 670 [672]; *Klindt*, Die Zulässigkeit dynamischer Verweisungen, DVBl. 1998, 373

Gleichwohl liegt darin nicht zwangsläufig ein Verstoß gegen die mitgliedstaatliche Umsetzungspflicht begründet. Einer außenverbindlichen Rechtsförmlichkeit bedarf es bei der Umsetzung von Richtlinienbestimmungen dann nicht, wenn durch diese auch nicht mittelbar der Schutz konkretisierbarer Individualinteressen bezweckt ist.[577] Bei rein administrativen Informationsverfahren ist deshalb eine Umsetzung durch allgemein festgelegte Organisationsbefugnisse möglich, insbesondere also durch innerbehördlich verbindliche Verwaltungsvorschriften und Weisungen.[578]

Behördliche Informationspflichten betreffen grundsätzlich nur die Beziehungen zwischen den Mitgliedstaaten und der Kommission.[579] Von einer Betroffenheit von Privatrechtssubjekten kann lediglich dann gesprochen werden, wenn an

---

[378]; *Gellermann/Szczekalla*, Gemeinschaftsrechtskonforme Umsetzung von Umweltrichtlinien der EG, NuR 1993, 54 [57]). Auch für § 5 TKG-1996 wurde im Hinblick auf die ausdrückliche Erwähnung von Richtlinien vertreten, dass mit dem Verweis eine Transformation (auch zukünftig) in den Richtlinien verankerter Berichtspflichten einhergehe (*Holznagel*, Die Erhebung von Marktdaten im Wege des Auskunftsersuchens nach dem TKG, 2001, S. 14, der seinerseits auf die Gegenansicht von *Büchner*, in: Büchner u. a. [Hrsg.], TKG, 2. Aufl. 2000, § 23 Rn. 2, verweist).

Die inhaltliche Einbeziehung von Richtlinienrecht lässt sich auf die hier vorzufindende Konstellation aber nicht übertragen. § 4 TKG setzt nach seinem Wortlaut – ohne auf jegliche Vorgaben zu verweisen – das Bestehen von Pflichten schlicht voraus und steht einer Interpretation in diesem Sinne daher entgegen (vgl. auch *EuGH*, Urteil v. 20.3.1997 [Kommission vs. Deutschland] – Rs. C-96/95, Slg. 1997, S. I-1653 [1679], wonach eine bloße allgemeine Verweisung auf das Gemeinschaftsrecht die vollständige Anwendung von Richtlinien nicht in hinreichend klarer und bestimmter Weise gewährleistet und aus diesem Grund einer [rechtsförmlichen] Umsetzungspflicht nicht genügt).

577 Eingehend *Sommer*, Verwaltungskooperation am Beispiel administrativer Informationsverfahren im Europäischen Umweltrecht, 2003, S. 484 ff.; *Sommer*, Informationskooperation am Beispiel des europäischen Umweltrechts, in: Schmidt-Aßmann/Schöndorf-Haubold (Hrsg.), Der Europäische Verwaltungsverbund, 2005, S. 57 (74); vgl. auch *Pernice*, Kriterien der normative Umsetzung von Umweltrichtlinien der EG im Lichte der Rechtsprechung des EuGH, EuR 1994, 325 (338 f.); *Sydow*, Verwaltungskooperation in der Europäischen Union, 2004, S. 39 f.

578 *Sommer*, Verwaltungskooperation am Beispiel administrativer Informationsverfahren im Europäischen Umweltrecht, 2003, S. 490, hebt in diesem Zusammenhang hervor, dass zu Gunsten der Übersichtlichkeit außenverbindlicher Rechtsvorschriften deren Überfrachtung mit Vorgängen des Innenrechts vorzugsweise vorzubeugen sei, um dem Rechtsanwender eine schnellere Erfassung seiner ihm aus dem Gemeinschaftsrecht erwachsenden Rechte zu ermöglichen.

579 *EuGH*, Urteil v. 13.7.1989 (Enichem Base u. a. vs. Commune di Cinisello Balsamo) – Rs. 380/87, Slg. 1989, S. 2491 (2518); *EuGH*, Urteil v. 23.5.2000 (Sydhavnens Sten & Grus) – Rs. C-209/89, Slg. 2000, S. I-3743 (3806); *Pernice*, Kriterien der normativen Umsetzung von Umweltrichtlinien der EG im Lichte der Rechtsprechung des EuGH, EuR 1994, 325 (338 f.); *Sydow*, Verwaltungskooperation in der Europäischen Union, 2004, S. 40; *EuGH*, Urteil v. 24.11.1992 (Kommission vs. Deutschland) – Rs. C-237/90, Slg. 1992, S. 5973 (6015 ff.), betrifft dagegen nicht die unterbliebene Umsetzung, sondern die tatsächlich unterbliebene Mitteilung.

die Informationspflicht Rechtsfolgen geknüpft sind, auf die sich auch Privatrechtssubjekte berufen können.[580] Zwar lässt sich bei ggf. vorgeschalteten und im Gemeinschaftsrecht angelegten Informationsbeschaffungspflichten bei Privaten[581] zumindest insgesamt nicht mehr von einem rein inneradministrativen Informationsfluss sprechen. Den unterschiedlichen Informationsbeziehungen kann jedoch in Bezug auf die Umsetzungspflicht prinzipiell auf den unterschiedlichen Ebenen Rechnung getragen werden.[582] Einer rechtsförmlichen Umsetzung bedarf in diesen Fällen allein die Berechtigung der mitgliedstaatlichen Stelle zur Informationseinholung gegenüber Privatrechtssubjekten.[583]

Erfolgt keine Umsetzung der inneradministrativen Pflichten, ist eine Verpflichtung der Bundesnetzagentur dennoch nach den Grundsätzen der unmittelbaren Anwendbarkeit des Gemeinschaftsrechts möglich. Einer Betroffenheit von Privatrechtssubjekten bedarf es insoweit nicht notwendigerweise. Bei der unmittelbaren Anwendbarkeit rein inneradministrativer Inhalte, also bei Rechtsnormen ohne Schutzwirkung für Privatrechtssubjekte, wird auch von »objektiver Direktwirkung« gesprochen.[584] Allerdings muss die Behörde in diesen Fällen selbst Adressat einer unmittelbar anwendbaren Informationspflicht sein.

---

580 Beispiele hierfür bei *Sommer*, Verwaltungskooperation am Beispiel administrativer Informationsverfahren im Europäischen Umweltrecht, 2003, S. 491 f.; zur Abgrenzung zu rein innerbehördlichen Verfahren auch *Rengeling/Gellermann*, Gestaltung des europäischen Umweltrechts und seine Implementation im deutschen Rechtsraum, in: Di Fabio/Marburger/Schröder (Hrsg.), Jahrbuch des Umwelt- und Technikrechts 1996, Bd. 36, 1996, S. 1 (9 f.).
581 Vgl. nur Art. 5 Abs. 2 RL 2002/21/EG.
582 Tendenziell anders wohl *Schroeder*, in: Streinz (Hrsg.), EUV/EGV, 2003, Art. 249 EGV Rn. 85; eine reine Befolgung als ausreichend erachtend dagegen *Nettesheim*, in: Grabitz/Hilf (Begr.), Das Recht der Europäischen Union, Bd. III, 40. Erg.-Lfg. 2009, Art. 249 EGV Rn. 141 (mittlerweile aus der Sammlung genommen). Problematisch erscheint eine rein inneradministrative Umsetzung aber dann, wenn Informationen individualisierbar Personen oder Unternehmen zugewiesen werden können. Dazu unten A. V. 1.
583 Im Übrigen bleibt die Informationsbeziehung zwischen Mitgliedstaat und Kommission unberührt, vgl. auch *Fetzer*, in: Arndt/Fetzer/Scherer (Hrsg.), TKG, 2008, § 4 Rn. 2 und dessen Kritik in Fn. 2 an den insofern missverständlichen Formulierungen bei *Gosse*, in: Säcker (Hrsg.), TKG, 2. Aufl. 2009, § 4 Rn. 4, und *Letixerant*, in: Geppert u. a. (Hrsg.), TKG, 3. Aufl. 2006, § 4 Rn. 2.
584 *EuGH*, Urteil v. 22.6.1989 (Fratelli Constanzo vs. Stadt Mailand) – Rs. 103/88, Slg. 1989, S. 1839 (1870 f); *Winter*, Direktwirkung von EG-Richtlinien, DVBl. 1991, 657 (663 f.); *Sommer*, Verwaltungskooperation am Beispiel administrativer Informationsverfahren im Europäischen Umweltrecht, 2003, S. 497; *Scheuing*, Instrumente zur Durchführung des Europäischen Umweltrechts, NVwZ 1999, 475 (480); teilweise wird angenommen, hierfür sei nicht einmal der Ablauf der Umsetzungsfrist erforderlich, vgl. *Kadelbach*, Allgemeines Verwaltungsrecht unter europäischem Einfluss, 1999, S. 59 f.; für eine Abhängigkeit der unmittelbaren Anwendbarkeit vom Vorliegen subjektiver

bb)  Informationspflichten gegenüber völkerrechtlichen Gremien

Klärungsbedürftig erscheint zudem, worauf Rechtspflichten gegenüber anderen internationalen Organisationen als der Kommission (und anderen gemeinschaftsrechtlichen Gremien) beruhen können. Sofern diese unionsrechtlichen Ursprungs sind, gelten die dargestellten Grundsätze ohnehin unterschiedslos.[585] Aber auch für Informationspflichten völkerrechtlicher Herkunft ergeben sich parallele Fragestellungen.

Völkerrechtliche Verträge lassen sich entsprechend Art. 59 Abs. 2 GG der Trias politische Verträge, Gesetzgebungsverträge und Verwaltungsabkommen zuordnen.[586] Für die beiden erstgenannten Gruppen ist nach Art. 59 Abs. 2 S. 1 GG die Zustimmung oder die Mitwirkung der jeweils für die Bundesgesetzgebung zuständigen Körperschaften in der Form eines Bundesgesetzes notwendig, während Verwaltungsabkommen i. S. d. Art. 59 Abs. 2 S. 2 GG lediglich Verpflichtungen enthalten, die auf der Grundlage bestehender Gesetze oder ohne gesetzliche Grundlage erfüllt werden können,[587] bzw. nicht die politischen Beziehungen des Bundes betreffen und einer parlamentarischen Beteiligung daher nicht bedürfen.[588]

Grundsätzlich bedarf es bei allen drei Kategorien eines Transformationsaktes bzw. eines innerstaatlichen Anwendungsbefehls,[589] um die innerstaatliche Gel-

---

Rechte dagegen *Gellermann*, Beeinflussung des bundesdeutschen Rechts durch Richtlinien der EG, 1994, S. 194.

585  Eine gemeinschaftsrechtlich begründete Informationspflicht der nationalen Regulierungsbehörden gegenüber einer anderen internationalen Organisation als der Kommission enthält etwa Art. 19 der GEREK-VO (Verordnung [EG] Nr. 1211/2009 des Europäischen Parlaments und des Rates vom 25. November 2009 zur Einrichtung des Gremiums Europäischer Regulierungsstellen für elektronischen Kommunikation [GEREK] und des Büros, ABl. L 337 v. 18.12.2009, S. 1 [9]).

586  Zu den Begriffen *Fastenrath*, Zur Abgrenzung des Gesetzgebungsvertrags vom Verwaltungsabkommen i. S. d. Art. 59 Abs. 2 GG am Beispiel der UNESCO-Welterbekonvention, DÖV 2008, 697 (698 ff.).

587  *Geiger*, Grundgesetz und Völkerrecht, 5. Aufl. 2010, S. 154 ff.

588  *Warmke*, Verwaltungsabkommen in der Bundesrepublik Deutschland, DV 24 (1991), 455 (457). Allerdings kann nach Maßgabe der Vorschriften über die Bundesverwaltung zur innerstaatlichen Durchführung die Zustimmung des Bundesrates nötig werden, etwa nach Art. 84 Abs. 2 oder Art. 85 Abs. 2 GG. Näher *Zuleeg*, in: Denninger u. a. (Hrsg.), GG, Bd. II, 3. Aufl. 2001, Art. 59 Rn. 37; *Kempen*, in: v. Mangoldt/Klein/Starck (Hrsg.), Grundgesetz (Kommentar), Bd. 2, 6. Aufl. 2010, Art. 59 Rn. 104.

589  Auf eine grundsätzliche Auseinandersetzung mit der Transformations- und der Vollzugslehre kann an dieser Stelle verzichtet werden, da sich die heute vertretenen gemäßigten Versionen von monistischen und dualistischen Modellen der Rechtsordnung in ihren Ergebnissen kaum unterscheiden, vgl. *Seiler*, Der souveräne Verfassungsstaat zwischen demokratischer Rückbindung und überstaatlicher Einbindung, 2005, S. 108 ff. m. w. N. in Fn. 231. Überblick über den Streitstand bei *Gloria*, in: Ipsen (Hrsg.), Völkerrecht, 5. Aufl. 2004, § 74 Rn. 1 ff.

tung des Vertragsinhalts herbeizuführen. Während diese Wirkung bei den völkerrechtlichen Verträgen nach Art. 59 Abs. 2 S. 1 GG durch das jeweilige Vertragsgesetz ausgelöst wird, hängen die Anforderungen an die Rechtsnatur des innerstaatlichen Umsetzungsakts von Verwaltungsabkommen vom jeweiligen Vertragsinhalt ab.

Ähnlich wie EU-Richtlinien bedürfen Verwaltungsabkommen einer rechtsförmlichen Umsetzung vor allem bei einer Betroffenheit von Privatrechtssubjekten, insbesondere also, wenn sie Rechte und Pflichten Einzelner begründen oder anderweitig eine Pflicht zur innerstaatlichen Rechtssetzung enthalten (sog. normative Verwaltungsabkommen), allerdings nur soweit diese im Wege delegierter Rechtsetzung – also durch Rechtsverordnung oder Satzung – innerstaatlich zur Geltung gebracht werden kann, ohne dass es gesetzlichen Handelns bedarf.[590]

Demgegenüber genügt bei Verwaltungsabkommen, die rein administrative Angelegenheiten zum Gegenstand haben (sog. administrative Verwaltungsabkommen), eine Umsetzung durch Verwaltungsvorschrift oder dienstliche Weisung.[591] Teilweise wird im Gubernativakt, mit dem die Zustimmung zu dem Verwaltungsabkommen erfolgt, bereits selbst die Anordnung gesehen, dass die Bestimmungen des jeweiligen Abkommens im innerstaatlichen Bereich Geltung und Verbindlichkeit beanspruchen.[592] Da Informationspflichten innerstaatlicher Stellen gegenüber supranationalen Gremien auch durch administrative Verwaltungsabkommen im nicht-gesetzesakzessorischen Bereich geregelt werden können, wirkt sich dies insofern auch auf die Frage aus, ob eine Regelung in einem administrativen Verwaltungsabkommen als Berichtspflicht in Bezug genommenen werden kann. Ein solches Verständnis dürfte indes schon in systemwidriger Weise die bundesstaatliche Kompetenzaufteilung missachten, sofern die Schließung von Verwaltungsabkommen durch die zuständigen Organe des Bundes zu einer Bindung auch von Landesorganen führt.[593] Außerdem wirkt die Differen-

---

590 Vgl. schon *Härle*, Die völkerrechtlichen Verwaltungsabkommen der Bundesrepublik. Ein Beitrag zu Art. 59 Abs. 2 S. 2 GG, JIR 12 (1965), 93 (96,129 ff.). Damit ist allerdings nicht gesagt, dass nur solche Vertragsnormen innerstaatliche Geltung erlangen, die sich unmittelbar an die staatlichen Rechtsorgane bzw. die Rechtsunterworfenen richten. Näher *Kempen*, in: v. Mangoldt/Klein/Starck (Hrsg.), GG, Bd. 2, 6. Aufl. 2010, Art. 59 Rn. 95 m. w. N.
591 *Rojahn*, in: v. Münch/Kunig (Hrsg.), GG, Bd. 2, 5. Aufl. 2001, Art. 59 Rn. 56; *Streinz*, in: Sachs (Hrsg.), GG, 5. Aufl. 2009, Art. 59 Rn. 81; *Zuleeg*, in: Denninger/Hoffmann-Riem/Schneider/Stein (Hrsg.), GG, Bd. II, 3. Aufl. 2001, Art. 59 Rn. 38; *Kempen*, in: v. Mangoldt/Klein/Starck (Hrsg.), GG, Bd. 2, 6. Aufl. 2010, Art. 59 Rn. 107; *Pernice*, in: Dreier (Hrsg.), GG, Bd. 2, 2. Aufl. 2006, Art. 59 Rn. 51.
592 *Nettesheim*, in: Maunz/Dürig (Begr.), GG, Bd. V, Art. 59 Rn. 189.
593 So denn auch konsequenterweise *Nettesheim*, in: Maunz/Dürig (Begr.), GG, Bd. V, Art. 59 Rn. 190 f. Dies ist von der Frage zu unterscheiden, ob die Bundesländer im Hinblick auf den Grundsatz der Bundestreue verpflichtet sind, einen innerstaatlichen Anwendungsbefehl zu erteilen.

zierung nach vom Vertragsinhalt abhängigen Bindungsgraden konstruiert. Im Ergebnis ist die unmittelbare Geltung durch den Zustimmungsakt daher abzulehnen.

Teilweise wird die Bindung auch gänzlich unabhängig von der innerstaatlichen Geltung der Norm unmittelbar aus der Verpflichtung hergeleitet, die den Staat als Rechtssubjekt trifft.[594] Begründet wird dies mit einer unmittelbaren Bindung aller Hoheitsträger an das Völkerrecht. Die dem Grundgesetz zu Grunde liegende Konzeption einer offenen Staatlichkeit, die im Wesentlichen auf die grundsätzliche Bereitschaft der Bundesrepublik zur Zusammenarbeit mit anderen Staaten und die gliedschaftliche Einordnung in die internationale Staatengemeinschaft zurückgeführt wird,[595] vertrage sich nicht mit dem überholten Staatsverständnis einer Bindung des Staates nur in seiner Gesamtheit.[596] Dem steht allerdings Art. 25 GG entgegen, der eine generelle Völkerrechtsfreundlichkeit bzw. eine Bindung aller staatlichen Gewalt an das Völkerrecht gerade nicht vorsieht.[597]

Ohne eine konkrete und hinreichend spezifische Vollzugsanordnung können Vorgaben aus Verwaltungsabkommen für die Verwaltung daher keine Verbindlichkeit beanspruchen.[598] Insoweit scheidet im Gegensatz zum Europarecht auch eine Verpflichtung nach den Grundsätzen einer unmittelbaren Anwendbarkeit aus, da die innerstaatliche Geltung unabdingbare Voraussetzung ihrer innerstaatlichen Anwendbarkeit ist.[599]

---

594 *Fastenrath/Groh*, in: Friauf/Höfling (Hrsg.), GG, Bd. 3, Art. 59 Rn. 8, 95, 105.
595 Zuerst *Vogel*, Die Verfassungsentscheidung des Grundgesetzes für eine internationale Zusammenarbeit, 1964, S. 42.
596 *Fastenrath*, Zur Abgrenzung des Gesetzgebungsvertrags vom Verwaltungsabkommen i. S. d. Art. 59 Abs. 2 GG am Beispiel der UNESCO-Welterbekonvention, DÖV 2008, 697 (700); *Fastenrath,* Der Schutz des Weltkulturerbes in Deutschland, DÖV 2006, 1017 (1024); ähnlich *v. Bogdandy/Zacharias*, Zum Status der Weltkulturerbekonvention im deutschen Rechtsraum, NVwZ 2007, 527 (530), nach denen völkerrechtliche Verpflichtungen als »Recht« i. S. v. Art. 20 Abs. 3 GG von den Gerichten und Verwaltungsbehörden beachtet werden müssen; vgl. auch *Tietje*, Internationalisiertes Verwaltungshandeln, 2001, S. 598, der den anerkannten Zurechnungsgrundsätzen des Völkerrechts eine gemäß Art. 20 Abs. 3 GG unmittelbar die einzelne Verwaltungsbehörde treffende Bedeutung zumisst und damit über Art. 25 GG eine Verbindlichkeit über Völkergewohnheitsrecht herbeiführt.
597 Vgl. auch *Nettesheim*, in: Maunz/Dürig (Begr.), GG, Bd. V, Art. 59 Rn. 189.
598 *Kunig*, Völkerrecht und staatliches Recht, in: Vitzthum (Hrsg.), Völkerrecht, 5. Aufl. 2010, 2. Abschnitt Rn. 176; *Geiger*, Grundgesetz und Völkerrecht, 5. Aufl. 2010, S. 160 f.
599 Vgl. *Rojahn*, in: v. Münch/Kunig (Hrsg.), GG, Bd. 2, 5. Aufl. 2001, Art. 59 Rn. 34; *Streinz*, in: Sachs (Hrsg.), GG, 5. Aufl. 2009, Art. 59 Rn. 67.

b) Behördliche und mitgliedstaatliche Pflichten

Weiterhin bedarf es einer Erörterung, für »wessen« Pflichten Informationen nach der Norm angefordert werden können und damit zur Verfügung gestellt werden müssen.

Obwohl § 5 TKG-1996 vom Wortlaut her allein eine Verpflichtung der Regulierungsbehörden vorsah (»ihrer Berichtspflichten«), wurden darunter vornehmlich an die Mitgliedstaaten adressierte Verpflichtungen verstanden, weil das in Bezug genommene Richtlinienrecht fast ausschließlich diese enthielt.[600] Zwar ist § 4 TKG sprachlich diesbezüglich eher neutral gehalten und stellt allein auf die Möglichkeit der Behörde ab, Berichtspflichten erfüllen zu können. Dafür wird in den gemeinschaftsrechtlichen Vorgaben nunmehr deutlicher zwischen mitgliedstaatlichen und regulierungsbehördlichen Mitteilungspflichten differenziert.

So bestehen insbesondere Pflichten der Mitgliedstaaten, der Kommission die Umsetzungsvorschriften und mögliche Änderungen mitzuteilen.[601] Außerdem müssen die Mitgliedstaaten der Kommission die Informationen über die Anwendung der Rahmenrichtlinie und der Einzelrichtlinien in Kopie zukommen lassen, für deren Veröffentlichung sie Sorge zu tragen haben.[602]

Die nationalen Regulierungsbehörden sind dagegen regelmäßig Adressat derjenigen Informationspflichten, die sich auf einzelne Entscheidungen bzw. -maßnahmen beziehen. Oftmals wird hierdurch die Anwendung bzw. Durchführung des Rechtsrahmens kontrolliert. Dabei geht es regelmäßig um die Mitteilung auferlegter Verpflichtungen oder anderer getroffener Maßnahmen.[603]

Sowohl die mitgliedsstaatlichen als auch die regulierungsbehördlichen Informationspflichten dienen häufig vorrangig der Vollzugskontrolle der Richtlinienvorgaben und hierdurch der Feststellung potentiellen Überarbeitungsbedarfs[604] und ermöglichen der Kommission ihrerseits die Erfüllung horizontaler Berichtspflichten gegenüber dem Europäischen Parlament und dem Rat über die Durchführung des Rechtsrahmens.[605]

---

600 Vgl. die Nachweise bei *Holznagel*, Die Erhebung von Marktdaten im Wege des Auskunftsersuchens nach dem TKG, 2001, S. 11. Ein Beispiel für eine Ausnahme hierzu auch schon nach alter Rechtslage stellt Art. 11 Abs. 5 RL 98/10/EG dar.
601 Vgl. Art. 18 Abs. 1 S. 2, Abs. 2 RL 2002/19/EG, Art. 18 Abs. 1 S. 2, Abs. 2 RL 2002/20/EG, Art. 28 Abs. 1 S. 2, Abs. 3 RL 2002/21/EG, Art. 38 Abs. 1 S. 2, Abs. 3 RL 2002/22/EG, Art. 17 Abs. 1 S. 2, Abs. 2 RL 2002/58/EG, Art. 9 RL 2002/77/EG.
602 Vgl. Art. 24 Abs. 2 RL 2002/21/EG, Art. 15 Abs. 2 S. 1 RL 2002/19/EG.
603 Vgl. Art. 16 Abs. 2 RL 2002/19/EG, Art. 36 Abs. 1 und 2 RL 2002/22/EG.
604 Insgesamt zur Herstellung einer angemessenen Informationsgrundlage für die unionale Rechtsetzung in tatsächlicher Hinsicht v. *Bogdandy*, Informationsbeziehungen innerhalb des Europäischen Verwaltungsverbundes, in: Hoffmann-Riem/Schmidt-Aßmann/Voßkuhle (Hrsg.), Grundlagen des Verwaltungsrechts, Bd. II, 2008, § 25 Rn. 35 ff.
605 Vgl. Art. 17 RL 2002/19/EG, Art. 16 RL 2002/20/EG, Art. 25 RL 2002/21/EG.

Teilweise werden Mitgliedstaaten und nationale Regulierungsbehörde auch nebeneinander zur Informationsübermittlung verpflichtet.[606] Sind Kommission und Regulierungsbehörde(n) gleichsam in die Entscheidungsfindung eingebunden, findet ein informationeller Austausch aber auch schon im Vorfeld einer Entscheidung bzw. im Entscheidungsverfahren statt. Im sog. "Art.-7"-Verfahren – benannt nach der zentralen Kohärenznorm der Rahmenrichtlinie –, welches vor allem in § 12 Abs. 2 TKG umgesetzt wurde, müssen geplante Regulierungsmaßnahmen der Kommission und den anderen nationalen Regulierungsbehörden daher vorab gemeldet werden.[607]

Angesichts dieser Differenzierung stellt sich nach wie vor,[608] wenn auch vor einem leicht veränderten Hintergrund, die Frage, ob eine Berichtspflicht der Bundesnetzagentur explizit gesetzlich zugewiesen sein muss oder ob von § 4 TKG auch solche Informationspflichten erfasst werden, mit denen die Bundesnetzagentur vom Bundeswirtschaftsministerium, in dessen Geschäftsbereich sie tätig wird, betraut wird.

Gegen ein enges Verständnis sprechen mehrere Gründe. Zum einen bleibt es dem Mitgliedstaat überlassen, wem er innerstaatlich die Aufgabenwahrnehmung zuweist. In der Praxis werden auch die mitgliedsstaatlichen Informationspflichten gegenüber der Kommission regelmäßig von der Regulierungsbehörde wahrgenommen.[609] Zudem trifft § 4 TKG keinerlei weitere Unterscheidungsmerkmale zwischen Berichtspflichten gegenüber der Kommission und anderen internationalen Gremien. Eine explizite Zuweisung von behördlichen Pflichten in völkerrechtlichen Verträgen bzw. den entsprechenden Vollzugsakten ist aber eher unüblich und dürfte sich wenn überhaupt darauf beschränken, dass die Pflicht innerstaatlich von der zuständigen Verwaltungsstelle wahrzunehmen ist.[610]

---

606 Vgl. Art. 36 Abs. 3 RL 2002/22/EG.
607 Vgl. Art. 7 Abs. 3 lit. a) und b) RL 21/2002/EG, Art. 8 Abs. 5 RL 2002/19/EG.
608 Zur Problematik nach alter Rechtslage *Holznagel*, Die Erhebung von Marktdaten im Wege des Auskunftsersuchens nach dem TKG, 2001, S. 11 f.
609 *Letixerant*, in: Geppert u. a. (Hrsg.), TKG, 3. Aufl. 2006, § 4 Rn. 11 f., 45, 48 f.; *Holznagel*, Die Erhebung von Marktdaten im Wege des Auskunftsersuchens nach dem TKG, 2001, S. 12, verweist auf fehlende anderweitige Eingriffsgrundlagen.
610 Nach der Anlage zur Konstitution der Internationalen Fernmeldeunion ist Verwaltung »jede staatliche Dienststelle, die für die Maßnahmen zur Erfüllung der Verpflichtungen aus der Konstitution der Internationalen Fernmeldunion, der Konvention der Internationalen Fernmeldunion und den Vollzugsordnungen verantwortlich ist«, aufgegriffen in Vol. 1, Art. 1, Section 1.2 der Vollzugsordnung für den Funkdienst (Radio Regulations – RR), in der «administration« definiert wird als «Any governmental department or service responsible for discharging the obligations undertaken in the Constitution of the International Telecommunication Union, in the Convention of the International Telecommunication Union and in the Administrative Regulations« (abrufbar unter http://life.itu.ch/ radioclub/rr/frr.htm).

Nach alldem ist davon auszugehen, dass der Gesetzgeber dem Begriff im Rahmen der TKG-Novelle 2004 keine neue Bedeutung geben wollte, so dass nach wie vor auch an die Mitgliedstaaten adressierte Pflichten solche der Bundesnetzagentur i. S. d. § 4 TKG sein können, wenn diese innerstaatlich der Regulierungsbehörde zugewiesen werden.

Ungeachtet dieses weiten Verständnisses des »Trägers« der Berichtspflicht, dürfte die Anwendung der Norm für die völkerrechtliche Zusammenarbeit mangels entsprechender Rechtspflichten im oben benannten Sinne die Ausnahme bilden.

Betrachtet man allein die informationelle Mitwirkung Deutschlands in der ITU – das Beispiel aus der Begründung des Gesetzentwurfs[611] – stellt man fest, dass in deren Grundlagenverträgen, der Konstitution[612] und der Konvention[613] der Internationalen Fernmeldeunion, ein informationeller Austausch zwischen mitgliedsstaatlichen Verwaltungen und Organisation zwar vorausgesetzt wird,[614] konkrete Informationspflichten gegenüber der Organisation aber nicht benannt werden.[615]

Soweit in sekundärrechtlichen Bestimmungen – also der Vollzugsordnung für den Funkdienst und der Vollzugsordnung für internationale Fernmeldedienste – nähere Vorgaben enthalten sind,[616] ist aber fraglich, ob von einer Pflicht zur Information im Sinne von § 4 TKG gesprochen werden kann. Zwar sind die Vollzugsordnungen grundsätzlich gemäß Art. 4 Abs. 1 und 3, Art. 6 Abs. 1 S. 1 sowie Art. 54 Abs. 1 und 2 der Konstitution verbindliche und von den Mitglied-

---

611 Oben Fn. 555.
612 BGBl. II 2001, S. 1131 ff.
613 BGBl. II 2001, S. 1162 ff.
614 Vgl. Art. 12 Nr. 2 c), Art. 15 Nr. 2 c) und Art. 18 Nr. 2 b) der Konvention der Internationalen Fernmeldeunion, nach denen die Direktoren der Sektorenbüros die von den Verwaltungen mitgeteilten Angaben bearbeiten.
615 Vgl. aber Art. 39 i. V. m. Art. 6 der Konstitution, wonach eine gegenseitige Unterrichtungspflicht der Mitgliedstaaten im Falle von Verletzungen der Bestimmungen der Konstitution, der Konvention und der Vollzugsordnungen besteht. Seiner Verpflichtung aus Art. 6 Abs. 2 der Konstitution ist Deutschland durch § 8 TKG nachgekommen. Zu Bindungen der ITU-Rechtsvorschriften insgesamt etwa *Gramlich*, Sollen und können nationale Regulierungsspielräume in der Telekommunikation gewahrt werden?, in: Klumpp/Kubicek/Roßnagel/Schulz (Hrsg.), Medien, Ordnung und Innovation, 2005, S. 157 (158).
616 Im nach Vol. 1 – Art. 1 Section 16 der Vollzugsordnung für den Funkdienst (Radio Regulations – RR) eingerichteten internationalen Monitoring-System sind etwa die Überwachungsergebnisse an das Büro weiterzuleiten. Section 16.3 lautet: «Each administration or common monitoring service established by two or more countries, or international organizations participating in the international monitoring system, shall designate a centralizing office to which all requests for monitoring information shall be addressed and through which monitoring information will be forwarded to the Bureau or to centralizing offices of other administrations» (abrufbar unter http://life.itu.ch/radioclub/rr/frr.htm).

staaten zu beachtende Grundsatzdokumente. Die Vollzugsordnungen haben im Gegensatz zur Konstitution und Konvention sowie deren Änderungen[617] aber keine Umsetzung durch Vertragsgesetz erfahren,[618] sondern unterliegen entspre-

---

[617] Die heutige Fassung der Konstitution und Konvention wurde im Wesentlichen 1992 in Genf verabschiedet und in Kyoto (1994), Minneapolis (1998), Marrakesch (2002) und Antalya (2006) durch die Konferenzen der Regierungsbevollmächtigten geändert (ratifiziert durch BGBl. II 1996, S. 1306 ff.; 2001, S. 365 ff., S. 1121 ff.; 2005, S. 426 ff.; 2010, S. 397 ff.).

[618] Eine offenbar andere Auffassung hat das *VG Köln*. Dieses hat im Rahmen zweier Parallelentscheidungen zur Verlängerung befristeter Frequenzzuteilungen Stellung dazu bezogen, inwieweit der Verordnungsgeber der FreqBZPV Bestimmungen aus der Vollzugsordnung für den Funkdienst zu berücksichtigen hat. So hat das Gericht in den zwei entscheidenden Passagen dazu ausgeführt:»Bei der Aufstellung [der] Pläne ist die Bundesregierung mit wenigen Ausnahmen an die internationalen Vorgaben gebunden. [...] Auf Grund des Zustimmungsgesetzes zur Konvention und Konstitution der ITU [...] und § 53 Abs. 1 TKG haben die internationalen Vorgaben Gesetzesrang, und der Verordnungsgeber war bei dem Erlass der Frequenzbereichszuweisungsplanverordnung daran gebunden.« (*VG Köln*, Urteile v. 15.6.2007 – 11 K 573/07 und 11 K 572/07–, jeweils juris Rn. 45, 82).
Die Bezugnahme auf das Zustimmungsgesetz legt den Schluss nahe, über dieses und die entsprechenden eine Verbindlichkeit auch der Vollzugsordnungen vorsehenden Bestimmungen dem Sekundärrecht der ITU innerstaatliche Geltung zuzuschreiben. Folglich wäre nicht nur der Verordnungsgeber bei der Umsetzung, sondern umfassend auch die Verwaltung durch das Vertragsgesetz an sekundärrechtliche Bestimmungen gebunden. Daran haben in der Praxis vor allem Funkamateure ein Interesse, weil Art. 15.12 VO Funk eine Pflicht der zuständigen Verwaltungsstelle vorsieht, alle Maßnahmen zu ergreifen, um Funkdienste vor schädlichen Störungen (»harmful interference«) durch den Betrieb elektrischer Geräte zu schützen.
Ein Gesetzesrang des ITU-Sekundärrechts ist aber schon deshalb abzulehnen, weil das Vertragsgesetz die innerstaatliche Verbindlichkeit von der Umsetzung durch das BMWi abhängig macht. Der Hinweis auf die parlamentarische Zustimmung zum Vertrag über die Organisation würde letztlich zu einer faktischen Übertragung von Hoheitsrechten führen, wenn man dessen Sekundärrecht ohne erneuten Anwendungsbefehl für verbindlich erachten würde (*Classen*, Die Entwicklung eines internationalen Verwaltungsrechts als Aufgabe der Rechtswissenschaft, VVDStRL 67 [2008], 365 [378 f.]).
Interessant sind auch die vom Gericht angegebenen Quellen (juris Rn. 46, 83), die Entwurfsbegründung zu § 53 Abs. 1 TKG (BT-Drs. 13/3609, S. 47 f. und BT-Drs. 15/2316, S. 76) sowie den diese schlicht zitierenden *Kreitlow*, in: Wissmann (Hrsg.), Telekommunikationsrecht (Praxishandbuch), S. 358 (Rn. 36). Die Entwurfsbegründung zum TKG-2004 wurde hierbei teilweise wortgleich aus derjenigen zum TKG-1996 übernommen. Der Entwurf zum TKG-1996 sah aber einen völlig anderen Gesetzeswortlaut vor, als er dann in Kraft trat und etwa auch noch keine Verordnungsermächtigung. Nach § 44 Abs. 1 TKG-E (1996) fiel der Regulierungsbehörde die Aufgabe zu, den Frequenzbereichszuweisungsplan für die Bundesrepublik Deutschland unter Beachtung internationaler Vorgaben zu erstellen. Ob eine derartige Formulierung ausreicht, um der Vollzugsordnung für den Funkdienst innerstaatliche Geltung zu verleihen, mag hier dahinstehen. Die Fundstelle kann zumindest nicht als Beleg für die oben zitierten Ausführungen herangezogen werden.
Nach dem durch die TKG-Novelle 2012 neugefassten § 53 Abs. 2 TKG hat die Bundes-

chend der Zuständigkeit der Verwaltung zum Abschluss von Verwaltungsabkommen i. S. d. Art. 59 Abs. 2 S. 2 GG[619] lediglich einer Umsetzungsberechtigung durch das Bundeswirtschaftsministerium per Rechtsverordnung,[620] von der dieses bislang keinen Gebrauch gemacht hat.[621] Eine weitgehende inhaltliche Umsetzung von Art. 5 Abschnitt IV der Vollzugsordnung für den Funkdienst, dem internationalen Frequenzbereichszuweisungsplans, ist lediglich auf Grundlage der Verordnungsermächtigung in § 53 TKG erfolgt.[622] Die Frequenzzuweisung regelt allerdings allein die Zuweisung von Frequenzbereichen an einzelne Funkdienste und an andere Anwendungen elektromagnetischer Wellen für die Bundesrepublik Deutschland und enthält keinerlei Bestimmungen über die Zusammenarbeit zwischen nationalen Behörden und der ITU. Im Ergebnis bestehen daher nach derzeitiger Rechtslage keine innerstaatlich rechtswirksamen und damit für die Bundesnetzagentur verbindlichen Berichtspflichten gegenüber der internationalen Fernmeldeunion.

2. § 4 TKG als dynamische Verweisungsnorm

Im Gegensatz zu § 5 TKG-1996 verweist § 4 TKG zudem nicht mehr ausdrücklich auf bestimmte Rechtsvorschriften, nach denen oder auf Grund derer Infor-

---

netzagentur die internationalen Vorgaben wie die VO Funk aber ausdrücklich bei der Frequenzzuweisungsverordnung bzw. nach § 54 Abs. 3 TKG bei der Aufstellung des Frequenzplans zu berücksichtigen.
619 Vgl. auch *OVG Münster*, Beschluss v. 30.10.2008 – 13 A 2395/07 –, MMR 2009, 425 (427); *Hahn/Hartl*, in: Scheurle/Mayen (Hrsg.), TKG, 2. Aufl. 2008, § 53 Rn. 4.
620 Vgl. Art. 2 des Zustimmungsgesetzes vom 20. August 1996 zu der Konstitution und Konvention der Internationalen Fernmeldeunion vom 22. Dezember 1992 sowie zu den Änderungen der Konstitution und Konvention der internationalen Fernmeldeunion vom 14. Oktober 1994, BGBl. II, S. 1306 f., welches eine entsprechende Ermächtigung des Bundesministeriums für Post und Telekommunikation vorsah. Die Ermächtigung wurde inzwischen auf das BMWi übertragen, vgl. BGBl. I 2006, S. 2304.
621 *Jenny*, Frequenzverwaltung, in: Heun (Hrsg.), Handbuch Telekommunikationsrecht, 2. Aufl. 2007, Teil 2, D Rn. 32 (Fn. 2). Vgl. hierzu auch den im Hinblick auf die Verbindlichkeit der Vollzugsordnungen von den jeweiligen Delegationen der Bundesrepublik Deutschland bei deren Unterzeichnung abgegebenen Vorbehalt, der bislang bei jeder Änderung der Vertragsurkunden erneuert wurde, zuletzt BGBl. II 2005, S. 426 (475).
622 Teilweise wird wegen der inhaltlichen Überschneidung der Regelungsbereiche der beiden Ermächtigungsgrundlagen angenommen, dass sich diejenige aus dem Zustimmungsgesetz allein auf die Vollzugsordnung für internationale Fernmeldedienste beziehe, vgl. *Jenny*, Frequenzverwaltung, in: Heun (Hrsg.), Handbuch Telekommunikationsrecht, 2. Aufl. 2007, Teil 2, D Rn. 32 (Fn. 2). Hiergegen spricht, dass der internationale Frequenzbereichszuweisungsplan nur ein Teil der Vollzugsordnung für den Funkdienst, wenn auch der mit Abstand umfangreichste ist.

mationspflichten gegenüber der Kommission erlassen werden bzw. wurden[623], sondern normiert lediglich eine Ermächtigung zur Informationsbeschaffung zur Erfüllung von Berichtspflichten, ohne diese näher einzugrenzen. Insoweit wird lediglich auf Rechtsgrundlagen verwiesen, in denen Berichtspflichten festgelegt wurden oder in Zukunft festgelegt werden. § 4 TKG akzeptiert daher bereits vorab Änderungen des in Bezug genommenen tatbestandlichen Inhalts anderer Vorschriften, welcher durch den seinerseits unbestimmten Rechtsbegriff der Berichtspflichten gegenüber der Kommission und anderen internationalen Gremien in § 4 TKG inkorporiert wird, und enthält insofern (weiterhin) eine dynamische Verweisung.[624]

Zwar ist anerkannt, dass der Gesetzgeber gesetzliche Tatbestände nicht stets selbst umschreiben muss, sondern prinzipiell im Wege der Verweisung auf andere Vorschriften Bezug nehmen darf. Die Verweisung auf eine andere Rechtsquelle hat grundsätzlich zur Folge, dass sie Teil des fraglichen Gesetzes wird und deren Rang erhält.[625] Die in § 4 TKG vom Gesetzgeber gewählte offene Formulierung lässt allerdings für sich genommen weder erkennen aus welchen Rechtsgrundlagen noch unter welchen Voraussetzungen sich eine Verpflichtung zur Erfüllung von Berichtspflichten ergeben kann und bedarf daher einer näheren Betrachtung.

a) Bestimmtheit der Verweisungsnorm

Problematisch erscheint bei der Auslegung von § 4 TKG vor allem, ob dieser rechtsstaatlichen Anforderungen genügt. Rechtsnormen können nach dem überwiegend aus dem Rechtsstaatsprinzip abgeleiteten Bestimmtheitsgrundsatz[626]

---

623 Ungeachtet der Formulierung im Präsens wurden von § 5 TKG-1996 nach einhelliger Auffassung auch bereits »erlassene« Berichtspflichten erfasst. Vgl. *Holznagel*, Die Erhebung von Marktdaten im Wege des Auskunftsersuchens nach dem TKG, 2001, S. 10 f.
624 So zutreffend *Gosse*, in: Säcker (Hrsg.), TKG, 2. Aufl. 2009, § 4 Rn. 11; diesem zustimmend *Fetzer*, in: Arndt/Fetzer/Scherer (Hrsg.), TKG, § 4 Rn. 3 (Fn. 4); a. A. offenbar *Müller*, in Spindler/Schuster (Hrsg.), Recht der elektronischen Medien, 2008, § 4 TKG Fn. 1 (§ 4 TKG in der 2. Aufl. 2011 nicht mehr kommentiert), der davon ausgeht, dass das Problem der dynamischen Verweisung durch die Neuformulierung entfallen sei. Zur Abgrenzung statischer – also präzise auf Normen in einer bestimmten Fassung Bezug nehmender – und dynamischer Verweisungen zuerst *Ossenbühl*, Die verfassungsrechtliche Zulässigkeit der Verweisung als Mittel der Gesetzgebungstechnik, DVBl. 1967, 401 ff.; *Karpen*, Die Verweisung als Mittel der Gesetzgebungstechnik, 1970, S. 67 f.
625 *Clemens*, Die Verweisung von einer Rechtsnorm auf andere Vorschriften – insbesondere ihre Verfassungsmäßigkeit, AöR 111 (1987), 62 (65 f.). *Brugger*, Rechtsprobleme der Verweisung im Hinblick auf Publikation, Demokratie und Rechtsstaat, VerwArch 78 (1987), 1 (4).
626 Näher *Debus*, Verweisungen in deutschen Rechtsnormen, 2008, S. 133 f.

Steuerungswirkung nur dann entfalten, wenn ihr Inhalt für Normadressaten hinreichend klar erkennen lässt, wie sie ihr Verhalten danach ausrichten können.[627] Verweisungen sind nicht per se schon deshalb unbestimmt, weil zur Ermittlung ihres Inhalts weitere Vorschriften herangezogen werden müssen.[628] Zwar erschwert die Verweisungstechnik das Normverständnis, weil sich der Sinn einer Vorschrift nicht mehr allein durch deren Lektüre erschließt. Sofern deutlich wird, dass und wie Inhalt anderer Normen bei der Auslegung maßgeblich sein soll, kann die Verweisungstechnik aber auch zur verbesserten Übersichtlichkeit der Norm selbst beisteuern.[629] Auch bei dynamischen Verweisungen kann vom Gesetzgeber der zur Komplettierung heranzuziehende Norminhalt dem Gegenstand nach präzise bezeichnet werden.[630] Bzgl. der inhaltlichen Inkorporation beansprucht das Erfordernis der Bestimmtheit insbesondere dann eine strikte Interpretation, wenn die Verweisungsnorm Eingriffe in grundrechtsgeschützte Bereiche impliziert.[631] Dafür ist es aber unerlässlich, dass aus der Verweisungsnorm deutlich wird, welche Vorschriften im Einzelnen gelten sollen,[632] da für den Normadressaten schon aus Gründen der Rechtssicherheit der genaue Inhalt der durch die Verweisungsnorm und das Verweisungsobjekt zusammengesetzten Vorschrift feststellbar sein muss.[633]

---

627 *Klindt*, Die Zulässigkeit dynamischer Verweisungen, DVBl. 1998, 373 (376).
628 *OVG Hamburg*, Urteil v. 8.7.1980 – Bf. III, 92/78 –, NJW 1980, 2830 (2831); *Guckelberger*, Die Gesetzgebungstechnik der Verweisung unter besonderer Berücksichtigung ihrer verfassungs- und gemeinschaftsrechtlichen Probleme, ZG 19 (2004), 62 (69).
629 Durch die Verknüpfung von Regelungskomplexen wird einerseits der Gesetzgeber entlastet. Darüber hinaus wird die Systembildung gefördert und ein Beitrag zur Rechtsvereinheitlichung geleistet. Näher *Hill*, Einführung in die Gesetzgebungslehre, 1982, S. 114 f.
630 Von einem grundsätzlichen Bestimmtheitsdefizit bei dynamischen Verweisungen spricht dagegen *Wegge*, Zur verfassungsrechtlichen Abgrenzung unbestimmter Rechtsbegriffe von unzulässigen dynamischen Verweisungen am Beispiel der »betriebswirtschaftlichen Grundsätze« nach § 6 Abs. 2 S. 1 KAG NW, DVBl. 1997, 648 (650). Vgl. auch *Karpen*, Die Verweisungstechnik im System horizontaler und vertikaler Gewaltenteilung, in: Rödig (Hrsg.), Studien zu einer Theorie der Gesetzgebung, 1976, 221 (237); *Karpen*, Die Verweisung als Mittel der Gesetzgebungstechnik, 1970, S. 161 f.
631 *Schenke*, Die verfassungsrechtliche Problematik dynamischer Verweisungen, NJW 1980, 743 (748).
632 *BVerfG*, Beschluss v. 1.3.1978 – 1 BvR 786/70 u. a. –, BVerfGE 47, 285 (311); *BVerfG*, Beschluss v. 25.2.1988 – 2 BvL 26/84 –, BVerfGE 78, 32 (35 f.); *Clemens*, Die Verweisung von einer Rechtsnorm auf andere Vorschriften – insbesondere ihre Verfassungsmäßigkeit, AöR 111 (1987), 62 (83 f.); *Papier*, Bedeutung der Verwaltungsvorschriften im Recht der Technik, in: Leßmann/Großfeld/Vollmer (Hrsg.), FS für Rudolf Lukes, 1989, S. 159 (164).
633 *Guckelberger*, Die Gesetzgebungstechnik der Verweisung unter besonderer Berücksichtigung ihrer verfassungs- und gemeinschaftsrechtlichen Probleme, ZG 19 (2004), 62 (74).

Da § 4 TKG keinerlei quantitative Eingrenzung des in Bezug genommenen Normbestandes enthält,[634] erscheint fraglich, ob die Vorschrift diesem Erfordernis gerecht wird.[635]

In der vorliegenden Konstellation wird das Problem jedoch zumindest dadurch entschärft, dass es sich bei der Vorschrift um eine unselbstständige Informationspflicht handelt. Die auskunftspflichtigen Unternehmen müssen nicht von sich aus dafür sorgen, dass die Bundesnetzagentur ihre informellen Aufgaben gegenüber internationalen Gremien wahrnehmen kann, sondern müssen nur auf eine konkrete Anforderung reagieren, in dem der qualitative Inhalt des Verlangens zu präzisieren ist.[636] In der Begründung einer entsprechenden Anforderung nach § 39 Abs. 1 S. 2 VwVfG sind neben den tatsächlichen die rechtlichen Gründe zu nennen, die die Behörde zu ihrer Entscheidung bewogen hat.[637] Die entsprechende Informationspflicht der Bundesnetzagentur muss in der Anforderung daher bezeichnet und dargestellt werden.

---

634 Der Referentenentwurf 2003 sprach demgegenüber noch – allerdings kaum weniger eingrenzend – von Berichtspflichten gegenüber der Europäischen Kommission auf Grund des Rechts der Europäischen Union, vgl. § 4 Abs. 4 RefE TKG-2004 (abrufbar unter: http://www.tkrecht.de/tkg_novelle/2003/material/Referentenentwurf_TKG_Stand_30-04-03.pdf).

635 Es ist schon keineswegs selbstverständlich, dass der Gesetzgeber uferlos auf das gesamte geltende und zukünftige Recht verweisen wollte. Betrachtet man allein die europarechtlich begründeten Berichtspflichten gegenüber der Kommission, bietet sich ein Vergleich mit § 5 TKG-1996 an. Dieser kannte ausschließlich gemeinschaftsrechtliche Berichtspflichten, stellte als Rechtsgrundlage hierfür aber gleichwohl nicht auf das gesamte EU-Recht ab. Von § 5 TKG waren nur solche Informationspflichten der Behörde erfasst, die sich aus Liberalisierungsrichtlinien der Kommission nach Art. 87 Abs. 3 EGV und Harmonisierungsrichtlinien des Rates nach dem ONP-Regime ergaben. Denkbar wäre daher, dass der Gesetzgeber die dynamische Verweisung nur auf solche Vorschriften erstrecken wollte, die eine wie auch immer geartete Relation zu den Märkten für elektronische Kommunikationsnetze und -dienste aufweisen.
Auch eine derartige »thematische« Eingrenzung wäre freilich unter Bestimmtheitsgesichtspunkten problematisch. Würde man die Informationsbeschaffung bei Unternehmen für die informationelle Kooperation mit der Kommission auf den durch das TKG umgesetzten Rechtsrahmen beschränken (RL 2002/21/EG, 2002/20/EG, 2002/19/EG, 2002/22/EG und 2002/58/EG), fielen etwa Informationspflichten nach der Wettbewerbsrichtlinie (Richtlinie 2002/77/EG der Kommission vom 16. September 2002 über den Wettbewerb auf den Märkten für elektronische Kommunikationsnetze und -dienste, ABl. L 249 v. 17.9.2002, S. 21 ff.) von vornherein aus dem Anwendungsbereich der Vorschrift, vgl. Art. 9 i. V. m. Erwägungsgrund 16 der RL 2002/77/EG.

636 Zu diesem Aspekt auch schon *Holznagel*, Die Erhebung von Marktdaten im Wege des Auskunftsersuchens nach dem TKG, 2001, S. 16.

637 Ähnlich für den allerdings eher § 5 TKG-1996 vergleichbaren § 37 PostG *Stern*, in: Badura u. a. (Hrsg.), PostG, 2. Aufl. 2004, § 37 Rn. 4.

b)   Publizitätserfordernis des Verweisungsobjektes

Jedoch können die als das Verlangen rechtfertigende Pflichten nur dann wirksam einbezogen werden, wenn die Bezugsquellen allgemein zugänglich sind, da es dem Adressaten freistehen muss, die Rechtmäßigkeit des Verlangens auf das Bestehen der Pflicht hin zu überprüfen. Entscheidend ist deshalb, ob die in Bezug genommene Rechtspflicht ordnungsgemäß verkündet wurde.[638]

Problematisch erscheint insofern, dass der Normunterworfene keinen Einblick in die innerstaatliche Zuweisung mitgliedstaatlicher Pflichten erhält, wenn diese durch eine verwaltungsinterne Anordnung oder durch eine unveröffentlichte Verwaltungsvorschrift erfolgt, da in diesen Fällen die Zuständigkeit der Behörde nicht erkennbar ist. Eine Rechtswirkung gegenüber einem Dritten wird man einer auch nur inneradministrativ umsetzungsbedürftigen Norm daher nur in Entsprechung der Grundsätze der objektiven Direktwirkung zusprechen können.

---

[638]  Nach Ansicht einiger Autoren verstößt die Gesetzgebungstechnik dynamischer Verweisungen per se gegen das Publikationserfordernis von Gesetzen gemäß Art. 82 GG, wenn der Inhalt des Verweisungsobjektes nicht ebenfalls nach den für die verweisende Vorschrift geltenden Regeln verkündet, also im selben Gesetzblatt veröffentlicht wurde, vgl. *Ossenbühl*, Die verfassungsrechtliche Zulässigkeit der Verweisung als Mittel der Gesetzgebungstechnik, DVBl. 1967, 401 (406); *Karpen*, Die Verweisung als Mittel der Gesetzgebungstechnik, 1970, S. 142. Gegen diese rechtsformale Sicht des Publikationsgebotes wird jedoch zu Recht eingewendet, dass die mit dem Publikationsgebot verfolgten rechtsstaatlichen Ziele auch dann erreicht werden, wenn die Verlautbarung der Bezugsvorschriften für die Normadressaten zugänglich und ihrer Art nach für amtliche Anordnungen geeignet ist, grundlegend *BVerwG*, Urteil v. 29.8.1961 – I C 14.61 –, NJW 1962, 506; überwiegend zustimmend die Literatur, vgl. die Nachweise bei *Debus*, Verweisungen in deutschen Rechtsnormen, 2008. S. 117 (Fn. 62).
Verweisungen auf Rechtsverordnungen und förmliche Gesetze, EU-Verordnungen und -Richtlinien werden deshalb regelmäßig als unproblematisch erachtet, da diese gewöhnlich in den offiziellen Amts-, Gesetzes- und Verordnungsblättern bekannt gemacht werden, *Guckelberger*, Die Gesetzgebungstechnik der Verweisung unter besonderer Berücksichtigung ihrer verfassungs- und gemeinschaftsrechtlichen Probleme, ZG 19 (2004), 63 (71). Zur Bekanntmachung von Rechtsakten der EU mit ausführlichen Nachweisen auch *Klindt*, Die Zulässigkeit dynamischer Verweisungen, DVBl. 1998, 373 (377 f.). Ähnlich wie im Hinblick auf den Bestimmtheitsgrundsatz wird aber auch hierbei gefordert, dass durch die verweisende Rechtsnorm das Verweisungsobjekt zutreffend und zweifelsfrei identifizierbar ist, vgl. *Schäfer*, Verfassungsrechtliche Rahmenbedingungen für die Konkretisierung unbestimmter Sicherheitsstandards durch die Rezeption von Sachverstand, 1998, S. 157.
Ähnlich verhält es sich mit in den Ministerialblättern verkündeten Verwaltungsvorschriften. Kritisch aber *Clemens*, Die Verweisung von einer Rechtsnorm auf andere Vorschriften – insbesondere ihre Verfassungsmäßigkeit, AöR 111 (1987), 62 (88 f. in Fn. 107) sowie *Papier*, Der Bestimmtheitsgrundsatz, in: Friauf (Hrsg.), Steuerrecht und Verfassungsrecht, 1989, S. 61 (71). Vgl. hierzu auch *Jachmann*, Die Bindungswirkung normkonkretisierender Verwaltungsvorschriften, DV 28 (1995), 17 (28), nach der Ministerialblätter in der Regel den Anforderungen genügen.

Hat dagegen eine lediglich ausführungsbedürftige Vertragsbestimmung, worunter in diesem Sinne insbesondere nicht explizit einer bestimmten Verwaltungsstelle zugewiesene Informationspflichten gezählt werden sollen – im Bereich des Art. 59 Abs. 2 S. 1 GG – durch Zustimmungsgesetz bzw. – im Bereich des Art. 59 Abs. 2 S. 2 – durch Rechtsverordnung oder Satzung innerstaatliche Geltung erlangt, stellt sich die Rechtslage aus Sicht des auskunftspflichtigen Unternehmens nicht anders als bei europarechtlichen Bestimmungen dar, da eine (dann noch zu erfolgende) Aufgabenzuweisung zwar binnenorganisatorisch möglich ist, um Steuerungswirkung gegenüber Privaten zu entfalten, aber eine außenverbindliche Rechtsförmlichkeit erfordert.

Ist eine Informationspflicht dagegen in einem administrativen Verwaltungsabkommen vorgesehen, erhält der Normunterworfene nicht einmal notwendigerweise Kenntnis vom In-Geltung-Setzen der Vorschrift, da dieses hierbei durch lediglich inneradministrativen Zuweisungsakt möglich ist. Entsteht also eine konkrete behördliche Informationspflicht erst durch Innenrecht – etwa in Form einer Zuweisung von Aufgaben bzw. der Umsetzung von Richtlinien im oben aufgezeigten Bereich – oder erhält wie im Fall des in In-Geltung-Setzens eines administrativen Verwaltungsabkommens eine Regelung hierdurch erst innerstaatliche Wirkung, ist dem Publikationserfordernis dann nicht Genüge getan, wenn diese Pflichten im Rahmen eines dynamischen Verweises in die Verweisungsnorm inkorporiert werden sollen, sofern das Innenrecht nicht seinerseits veröffentlicht wird.

Für normative Verwaltungsabkommen ist hinsichtlich des Gebotes ordnungsgemäßer Publikation außerdem auf die in Art. 82 Abs. 1 S. 2 GG vorgesehene Abweichungsmöglichkeit hinzuweisen. Falls eine gesetzliche Regelung dies bestimmt, können Rechtsverordnungen von der Stelle, die sie erlässt, auch in anderen Publikationsorganen als dem Bundesgesetzblatt veröffentlicht werden. Eine solche Regelung enthalten etwa die Zustimmungsgesetze zur Konstitution und Konvention der Internationalen Fernmeldeunion und den jeweiligen Änderungsverträgen bzgl. des von dieser Organisation erlassenen Sekundärrechts, der Vollzugsordnung für den Funkdienst und der Vollzugsordnung für internationale Fernmeldedienste. Diese beinhalten eine ministeriale Verordnungsermächtigung, die Vollzugsordnungen und deren Änderungen, die die weltweiten Funkkonferenzen und die weltweiten Konferenzen für internationale Fernmeldedienste der Internationalen Fernmeldedienste beschließen, in Kraft zu setzen und Regelungen über die Verkündung der Vollzugsordnungen sowie ihrer Änderungen zu treffen. Der Verzicht auf eine vollständige Verkündung im Bundesgesetzblatt sei nach der Begründung des Gesetzentwurfs wegen des großen Volumens der in den Vollzugsordnungen enthaltenen technischen und betrieblichen Details und ihrer großen Änderungshäufigkeit geboten. Auch dann seien die vollständigen Texte dem Bürger jederzeit zugänglich, da die vorgesehene Rechtsverordnung im Bundesgesetzblatt verkündet werde und in der Rechtsverordnung eine Regelung über die anderweitige Verkündigung der betroffenen Vollzugsordnungen enthalten sei.[639]

Allerdings hat das zuständige Bundesministerium für Wirtschaft und Technologie von dieser Verordnungsermächtigung bislang keinen Gebrauch gemacht.[640] Die Vollzugsordnungen sind bislang allein auf ITU-Ebene in den offiziellen Amtssprachen der ITU Arabisch, Chinesisch, Englisch, Französisch, Russisch und Spanisch verfügbar. Sie genügen schon deshalb nicht den verfassungsrechtlich geforderten Publizitätsanforderungen.[641] Mögen Publikationen der ITU als zwischenstaatlicher Einrichtung theoretisch als eine für amtliche Anordnungen geeignete Form der Veröffentlichung noch in Frage kommen,[642] sind die Vollzugsordnungen zumindest nicht allgemein zugänglich, da ihr Bezug mit teilweise erheblichen Kosten verbunden ist.[643]

c) Fremdverweisung und Demokratieprinzip

Der Gesetzgeber darf seine Normsetzungsbefugnis nicht in beliebigem Umfang außerstaatlichen Stellen überlassen und den Bürger nicht schrankenlos der normsetzenden Gewalt außerstaatlicher Gremien ausliefern, die ihm gegenüber nicht demokratisch bzw. mitgliedschaftlich legitimiert sind,[644] da bei derartigen Fremdverweisungen die Gefahr besteht, dass der verweisende Gesetzgeber den

---

639 BT-Drs. 13/3810, S. 6.
640 Siehe oben A. III. 1. b).
641 Grundlegend zur deutschen Sprache als Staatssprache *Kirchhof*, Deutsche Sprache, in: Isensee/Kirchhof (Hrsg.), Handbuch des Staatsrechts, Bd. II, 3. Aufl. 2004, § 20 Rn. 100 ff., zur Gesetzessprache insbesondere Rn. 105; zu Letzterem auch schon *Hilf*, Die Auslegung mehrsprachiger Verträge, 1973, S. 188 ff.; im Hinblick auf eine Einbeziehung fremdsprachiger Regelwerke mittels dynamischer Verweisung *Hommelhoff*, Deutscher Konzernabschluss: International Accounting Standards und das Grundgesetz, in: v. Böttcher/Hueck/Jähnke (Hrsg.), FS für Walter Odersky, 1996, S. 779 (788 ff.); ebenfalls dazu und zur Entwicklung der Bedeutung der englischen Sprache auch im Hinblick auf das europäische Recht *Debus*, Verweisungen in deutschen Rechtsnormen, 2008. S. 121 f.
642 Zu »amtlichen« Publikationsorganen schon *Staats*, Verweisung und Grundgesetz, in: Rödig (Hrsg.), Studien zu einer Theorie der Gesetzgebung, 1976, S. 244 (255). Zur Notwendigkeit amtlicher Publikation *Becker*, Kooperative und konsensuale Strukturen in der Normsetzung, 2005, S. 543 f., 556 ff.
643 Vgl. http://www.itu.int/publications/default.aspx. Die Regelwerke sind auch online nur kostenpflichtig verfügbar. Zu Bezugskosten privater Publikationsorgane als Zugänglichkeitskriterium *Debus*, Verweisungen in deutschen Rechtsnormen, 2008. S. 125 f. m. w. N.
644 Vgl. etwa *BFH*, Urteil v. 24.8.2004 – VII R 23/03 –, BFHE 71, 88 (95); vgl. auch *BVerfG*, Beschluss v. 24.5.1974 – 2 BvL 11/74 –, BVerfGE 44, 322 (348).

Inhalt der Vorschriften nicht mehr eigenverantwortlich bestimmt, sondern Dritten die Entscheidungsbefugnis darüber verleiht.[645]

Zwar handelt es sich im vorliegenden Zusammenhang um eine dynamische Verweisung auch auf Recht anderer Rechtsetzungsautoritäten, also eine sog. partiell dynamisch-heteronome Verweisung, da § 4 TKG offen lässt, aus welchen Normen zu welchem Zeitpunkt Recht inkorporiert werden kann. Die regelmäßig deshalb gegenüber dynamischen Verweisungen geäußerten Bedenken im Hinblick auf die demokratische Legitimation der gesetzgeberischen Entscheidung verlieren hier allerdings dadurch an Tragweite, dass die Verweisungsnorm eine objektive Rechtspflicht der Behörde voraussetzt. In den meisten Fällen ist es daher der Gesetzgeber selbst, der die ihm übertragene Kompetenz bei anderer Gelegenheit wahrnimmt oder die Möglichkeit der Exekutive verantwortet, verbindliche Berichtspflichten in den Grenzen einer von ihm selbst geschaffenen Verordnungsermächtigung einzuführen.

Auch wenn die Besonderheiten des für die Verweisungsnorm geltenden Bereichs bei einer Änderung des Verweisungsobjektes im parlamentarischen Verfahren bei dynamisch-autonomen Verweisungen keine oder nur wenig Erörterung finden,[646] werden dynamisch-autonome Verweisungen überwiegend für verfassungsrechtlich unbedenklich gehalten, wenn diese hinreichend publiziert, bestimmt und klar sind.[647] Auch die Zulässigkeit von Verweisungen in (Bundes-)Gesetzen auf Regelungen der (Bundes-)Exekutive wird vorwiegend danach beurteilt, ob die gesetzliche Ermächtigung Art. 80 Abs. 1 S. 2 GG genügt, und grundsätzlich für zulässig erachtet, wenn die Verweisungsnorm oder die Ermächtigungsnorm für die Rechtsverordnung Inhalt, Zweck und Ausmaß der Verweisungsregelung hinreichend deutlich umschreibt.[648]

Sofern man völkerrechtlichen Vertragsabkommen keine unmittelbare Bindungswirkung einzelstaatlicher Stellen entnimmt,[649] kommt als fremde Rechts-

---

645 *BVerfG*, Beschluss v. 25.2.1988 – 2 BvL 26/84 –, BVerfGE 78, 32 (36); *Guckelberger*, Die Gesetzgebungstechnik der Verweisung unter besonderer Berücksichtigung ihrer verfassungs- und gemeinschaftsrechtlichen Probleme, ZG 19 (2004), 62 (69). Zum Ganzen auch *Debus*, Verweisungen in deutschen Rechtsnormen, 2008, S. 198 ff. und insbesondere S. 201 ff.
646 Vgl. die Bedenken im Sondervotum zu *BVerfG*, Urteil v. 24.1.2001 – 1 BvR 2623/95, 622/99 –, BVerfGE 103, 44 (78).
647 Vgl. die Nachweise bei *Debus*, Verweisungen in deutschen Rechtsnormen, 2008, S. 170 (Fn. 473).
648 Vgl. *BVerfG*, Beschluss v. 25. Juli 1962 – 2 BvL 4/62 –, BVerfGE 14, 245 (252); *BVerfG*, Beschluss v. 19.12.1991 – 2 BvR 836/85 –, NVwZ-RR 1992, 521; *BFH*, Urteil v. 9.3.1993 – VII R 87/92 –, BFHE 171, 84 (88 f.); *BVerwG*, Urteil v. 3.2.1984 – 4 C 54.80 –, BVerwGE 68, 342 (351); *BFH*, Urteil v. 24.8.2004 – VII R 23/03 –, BFHE 71, 88 (95); vgl. auch *BVerfG*, Beschluss v. 24.5.1974 – 2 BvL 11/74 –, BVerfGE 44, 322 (348).
649 Dazu oben A. III. 1. a) bb).

setzungsinstanz, die behördliche Pflichten verbindlich festsetzen kann, deshalb vor allem der Europäischen Gesetzgeber in Frage. Relativ unproblematisch erscheinen diesbezüglich Informationspflichten kraft unmittelbar anwendbarem Richtlinienrechts, da sie dem nationalen Gesetzgeber nahezu keinen Gestaltungsspielraum bei der Umsetzung belassen. Gerade in diesen Fällen werden keine Zuständigkeiten zur Sachregelung verschoben, da der Umsetzungsakt kaum mehr als ein Vollzugsvorgang ist.[650] Aber auch wenn der Behörde Pflichten durch EU-Verordnung entstehen, laufen die gegen dynamisch-heteronome Verweisungen vorgebrachten Argumente weitgehend leer, weil auch hierbei durch das Zustimmungsgesetz zum Vertrag von Lissabon bzw. dessen entsprechenden Vorgängern die Identität von Regierenden und Regierten gewahrt bleibt. Verweisungen auf Gemeinschaftsrecht sind deshalb nicht grundsätzlich anders zu beurteilen als Verweisungen auf nationales Recht.[651]

### 3. Zwischenfazit

Festzuhalten bleibt daher zunächst, dass der Anwendungsbereich des § 4 TKG ob seiner tatbestandlichen Ausgestaltung kleiner ausfällt als es die Gesetzesbegründung vermuten lässt, da in grundsätzlich denkbaren Anwendungsfällen entweder bereits keine objektive Rechtspflicht zur behördlichen Berichterstattung besteht oder aber die pflichtbegründende innenrechtliche Zuweisung nicht veröffentlicht wurde und die Bezugnahme der jeweiligen mitgliedstaatlichen Pflicht allein Grundrechtseingriffe nicht zu rechtfertigen vermag.

### IV. Informationsbeschaffungsbedarf

Auch vor diesem Hintergrund stellt sich deshalb sowohl in rechtlicher als auch in tatsächlicher Hinsicht die Frage, inwieweit die Bundesnetzagentur im Rahmen

---

650 Zu diesem Aspekt auch *Klindt*, Die Zulässigkeit dynamischer Verweisungen, DVBl. 1998, 373 (378 f.); vgl. zu § 5 TKG-1996 auch *Holznagel*, Die Erhebung von Marktdaten im Wege des Auskunftsersuchens nach dem TKG, 2001, S. 14.
651 Grundlegend schon *BVerfG*, Beschluss v. 13.10.1970 – 2 BvR 618/68 –, BVerfGE 29, 198 (210): »Gemeinschaftsrecht und nationales Recht der Mitgliedstaaten sind zwar zwei verschiedene Rechtsordnungen. [...] Die beiden Rechtsordnungen stehen jedoch nicht unverbunden nebeneinander, greifen vielmehr auf mannigfache Weise ineinander. Diese vielfältige Verschränkung von Gemeinschaftsrecht und nationalem Recht verbietet es, Verweisungen auf Gemeinschaftsrecht anders zu beurteilen als Verweisungen auf nationales Recht.«.

der Erfüllung ihr obliegender Berichtspflichten überhaupt auf spezielle Informationserhebungsmöglichkeiten gegenüber Unternehmen angewiesen ist.

1. Gemeinschaftsrechtliche Pflichten

Auf EU-Ebene obliegt grundsätzlich den Mitgliedstaaten im Bereich des indirekten Vollzugs des Unionsrechts die Aufgabe der Gestaltung eigenen Vollzugsrechts und mithin eigener Strukturen und Verfahren, über die Informationen eingeholt werden können, soweit das Gemeinschafsrecht keine näheren Vorgaben enthält.[652] Dies gilt auch für Informationen, die im Rahmen von administrativen oder nationalen Informationspflichten an die Kommission weitergeleitet werden.[653] Die zu übermittelnden Informationen sind deshalb typischerweise in der entsprechenden Rechtsgrundlage genannt.[654] Auch sofern den Informationspflichten der Mitgliedstaaten Informationsbeschaffungspflichten vorgeschaltet sind, bleibt die eigenzuständige Wahrnehmung in der Regel unberührt.[655] Soll die Kommission über die administrativen Informationspflichten bestimmte Daten erhalten, werden üblicherweise im Sekundärrecht nähere Vorgaben festgelegt, welche Informationen unter welchen Gesichtspunkten ermittelt werden sollen.[656] Finden sich deshalb keine gemeinschaftsrechtlichen Bestimmungen, die ein

---

652 Zur institutionellen und prozeduralen Autonomie beim Vollzug des Gemeinschaftsrechts nur *Rengeling*, Deutsches und europäisches Verwaltungsrecht – wechselseitige Einwirkungen, VVDStRL 53 (1994), 202 (231 f.); *v. Danwitz*, Die Eigenverantwortung der Mitgliedstaaten für die Durchführung von Gemeinschaftsrecht, DVBl. 1998, 421 (429 ff.).
653 *Sydow*, Verwaltungskooperation in der Europäischen Union, 2004, S. 105, bemerkt bei der Abgrenzung der beiden Ebenen deshalb, dass die Informationsbeschaffungspflichten des Staates, worunter er neben Kontroll- und Beobachtungspflichten insbesondere Informationsbeibringungspflichten Privater zählt, für die Informationspflichten des Staates nicht unmittelbar interessant seien (ebd., Fn. 23). Ähnlich *v. Bogdandy*, Informationsbeziehungen innerhalb des Europäischen Verwaltungsverbundes, in: Hoffmann-Riem/Schmidt-Aßmann/Voßkuhle (Hrsg.), Grundlagen des Verwaltungsrechts, Bd. II, 2008, § 25 Rn. 13.
654 *V. Danwitz*, Europäisches Verwaltungsrecht, 2008, S. 618.
655 Nur in wenigen Fällen, etwa im Recht der Agrarfinanzierung, kann die Kommission auf Grund entsprechender Kompetenzbestimmungen in konkreter Weise auf den mitgliedstaatlichen Vollzug einwirken und etwa um Inspektionen ersuchen, vgl. näher *David*, Inspektionen im Europäischen Verwaltungsrecht, 2003, S. 131 f.; *dies.*, Inspektionen als Instrument der Vollzugskontrolle im Europäischen Verwaltungsverbund, in: Schmidt-Aßmann/Schöndorf-Haubold (Hrsg.), Der Europäische Verwaltungsverbund, 2005, S. 237 (246 ff.).
656 Zu entsprechenden Informationsrahmendaten *Sommer*, Verwaltungskooperation am Beispiel administrativer Informationsverfahren im Europäischen Umweltrecht, 2003, S. 157, 264; *Hombergs*, Europäisches Verwaltungskooperationsrecht auf dem Sektor der elektronischen Kommunikation, 2006, S. 72.

punktuelles informelles Tätigwerden der nationalen Regulierungsbehörden für die Kommission erfordern, bedarf es auch keiner entsprechenden Ermächtigungsgrundlage im nationalen Recht.

Im Hinblick auf die Implementationskontrolle weisen die Informationspflichten gegenüber anderen Rechtsgebieten des Unionsrechts keine kooperationsrechtlichen Besonderheiten auf.[657] Überwiegend handelt es sich bei diesen Pflichten um selbstständige Informationspflichten. Die im Zusammenhang zitierten Vorschriften beschränken sich wie schon nach alter Rechtslage in der Mehrzahl auf die Mitteilung, ob und auf welche Weise die gemeinschaftsrechtlichen Vorgaben umgesetzt bzw. angewendet wurden,[658] um die Durchführung der Richtlinien zu überwachen und ggf. Revisionsbedarf zu ermitteln, und knüpfen damit an vergangenes Staatshandeln an, für die Informationen nicht (erneut) erhoben werden müssen.

Es erscheint in diesem Zusammenhang keinesfalls zufällig, dass die gemeinschaftsrechtlichen Informationspflichten der Mitgliedstaaten mitunter als Pflichten definiert werden, bei denen sich die Informationen bereits im Zugriff der Verwaltung befinden.[659] Ihre Anfragen kann die Kommission daher lediglich zum Zweck der Abfassung ihrer Berichtspflichten präzisieren,[660] wobei der Informationsbedarf auch hierbei auf die Anwendung der Richtlinien und damit in erster Linie auf den nationalen Gesetzesvollzug eingegrenzt ist, welcher der Behörde bekannt ist. In tatsächlicher Hinsicht wird die Behörde im Rahmen der Implementationskontrolle zur Erfüllung ihrer Berichtspflichten daher auch insgesamt regelmäßig auf bereits bei ihr vorhandene Informationen zurückgreifen können.[661] Insofern lässt sich festhalten, dass § 4 TKG gerade für die Fälle von untergeordneter Bedeutung ist, derentwegen ihre Vorgängervorschrift Aufnahme ins TKG-1996 gefunden hatte, so dass sich schon diesbezüglich die Frage stellt,

---

657 *Hombergs*, Europäisches Verwaltungskooperationsrecht auf dem Sektor der elektronischen Kommunikation, 2006, S. 260.
658 Vgl. die Nachweise unter A. III. 1. b) und hierzu auch die Übersicht bei *Letixerant*, in: Geppert u. a. (Hrsg.), TKG, 3. Aufl. 2006, § 4 Rn. 38 ff.
659 *V. Bogdandy*, Informationsbeziehungen innerhalb des Europäischen Verwaltungsverbundes, in: Hoffmann-Riem/Schmidt-Aßmann/Voßkuhle (Hrsg.), Grundlagen des Verwaltungsrechts, Bd. II, 2008, § 25 Rn. 13. Die Begriffsbestimmung wäre unfruchtbar, wenn sich die Informationen deshalb im Zugriff der Verwaltung befinden würden, weil sie punktuell zur Erfüllung der entsprechenden Informationspflicht erhoben wurden. *Sydow*, Verwaltungskooperation in der Europäischen Union, 2004, S. 105, präzisiert dies für administrative Auskunftspflichten, die ein Informationsersuchen voraussetzen, »zu deren Beantwortung die zur Auskunft verpflichtete Behörde eine Information *ad hoc* erteilt« (Hervorhebung nur hier, *M. B.*).
660 Vgl. Fn. 605 und 606. Vgl. zu reaktiven Pflichten auch Fn. 574.
661 Ähnlich *Scheurle*, in: Scheurle/Mayen (Hrsg.), TKG, 2. Aufl. 2008, § 4 Rn. 3.

warum das TKG im Gegensatz zu anderen Rechtsgebieten[662] eine spezielle Ermächtigungsgrundlage kennt.

Neben den zahlreichen im Richtlinienpaket enthaltenen »typischen richtlinienrechtlichen Informationspflichten«[663] existiert mit Art. 5 Abs. 2 UAbs. 1 der RL 2002/21/EG darüber hinaus eine besondere sekundärrechtliche Bestimmung über den Austausch von Informationen zwischen nationalen Regulierungsbehörden und der Kommission. Nach Art. 5 Abs. 2 UAbs. 1 S. 1 RL 2002/21/EG haben die Mitgliedstaaten dafür zu sorgen, dass die nationalen Regulierungsbehörden der Kommission auf begründeten Antrag hin die Informationen zur Verfügung stellen, die sie benötigt, um ihre Aufgaben auf Grund des Vertrags wahrzunehmen. Die Norm enthält damit ein spezielles bilaterales Auskunftsrecht zu Gunsten der Kommission.[664] Zu den Aufgaben der Kommission auf Grund des Vertrags gehört wiederum insbesondere die Aufsicht über den ordnungsgemäßen Vollzug des Gemeinschaftsrechts, so dass auch Art. 5 Abs. 2 UAbs. 1 S. 1 RL 2002/21/EG in erster Linie als Element der Implementationskontrolle verstanden werden muss. Dies geht auch aus den Leitlinien der Kommission zur Marktanalyse[665] hervor. Nach deren Nr. 139 zählen zu den Informationen, welche die Kommission zur Wahrnehmung ihrer Aufgaben auf Grund des EG-Vertrags benötigt »auch Angaben über den Rechtsrahmen (um die Vereinbarkeit der NRB-Maßnahmen mit dem Gemeinschaftsrecht zu prüfen) und Informationen, die die Kommission z. B. zwecks Einhaltung der WTO-Verpflichtungen anfordert«.

Die Formulierung »zur Verfügung stellen«[666] wie auch die Überschrift von Artikel 5 (»Bereitstellung von Informationen«[667]) lassen vermuten, dass sich der Informationsanspruch auch hierbei nur auf Angaben bezieht, die sich bereits im Zugriff der Verwaltung befinden. Dieser Verdacht wird genährt durch den weiteren Wortlaut der Vorschrift. Während Art. 5 Abs. 2 UAbs. 1 S. 2 RL 2002/21/EG entsprechende Auskunftsverlangen unter den Vorbehalt der Verhältnismäßigkeit stellt, sind Unternehmen nach Art. 5 Abs. 2 UAbs. 1 S. 3 RL 2002/21/EG über die Weitergabe der Informationen an die Kommission zu unterrichten, wenn es sich bei den bereitgestellten Informationen um solche Informationen handelt, die zuvor von diesen auf Anforderung bereitgestellt wurden. Art. 5 Abs. 2 UAbs. 1 S. 4 RL 2002/21/EG befugt die Kommission zu einer Weiterleitung der erteilten Auskünfte an Behörden anderer Mitgliedstaaten, falls kein

---

662 Eine vergleichbare Vorschrift findet sich aber mit § 37 PostG im Postrecht.
663 So die Bezeichnung bei *Hombergs*, Europäisches Verwaltungskooperationsrecht auf dem Sektor der elektronischen Kommunikation, 2006, S. 260 f.
664 Vgl. auch *Hombergs*, Europäisches Verwaltungskooperationsrecht auf dem Sektor der elektronischen Kommunikation, 2006, S. 261 f.
665 Vgl. oben Fn. 336.
666 Engl.: »provide«, franz.: »fournissent«.
667 Engl.: »Provision of information«, franz.: »Fourniture d'informations«.

ausdrücklicher begründeter gegenteiliger Antrag der übermittelnden Behörde vorliegt.

Eine Informationsbeschaffungspflicht der nationalen Regulierungsbehörden für die Kommission ist demgegenüber nicht ausdrücklich geregelt. Daraus und vor allem aus der Unterrichtungspflicht ließe sich schließen, dass nach Art. 5 Abs. 2 UAbs. 1 der RL 2002/21/EG auch insgesamt nur bereits »bereitgestellte« Informationen weitergegeben werden müssen. Systematisch ließe sich daneben auch die Stellung des Auskunftsrechts hinter dem zuletzt im Rahmen der Überarbeitung des Richtlinienrechts noch erweiterten Art. 5 Abs. 1 RL 2002/21/EG anführen, welcher den Informationsfluss zwischen Marktteilnehmern und Regulierungsbehörden betrifft. Art. 5 Abs. 1 S. 1 RL 2002/21/EG verpflichtet die Mitgliedstaaten sicherzustellen, dass Unternehmen, die elektronische Kommunikationsnetze und -dienste anbieten, den nationalen Regulierungsbehörden alle Informationen auch in Bezug auf finanzielle Aspekte zur Verfügung stellen, die diese Behörde benötigen, um eine Übereinstimmung mit den Bestimmungen des Richtlinienpakets oder den auf dieser Grundlage getroffenen Entscheidungen zu gewährleisten. Das Auskunftsrecht der Kommission könnte dementsprechend an diesen Informationsfluss anknüpfend auf Angaben begrenzt sein, welche die nationalen Regulierungsbehörden i. S. v. Art. 5 Abs. 1 S. 1 RL 2002/21/EG benötigten, »um eine Übereinstimmung mit den Bestimmungen dieser Richtlinie und den Einzelrichtlinien oder den auf ihrer Grundlage getroffenen Entscheidungen zu gewährleisten«.

Dass Art. 5 Abs. 2 UAbs. 1 S. 1 RL 2002/21/EG ein Tätigwerden der nationalen Regulierungsbehörden erst auslösen kann, geht aber aus S. 2 des Erwägungsgrundes 13 der Richtlinie hervor. Dieser stellt ausdrücklich klar, dass die nationalen Regulierungsbehörden Informationen ggf. auch im Auftrag der Kommission einholen (können) müssen, damit diese ihren Verpflichtungen aus dem Gemeinschaftsrecht nachkommen kann.[668] Die Formulierung »im Auftrag«[669] ist

---

[668] Interessanterweise hat Erwägungsgrund 51 der Postbinnenmarktänderungsrichtlinie RL 2008/6/EG einen ähnlichen, aber entscheidend anderen Wortlaut: Während sowohl Erwägungsgrund 13 der RL 2002/21/EG als auch Erwägungsgrund 51 der RL 2008/6/EG mit identischem Wortlaut in ihrem S. 1 den Informationsfluss zwischen Marktteilnehmern und Regulierungsbehörden in Bezug nehmen und nach S. 3 bzw. S. 2 die verhältnismäßige Ausübung entsprechender Informationsersuchen vorschreiben, bestimmt S. 3 des Erwägungsgrundes 51 der RL 2008/6/EG, dass derartige Informationen ggf. auch von der Kommission eingeholt werden, damit diese ihren Verpflichtungen aus dem Gemeinschaftsrecht nachkommen kann. Neben einem Auskunftsrecht der Kommission gegenüber der nationalen Regulierungsbehörde nach Art. 22a Abs. 3 RL 97/67/EG über zweckdienliche und relevante Informationen, die sie zur Wahrnehmung ihrer Aufgaben im Rahmen dieser Richtlinie benötigt, kann sie nach Art. 14 Abs. 7 RL 97/67/EG auch direkt gegenüber Marktteilnehmern aus Kostenrechnungssystemen hervorgehende ausführliche Informationen anfordern.

indes nicht als Ausprägung einer Mandatierung zu verstehen, über die Handlungen dem »beauftragenden« Hoheitsträger zugerechnet werden könnten.[670] Zum einen sieht schon Art. 5 Abs. 2 RL 2002/21/EG ein stellvertretendes Handeln der nationalen Regulierungsbehörden im Namen der Kommission nicht vor. Zudem findet keine Wahrnehmung fremder Kompetenzen statt. Bei der Informationserhebung muss lediglich zum Ausdruck gebracht werden, dass die Auskünfte benötigt werden, um sie der Kommission zu übermitteln. Dies entspricht der nachträglichen Unterrichtungspflicht gemäß Art. 5 Abs. 2 UAbs. 1 S. 3 RL 2002/21/EG.

Seinem Wortlaut nach umfasst das Auskunftsrecht sämtliche Informationen, welche die Kommission zur Wahrnehmung ihrer Aufgaben auf Grund des gemeinschaftsrechtlichen Primärrechts benötigt. Die aus Erwägungsgrund 13 S. 2 RL 2002/21/EG abgeleitete Informationsbeschaffungspflicht hierfür ist gleichwohl nicht unbegrenzt, wie sich dem Erwägungsgrund selbst entnehmen lässt. Nach diesem erschöpft sich die Pflicht der nationalen Regulierungsbehörde darin, ggf. »derartige«[671] Informationen einzuholen. Dies bezieht sich auf den vorangehenden Satz, nach dem die nationalen Regulierungsbehörden Informationen von Marktteilnehmern einholen müssen, um ihre Aufgaben effizient erfüllen zu können. Der Informationsanspruch der Kommission reicht deshalb nicht weiter als derjenige der nationalen Regulierer zur Wahrnehmung ihrer eigenen Aufgaben.[672] Auch wenn im Einzelfall im Rahmen des Auskunftsrechts nach Art. 5

---

669 Engl.: »on behalf«, franz.: »pour le compte«.
670 Die gemeinschaftsrechtlichen Sprachwendungen sind diesbezüglich regelmäßig ungenau und bringen teilweise allein zum Ausdruck, dass das Behördenhandeln (auch) für Zwecke eines anderen vorgenommen wird. Art. 22 Abs. 1 der Kartellverordnung (VO [EG] Nr. 1/2003 des Rates vom 16. Dezember 2002 zur Durchführung der in den Artikeln 81 und 82 des Vertrags niedergelegten Wettbewerbsregeln, ABl. L 1 v. 4.1.2003, S. 1 ff.) befugt etwa die Wettbewerbsbehörde eines Mitgliedstaats zu Nachprüfungen »im Namen und für Rechnung der Wettbewerbsbehörde eines anderen Mitgliedstaats«, wird aber allgemein als Amtshilfevorschrift verstanden, bei der die handelnde Behörde in eigenem Namen und in eigener Verantwortung tätig wird. Näher *Wettner*, Die Amtshilfe im Europäischen Verwaltungsrecht, 2005, S. 142 ff.; zur Abgrenzung von Amtshilfe und eigenen Aufgaben sowie zum Mandat (S. 147 ff.); zu Zurechnungsfragen insgesamt *Hofmann*, Rechtsschutz und Haftung im Europäischen Verwaltungsverbund, 2004, S. 218 ff.
671 Engl.: »such«, franz.: »ces«.
672 Ähnlich bereits *Schütz/Attendorn*, Das neue Kommunikationsrecht der Europäischen Union, MMR-Beilage 4/2002, 1 (7). Im Ergebnis grenzt auch *Hombergs*, Europäisches Verwaltungskooperationsrecht auf dem Sektor der elektronischen Kommunikation, 2006, S. 261, den Informationsanspruch, der die Aufgabenerfüllung insgesamt betrifft, auf das »ganze Fachgebiet der elektronischen Kommunikation« ein.
Auffällig ist demgegenüber die in § 4 TKG angelegte Konzeption der Hierarchisierung der informationellen Zusammenarbeit. Durch die alleinige Bezugnahme eigener Pflichten in den Tatbestand werden weitgehende, lediglich von Fremdinteressen abhängige Eingriffsmöglichkeiten suggeriert und die eigene Verantwortungszurechenbarkeit eines Aus-

Abs. 2 UAbs. 1 S. 1 RL 2002/21/EG Informationen für die Kommission beschafft werden müssen, ist die Behörde daher lediglich angehalten, auf das durch den Mitgliedstaat nach Art. 5 Abs. 1 S. 1 RL 2002/21/EG einzurichtende Informationsinstrumentarium zurückzugreifen.

Europarechtlich ist deshalb keine zusätzliche nationale Ermächtigung gefordert, um zur Erfüllung der Auskunftspflicht nach Art. 5 Abs. 2 UAbs. 1 S. 1 RL 2002/21/EG Informationen bei den Marktteilnehmern einzuholen.[673] Auch hierdurch wird die Sinnhaftigkeit einer speziellen Ermächtigungsgrundlage im nationalen Recht in Frage gestellt. Liest man § 140 Abs. 1 TKG dahingehend, dass auch das informationelle Zusammenwirken mit internationalen Institutionen zu den Aufgaben der Bundesnetzagentur nach dem TKG gehört,[674] käme zumindest immer auch eine Informationserhebung über § 127 Abs. 1 TKG in Betracht, da die Generalklausel ein Auskunftsrecht über alle für den Vollzug des Gesetzes erforderlichen Informationen enthält.[675] Für den Kooperationsauftrag im Regulierungsverbund gilt dies im Hinblick auf § 123a TKG nunmehr ohnehin. Bezeichnenderweise geht denn auch der Gesetzentwurf zum neu eingefügten § 123b TKG, der die Informationsbereitstellung im Regulierungsverbund nunmehr ausgestaltet,[676] davon aus, dass eine vorherige Informationserhebung bei den Unternehmen nicht auf Grundlage des § 4 TKG, sondern des § 127 TKG erfolgt.[677]

---

kunftsverlangens nach § 4 TKG in den Hintergrund gedrängt. Gleichzeitig geht die Behörde durch die Spezialität von § 4 TKG der Handlungsmaßstäbe ihrer sonstigen Informationsrechte verlustig.
673 Vgl. zum kartellrechtlichen Informationsverbund auch Rn. 27 der Bekanntmachung der Kommission über die Zusammenarbeit innerhalb des Netzes der Wettbewerbsbehörden (ABl. C 101 v. 27.4.2004, S. 43 [46]), wonach für die Rechtmäßigkeitsvoraussetzungen bei der Informationserhebung das jeweilige Rechtssystem maßgeblich ist; dazu auch *Dalheimer*, in: Grabitz/Hilf (Begr.), Das Recht der Europäischen Union, Bd. II, 40. Erg.-Lfg. 2009, nach Art. 83 EGV, VO (EWG) 1/2003, Art. 12 Rn. 5 ff. (mittlerweile aus der Sammlung genommen).
674 So *Gräfer/Schmitt*, Die Befugnisse der Kartell- und Regulierungsbehörden zur Durchführung von Enqueteuntersuchungen, N&R 2007, 2 (5).
675 Ablehnend *Gräfer/Schmitt*, Die Befugnisse der Kartell- und Regulierungsbehörden zur Durchführung von Enqueteuntersuchungen, N&R 2007, 2 (5), die ihre Argumentation aber allein auf die alternative Überflüssigkeit von § 4 TKG stützen und im Übrigen verkennen, dass die Berichtsanfertigung nach §§ 121 Abs. 1, 122 Abs. 2 TKG nicht zu den internationalen Aufgaben gehört.
676 Dazu sogleich unter A. V. 2.
677 BT-Drs. 17/5707, S. 85. Hilfsweise bietet es sich wie in anderen Zusammenhängen an, die Anwendbarkeit der innerstaatlichen Befugnisnormen über entsprechende Verweisungsregeln sicherzustellen, hierdurch aber auch die Reichweite der Befugnisse zu begrenzen. Vgl. etwa § 50 Abs. 3 S. 2 GWB, § 117 Abs. 4 AO sowie § 56 S. 2 und 3 EnWG.

2. Völkerrechtliche Zusammenarbeit

Auf völkerrechtlicher Ebene existieren überhaupt wenige konkrete informationelle Pflichten des Staates, die darüber hinaus oftmals so allgemein formuliert sind, dass diesen ohne eine zwangsweise Einbeziehung Privater genügt werden kann.[678] Im Bereich der technischen oder von begrenzten Ressourcen abhängigen Koordinierung wie der Frequenzpolitik haben die Unternehmen zudem schon von sich aus ein Interesse daran, auch aktiv in die internationalen Prozesse eingebunden zu werden. Soweit auf dieser Ebene Fachwissen benötigt wird, geschieht dies auch deshalb in zunehmende Maße ohne den Umweg staatszentrierter Kooperationsformen durch deren direkte freiwillige Einbeziehung. Dies gilt namentlich für die ITU, die schon heute neben den Mitgliedstaaten über 600 sektorale Mitglieder hat, bei denen es sich überwiegend um private Unternehmen handelt.[679]

Hierbei sollen zwar nicht die natürlichen Grenzen einer freiwilligen Kooperation übersehen werden. Eine Weitergabe von Informationen, die bei Unternehmen zwangsweise erhoben werden müssten, an internationale Organisationen, scheint aber – sofern nicht bereits rechtliche Schranken entgegenstehen – schon praktisch kaum vorstellbar.

V. Grenzüberschreitende Informationsübermittlung

Im Rahmen der TKG-Novelle 2012 wurden die Zusammenarbeit und der Informationsaustausch im Regulierungsverbund nunmehr näher ausgestaltet. Nach bisheriger Rechtslage war fraglich, ob und inwieweit sich dem TKG überhaupt eine Ermächtigung zur »Erfüllung« der Berichtspflichten entnehmen ließ. Während § 123a TKG den Kooperationsauftrag der Bundesnetzagentur im Regulie-

---

678 Vgl hierfür etwa die von *Letixerant*, in: Geppert u. a. (Hrsg.), TKG, 3. Aufl. 2006, § 4 Rn. 24 Fn. 10, nicht zufällig als in der Kommentarliteratur einzige konkret zitierte Informationspflicht nach Art. 3 lit. a) i. V. m. Art. 1 und 2 der OECD-Konvention (BGBl. II 1961, S. 1151 ff.), wonach sich die Mitglieder gegenseitig fortlaufend unterrichten und der Organisation die zur Bewältigung ihrer Aufgaben erforderlichen Informationen liefern.

679 Zu den organisatorischen Perspektiven auf völkerrechtlicher Ebene *Lüdemann*, Internationales Telekommunikationsrecht, in: Tietje (Hrsg.), Internationales Wirtschaftsrecht, 2009, § 10. Zur politischen Forderung einer stärkeren Einbindung Privater in die ITU bereits *Guder*, Völkerrechtliche Praxis der Bundesrepublik Deutschland in den Jahren 2000 bis 2002, ZaöRV 64 (2004), 795 (806). Zur historisch angelegten Wechselbeziehung zwischen öffentlichem und privaten Sektor in der ITU auch schon *Noll*, The International Telecommunication Union (ITU) – Ist Inception, Evolution and Innate, Constant Reform Process, MMR 1999, 465 (467).

rungsverbund beschreibt,[680] stellt § 123b TKG nun Voraussetzungen für eine Informationsübermittlung auf. Eine Weitergabe von vertraulichen Unternehmensinformationen an andere Stellen als den in § 123b Abs. 1 und 2 TKG genanten Stellen ist nur mit der Zustimmung des betroffenen Unternehmens möglich.[681]

Der grenzüberschreitende Informationsaustausch mit außerstaatlichen Stellen war im TKG-1996 noch in § 83 geregelt, wonach die Regulierungsbehörde im Falle grenzüberschreitender Auskünfte und Prüfungen mit den zuständigen Behörden anderer Staaten zusammenarbeitete, wenn es zur Durchführung ihrer Aufgaben erforderlich war. Unter »zuständigen Behörden« anderer Staaten wurden angesichts des sachlichen Zusammenhangs zu Art. 32 Abs. 1 GG auch Völkerrechtssubjekte verstanden.[682] Obwohl § 83 TKG-1996 nur die Erforderlichkeit von Aufgaben der nationalen Behörde als Tatbestand voraussetzte, wurden hierunter auch legitime auswärtige Informationsinteressen verstanden, sofern diese einen hinreichenden inhaltlichen Bezug zu den Aufgaben der RegTP – allerdings nicht notwendigerweise nach dem TKG – aufwiesen.[683]

---

680 § 123a Abs. 1 und 2 TKG sehen eine allgemeine Pflicht der Bundesnetzagentur zur Zusammenarbeit mit der Kommission, den anderen nationalen Regulierungbehörden und dem GEREK vor, um eine kohärente Richtlinienanwendung insbesondere in Bezug auf (Abhilfe-)Maßnahmen zu gewährleisten, wobei nach Abs. 3 von den Harmonisierungsempfehlungen der Kommission nach Art. 19 der Rahmenrichtlinien nur in Ausnahmefällen abgewichen werden darf. Die Regelung ist damit eine nationale positivrechtliche Ausprägung des Grundsatzes der Gemeinschaftstreue nach Art. 4 Abs. 3 EUV.

681 Die Informationsübermittlung auf nationaler Ebene ist dagegen in den §§ 50c GWB, 123 Abs. 1 S. 5 TKG geregelt. Die Vorschriften lassen sich neben der Umsetzung von Art. 3 Abs. 5 RL 2002/21/EG auch als teilweise Umsetzung von Art. 5 Abs. 2 UAbs. 2 RL 2002/21/EG verstehen, wonach die Mitgliedstaaten sicherzustellen haben, dass die einer nationalen Regulierungsbehörden übermittelten Informationen einer anderen Behörde desselben Mitgliedstaats auf begründeten Antrag zur Verfügung gestellt werden können, damit erforderlichenfalls diese Behörden ihre Verpflichtungen aus dem Gemeinschaftsrecht erfüllen können.

682 *Tietje*, Internationalisiertes Verwaltungshandeln, 2001, S. 467 f.; *Spoerr*, in: Trute/Spoerr/Bosch (Hrsg.), TKG, 2001, § 83 Rn. 7; zur Auslegung von Art. 32 Abs. 1 GG *Pernice*, in: Dreier (Hrsg.), GG, Bd. 2, 2. Aufl. 2006, Art. 32 Rn. 22. Zum Kooperations- und Koordinationsbedarf auf internationaler Ebene insgesamt nunmehr eingehend *Lüdemann*, Internationales Kommunikationsrecht, in: Tietje (Hrsg.), Internationales Wirtschaftsrecht, 2009, § 10 Rn. 5 ff.

683 *Spoerr*, in: Trute/Spoerr/Bosch (Hrsg.), TKG, 2001, § 83 Rn. 12 f. Da die Regelung noch im Referentenentwurf zum TKG-2004 als § 135 Abs. 2 der Regelung über die internationale Zusammenarbeit enthalten war, dieser Berichtspflichten gegenüber anderen außerstaatlichen Stellen als der Kommission im Gegensatz zum späteren Gesetzentwurf aber noch nicht benannte (vgl. § 4 Abs. 4 RefE TKG-2004), steht zu vermuten, dass die geänderten Formulierungen der Vorschriften im Zusammenhang gesehen werden müssen, vgl. http://www.tkrecht.de/tkg_novelle/2003/material/Referentenentwurf_TKG_Stand_30-04-03.pdf.

Während § 140 Abs. 1 S. 2 TKG, in dem § 83 TKG-1996 größtenteils aufgegangen ist, formal auf die Regelung der Kooperationszuständigkeit beschränkt ist, brachte vor Einfügung der §§ 123a und 123b TKG einzig § 4 TKG den umfassenden informationellen Kooperationsauftrag zum Ausdruck, der § 83 TKG-1996 als Kernaussage zukam[684] und sich für den Regulierungsverbund auch aus den entsprechenden Kooperationsvorschriften vor allem im Bereich der Marktregulierung ableiten lässt.

## 1. Informationsweitergabe als Grundrechtseingriff

Mit dem in die Aufgaben der Bundesnetzagentur einbezogenen internationalen Kooperationsauftrag geht zwar in gewissen Grenzen eine Lockerung oder besser Erweiterung der Zweckbindung unternehmensbezogener Informationen einher.[685] Den §§ 4, 123a und 140 TKG lässt sich daher durchaus selbst auch eine Kompetenz zur allgemeinen Informationshilfe entnehmen.[686] Soweit hiermit ein Eingriff in Grundrechte der betroffen Unternehmen bzw. einzelner Personen verbunden ist oder einhergehen kann, bedarf die Weitergabe von Informationen, die bei den Marktteilnehmern erhoben wurden, an über- oder zwischenstaatliche Stellen aber einer ausdrücklichen Ermächtigungsgrundlage.[687]

Gegenstand einer in § 4 TKG vorausgesetzten grenzüberschreitenden Informationsübermittlung können grundsätzlich sowohl unternehmensbezogene als auch personenbezogene Informationen sein, zumal letztere in ersteren enthalten sein können.[688] Für die Übermittlung der dem Datenschutzrecht unterliegenden

---

684 *Spoerr*, in: Trute/Spoerr/Bosch (Hrsg.), TKG, 2001, § 83 Rn. 2, 8 ff. Das Fernmeldewesen steht seit jeher (die auf den allgemeinen Telegraphenverein von 1865 zurückgehende ITU ist die älteste technische internationale Organisation überhaupt, vgl. zur ITU unter dem Aspekt ihrer Entwicklung *Weia*, Kompetenzlehre internationaler Organisationen, 2009, S. 74 f.) wie kaum ein anderer Bereich für einen internationalen Koordinationsbedarf vor allem in technischen Regulierungsfragen wie der Frequenzordnung oder der Nummerierung. Von »nahezu zwangsläufigen grenzüberschreitenden Implikationen« spricht *Spoerr*, ebd., Rn. 11.
685 So zu § 83 TKG-1996 bereits *Spoerr*, in: Trute/Spoerr/Bosch (Hrsg.), TKG, 2001, § 83 Rn. 16 ff.
686 Vgl. schon *Holznagel*, Die Erhebung von Marktdaten im Wege des Auskunftsersuchens nach dem TKG, 2001, S. 94 f.; vgl. auch *Spoerr*, in: Trute/Spoerr/Bosch (Hrsg.), TKG, 2001, § 83 Rn. 18.
687 Umfassender zu Grundrechtseingriffen durch die interadministrative grenzüberschreitende Weitergabe unternehmensbezogener Daten *Heußner*, Informationssysteme im Europäischen Verwaltungsverbund, 2007, S. 322 ff.; allgemeiner zum Vorbehalt des Gesetzes im Bereich des Vollzugs deutschen Rechts mit extraterritorialem Anwendungsbereich *Ohler*, Die Kollisionsordnung des Allgemeinen Verwaltungsrechts, 2005, S. 304 ff.
688 *Schneider*, in: Langen/Bunte (Hrsg.), Kartellrecht, Bd. 1, 11. Aufl. 2010, § 50a GWB Rn. 13; vgl. zu personenbezogenen Daten Dritter als Unternehmensgeheimnis auch *Sy-*

personenbezogenen Daten – in § 3 Abs. 1 BDSG legaldefiniert als Einzelangaben über persönliche oder sachliche Verhältnisse einer bestimmten oder bestimmbaren natürlichen Person – fordert § 4 Abs. 1 BDSG entsprechend der Verortung ihres Schutzes im Recht auf informationelle Selbstbestimmung unabhängig von weiteren Kriterien auch einfachrechtlich stets eine Rechtsgrundlage.[689] Fehlen speziellere Vorschriften, bringt § 4b BDSG Persönlichkeitsrechtsschutz und das Interesse an einem freien Datenverkehr in Ausgleich. Nach diesem hängt die Datenübermittlung vor allem von der Gewährleistung eines angemessenen Schutzniveaus ab,[690] wobei sich die Zulässigkeit von Informationsübermittlungen im Raum der Europäischen Union bei der Anwendung von Gemeinschaftsrecht wie diejenige an innerstaatliche Stellen bemisst.

Betriebs- und Geschäftsdaten ohne personalen Gehalt genießen demgegenüber, sofern man sie (allein) den Schutzbereichen der »Wirtschaftsgrundrechte« Art. 12 Abs. 1 und Art. 14 Abs. 1 GG zuordnet, Schutz zumindest insoweit, als sie einem schutzwürdigen Geheimhaltungsinteresse des Unternehmens unterliegen.[691] Anknüpfungspunkt rechtlichen Schutzes bilden deshalb im Gegensatz zum Datenschutzrecht nicht alle, sondern regelmäßig nur vermögenswerte Informationen. Hierzu zählen insbesondere Betriebs- und Geschäftsgeheimnisse, worunter alle auf ein Unternehmen bezogenen Tatsachen, Umstände und Vorgänge verstanden werden, die nicht offenkundig, sondern nur einem begrenzten Personenkreis zugänglich sind und an deren Nichtverbreitung der Rechtsträger

---

dow, Staatliche Verantwortung für den Schutz privater Geheimnisse, Die Verwaltung 38 (2005), 35 (44).
689 Zur Notwendigkeit bereichsspezifischer Eingriffsermächtigungen im Hinblick auf den Parlamentsvorbehalt und das Bestimmtheitsgebot im Hinblick auf das Grundrecht auf informationelle Selbstbestimmung schon *BVerfG*, Urteil v. 25.3.1982 – 1 BvR 209/83 u. a. –, BVerfGE 65, 1 (44).
690 Vgl. *Classen*, Die Entwicklung eines internationalen Verwaltungsrechts als Aufgabe der Rechtswissenschaft, VVDStRL 67 (2008), 365 (391 f.).
691 So die überwiegende verfassungsrechtliche Literatur, vgl. hierzu *Kloepfer*, Informationsrecht, 2002, § 3 Rn. 56. Sofern man auch juristischen Personen ein Recht auf informationelle Selbstbestimmung zubilligte, würde der Schutz unternehmensbezogener Daten bereits früher einsetzen. So in Bezug auf Geschäftsdaten etwa *Huber*, in: v. Mangoldt/Klein/Starck (Hrsg.), GG, Bd. 1, 6. Aufl. 2010, Art. 19 Rn. 319; vgl. auch *Stern*, Das Staatsrecht der Bundesrepublik Deutschland, Bd. III/1, 1988, § 71 IV 6 c) χ) αα) (S. 1128). Unklar ist die Reichweite einer Verortung des Rechts auf informationelle Selbstbestimmung juristischer Personen über Art. 14 Abs. 1 GG, vgl. dazu etwa *BVerwG*, Urteil v. 20.12.2001 – 6 C 7/01 –, BVerwGE 115, 319 (325). *Bryde*, in: v. Münch/Kunig (Hrsg.), GG, Bd. 1, 5. Aufl. 2000, Art. 14 Rn. 109, spricht im Zusammenhang mit den Zuordnungsproblemen bei Immaterialgüterrechten auch von einer »gewissen Beliebigkeit« in Rechtsprechung und Lehre.

ein berechtigtes Interesse hat.[692] Vermehrt wird auch nicht mehr zwischen Betriebsgeheimnissen, die sich eher auf den technischen Betriebsablauf beziehen, und Geschäftsgeheimnissen, die sich auf den kaufmännischen Geschäftsverkehr beziehen, differenziert, sondern allgemeiner von Unternehmens-[693] bzw. Wirtschaftsgeheimnissen[694] gesprochen. Sie stellen einen »geronnenen«, durch den Einsatz von Kapital und Arbeit erwirtschafteten Vermögenswert dar.[695] Da eine Geheimnisoffenbarung das Risiko birgt, dass ein marktwerter Informationsvorsprung gegenüber der Konkurrenz verloren geht, ist diese vor allem an der Wettbewerbsfreiheit zu messen.[696]

Der verfassungsrechtlichen Pflicht zum Schutz privater Geheimnisse entspricht im nationalen Verwaltungsverfahrensrecht § 30 VwVfG, wonach die Beteiligten eines Verfahrens Anspruch darauf haben, dass ihre Geheimnisse, insbesondere die zum persönlichen Lebensbereich gehörenden Geheimnisse sowie die Betriebs- und Geschäftsgeheimnisse, von der Behörde nicht unbefugt offenbart werden. Die Begriffe Verfahren und Beteiligter werden hierbei weit ausgelegt,[697] so dass sich der Norm eine Grundregel für den Umgang staatlicher Stellen mit individualisierbaren Angaben entnehmen lässt.[698]

Unabhängig von der Frage, ob bereits der staatliche Zugriff auf entsprechende Unternehmensgeheimnisse das Risiko einer Geheimnisentwertung in einer Weise erhöht, die als Eingriff zu werten ist,[699] (erneut) die interbehördliche Weiterga-

---

692 Vgl. *BVerfG*, Beschluss v. 14.3.2006 – 1 BvR 2087/03 u. a. –, BVerfGE 115, 205 (230 f.). Zum Begriff des Geheimnisses näher *Druey*, Information als Gegenstand des Rechts, 1995, S. 251 ff., 255 f.
693 *Frank*, Der Schutz von Unternehmensgeheimnissen im Öffentlichen Recht, 2009, S. 36 ff.; zum Telekommunikationsrecht auch jüngst *Linßen*, Informationsprobleme und Schutz von Unternehmensgeheimnissen im Telekommunikationsregulierungsrecht, 2011, S. 28 ff.
694 *Brammsen*, Wirtschaftsgeheimnisse als Verfassungseigentum, DÖV 2007, 10 ff.
695 *Breuer*, Schutz von Betriebs- und Geschäftsgeheimnissen im Umweltrecht, NVwZ 1986, 171 (174); *Bullinger*, Wettbewerbsgerechtigkeit bei präventiver Wirtschaftsaufsicht, NJW 1978, 2173 (2178).
696 *Wolff*, Der verfassungsrechtliche Schutz der Betriebs- und Geschäftsgeheimnisse, NJW 1997, 98 (99 ff.); *v. Danwitz*, Der Schutz von Betriebs- und Geschäftsgeheimnissen im Recht der Regulierungsverwaltung, DVBl. 2005, 597 (598).
697 Vgl. nur *Bonk/Kallerhoff*, in: Stelkens/Bonk/Sachs (Hrsg.), VwVfG, 7. Aufl. 2008, § 30 Rn. 5 f.
698 Vgl. *Holznagel*, Informationsbeziehungen in und zwischen Behörden, in: Hoffmann-Riem/Schmidt-Aßmann/Voßkuhle (Hrsg.), Grundlagen des Verwaltungsrechts, Bd. II, 2008, § 24 Rn. 71. Die Normierung im Rahmen der entscheidungsbezogenen Verwaltungsverfahren ist daher systematisch unzutreffend, vgl. *Schmidt-Aßmann*, Der Verfahrensgedanke im deutschen und europäischen Verwaltungsrecht, in: Hoffmann-Riem/Schmidt-Aßmann/Voßkuhle (Hrsg.), Grundlagen des Verwaltungsrechts, Bd. II, 2008, § 27 Rn. 51.
699 So zutreffend bereits *Bullinger*, Wettbewerbsgefährdung durch präventive Wirtschaftsaufsicht, NJW 1978, 2121 (2123); vgl. auch *Breuer*, Die staatliche Berufsregelung und

be,[700] oder erst die Offenlegung der Daten gegenüber Privaten,[701] stellt die Weitergabe entsprechender Informationen an andere Stellen eine Offenbarung i. S. d. Vorschrift dar, die einer Befugnis – also entweder einer Zustimmung des Berechtigten oder einer Rechtsgrundlage – bedarf.[702]

2. Informationsübermittlung im Regulierungsverbund

Dass im Regulierungsverbund nicht nur zusammenfassende Daten übermittelt werden müssen, also aufbereitete Informationen, die keine Rückschlüsse auf bestimmte Unternehmen erlauben,[703] sondern auch Unterlagen weitergeleitet werden sollen, die Unternehmensgeheimnisse beinhalten, setzt nicht nur Art. 5 Abs. 3 RL 2002/21/EG voraus, nach dem die Kommission und die nationalen Regulierungsbehörden eine entsprechende vertrauliche Behandlung von Informationen sicherzustellen haben, sondern ausdrücklich auch Erwägungsgrund 14 der Richtlinie, nach dem Informationen, die nach den einzelstaatlichen oder ge-

---

Wirtschaftslenkung, in: Isensee/Kirchhof (Hrsg.), Handbuch des Staatsrechts, Bd. VI, 2. Aufl. 2001, § 148 Rn. 26 f.; *Gärditz*, Regulierungsrechtliche Auskunftsanordnungen als Instrument der Wissensgenerierung, DVBl. 2009, 69 (75).

700 Die Gefahr der Offenbarung von privaten Geheimnissen in bipolaren hoheitlichen Informationsbeziehungen betont etwa *Holznagel*, Informationsbeziehungen in und zwischen Behörden, in: Hoffmann-Riem/Schmidt-Aßmann/Voßkuhle (Hrsg.), Grundlagen des Verwaltungsrechts, Bd. II, 2008, § 24 Rn. 73, weshalb das in § 30 VwVfG zum Ausdruck kommende allgemeine Prinzip – sprich: Informationsübermittlung nur bei Zustimmung des Unternehmens oder spezieller Rechtsgrundlage – hierbei zu achten sei. Vgl. auch *Bullinger*, Wettbewerbsgerechtigkeit bei präventiver Wirtschaftsaufsicht, NJW 1978, 2173 (2178).

701 So offenbar der *BGH*, Beschluss v. 19.6.2007 – KVR 16/06 –, N&R 2008, 36 (40); in diese Richtung auch *Frank*, Der Schutz von Unternehmensgeheimnissen im Öffentlichen Recht, 2009, S. 76 f. *Böse*, Wirtschaftsaufsicht und Strafverfolgung, 2005, S. 85, betont ausdrücklich, dass die Erweiterung des Kreises der Geheimnisträger selbst keinen Grundrechtseingriff darstelle; zum vergrößerten Kreis von Kenntnisträgern auch *Rosenberger*, Geheimnisschutz und Öffentlichkeit in Verwaltungsverfahren und -prozeß, 1998, S. 48 f.

702 *Ritgen*, in: Knack/Hennecke (Hrsg.), VwVfG, 9. Aufl. 2010, § 30 Rn. 11; *Bonk/Kallerhoff*, in: Stelkens/Bonk/Sachs (Hrsg.), VwVfG, 7. Aufl. 2008, § 30 Rn. 22. Abzulehnen ist die aus der Gesetzesbegründung (BT-Drs. 7/910, S. 54) resultierende verbreitete Ansicht, eine solche Befugnis könne sich aus dem Ergebnis einer Behördenabwägung zwischen subjektivem Geheimhaltungsinteresse und höher zu bewertenden Rechtsgütern der Allgemeinheit ergeben (vgl. etwa *Kugelmann*, Die informatorische Rechtsstellung des Bürgers, 2001, S. 258 f.). Die Aufgabe dieser Abwägung gebührt dem Gesetzgeber (vgl. *Pünder*, Grundmodell des Verwaltungsverfahrens, in: Erichsen/Ehlers [Hrsg.], Allgemeines Verwaltungsrecht, 14. Aufl. 2010, § 14 Rn. 39).

703 Zu sog. aggregierten Daten *Hermes*, in: Britz/Hellermann/Hermes (Hrsg.), EnWG, 2. Aufl. 2010, § 57 Rn. 5; vgl. auch *Kloepfer*, Informationsrecht, 2002, § 8 Rn. 48 (im Hinblick auf personenbezogene Daten).

meinschaftsrechtlichen Vorschriften als vertraulich angesehen werden, nur dann mit der Kommission und anderen nationalen Regulierungsbehörden ausgetauscht werden können, wenn sich dies für die Durchführung des Richtlinienrechts als unbedingt erforderlich erweist.[704]

Der darin anklingende Informationsaustausch – auch sensibler Daten – mit anderen nationalen Regulierungsbehörden ist sekundärrechtlich über zwei Wege angelegt. Zum einen sieht Art. 5 Abs. 2 UAbs. 1 S. 4 RL 2002/21/EG eine »gießkannenförmige« Weiterleitung durch die Kommission an die anderen nationalen Regulierungsbehörden vor, die unter einem Vetovorbehalt der Ausgangsbehörde steht. Parallel dazu haben die Mitgliedstaaten nach Art. 5 Abs. 2 UAbs. 2 RL 2002/21/EG sicherzustellen, dass die bei nationalen Regulierungsbehörden vorhandenen Informationen auf begründeten Antrag anderer Behörden desselben oder eines anderen Mitgliedstaats zur Verfügung gestellt werden können.[705] Diese Weiterleitung steht ebenfalls unter dem Vorbehalt der in Art. 5 Abs. 3 RL 2002/21/EG normierten Geheimnisschutzbestimmungen. Danach richtet sich die Beurteilung der Vertraulichkeit sowohl nach dem einzelstaatlichen Recht der Ausgangsbehörde als auch nach Gemeinschaftsrecht richtet. Hiermit sollen Streitigkeiten unter den Mitgliedstaaten über den anzuwendenden Vertraulichkeitsmaßstab vermieden und die Kooperationseffizienz gesichert werden.[706]

§ 123b TKG setzt den Informationsaustausch nach Art. 5 Abs. 2, 3 RL 2002/21/EG nunmehr um. Nach § 123b Abs. 1 und 2 TKG legt die Bundesnetzagentur der Kommission und den anderen nationalen Regulierungsbehörden auf deren begründeten Antrag hin ihr übermittelte Informationen zur Verfügung. Wenngleich eine Unterrichtungspflicht eines Unternehmens bei einer Übermittlung von dessen Informationen wie in Art. 5 Abs. 2 UAbs. 1 S. 3 RL 2002/21/EG ausdrücklich nur bei einem Kommissionsersuchen besteht, dürfte wegen der identischen Interessenlage diese Pflicht auch in den anderen Fällen der Bereitstellung bestehen. Dazu gehört, wie § 123b Abs. 4 TKG insoweit über den Wortlaut der Abs. 1 und 2 hinausgehend zeigt, auch eine direkte Informationsübermittlung an das GEREK und dessen Büro.[707] Abs. 4 verpflichtet die

---

704 Ohne die Weiterleitung unternehmensbezogener Daten, die ggf. entsprechende Geheimnisse beinhalten, wäre zudem die Unterrichtungspflicht nach Art. 5 Abs. 2 UAbs. 1 S. 3 RL 2002/21/EG überflüssig.
705 Hierzu auch *Hombergs*, Europäisches Verwaltungskooperationsrecht auf dem Sektor der elektronischen Kommunikation, 2006, S. 265.
706 *Hombergs*, Europäisches Verwaltungskooperationsrecht auf dem Sektor der elektronischen Kommunikation, 2006, S. 265.
707 Nach der Begründung des Entwurfs (BT-Drs. 17/5707, S. 85) bedurfte es insoweit keiner Umsetzung, da die Informationspflicht bereits in der unmittelbar anwendbaren GEREK-VO geregelt ist, vgl. schon oben Fn. 585.

Bundesnetzagentur zur Kennzeichnung vertraulicher Informationen im Rahmen von Bereitstellungen und setzt im Übrigen das in Art. 5 Abs. 1 UAbs. 1 S. 4 RL 2002/21/EG angelegte Vetorecht um.

Eine allgemeine Kennzeichnungspflicht seitens der Unternehmen wurde dagegen auch durch die TKG-Novelle 2012 nicht eingeführt. Sie besteht nach geltender Rechtslage nur innerhalb der Beschlusskammerverfahren. Danach haben Beteiligte unverzüglich nach der Vorlage von Unterlagen diejenigen Teile zu kennzeichnen, die Betriebs- und Geschäftsgeheimnisse enthalten,[708] und eine zusätzliche Fassung ohne Preisgabe von Unternehmensgeheimnissen vorzulegen.[709] Von der Einordnung der Unternehmen einer Angabe als Betriebs- und Geschäftsgeheimnis darf die Behörde im Zuge der Gewährung einer Einsichtnahme Dritter erst nach Anhörung der vorlegenden Personen abweichen,[710] damit der Betroffene die Gelegenheit hat, gegen die Akteneinsicht im Wege des vorläufigen Rechtsschutzes vorzugehen.

Der Zuschnitt der Norm[711] auf Beschlusskammerverfahren ist dabei zu stark auf § 29 VwVfG ausgerichtet,[712] da Betriebs- und Geschäftsgeheimnisse nicht allein in Beschlusskammerverfahren gegenüber der Bundesnetzagentur offenbart werden,[713] und wird spätestens seit dem Paradigmenwechsel, der mit der Einführung eines allgemeinen Informationszugangs und der damit verbundenen Abkehr vom Amtsgeheimnis einherging, dem ebenfalls mit den Verfahrensregeln und Kennzeichnungspflichten intendierten Zweck, der Behörde auch im Hinblick auf Interessen Dritter das Erkennen von schutzwürdigen Unternehmensgeheimnissen zu erleichtern,[714] nicht mehr gerecht.[715] Freilich bleibt es der Behörde unbenommen, eine Kennzeichnungspflicht auch dann anzuordnen, wenn sie Informatio-

---

708 § 136 S. 1 TKG.
709 § 136 S. 2 TKG.
710 § 136 S. 4 TKG.
711 Durch § 136 TKG wurde der ins TKG-1996 nachträglich eingefügte § 75a (vgl. BT-Drs. 14/7921, S. 17) nahezu unverändert übernommen (BT-Drs. 15/2316, S. 101).
712 Zur Ausrichtung der Norm auf §§ 29 Abs. 2, 30 VwVfG bereits *Mayen*, in: Scheurle/Mayen (Hrsg.), TKG, 1. Aufl. 2002, § 75a Rn. 6 ff.; zum Zusammenspiel von § 136 TKG und § 30 VwVfG auch *Linßen*, Informationsprobleme und Schutz von Unternehmensgeheimnissen im Telekommunikationsregulierungsrecht, 2011, S. 61 ff.
713 Vgl. allein die in den §§ 126 bis 130 TKG der Bundesnetzagentur auch außerhalb eines Regulierungsverfahrens zugewiesenen Befugnisse.
714 Dazu *Gurlit*, in: Säcker (Hrsg.), TKG, 2. Aufl. 2009, § 136 Rn. 15; *Mayen*, in: Scheurle/Mayen (Hrsg.), TKG, 2. Aufl. 2008, § 136 Rn. 2.
715 Vgl. auch den ausweislich der Gesetzesbegründung (BT-Drs. 15/3917, S. 71) dem Telekommunikationsrecht nachempfundenen § 71 EnWG, der zwar keine Einschränkung auf Verfahren kennt, seinerseits aber nur auf Informationspflichten abstellt und so nicht alle der Bundesnetzagentur vorgelegten Informationen erfasst. Kritisch und für eine extensive Auslegung plädierend *Hanebeck*, in: Britz/Hellermann/Hermes (Hrsg.), EnWG, 2. Aufl. 2010, § 71 Rn. 2 ff.

nen im Wege eines Auskunftsverlangens anfordert. Da aber auch freiwillige Angaben außerhalb eines Beschlusskammerverfahrens eine diesbezügliche Bewertung der Behörde erfordern kann, wäre die Formulierung einer allgemeinen Kennzeichnungspflicht sinnvoll und in allseitigem Interesse.[716]

3. Informationsübermittlung an andere Stellen

Da insoweit eine Rechtsvorschrift fehlt, die Ausdruck einer gesetzgeberischen Abwägung in Bezug auf die kollidierenden Interessen der Geheimhaltung einerseits und der Offenbarung andererseits ist, können anderen internationalen Stellen Informationen nur dann zugeleitet werden, wenn Unternehmen ihr Einverständnis hierzu erklären oder eine Beeinträchtigung von Grundrechten ausgeschlossen ist. Die Weitergabe von Unternehmensdaten bedeutet wie gezeigt aber nicht in jedem Fall einen Grundrechtseingriff.[717]

Für die Bestimmung, welche Angaben eine Zustimmungspflicht erfordert, kann an § 136 TKG angeknüpft werden.

VI. Zwischenfazit

§ 4 TKG ist als Informationsbeschaffungsgrundlage im Fremdinteresse konzipiert, um damit insbesondere die gemeinschaftsrechtliche Implementations- und Anwendungskontrolle sicherzustellen und hierbei insbesondere auf Ersuchen der Europäischen Kommission reagieren zu können. Letztere Form des informatori-

---

716 Siehe auch § 8 Abs. 2 des Professorenentwurfs eines Informationsfreiheitsgesetzes und hierzu *Schoch/Kloepfer*, Informationsfreiheitsgesetz (IFG-ProfE), 2002, § 8 Rn. 21 ff. Eine freiwillige Kennzeichnung empfiehlt *Masing*, Transparente Verwaltung – Konturen eines Informationsverwaltungsrechts, VVDStRL 63 (2004), 377 (425 f.). Vgl. auch die Regelung in § 9 Abs. 1 UIG, in der zum einen eine Vermutungsregel (S. 4) aufgestellt ist, dass es sich bei gekennzeichneten Geheimnissen auch um solche handelt (vgl. aber auch § 136 S. 3 TKG sowie § 71 S. 3 EnWG mit der umgekehrten Vermutungsregel, deren Widerleglichkeit sich aber über den Wortlaut hinaus nicht nur daraus ergeben dürfte, dass der Behörde Geheimhaltungsinteressen bekannt sind, da die Verpflichtung zur Geheimniswahrung gemäß § 30 VwVfG durch Obliegenheitsverletzungen unberührt bleibt), und zum anderen ein Recht der informationspflichtigen Stelle geregelt wurde, von möglichen Betroffenen eine Darlegung zu verlangen (dazu *Reidt/Schiller*, in: Landmann/Rohmer [Hrsg.], Umweltrecht, Bd. I, § 9 UIG Rn. 38 f.).
717 Im Gegensatz zum allgemeinen Persönlichkeitsrecht wird im Übrigen auch der Schutz von Unternehmensdaten bzw. -geheimnissen selbst in seinem Kernbereich nicht absolut, sondern nur relativ gewährleistet. Vgl. *Breuer*, Die staatliche Berufsregelung und Wirtschaftslenkung, in: Isensee/Kirchhof (Hrsg.), Handbuch des Staatsrechts, Bd. VI, 2. Aufl. 2001, § 148 Rn. 27.

schen Zusammenwirkens ist europarechtlich in Art. 5 Abs. 2 UAbs. 1 RL 2002/21/EG angelegt. Darüber hinaus ist § 4 TKG auf die internationale Aufgabenerfüllung im Sinne des § 140 TKG zugeschnitten. Eigenzuständig wird die Bundesnetzagentur etwa im Gremium Europäischer Regulierungsstellen für elektronische Kommunikation (GEREK) tätig. Daneben nimmt sie vielfältige Aufgaben im Auftrag des Bundeswirtschaftsministeriums wahr und bringt ihre Expertise in zahlreiche Institutionen u. a. für technische Regulierung und Frequenzregulierung ein. Das in § 4 TKG enthaltene Merkmal Berichtspflicht der Bundesnetzagentur ist insofern weit im Sinne jeglicher mitgliedstaatlicher Informationspflicht im Aufgabenbereich der Bundesnetzagentur auszulegen.

Voraussetzung eines Informationsersuchens der Regulierungsbehörde ist zunächst eine ihrerseits bestehende objektive Rechtspflicht zur Informationserteilung gegenüber einem internationalen Gremium. Da das TKG selbst eine diesbezügliche Pflicht lediglich für das Konsolidierungsverfahren normiert und Informationspflichten der Bundesnetzagentur ansonsten in den einschlägigen Rechtsgrundlagen des nationalen Telekommunikationsrechts nicht geregelt sind, ist zu schauen, inwieweit sich objektive Rechtspflichten aus den Rechtsquellen des Gemeinschafts- und Völkerrechts bzw. – sofern erforderlich – dem jeweiligen innerstaatlichen Geltungsakt ergeben können.

Während sich objektive Rechtspflichten einer mitgliedstaatlichen Verwaltungsstelle insofern unproblematisch aus gemeinschaftsrechtlichen Verordnungen und Entscheidungen zumindest dann ergeben können, sofern diese nicht ergänzungsbedürftig sind, ist hinsichtlich der Umsetzungsbedürftigkeit von EU-Richtlinien zu differenzieren.

Grundsätzlich bedarf es einer außenverbindlichen Rechtsförmlichkeit dann nicht, wenn durch die Umsetzung auch nicht mittelbar der Schutz konkretisierbarer Individualinteressen bezweckt ist. Rein administrative Informationsverfahren können deshalb im Gegensatz dazu durch innerbehördlich festgelegte Organisationsvorschriften umgesetzt werden. Da die Informationspflicht der Bundesnetzagentur isoliert nur das inneradministrative Verhältnis zwischen mitgliedstaatlicher und gemeinschaftsrechtlicher Verwaltungsstelle betrifft, bedarf es einer außenverbindlichen Rechtsförmlichkeit der Umsetzung in diesen Fällen grundsätzlich nicht. Zudem kann, wenn die Behörde selbst Adressat einer unmittelbaren anwendbaren Informationspflicht ist, eine objektive Rechtspflicht auch ohne Umsetzungsakt nach dem Grundsatz der »objektiven Direktwirkung« entstehen.

Völkerrechtliche Verträge bedürfen dagegen in jedem Fall einer Umsetzung. Während die innerstaatliche Geltung von politischen Verträgen und Gesetzgebungsverträgen im Sinne des Art. 59 Abs. 2 S. 1 GG durch das jeweilige Vertragsgesetz herbeigeführt wird, ist hinsichtlich Verwaltungsabkommen ähnlich wie bei EU-Richtlinien bzgl. des In-Geltung-Setzens danach zu differenzieren, ob Privatrechtssubjekte betroffen werden oder sich eine anderweitige Pflicht zur innerstaatlichen Rechtssetzung ergibt. Bei derartigen normativen Verwaltungsabkommen bedarf es eines Anwendungsbefehls durch (delegierte) Rechtssetzung. Bei rein administrativen Verwaltungsabkommen genügt demgegenüber eine Umsetzung durch Verwaltungsvorschrift oder dienstliche Weisung. Ohne konkrete und hinreichend spezifische Vollzugsanordnung entfalten Informationspflichten in völkerrechtlichen Verträgen demnach keine objektive Rechtspflicht für die jeweilige Verwaltungsstelle.

Die Bezugnahme auf bestehende und zukünftige Rechtspflichten der Bundesnetzagentur stellt eine dynamische Verweisung dar. Indem § 4 TKG den zur Komplettierung heranzuziehenden Norminhalt völlig offen lässt, seinerseits aber genau hieraus die Legitimationsgrundlage für Eingriffe bezieht, werden die Begründungslasten an das konkrete Auskunftsverlangen erheblich hoch gesetzt. Erforderlich ist unter rechtsstaatlichen Gesichtspunkten hier zusätzlich mindestens, dass im Falle einer inneradministrativen Zuweisung mitgliedstaatlicher Berichtspflichten diese Zuweisung publik gemacht wurde, um dem Adressaten eines Ersuchens dessen Rechtmäßigkeitsüberprüfung zu ermöglichen.

Unklar bleibt, welche Rechtsgrundlagen der Gesetzgeber in Bezug nehmen wollte. Zahlreiche gemeinschaftsrechtliche Informationspflichten finden sich in den Richtlinien, die das TKG umsetzen soll, und auch außerhalb dieser etwa in der Wettbewerbsrichtlinie, betreffen indes allerdings überwiegend selbstständig mitzuteilende Sachverhalte, für die eine Informationsbeschaffung bei Dritten praktisch ausscheidet. Ausweislich der Gesetzesbegründung soll § 4 TKG zudem die Erfüllung von Informationspflichten gegenüber der Internationalen Fernmeldeunion (ITU) ermöglichen. Gegenwärtig bestehen allerdings gerade dieser gegenüber keine innerstaatlich rechtswirksamen und damit für die Bundesnetzagentur verbindlichen Informationspflichten, da konkrete Informationspflichten in deren Grundlagenverträgen nicht enthalten sind und das Bundeswirtschaftsministerium von seiner Möglichkeit, Gegenstände der entsprechende Pflichten enthaltenden Vollzugsordnungen per Rechtsverordnung umzusetzen, diesbezüglich keinen Gebrauch gemacht hat.

Ein Gebrauchmachen von der Informationsberechtigung kommt nach einer Gesamtbetrachtung der Anwendungsfälle vor allem bei einem Ersuchen der Kommission nach Art. 5 Abs. 2 UAbs. 1 RL 2002/21/EG in Betracht. Deren Informationsanspruch reicht nach der europarechtlichen Regelung jedoch nicht weiter als derjenige des nationalen Regulierers. Umso mehr dürfte dies für den Informationsbedarf anderer internationaler Stellen gelten. Sieht man das informationelle Zusammenwirken mit internationalen Gremien nach §§ 123a, 140 TKG zudem als (Vollzugs-)Aufgabe der Bundesnetzagentur im Sinne der § 127 Abs. 1, 2 TKG an, erscheint § 4 TKG ungeachtet seiner problematischen Ausgestaltung auch inhaltlich als obsolet.

B. *Informationelle Generalbefugnisse nach § 127 TKG*

I. Allgemeine Auskunftsermächtigungen als Schaltstelle des regulierungsrechtlichen Informationsverwaltungsrechts

Die zentrale Stellung im System der telekommunikationsrechtlichen Informationsbefugnisse nimmt § 127 TKG ein. Den Kern bilden hierbei zwei weitgefasste Auskunftsgeneralklauseln in den ersten beiden Abs., deren Wirksamkeit durch weitere Eingriffsbefugnisse, namentlich ein Einsichts- und Prüfungsrecht[718], ein Durchsuchungsrecht[719] und ein Verwahrungs- bzw. Beschlagnahmerecht[720] abgesichert wird. § 127 TKG entspricht nach der Begründung des Gesetzentwurfs zum TKG-2004 im Wesentlichen § 72 TKG-1996,[721] wobei dies allerdings genau genommen nur auf die Abs. 2 bis 10 zutrifft und der vorangestellte Abs. 1 getrost als wesentliche Änderung bezeichnet werden darf. Im Rahmen der TKG-Novelle 2012 wurde auch die Generalklausel nach Abs. 2 Nr. 1 durch Regelbeispiele ergänzt, die auf eine ergänzende Klarstellung in Art. 5 Abs. 1 RL 2002/21/EG im Rahmen der Überarbeitung des Richtlinienpakets 2009 zurückgehen.

§ 72 TKG-1996 war seinerseits – wie zeitlich nachfolgend die post- und energiewirtschaftsrechtlichen Auskunftsermächtigungen § 45 PostG und § 69 EnWG bzw. § 18 EnWG-1998 – der kartellrechtlichen Informationsnorm § 59 GWB nachgebildet worden, weshalb die Diskussion über die Reichweite der regulierungsbehördlichen Auskunftsermächtigungen – entsprechend der grundsätzlich divergierenden Einordnung von Regulierung als neuartige Verwaltungsaufgabe[722] oder Übergangsform zur Kartellaufsicht[723] – immer auch als Abgrenzungsfrage zum allgemeinen Wettbewerbsrecht geführt wurde und wird.[724] Über die

---

718 § 127 Abs. 2 S. 1 Nr. 2 TKG.
719 § 127 Abs. 6 TKG.
720 § 127 Abs. 7 TKG.
721 BT-Drs. 15/2316, S. 100.
722 Vgl. nur *Ruffert*, Regulierung im System des Verwaltungsrechts, AöR 124 (1999), 237 (247 f.).; *Trute*, Regulierung – am Beispiel des Telekommunikationsrechts, in: Eberle/Ibler/Lorenz (Hrsg.), Der Wandel des Staates vor den Herausforderungen der Gegenwart, 2002, S. 169 ff.; *Masing*, Grundstrukturen eines Regulierungsverwaltungsrechts, DV 36 (2003), 1 ff.; *Kühling*, Sektorspezifische Regulierung in den Netzwirtschaften, 2004.
723 Vgl. nur *Berringer*, Regulierung als Erscheinungsform der Wirtschaftsaufsicht, 2004, v. *Danwitz*, Was ist eigentlich Regulierung?, DÖV 2004, 977 ff.
724 Eingehend für das Telekommunikationsrecht *Holznagel*, Die Erhebung von Marktdaten im Wege des Auskunftsersuchens nach dem TKG, 2001, S. 45 ff; vgl. zum Postrecht die umfassenden Ausführungen in Habersack/Holznagel/Lübbig (Hrsg.), Behördliche Auskunftsrechte und besondere Missbrauchsaufsicht im Postrecht, 2002, von einerseits *Holznagel*, Befugnisse der Regulierungsbehörde zur Erhebung von Marktdaten im Wege des

Frage einer »sektorspezifischen«[725] bzw. am Zweck der Regulierung[726] orientierten Auslegung der dem GWB nachempfundenen Auskunftsnormen hinaus hat die auf das Richtlinienpaket 2002 zurückgehende Ergänzung des Auskunftsrechts um den Auskunftsanspruch in § 127 Abs. 1 TKG seinerzeit nicht nur äußerlich zu einer tatbestandlichen Ausweitung[727] bzw. im Ergebnis zu einem Wegfall der tatbestandlichen Eingrenzung der unternehmerischen Informationspflichten gegenüber der Bundesnetzagentur geführt, sondern den Fokus gleichzeitig noch stärker auf eine eigenständige Betrachtung des regulierungsrechtlichen Informationsverwaltungsrechts gelenkt.

Während § 127 Abs. 2 S. 1 Nr. 1 TKG ähnlich wie die kartellrechtliche Auskunftsnorm zur Einholung von Informationen über deren wirtschaftlichen Verhältnisse berechtigt, normiert § 127 Abs. 1 S. 1 TKG eine umfassende Verpflichtung von Betreibern von öffentlichen Telekommunikationsnetzen und Anbietern von Telekommunikationsdiensten für die Öffentlichkeit, auf Verlangen der Bundesnetzagentur dieser zwecks einer wirksamen Aufgabenwahrnehmung Informationen zu erteilen und führt hierfür in § 127 Abs. 1 S. 2 Nr. 1 bis 7 TKG einen Katalog an Regelbeispielen auf.

Obwohl nach der Begründung des Gesetzentwurfs die Auskünfte nach Abs. 1, für dessen Wortlaut die Patenschaft von Art. 11 Abs. 1 UAbs. 1 RL 2002/20/EG unübersehbar und gewollt ist, zusätzlich zu der Auskunft nach Abs. 2 verlangt werden dürfen sollen,[728] geht letzterer wegen der offen gehalten Formulierung von Abs. 1 einerseits vollständig in diesem auf, ist aber andererseits wegen der dort geregelten und teilweise auf gleichgelagerte Zwecke gerichteten Erhebungsmodi[729] nicht einmal unbedingt spezieller[730] und damit letztlich als eigenständiges Auskunftsrecht überflüssig. Der Gesetzgeber hat hier offenbar sicherstellen wollen, dass bestimmte Informationen in jedem Fall eingeholt werden können und hierfür Überschneidungen auch mit anderen Befugnissen, die im

Auskunftsersuchens nach § 45 PostG, S. 55 (62 ff.), und andererseits *Lübbig*, Missbrauchsaufsicht im Postsektor, S. 91 (92 ff.). Im Übrigen sind und waren entsprechend der Entstehungsgeschichte nicht nur im Telekommunikations-, sondern ebenso im Post- und Energiewirtschaftsrecht weite Teile der Kommentierungen und – gerade zu Beginn der sektorspezifischen Regulierung – die Rechtsprechung an der überkommen Auslegung des kartellrechtlichen Tatbestands orientiert.

725 Vgl. das Resümee bei *Holznagel*, Die Erhebung von Marktdaten im Wege des Auskunftsersuchens nach dem TKG, 2001, S. 53 f.
726 Vgl. *Badura*, in: Badura u. a. (Hrsg.), PostG, 2. Aufl. 2004, § 45 Rn. 13, und auf diesen bezogen *VG Köln*, Beschluss v. 30.6.2009 – 22 L 582/09, N&R 2009, 276 (277); deutlich auch *OVG Münster*, Urteil v. 22.1.2008 – 13 A 4362/00 –, N&R 2008, 156 (158).
727 *Heun*, Das neue Telekommunikationsgesetz 2004, CR 2004, 893 (896); *Lammich*, in: Manssen (Hrsg.), Telekommunikations- und Multimediarecht, Bd. 1, § 127 Rn. 3.
728 BT-Drs. 15/2316, S. 100.
729 Vgl. insbesondere § 127 Abs. 1 S. 2 Nr. 3 bis 5 TKG.
730 In diese Richtung aber wohl *Ruffert*, in: Säcker (Hrsg.), TKG, 2. Aufl. 2009, § 127 Rn. 7.

Regelungskonzept des TKG-1996 noch deutlicher getrennte Anwendungsbereiche hatten, in Kauf genommen. So dürfte beispielsweise neben § 127 Abs. 2 TKG auch § 115 Abs. 1 S. 2 TKG inhaltlich fast vollständig in § 127 Abs. 1 TKG aufgehen.[731] Die Ergänzung des Abs. 2 im Rahmen der TKG-Novelle 2012 durchbricht indes sowohl die bisherige Umsetzungspraxis, nach der die Umsetzung von Art. 11 RL 2002/20/EG durch § 127 Abs. 1 TKG erfolgte, als auch die Systematik zwischen Anordnungsbefugnissen gegenüber marktmächtigen Unternehmen und allgemeinen Informationsberechtigungen.[732]

II. Voraussetzungen und Umfang des Informationsanspruchs

1. Anwendungsbereich

Die Bundesnetzagentur kann nach § 127 Abs. 2 S. 1 Nr. 1 TKG Auskünfte verlangen, soweit es zur Erfüllung der ihr im TKG übertragenen Aufgaben bzw. nach § 127 Abs. 1 S. 1 TKG im Rahmen der Rechte und Pflichten aus dem Gesetz für den Vollzug des Gesetzes erforderlich ist.

Damit erfolgt zunächst eine Abgrenzung der sachlichen Reichweite der Befugnis gegenüber anderen Gesetzen, indem das Auskunftsrecht auf den durch das TKG zugewiesenen Zuständigkeitsbereich der Bundesnetzagentur begrenzt wird. Gerade die Formulierung in § 127 Abs. 2 TKG ähnelt deshalb nicht zufällig der zentralen Aufgabenzuweisungsnorm § 116 TKG, nach der die – enumerativ über das Gesetz verstreuten – Aufgaben und Befugnisse der Bundesnetzagentur zur Wahrnehmung anvertraut sind.[733] Dadurch wird deutlich, dass die Formulierung der »in diesem Gesetz der Bundesnetzagentur übertragenen Aufgaben« bzw. die Notwendigkeit von Informationen »für den Vollzug dieses Gesetzes« in erster Linie eine organisationsrechtliche Bedeutung hat. Zur Aufgabenerfüllung ist die Behörde nur dann berufen, wenn ihr die Vollzugszuständigkeit zufällt. Aufgabenerfüllung im Sinne von § 127 Abs. 2 TKG meint daher nichts anderes als Gesetzesvollzug im Rahmen konkreter Rechte und Pflichten nach dem TKG und ist damit gleichbedeutend mit der in § 127 Abs. 1 S. 1 TKG gewählten Formulierung.[734]

---

731 Zum unterschiedlichen Adressatenkreis möglicher Anordnungen aber oben Teil II, A. I. 2.
732 Vgl. unten B. II. 4. a) cc).
733 Ebenso formuliert § 2 Abs. 1 Nr. 2, Abs. 2 BNAG für Tätigkeiten auf dem Gebiet des Telekommunikationsrecht insgesamt, dass die Bundesnetzagentur die Verwaltungsaufgaben wahrnimmt, die ihr durch Gesetz oder auf Grund eines Gesetzes zugewiesen sind.
734 Parallele Verwendung der Begriffe daher bei *Nübel*, in: Geppert u. a. (Hrsg.), TKG, 3. Aufl. 2006, § 127 Rn. 14, 21; *Bergmann*, in: Scheurle/Mayen (Hrsg.), TKG, 2. Aufl.

Zur Wahrnehmung von Aufgaben nach anderen Gesetzen auch im Bereich des Telekommunikationsrechts, etwa nach dem PTSG oder dem EMVG, ist – sofern vorhanden[735] – auf die dortigen Ermächtigungsgrundlagen zurückzugreifen. Auch wenn § 116 TKG etwas weiter von Aufgaben »nach« und nicht von »in« diesem Gesetz spricht, greift es zu kurz, Aufgaben, die auf Grund des Gesetzes zu erfüllen sind, von vornherein aus dem Anwendungsbereich von § 127 Abs. 2 TKG auszunehmen.[736] Dies widerspräche dem Zweck der – im direkten Zusammenhang geregelten – allgemeinen wirtschaftsverwaltungsrechtlichen Befugnisnorm § 126 TKG, in dem der Regulierungsbehörde die Überwachung der Einhaltung der Vorschriften des TKG und der auf Grund des TKG ergangenen Maßnahmen aufgegeben wird.[737] Entsprechend werden nach § 127 Abs. 1 S. 1 TKG die Telekommunikationsnetzbetreiber und Diensteanbieter für die Öffentlichkeit »nur« verpflichtet, im Rahmen der Rechte und Pflichten »aus diesem Gesetz« Auskünfte zu erteilen, während § 127 Abs. 1 S. 2 Nr. 1 TKG klarstellt, dass auch Verpflichtungen auf Grund des Gesetzes in den Anwendungsbereich der Norm fallen.[738] Der Gefahr ausufernder Zuständigkeiten stehen ohnehin die in Art. 80 Abs. 1 S. 2 GG aufgeführten Anforderungen entgegen.[739]

2. Aufgabenbezug und Gesetzesvorbehalt

Im Hinblick auf die mit einem Auskunftsverlangen verbundenen Grundrechtsbeeinträchtigungen bedarf es grundsätzlich einer Anbindung konkreter Ersuchen an gesetzlich möglichst präzise beschriebene Aufgabenstellungen, die Informationsinteressen der Behörde legitimieren können. Im Schrifttum zu § 72 Abs. 1 Nr. 1 TKG-1996 wurde deshalb angesichts des Wortlauts des Auskunftsrechts die

---

2008, § 127 Rn. 9 und implizit auch Rn. 19 ff.; unklar *Ruffert*, in: Säcker (Hrsg.), TKG, 2. Aufl. 2009, § 127 Rn. 3, der die größere Reichweite von Abs. 1 mit diesem Begriff erklärt.
735 Das Amateurfunkgesetz (Gesetz über den Amateurfunk [AFuG 1997] v. 23.6.1997, BGBl. I, S. 1494) enthält keine spezifizierten Informationsbefugnisse der Bundesnetzagentur. § 7 Abs. 3 S. 1 AFuG enthält lediglich eine selbstständige Beibringungspflicht von Funkamateuren von Berechnungsunterlagen und ergänzenden Messprotokollen für die ungünstigste Antennenkonfiguration ihrer Funkstelle vor Betriebsaufnahme gegenüber der Bundesnetzagentur.
736 So aber bzgl. § 45 Abs. 1 PostG unter Berufung auf den »bereichsspezifischen« Wortlaut *Gramlich*, Anmerkung zu den Beschlüssen des VG Köln vom 13. August 2007 – Az. 22 L 1042/07 und des OVG Münster vom 31. Oktober 2007 – Az. 13 B 1428/07 – 1471/07, N&R 2008, 49 (51).
737 Vgl. *Nübel*, in: Geppert u. a. (Hrsg.), TKG, 3. Aufl. 2006, § 127 Rn. 21.
738 Zur Notwendigkeit einer einschränkenden Auslegung von § 127 Abs. 1 S. 1 Nr. 1 TKG aber unten B. II. 4. b) aa) (1) und B. II. 4. b) bb).
739 Vgl. auch Fn. 734.

Wichtigkeit betont, die der Behörde übertragenen Aufgaben nicht mit einem global gefassten Regulierungsauftrag gleichzusetzen – berechtigterweise gerade weil das Gesetz diesen in § 2 Abs. 1 TKG als Aufgabe der Bundesnetzagentur formuliert – und als Ansatzpunkt einer Auslegung (ungeachtet der uneinheitlichen Verwendung durch den Gesetzgeber) die im Gesetz konkret genannte Einzelaufgabe in Abgrenzung zu Regulierungsaufgaben und Aufgabenkomplexen vorgeschlagen.[740]

Zweifellos bilden sowohl die insofern schon sprachlich zu unterscheidenden[741] Regulierungsziele und Gesetzeszwecke[742] als auch thematisch eingrenzbare Sachbereiche, insbesondere die oftmals mit den Abschnittsüberschriften identischen Aufgabenbereiche[743], die Handlungsoptionen der Behörde nicht konkret

---

[740] Vgl. nur *Holznagel/Schulz*, Die Auskunftsrechte der Regulierungsbehörde aus § 72 TKG und § 45 PostG, MMR 2002, 364 (366); *Holznagel*, Die Erhebung von Marktdaten im Wege des Auskunftsersuchens, 2001, S. 36 ff.; allein zum Postrecht auch *Holznagel*, Befugnisse der Regulierungsbehörde zur Erhebung von Marktdaten im Wege des Auskunftsersuchens nach § 45 PostG, in: Habersack/Holznagel/Lübbig (Hrsg.), Behördliche Auskunftsrechte und besondere Missbrauchsaufsicht im Postrecht, 2002, S. 55 (60 ff.); *Badura*, in: Badura u. a. (Hrsg.), PostG, 2. Aufl. 2004, § 45 Rn. 14.

[741] Zur Abgrenzung *Baer*, Verwaltungsaufgaben, in: Hoffmann-Riem/Schmidt-Aßmann/Voßkuhle (Hrsg.), Grundlagen des Verwaltungsrechts, Bd. I, 2006, § 11 Rn. 11; *Trute*, Gemeinwohlsicherung im Gewährleistungsstaat, in: Schuppert/Neidhart (Hrsg.), Gemeinwohl – Auf der Suche nach Substanz, 2002, S. 329.

[742] Vgl. §§ 1, 2 Abs. 2 TKG. Missverständlich insofern aber *VG Köln,* Beschluss v. 24.11.1999 – 22 L 2311/99 –, NRWE Rn. 8 ff., wonach die postrechtliche Auskunftsermächtigung nach § 45 PostG ebenso wie die gleichlautende Vorschrift § 72 TKG-1996 der Regulierungsbehörde ermöglichen solle, ihren Aufgaben nach §§ 1, 2 PostG – die den §§ 1, 2 TKG ähneln – wirksam nachzukommen. Vgl. insofern auch die an der Normbestimmtheit ansetzende Kritik bzgl. § 8 Abs. 2 TKG-1996 bei *Bullinger*, Regulierung als modernes Instrument zur Ordnung liberalisierter Wirtschaftszweige, DVBl. 2003, 1355 (1358).

[743] Ungenau deshalb *OVG Münster*, Beschluss v. 26.1.2000 – 13 B 47/00 –, NVwZ 2000, 702, wonach gesetzliche Aufgabe der RegTP u. a. die Entgeltregulierung (§§ 19 ff., 28 Abs. 2 und 3 PostG) und die besondere Missbrauchsaufsicht (§ 32 PostG) sei. Zur Abgrenzung von Einzelaufgaben und Querschnittsaufgaben am Beispiel der Entgeltregulierung auch umfassend *Holznagel*, Die Erhebung von Marktdaten im Wege des Auskunftsersuchens, 2001, S. 37 ff. Die dort vorgetragene Argumentation, dass durch eine für die »Aufgabe« Entgeltregulierung vorgenommene vorsorgliche Erhebung allgemeiner Wirtschaftsdaten die Fristen und Verdachtsschwellen der besonderen Befugnisnormen unterlaufen würden, zielt jedoch am Problem vorbei, weil dies auch bei konkreten Einzelaufgaben der Fall sein kann. Dies ist eine Frage der Gesetzesspezialität und möglicherweise damit verbundener Sperrwirkungen. Auch die von *Holznagel*, Befugnisse der Regulierungsbehörde zur Erhebung von Marktdaten im Wege des Auskunftsersuchens nach § 45 PostG, in: Habersack/Holznagel/Lübbig (Hrsg.), Behördliche Auskunftsrechte und besondere Missbrauchsaufsicht im Postrecht, 2002, S. 55 (61), gezogene Schlussfolgerung, ein von konkreten Normen gelöstes Aufgabenverständnis führe dazu, dass auch schon im Vorfeld einzelner Regulierungsentscheidungen Auskünfte bei den Unternehmen eingeholt werden könnten, lässt im Übrigen nicht den Umkehrschluss zu, dass konkrete

genug ab, um in Verbindung mit den lediglich durch das Erforderlichkeitsmerkmal begrenzten Auskunftsermächtigungen den rechtsstaatlichen Ansprüchen an Eingriffsgrundlagen insgesamt zu genügen. Eine so verstandene derartig weite Generalermächtigung würde weder dem Grundsatz der Normenbestimmtheit noch dem Verhältnismäßigkeitsprinzip gerecht werden.[744]

Aufgaben im Sinne der sektorspezifischen Auskunftsermächtigungen müssen deshalb auf eine konkrete Rechtsgrundlage zurückführbar sein, das heißt eine Verwaltungstätigkeit, für die durch die Bundesnetzagentur Informationen erhoben werden, muss im Wege der überkommenen Auslegungsmethoden aus dem Gesetz ableitbar sein.[745] Damit ist freilich nicht mehr als die Selbstverständlichkeit ausgedrückt, dass der Vorbehalt des Gesetzes grundsätzlich[746] auch im Bereich des Regulierungsverwaltungsrechts gilt. Auskunftsanordnungen dürfen insofern im Hinblick auf intendierte Regulierungsmaßnahmen generell nur anlassabhängig erfolgen.[747]

Inwieweit auch konkrete Einzelaufgaben welche Maßnahmen erfordern und entsprechende Informationsbedarfe mit sich bringen, lässt sich hieraus allerdings nicht generell ableiten, sondern bedarf einer näheren Betrachtung des jeweiligen Einzelfalls. Eine entscheidende Bedeutung kommt insofern im Regulierungsverwaltungsrecht Maßnahmen der entscheidungsvorstrukturierenden Eigenprogrammierung – vor allem im Bereich der Entgeltregulierung – zu, deren Bedarf in der Regel situativ, markt- und technologieabhängig ermittelt wird.[748] Da auch jenseits von Einzelfallentscheidungen die Aufgaben nicht zur behördlichen Disposition stehen, der Gesetzgeber die Informationsbedürfnisse aber nur unzu-

---

Aufgabenstellungen nur zur Informationserhebung innerhalb eines laufenden Verfahrens berechtigen. Vgl. schon *Spoerr*, in: Trute/Spoerr/Bosch (Hrsg.), TKG, 2001, § 72 Rn. 12.

744 *Gärditz*, Regulierungsrechtliche Auskunftsanordnungen als Instrument der Wissensgenerierung, DVBl. 2009, 69 (73); *Holznagel/Schulz*, Die Auskunftsrechte der Regulierungsbehörde aus § 72 TKG und § 45 PostG, MMR 2002, 364 (366).

745 Auch hierbei mit verschiedenen Perspektiven und deshalb unterschiedlich konkret gefassten Aufgabenstellungen (in der gleichen Rechtsangelegenheit) *VG Köln*, Beschluss v. 30.6.2009 – 22 L 582/09, N&R 2009, 276 (278): »Erteilung und Widerruf von Lizenzen gem. §§ 6 und 9 PostG als übertragene Aufgabe i. S. d. § 45 Abs. 1 PostG«, sowie *OVG Münster*, Beschluss v. 5.10.2009 – 13 B 1056 –, NVwZ 2010, 270 (272): »Gesetzlich normierte Aufgabe der Kontrolle, ob die im lizenzierten Bereich üblichen wesentlichen Arbeitsbedingungen eingehalten oder erheblich unterschritten werden (§ 6 Abs. 3 Satz 1 Nr. 3 PostG)«.

746 Zu dessen Modifikationen im Gewährleistungsstaat aber *Hoffmann-Riem*, Gesetz und Gesetzesvorbehalt im Umbruch, AöR 130 (2005), 5 ff.; *Ladeur/Gostomzyk*, Der Gesetzesvorbehalt im Gewährleistungsstaat, DV 36 (2003), 141 ff.

747 *Gärditz*, Regulierungsrechtliche Auskunftsanordnungen als Instrument der Wissensgenerierung, DVBl. 2009, 69 (73).

748 Vgl. unten B. II. 3. c) cc).

reichend gesetzlich abstrahieren kann,[749] kommt den Verfahren, in denen derartige konzeptionelle Festlegungen getroffen werden, auch unter legitimatorischen Aspekten eine hohe Bedeutung zu. Die Regulierungsbehörde stellt daher jährlich einen an den Regulierungszielen ausgerichteten »Management-Plan« auf, in dem die in einem bestimmten Planungszeitraum von der Bundesnetzagentur zu begutachtenden grundsätzlichen rechtlichen und ökonomischen Fragestellungen festgehalten werden.[750] Dies geschieht in enger Abstimmung mit dem Beirat der Bundesnetzagentur,[751] in dem jeweils zur Hälfte Mitglieder des Bundestages und des Bundesrates vertreten sind, und zudem in einem öffentlichen Verfahren, in das alle interessierten Kreise eingebunden sind.

In Anbetracht der hierdurch gewonnen Flexibilität können in Grundrechtseingriffslagen nur entsprechend erhöhte Begründungslasten eine Kontrolle gesetzesgebundenen Handelns ermöglichen.[752] Nach § 127 Abs. 3 S. 1 und 2 TKG sind die entsprechenden Rechtsgrundlagen neben dem Gegenstand und dem Zweck des Auskunftsverlangens in der schriftlich zu erlassenden Verfügung zu benennen und können damit nicht nur von den Adressaten des Ersuchens, sondern ggf. auch durch die Gerichte nachvollzogen werden.[753]

Zu vorschnell und weitgehend ist aber allemal die Annahme, bestimmte gesetzlich konkret gefasste Handlungsaufträge der Bundesnetzagentur fielen schon ihrer Eigenart wegen aus dem gesetzlich übertragenen Aufgabenbereich. Eine Einschränkung auf bestimmte Aufgaben bzw. Ermächtigungen lässt sich weder dem Wortlaut von § 127 Abs. 2 TKG noch seiner systematischen Stellung entnehmen.[754] Auch nicht auf den Erlass einer (konkreten) Verfügung gerichtete Aufgaben evaluativer und planender Natur lassen sich nicht pauschal als Einfallstore illegitimer und uferloser Informationsbedürfnisse ausmachen. Auch hier muss im Einzelfall einerseits geschaut werden, ob die gesetzlich übertragenen Aufgaben prinzipiell berechtigte Informationsinteressen nach sich ziehen[755] so-

---

749 Vgl. unten B. II. 3. c) bb).
750 Vgl. § 122 Abs. 2 TKG. Zu dieser für Regulierungsbehörden typischen Praxis *Geppert*, in: Geppert u. a. (Hrsg.), TKG, 3. Aufl. 2006, § 122 Rn. 6 ff..
751 Vgl. § 120 Nr. 5 TKG.
752 Vgl. dazu auch unten B. II. 5. c).
753 *Eifert*, Die gerichtliche Kontrolle der Entscheidungen der Bundesnetzagentur, ZHR 174 (2010), 449 (472).
754 Vgl. aber etwa *Gräfer/Schmitt*, Die Befugnisse der Kartell- und Regulierungsbehörden zur Durchführung von Enqueteuntersuchungen, N&R 2007, 2 (5), die »nicht regulierungsspezifische Aufgaben« aus dem Anwendungsbereich der Norm ausnehmen wollen. Offen gelassen etwa für § 45 PostG beim *VG Köln*, Urteil v. 20.6.2000 – 22 K 7663/99 –, NRWE Rn. 33.
755 Ablehnend bzgl. evaluativer Aufgaben wie dem turnusgemäßen Auftrag zur Anfertigung eines Tätigkeitsberichts nach § 121 TKG etwa *Gärditz*, Regulierungsrechtliche Auskunftsanordnungen als Instrument der Wissensgenerierung, DVBl. 2009, 69 (73); a. A.

wie andererseits – und erst auf dieser Ebene kann ein subjektiver Rechtsschutz ansetzen[756] – ob ein konkretes Informationsbedürfnis zumutbar auch die Mitwirkung Privater erfordern kann.

### 3. Funktionelle Abgrenzung zum allgemeinen Kartellrecht

Da § 127 Abs. 2 TKG sprachlich dem kartellbehördlichen Auskunftsrecht nachgebildet wurde,[757] stellt sich die Frage inwieweit auf dieses bezogene Auslegungsgrundsätze auf das sektorspezifische Kartellrecht übertragbar sind. Allerdings erlaubt der Wortlaut der Tatbestände hierbei kaum Aufschlüsse, da diese als Verweisungen auf das jeweilige Aufgabenprofil selbst keine inhaltlichen Maßstäbe bereithalten. Aus diesem Grund bietet sich ein funktionaler Vergleich zwischen den bestehenden Kompetenzen an, um die Bedeutung der Informationsinstrumente bei der Aufgabenwahrnehmung besser einordnen zu können.

#### a) Kartellbehördliches Aufgabenprofil

Die auffälligste Unterscheidung zwischen beiden Vorschriften ergibt sich aus deren jeweiliger Stellung im Gesetz. Während sich § 127 TKG im allgemeinen Abschnitt über die Befugnisse der Bundesnetzagentur findet, ist § 59 GWB in die Vorschriften über das förmliche Verfahren vor den Kartellbehörden integriert. Die Kartellbehörde leitet nach § 54 Abs. 1 S. 1 GWB ein Verfahren von Amts wegen oder auf Antrag ein und schließt dieses nach § 61 Abs. 1 S. 1 GWB durch eine Verfügung ab, sofern nach § 61 Abs. 2 GWB keine Einstellung des Verfahrens erfolgt. Im allgemeinen Wettbewerbsrecht werden dementsprechend auch nur solche Vorschriften als »aufgabenübertragend« anerkannt, die auf den Erlass einer Verfügung durch das Bundeskartellamt gerichtet sind. Nur wenn die Kenntnis bestimmter Tatsachen für den Erlass einer Verfügung erforderlich ist, sich also auf eine Sachnorm erstrecken, über deren Anwendung durch eine förm-

---

*Holznagel*, Die Erhebung von Marktdaten im Wege des Auskunftsersuchens nach dem TKG, 2001, S. 65 ff.
756 Auch die kartellrechtliche Rechtsprechung leitet die Voraussetzung, dass eine Tatsachenkenntnis für die Entscheidung benötigt wird, die in den Erlass einer Verfügung mündet, nicht aus dem Aufgabenprofil, sondern aus dem Merkmal der Erforderlichkeit her. Vgl. etwa *KG Berlin*, Beschluss v. 23.12.1982 – Kart 28/82 –, WuW/E OLG 2892 (2897).
757 Vgl. zu § 72 TKG a. F. (§ 69 TKG-E) BT-Drs. 13/3609, S. 51.

liche Verwaltungsentscheidung zu entscheiden ist, darf die Kartellbehörde von ihrem Auskunftsrecht Gebrauch machen.[758]

Entsprechende Ermächtigungen zum Erlass kartellbehördlicher Entscheidungen finden sich insbesondere im sechsten Abschnitt des ersten Teils des GWB, in dem die allgemeinen Sanktionsinstrumente der Kartellbehörden geregelt sind.[759] Weitere Befugnisse finden sich darüber hinaus im Rahmen der Fusionskontrolle,[760] bei der Aufstellung bereichsspezifischer Wettbewerbsregeln von Wirtschafts- und Berufsvereinigungen[761] sowie innerhalb der Sonderregeln für bestimmte Wirtschaftsbereiche.[762]

Wie der Name des Gesetzes impliziert, ist das nationale Kartellrecht, ebenso wie das europäische, auf den Schutz des Wettbewerbs vor – privat veranlassten – Beschränkungen ausgerichtet. Dies beruht auf der Grundannahme, dass ein funktionsfähiger und unverfälschter Wettbewerb insgesamt ein Höchstmaß an unternehmerischer Entscheidungsfreiheit sichert, deren rationaler Einsatz im Eigeninteresse zu Effizienzsteigerungen führt, die in gesamtwirtschaftlicher Summierung zu Wohlfahrtsgewinnen führen. Die Prozesshaftigkeit des Marktgeschehens ist dort gefährdet, wo Marktstrukturen oder Wettbewerbsverhalten die Unabhängigkeit und damit die Rationalität der Entscheidungsfindung zu stark beeinträchtigen oder vollständig verhindern. Wettbewerbsrecht hat deshalb zum Ziel, den Aufbau endgültiger Machtpositionen zu verhindern, damit der Wettbewerb seine wirtschafts- und gesellschaftspolitischen Funktionen erfüllen kann.[763]

---

758 *KG Berlin*, Beschluss v. 18.6.1971 – Kart 3/71 –, WuW/E OLG 1189 (1190); *Klaue*, in: Immenga/Mestmäcker (Hrsg.), Wettbewerbsrecht, Bd. 2: GWB, 4. Aufl. 2007, § 59 Rn. 19.
759 Im Einzelnen stehen der Kartellbehörde hierbei folgende Befugnisse zum Erlass von Verfügungen zu: Verpflichtung zur Abstellung einer Zuwiderhandlung gegen das GWB sowie Art. 81, 82 EGV bzw. Art. 101, 102 AEUV (§§ 32, 32a GWB), Verbindlichkeitserklärung unternehmerischer Verpflichtungszusagen (§ 32b GWB), Untätigkeitsentscheidung (§ 32c i. V. m. § 3 Abs. 2 GWB), Regionaler Entzug einer Gruppenfreistellung (§ 32d GWB), Anordnung der Vorteilsabschöpfung (§ 34 GWB).
760 Untersagung oder Freigabe des Zusammenschlusses (§ 40 Abs. 2 GWB) bzw. der Widerruf einer Freigabe (§ 40 Abs. 3a GWB), Befreiung vom Vollzugsverbot (§ 41 Abs. 2 GWB).
761 Nach § 26 Abs. 1 S. 1 GWB erfolgt die Anerkennung von Wettbewerbsregeln durch Verfügung der Kartellbehörde und hat nach S. 2 zum Inhalt, dass die Kartellbehörde von den ihr nach dem Sechsten Abschnitt zustehenden Befugnissen keinen Gebrauch machen wird. Insofern steht sie in einem inneren Zusammenhang zu den in Fn. 759 genannten Ermächtigungen. Ebenfalls eine Entscheidung i. S. d. § 59 Abs. 1 GWB ist die Rücknahme bzw. der Widerruf der Anerkennung nach § 26 Abs. 4 GWB.
762 Nach § 30 Abs. 3 GWB kann die Kartellbehörde unter bestimmten Voraussetzungen die – grundsätzlich zulässige – vertikale Preisbindung beim Vertrieb von Presseerzeugnissen für unwirksam erklären und zukünftig für vergleichbare Fälle verbieten.
763 Näher *Wiedemann*, in: Wiedemann (Hrsg.), Kartellrecht, 2. Aufl. 2008, § 1 Rn. 1 ff.

Die kartellbehördlichen Entscheidungsverfahren verfolgen insofern einen monofinalen Ansatz. Kennzeichnend hierfür sind Verbotstatbestände, deren Einhaltung durch die Marktteilnehmer von den Kartellbehörden überwacht wird. Die Grundtatbestände bilden hierbei vor allem partiell an Erlaubnisvorbehalte geknüpfte Verhaltensverbote. Inhaltlich umfasst sind hiervon zum einen bi- oder multilaterale wettbewerbsbeschränkende Vereinbarungen und aufeinander abgestimmte Verhaltensweisen – die sog. Kartellbildung – seit der 7. GWB-Novelle auch in vertikaler Hinsicht,[764] darüber hinaus die missbräuchliche Ausnutzung einer früher erlangten Marktstellung durch einseitige Handlung eines oder mehrerer Unternehmen[765] und schließlich die Entstehung bzw. Intensivierung einer marktbeherrschenden Stellung durch Unternehmenszusammenschluss.[766] Verhaltensgebote sind demgegenüber auf die selteneren Fälle begrenzt, in denen die Zuwiderhandlung durch ein Unterlassen eintritt bzw. eintreten würde, wie etwa bei der Verweigerung des Zugangs zu wesentlichen Einrichtungen, die einem Wettbewerber die Konkurrenztätigkeit rechtlich oder faktisch unmöglich machen würde.[767] Ein konkretes Verhalten kann aber auch als Bedingung einer Verfügung gefordert werden, beispielsweise die Trennung von einem Geschäftszweig oder Unternehmensteil als Voraussetzung einer Fusion.

Dementsprechend erschöpft sich die allgemeine kartellrechtliche Wettbewerbsaufsicht nach dem GWB weitestgehend in einer auf die Überwachung der Einhaltung der Verbotstatbestände ausgerichteten Verhaltens- und Strukturaufsicht. Das Verständnis von § 59 GWB ist insofern vorgeprägt als Instrument zur Sachverhaltsermittlung, um entsprechendes Fehlverhalten aufzuklären. Auch soweit geplante Strukturveränderungen in Kontrolle des präventiven Vollzugsverbotes mit Erlaubnisvorbehalt[768] ein prognostisches Urteil über die Auswirkungen auf die Marktkonzentration erfordern oder sich der Missbrauch von Marktmacht in einem Unterlassen äußert, ist der Bezugspunkt des Auskunftsrechts stets die einzelfallbezogene Untersuchung wirtschaftlicher Verhältnisse, um eine rechtswidrige Störung des Wettbewerbs zu verhindern.

Dies verdeutlicht, warum eine Rückanbindung der Ermittlungsbefugnisse an konkrete Verwaltungsverfahren schon vor deren systematischer Einbettung in die Vorschriften über das kartellbehördliche Verwaltungsverfahren verlangt wurde.[769] Schon im Gesetzgebungsverfahren zum Erlass des GWB war eine De-

---

764 § 1 GWB.
765 §§ 19 ff., 29 GWB.
766 §§ 35 ff. GWB.
767 § 19 Abs. 4 Nr. 4 GWB.
768 Vgl. § 41 Abs. 1 GWB.
769 Vgl. etwa *Hermanns*, Ermittlungsbefugnisse der Kartellbehörde, 1978, S. 22. Die Diskussion, ob sich der Geltungsbereich der Vorgängernorm neben der Verwaltungstätigkeit auch auf Bußgeldverfahren (eingehend *Wieckmann*, Das Auskunftsuchen im System

batte über den Informationsbedarf der Kartellbehörden geführt worden. Gegenstand eines Vorschlags des Bundesrates war seinerzeit die ausdrückliche Erstreckung der Informationsbefugnis auf die Aufgabe des Bundeskartellamts zur Anfertigung von Jahresberichten, um eine angemessene Wissensbasis für die Missbrauchsaufsicht zu schaffen.[770] Die Bundesregierung lehnte den Ergänzungsvorschlag jedoch aus »rechtsstaatlichen Gründen« ab, weil sie die Gefahr einer unkontrollierten Ausdehnung des Auskunfts- und Prüfungsrechts befürchtete.[771] Auf einen ausdrücklichen Hinweis, dass das Auskunftsrecht nur anlassbedingt eingeholt werden könne bzw. auf das Maß zu beschränken sei, das zur Erreichung des Zwecks erforderlich sei, wurde jedoch letztendlich verzichtet, weil man sich davon keine über die ohnehin bestehende Bindung an das Verhältnismäßigkeitsprinzip hinausgehende Wirkung versprach.[772] Diese vor allem aus der historischen Auslegung resultierende Grenzziehung des Informationsanspruchs wird häufig in dem Satz zusammengefasst, die kartellbehördliche Auskunftsnorm enthalte kein Enquête-Recht.[773]

Auch damit sollte letztlich zum Ausdruck gebracht werden, dass die Informationsbefugnisse nicht isoliert einsetzbar, sondern an konkrete Handlungsermächtigungen rückanzubinden sind. Dies muss gerade in Abgrenzung zum Vorschlag gesehen werden, allgemeine Beobachtungen über die Marktverhältnisse zu betreiben. Vor dem Hintergrund des beschriebenen Aufgabenprofils der Kartellbehörden überrascht es wenig, dass die Anregung des Bundesrats eine ergänzende Normierung vorsah, wenngleich mit einer Regelung im Zusammenhang mit dem Jahresbericht nicht der erwünschte Effekt eingetreten wäre. Auch eine ausdrückliche Ergänzung des Auftrags zur Berichterstattung um sämtliche Ermittlungsbe-

---

kartellbehördlicher Eingriffsbefugnisse, 1977, S. 150 ff.; *Lupberger*, Auskunfts- und Prüfungsverfahren der Kartellbehörden gegen Unternehmen und verfassungsrechtlicher Datenschutz, 1987, S. 156 ff.) und zivilrechtliche Streitigkeiten (offengelassen noch vom *KG Berlin*, Beschluss v. 27.3.1981 – Kart 15/81 –, WuW/E OLG 2446 [2447]) erstreckte, kann allerspätestens durch die jetzige Stellung im Gesetz als überholt gelten. Auch wenn § 127 TKG nicht in den Verfahrensvorschriften geregelt ist, wird eine Anwendungsbeschränkung auf Verwaltungstätigkeiten gleichfalls einhellig angenommen, vgl. nur *Ruffert*, in: Säcker (Hrsg.), TKG, 2. Aufl. 2009, § 127 Rn. 5. Dies ergibt sich überdies neben dem eindeutigen Regelungszweck implizit schon aus dem in Abs. 8 S. 2 TKG geregelten Verwertungsverbot für andere Verfahren.

770 BT-Drs. II/1158, S. 67.
771 BT-Drs. II/1158, S. 83.
772 Ausführlich *Reuter*, Kartellbehördliche Recherche als Eingriff in Freiheit und Eigentum, 1984, S. 49 f.
773 Vgl. schon *Blum*, Die Auskunfts- und sonstigen Ermittlungsrechte der Kartellbehörden nach dem Gesetz gegen Wettbewerbsbeschränkungen, dem Gesetz über Ordnungswidrigkeiten und dem europäischen Kartellrecht, 1968, S. 114 f.; *Wieckmann*, Das Auskunftsersuchen im System kartellbehördlicher Eingriffsbefugnisse, 1977, S. 31; vgl. auch *BGH*, Beschluss v. 15.12.1960 – KVR 1/60 –, GRUR 1961, 247 (248).

fugnisse hätte schon wegen dessen Zwecksetzung kaum zur Zulässigkeit der Untersuchung bestimmter Wirtschaftszweige oder – Sektoren übergreifend – einer bestimmten Art von Vereinbarungen geführt, wie nunmehr § 32e GWB in Anlehnung an Art. 17 VO 1/2003 ausdrücklich für den Fall ermöglicht, dass starre Preise oder andere Umstände vermuten lassen, dass der Wettbewerb im Inland möglicherweise eingeschränkt oder verfälscht ist.[774]

Zwar erstreckte sich damals wie heute der Berichtsauftrag nicht nur auf eine Darstellung der eigenen Tätigkeit im Anwendungsbereich des Gesetzes, sondern ebenfalls auf eine Analyse der Lage und Entwicklung im Aufgabengebiet des Bundeskartellamts.[775] Diese Analyse erschöpft sich auch nicht in einer ebenfalls zu leistenden kritischen rechtspolitischen Würdigung aller wettbewerbsrelevanten Vorgänge.[776] Vielmehr sind vom Bundeskartellamt – natürlich auch anhand des eigenen Wirkens – die Auswirkungen des Gesetzes auf die Wettbewerbsverhältnisse insgesamt und auf die einzelnen Märkte darzustellen.[777] Es geht hierbei aber weniger um die Kenntnis einzelner Unternehmensverhältnisse, sondern um eine Veranschaulichung der Grundbedingungen, die in einzelnen Wirtschaftszweigen vorherrschen. Soweit für die Erfüllung dieser Aufgabe die bei der Behörde vorhandenen sowie frei verfügbaren[778] Daten keine Rückschlüsse auf die Wettbewerbsverhältnisse in ihrer Gesamtheit zulassen, dürfte die Heranziehung statistischer Rahmendaten[779] und der sonstige Informationsaustausch mit anderen Behörden in der Regel zur Erfüllung des Berichtsauftrags ausreichen.[780] Eine

---

774 In ihrer Stellungnahme zum Vorschlag des Bundesrats teilte die Bundesregierung damals mit, es sei nicht ersichtlich, in welcher Weise durch das Auskunfts- und Prüfungsrecht des Bundeskartellamts für die Erstellung dessen Jahresberichts dem Missbrauch von Marktmacht entgegengewirkt werden könnte, vgl. BT-Drs. II/1158, S. 83.
775 Vgl. § 53 Abs. 1 GWB.
776 Dazu *Klaue*, in: Immenga/Mestmäcker (Hrsg.), Wettbewerbsrecht, Bd. 2: GWB, 4. Aufl. 2007, § 53 Rn. 1.
777 Vgl. schon BT-Drs. II/1158, S. 49.
778 Umfangreiche Informationen ergeben sich aus Offenlegungspflichten, die etwa im Bundesanzeiger und im Handelsregister veröffentlicht werden, Angaben aus Geschäftsberichten und privaten kommerziellen Wirtschaftsdatenbanken. In jüngerer Zeit werden diese Daten nicht nur von den berichterstattenden Stellen zunehmend mit den statistischen Angaben verknüpft, um aussagekräftigere Abbildungen über die wirtschaftliche Realität zu erhalten (vgl. auch § 1 Abs. 2 StatRegG, wonach diese Angaben auch in die statistischen Angaben selbst einfließen können).
779 Die Übermittlung statistischer, individuell zuordnungsfähiger Angaben allein auf Grund von § 4 VwVfG ist dagegen unzulässig, weil dieser keine ausdrückliche Ausnahmevorschrift zur Durchbrechung der statistischen Geheimhaltung i. S. d. § 16 Abs. 1 S. 1 BStatG darstellt, vgl. *Dorer/Mainusch/Tubies*, BStatG, 1988, § 16 Rn. 19.
780 Die Monopolkommission, deren gesetzlicher Berichtsauftrag nach § 44 Abs. 1 GWB im Übrigen mit der Fokussierung auf die Unternehmenskonzentration und Zusammenschlusskontrolle rechtlich konkreter gefasst ist als derjenige des Bundeskartellamts, hatte dagegen ursprünglich Probleme, die notwendigen Informationen zu erlangen (vgl. *Mono-*

umfassende Erhebung von Marktrahmendaten zum Zweck der Berichterstattung wäre, sofern besonders schnelllebige Marktverhältnisse eine Erhebung neuerer als bislang verfügbarer Daten überhaupt notwendig erscheinen lassen,[781] so doch zu diesem Zweck wohl unverhältnismäßig. Eine derartig weitreichende Analysebefugnis hätte zudem gerade vor dem Hintergrund des soeben beschriebenen Kontrollauftrags, der sich nicht nur auf bestimmte, sondern auf alle Märkte bezieht, auch ohne die unterdessen normierte Begrenzung des Auskunftsrechts auf Verwaltungsverfahren einer konkreteren Umschreibung des Gesetzgebers bedurft.

Für das Verständnis der auch auf das Telekommunikationsrecht zurückwirkenden Diskussion über branchenweite Untersuchungen durch die Aufsichtsbehörden ist allerdings festzuhalten, dass, obgleich diese entlang des Begriffs Enquêterecht im Sinne einer Befugnis zu allgemeinen Untersuchungen bestimmter

---

*polkommission*, VII. Hauptgutachten [1986/1987], Die Wettbewerbsordnung erweitern, 1988, Tz. 28 ff.). Gerade im Bereich der hochkonzentrierten Wirtschaftsbereiche erleichtert eine vergleichsweise geringe bereichsspezifische Dichte an Marktteilnehmern die Erkennbarkeit von Einzelangaben ungeachtet ihrer Zusammenfassung, weshalb das Statistische Bundesamt die Übermittlung wesentlicher Teile der angeforderten Informationen unter Berufung auf das Statistikgeheimnis verweigerte. Nachdem die daraufhin erfolgte Lockerung der statistischen Geheimhaltungsregelungen gegenüber der Monopolkommission nach wie vor zu Auslegungsdifferenzen zwischen dieser und dem Statistischen Bundesamt geführt hatte, wurde in § 47 Abs. 1 GWB zum 1.1.2001 eine Übermittlungspflicht im Einzelnen aufgeführter Statistiken festgelegt.

Der empirische Aussagewert statistischer Aggregate ist ungeachtet dessen grundsätzlich begrenzt, so dass ein Einsichtnahmerecht der Monopolkommission, deren Mitglieder ihrerseits nach § 47 Abs. 2 GWB zur Geheimhaltung verpflichtet sind, in die Statistiken bzw. eine Übermittlungspflicht auch von Einzelangaben de lege ferenda überlegenswert erscheint. Zu weitgehend ist allerdings die Rechtsauffassung der Monopolkommission, es sei schon deshalb ein Informationszugang zu gewähren, weil ihr Berichtsauftrag selbst die Erstellung einer Konzentrationsstatistik enthalte und § 16 Abs. 2 S. 1 BStatG die Übermittlung von Einzelangaben zwischen den mit der Durchführung einer Bundesstatistik betrauten Personen und Stellen zulasse (vgl. *Greiffenberg*, in: Hirsch/Montag/Säcker [Hrsg.], Wettbewerbsrecht, Bd. 2: GWB, 2008, § 47 Rn. 16). Sie ignoriert die in § 47 Abs. 1 GWB getroffene Entscheidung des Gesetzgebers zur Modifikation des Statistikgeheimnisses. Dieser ordnet auch keine gemeinsame Statistikdurchführung von Monopolkommission und Statistischem Bundesamt i. S. v. § 16 Abs. 2 BStatG an.

781 Die Monopolkommission, die zur Abfassung ihres Gutachtens gemäß § 46 Abs. 2a GWB im Übrigen auch Einsicht in die von der Kartellbehörde geführten Akten einschließlich Betriebs- und Geschäftsgeheimnissen und personenbezogener Daten nehmen kann, greift zur Darstellung der Konzentrationsstatistiken teilweise auch auf von ihr selbst vorgenommene empirische Erhebungen zurück, weil das Statistische Bundesamt durch die zeitaufwändige Zusammentragung der Daten der Landesämter, deren Zusammenfassung und anschließende Überprüfung auf die Einhaltung der Belange des Datenschutzes und des Statistikgeheimnisses eine Übermittlung der für den Berichtszeitraum relevanter Daten regelmäßig nicht sicherstellen kann, vgl. *Greiffenberg*, in: Hirsch/Montag/Säcker (Hrsg.), Wettbewerbsrecht, Bd. 2: GWB, 2008, § 44 Rn. 2.

Wirtschaftszweige geführt wird,[782] die hiermit verbundene Erkenntnis eher mager ausfällt. Weder ist ein Recht zur Untersuchung einzelner Wirtschaftszweige unabhängig von weiteren Tatbestandsvoraussetzungen vorstellbar – weist § 32e GWB mit den rein objektiven Kriterien, die möglicherweise auf Wettbewerbsbeschränkungen hinweisen, auch eine vergleichsweise niedrige Eingriffsschwelle aus – noch schließt dies aus, dass branchenweite Untersuchungen der Marktverhältnisse im Rahmen eines konkreten Verwaltungsverfahrens benötigt werden und damit im Wege des Auskunftsrechts nach § 59 Abs. 1 GWB erlangt werden können, mag der Informationsanspruch in diesen Fällen auch in der Breite an § 32e GWB nicht heranreichen.[783]

Weitreichende Untersuchungen der Marktverhältnisse können etwa gerade im Rahmen eines Fusionskontrollverfahrens für die von der Behörde zu leistende Folgenabschätzung notwendig sein und entsprechen der kartellbehördlichen Praxis. Das Bundeskartellamt ist hierbei nicht auf das ihr gegenüber den beteiligten Unternehmen nach § 39 Abs. 5 GWB zustehende Auskunftsrecht beschränkt, sondern kann dabei ebenfalls auch gegenüber nicht unmittelbar am Zusammenschlussverfahren Beteiligten auf die kartellbehördliche Generalklausel zurückgreifen.[784]

b)   Regulierungsbehördliches Aufgabenprofil

aa)   Instrumentendivergenz

Zwar haben allgemeines und sektorspezifisches Kartellrecht insofern die gleiche Ausrichtung, als sie eine auf Freiheitssicherung bezogene Zielsetzung eines Systems unverfälschten Wettbewerbs verfolgen.[785] Das Aufgabenprofil der Bundesnetzagentur unterscheidet sich von den monofinal orientierten Entscheidungsbe-

---

782  Vgl. stellvertretend *Gräfer/Schmitt*, Die Befugnisse der Kartell- und Regulierungsbehörden zur Durchführung von Enqueteuntersuchungen, N&R 2007, 2 (3).
783  *Bach*, in: Immenga/Mestmäcker (Hrsg.), Wettbewerbsrecht, Bd. 2: GWB, 4. Aufl. 2007, § 32e Rn. 5.
784  Vgl. die Begründung zum Regierungsentwurf, BT-Drs. 13/9720, S. 59, *Ruppelt*, in: Langen/Bunte (Hrsg.), Kartellrecht, Bd. 1, 11. Aufl. 2010, § 39 GWB Rn. 17; vgl. auch *OLG Düsseldorf*, Urteil v. 27.4.2001 – Kart 19/01 (V) –, WuW DE-R 677 ff. Zur zunehmenden Komplexität dieser Verfahren angesichts der zunehmenden Rezeption ökonomischer Wettbewerbsmodelle *Wollenschläger*, Wissensgenerierung im Verfahren, 2009, S. 157 ff.
785  Noch unter Verweis auf Art. 3 lit. g EGV *Säcker*, in: Säcker (Hrsg.), TKG, 2. Aufl. 2009, Einl. I Rn. 19; *ders.*, Das Regulierungsrecht im Spannungsfeld von öffentlichem und privatem Recht, AöR 130 (2005), 180 (189), bezeichnet die beiden Bereiche deshalb auch als »Zwillingsschwestern«, die das gleiche Ziel auf unterschiedlichen Wegen verfolgen.

fugnissen des Bundeskartellamts dennoch insgesamt erheblich und erschöpft sich nicht in einer sektorspezifischen Missbrauchsaufsicht.

Während die wettbewerbsrechtlichen Bestimmungen des GWB grundsätzlich die Existenz eines funktionsfähigen Wettbewerbs unterstellen[786] und das Instrumentenarsenal der Kartellbehörden hieran orientieren, haben die wettbewerbsrechtlichen Bestimmungen des TKG in Abgrenzung davon schon tatbestandlich zur Voraussetzung, dass die Anwendung des allgemeinen Wettbewerbsrechts allein nicht ausreicht, um dem betreffenden Marktversagen entgegenzuwirken.[787] An die Stelle einer Marktverhaltens- und Marktstrukturaufsicht mit primär negatorisch-defensiver[788] Ausrichtung als wettbewerbsbezogenes Gefahrenabwehrrecht tritt eine Marktverhaltens- und Marktstrukturregulierung,[789] also eine steuernde interventionistische Einflussnahme auf privatwirtschaftliche Tätigkeit zur Verfolgung und Sicherstellung von Gemeinwohlbelangen, deren ökonomische Rechtfertigung primär darauf beruht, dass der Markt bestimmte Leistungen ausnahmsweise nicht oder nur unzureichend erbringen kann,[790] deren Ausprägung als regulierte Selbstregulierung aber gerade den Wissensdefiziten über Erfolgsvoraussetzungen und Wirkungen direkter staatlicher Regulierung geschuldet ist.[791]

Es handelt sich bei der regulierungsbehördlichen Tätigkeit deshalb nicht um eine schlichte Rechtsaufsicht im Anschluss an eine Betrauung Privater mit der Erfüllung von Aufgaben der öffentlichen Verwaltung, sondern um die begleitend-lenkende Umgestaltung monopolistisch geprägter Marktformen zu einem

---

786 So die Formulierung aus der Entwurfsbegründung zum TKG-1996, BT-Drs. 13/3609, S. 34. Zum von *Kantzenbach* entwickelten Konzept des funktionsfähigen Wettbewerbs siehe *Kühling*, Sektorspezifische Regulierung in den Netzwirtschaften, 2004, S. 16 ff. m. w. N. auch zum Wettbewerbsbegriff.
787 Vgl. § 10 Abs. 2 S. 1 TKG.
788 *Gärditz*, Regulierungsrechtliche Auskunftsanordnungen als Instrument der Wissensgenerierung, DVBl. 2009, 69 (72).
789 *Mestmäcker*, Schnittstellen von Wettbewerb und Regulierung, in: Gaitanides/Kadelbach/Rodriguez Iglesias (Hrsg.), Europa und seine Verfassung, 2005, S. 397 (398 f.); *Bullinger*, Regulierung als modernes Instrument zur Ordnung liberalisierter Wirtschaftszweige, DVBl. 2003, 1355 (1357 ff.); *Schmidt-Aßmann*, Das allgemeine Verwaltungsrecht als Ordnungsidee, 2. Aufl. 2006, Kap. 3 Rn. 53; zur Veränderung der Wirtschaftsaufsicht im und durch den Gewährleistungsstaat allgemein *Berringer*, Regulierung als Erscheinungsform der Wirtschaftsaufsicht, 2004, S. 1 ff.; *Edelbluth*, Gewährleistungsaufsicht, 2008, S. 22 ff.; *Kahl*, Die Staatsaufsicht, 2000, S. 392; vgl. zum Ganzen auch *Hecker*, Marktoptimierende Wirtschaftsaufsicht, 2007, passim und speziell zum Telekommunikationsrecht S. 66 ff.
790 Eingehend *Eifert*, Regulierungsstrategien, in: Hoffmann-Riem/Schmidt-Aßmann/Voßkuhle (Hrsg.), Grundlagen des Verwaltungsrechts, Bd. I, 2006, § 19 Rn. 16 ff.
791 Zu dieser Grundproblematik des Regulierungsrechts *Eifert*, Regulierte Selbstregulierung und die lernende Verwaltung, DV, Beiheft 4, Regulierte Selbstregulierung als Steuerungskonzept des Gewährleistungsstaates, 2001, 137 (138 ff.).

sich selbsttragenden Wettbewerb.[792] Die in § 2 Abs. 2 TKG als überwiegend wohlfahrtsstaatliche Zielvorgaben formulierten[793] Kriterien eines avisierten Soll-Zustandes verleihen den regulierungsbehördlichen Aufgabenstellungen dabei einen prospektiven Charakter. Die netzwirtschaftlichen Spezifika ökonomischer und technischer Natur stellen aber die Einordnung der sektorspezifischen Regulierung als Übergangsphänomen[794] zumindest solange in Frage, wie Märkte i. S. d. § 10 Abs. 2 S. 1 TKG »durch beträchtliche und anhaltende strukturell oder rechtlich bedingte Marktzutrittsschranken gekennzeichnet« sind und der in Art. 87f Abs. 1 GG niedergelegte verfassungsrechtliche Gewährleistungsauftrag des Bundes[795] durch Wettbewerb allein nicht verwirklicht werden kann.[796]

Anders als die Kartellbehörden kontrolliert die Bundesnetzagentur nicht nur die Einhaltung der Maßstäbe durch einzelfallbezogenes gesetzlich-determiniertes Einschreiten, sondern prägt sie weitgehend mit. Symptomatisch äußert sich dies u. a. in gesetzgebungsähnlichen[797] Kompetenzen zu planerisch-gestaltenden Abwägungsentscheidungen,[798] welche sich insbesondere auf die Frage der Regulie-

---

792 Vgl. *Schneider*, Flexible Wirtschaftsregulierung durch unabhängige Behörden im deutschen und britischen Telekommunikationsrecht, ZHR 164 (2000), 513 (516); *Kühling*, Sektorspezifische Regulierung in den Netzwirtschaften, 2004, S. 164 ff.
793 Diese konkretisieren den in § 1 TKG aufgeführten Gesetzeszweck, der neben der Förderung von Wettbewerb und leistungsfähiger Infrastruktur die Gewährleistung flächendeckend angemessener und ausreichender Dienstleistungen nennt und damit deutlich die Verklammerung von Wettbewerbs- und Gemeinwohlorientierung zum Ausdruck bringt. Zu dieser Bipolarität des Regulierungsauftrags etwa *Koenig/Theobald*, Liberalisierung und Regulierung netzgebundener Dienste, in: Grupp/Ronellenfitsch (Hrsg.), Planung – Recht – Rechtsschutz, 1999, S. 277 (301 f.); kritisch *Röhl*, Soll das Recht der Regulierungsverwaltung übergreifend geregelt werden?, JZ 2006, 831 (832 ff.).
794 Vgl. etwa *Masing*, Grundstrukturen eines Regulierungsverwaltungsrechts, DV 36 (2003), 1 (6 f.); *Knieps*, Der disaggregierte Regulierungsansatz der Netzökonomie, in: Knieps/Brunekreeft (Hrsg.), Zwischen Regulierung und Wettbewerb, 2. Aufl. 2003, S. 9 (14); von instabilem Recht spricht *Kloepfer*, Instrumente des Technikrechts, in: Schulte/Schroeder (Hrsg.), Handbuch des Technikrechts, 2. Aufl. 2011, S. 151 (171).
795 Dazu *Eifert*, Grundversorgung mit Telekommunikationsleistungen im Gewährleistungsstaat, 1998, S. 175 ff.
796 Vgl. *Fehling*, Regulierung als Staatsaufgabe im Gewährleistungsstaat Deutschland, in: Hill (Hrsg.), Die Zukunft des öffentlichen Sektors, 2006, S. 91 (97); von einer Daueraufgabe sprechen *Säcker*, Das Regulierungsrecht im Spannungsfeld von öffentlichem und privaten Recht, AöR 130 (2005), 180 (188), und *Franzius*, Gewährleistung im Recht, 2009, S. 421.
797 *Bullinger*, Regulierung als modernes Instrument zur Ordnung liberalisierter Wirtschaftszweige, DVBl. 2003, 1355 (1359).
798 *Trute*, Das Telekommunikationsrecht. Eine Herausforderung für die Verwaltungsgerichte, in: Schmidt-Aßmann u. a. (Hrsg.), Festgabe 50 Jahre BVerwG, 2003, S. 857 (863); *Ladeur/Möllers*, Der europäische Regulierungsverbund der Telekommunikation im deutschen Verwaltungsrecht, DVBl.2005, 525 (531 f.); kritisch *v. Danwitz*, Was ist eigentlich Regulierung?, DÖV 2004, 977 (981 f.) sowie *Pernice*, Soll das Recht der Regulierungs-

rungsbedürftigkeit selbst, also das Ob und die Reichweite einer sektorspezifischen Regulierung erstrecken.[799] Eine Schlüsselfunktion kommt insofern den Verfahren der Marktregulierung zu, in denen unter wirtschaftswissenschaftlichen Aspekten abgegrenzte Wettbewerbsmärkte auf das Bestehen beträchtlicher Marktmacht überprüft werden, bevor in Abhängigkeit hiervon im Gesetz angelegte Verpflichtungen ausgesprochen werden können,[800] bei deren Auswahl, Kombination und Gewichtung die Bundesnetzagentur eher prozeduralen[801] als normativ-inhaltlichen Bindungen unterliegt.[802]

In Entsprechung der gesetzgeberischen Prämisse, dass sich bei wirksamer Marktorganisation funktionsfähiger Wettbewerb einstellt, ist hiervon in erster Linie die netzbezogene Vorleistungsebene betroffen. Die in Form von Regulierungsverfügungen ergehenden Vorgaben zum konkreten Marktverhalten werden ergänzt durch strukturelle Vorgaben der Marktteilhabe. Nach der Ersetzung der Lizenzpflicht durch ein Allgemeingenehmigungsregime findet strukturelle Marktzutrittsregulierung durch (Kontingent-)Genehmigungen[803] insbesondere bei der Verteilung potentiell knapper Güter, namentlich der Vergabe von Wege-[804], Frequenz-[805] und Nummernrechten[806] statt.

---

verwaltung übergreifend geregelt werden?, Referat zum 66. DJT, O 124 (130). Umfassend dazu auch B. II. 3. c) bb).

[799] *Mayen*, Das planungsrechtliche Abwägungsgebot im Telekommunikationsrecht, NVwZ 2008, 835 (836).

[800] Im Einzelnen sind dies gemäß § 13 Abs. 1 S. 1 TKG die Verpflichtung zur Beachtung objektiver Maßstäbe beim Abschluss von Zugangsvereinbarungen (§ 19 TKG), die Verpflichtung zur Veröffentlichung der von zugangsberechtigten Unternehmen benötigten Informationen (§ 20 TKG), die Verpflichtung zur Gewährung entbündelten Netzzugangs (§ 21 TKG) und evtl. hieran anknüpfend die Verpflichtung zur Abgabe eines konkreten (§ 22 TKG) oder allgemeingültigen (§ 23 TKG) Angebots hierzu, die Verpflichtung zur Anordnung getrennter Rechnungsführung (§ 24 TKG), die Auferlegung einer Netzentgeltgenehmigungspflicht (§ 30 TKG) die Auferlegung von Entgeltregulierungsmaßnahmen für Endnutzerentgelte (§ 39 TKG) sowie die Auferlegung von Verhaltensgeboten oder -verboten bei drohender missbräuchlicher Ausnutzung der Marktmacht auf Endnutzermärkten (§ 42 Abs. 4 S. 3 TKG).

[801] Kritisch bzgl. deren extensiver Interpretation zu Gunsten der Europäischen Kommission *Kurth*, »Euro«-Regulierer durch die Hintertür?, MMR 2009, 818 ff. Näher zur Verfahrensausgestaltung sogleich unter B. II. 3. c).

[802] Zu diesem sog. Regulierungsermessen grundlegend *BVerwG*, Urteil v. 28.11.2007 – 6 C 42.06 –, BVerwGE 130, 39 (46 f., 48 f.); vgl. auch schon *BVerwG*, Urteil v. 31.3.2004 – 6 C 11.03 –, BVerwGE 120, 263 (265); kritisch *Attendorn*, Das »Regulierungsermessen«, MMR 2009, 238 ff.; *Gärditz*, »Regulierungsermessen« und verwaltungsgerichtliche Kontrolle, NVwZ 2009, 1005 ff.; schon frühzeitig im Hinblick auf Wesentlichkeits- und Bestimmtheitsgrundsatz *Koenig/Loetz/Neumann*, Die Novellierung des Telekommunikationsgesetzes, 2003, S. 56 ff.

[803] Begriff nach *Kühling*, Sektorspezifische Regulierung in den Netzwirtschaften, 2004, S. 171 ff.

[804] Vgl. §§ 68 ff. TKG.

Wird die Wettbewerbs- und Infrastrukturförderung bei der Benutzung öffentlicher Verkehrswege hauptsächlich durch die unentgeltliche und diskriminierungsfreie Übertragung der dem Bund qua Gesetz zustehenden Nutzungsberechtigung sichergestellt, greift die Bundesnetzagentur bei der Verteilung der Frequenz- und Nummernrechte gezielt in den marktwirtschaftlichen Allokationsprozess ein, um eine chancengleiche Nutzung zu gewährleisten. Durch die Institutionalisierung der vorhandenen – nach internationalen Vorgaben geordneten – Ressourcen als ausschließliche Rechte sollen nicht nur wechselseitige technische und faktische Störungen vermieden und unterbunden, sondern diese in marktsituativer Simulation handelbar gemacht werden.[807] Leitend ist hierbei das (Regulierungs-)ziel einer effizienten Ressourcennutzung[808] – die Auswahlentscheidung knüpft mit dem Vorrang des Versteigerungsverfahrens bei der Frequenzzuteilung wiederum an marktwirtschaftliche Kriterien an.[809] Mit der widerruflichen Zuteilung auf Zeit soll verhindert werden, dass der Ressourcenerwerb und -einsatz als strategisches Mittel zur Wettbewerbsverdrängung eingesetzt wird.[810]

Telekommunikationsdienstleistungen werden dagegen prinzipiell durch den Wettbewerb der Anbieter im Markt erbracht. Auch hier verfügt die Regulierungsbehörde aber im Falle des Eintritts von Marktversagen über spezielle Auffangbefugnisse. Nötigenfalls wird die unzureichende oder unangemessene Erbringung von Dienstleistungen auch auf dieser Ebene mit den Instrumenten der Ex-Ante-Regulierung[811] bzw. der Auferlegung von Dienstleistungspflichten bekämpft.[812]

---

805 Vgl. §§ 52 ff. TKG.
806 Vgl. § 66 TKG i. V. m. den Vorschriften der TNV.
807 *Berringer*, Regulierung als Erscheinungsform der Wirtschaftsaufsicht, 2004, S. 125.
808 Vgl. § 2 Abs. 2 Nr. 7 und Nr. 8 TKG. Näher *Holznagel*, Frequenzeffizienz und Rundfunkspektrum, MMR 2008, 207 ff.
809 Vgl. schon *Hoffmann-Riem/Eifert*, Regelungskonzepte des Telekommunikationsrechts und der Telekommunikationspolitik, in: Hoffmann-Riem (Hrsg.), Innovation und Telekommunikation, 2000, S. 9 (38).
810 Vgl. BT-Drs. 15/2316, S. 78.
811 Auch Endnutzerentgelte von Anbietern mit beträchtlicher Marktmacht werden im Regelfall der nachträglichen Missbrauchsaufsicht unterstellt (§ 39 Abs. 3 S. 1 i. V. m. § 38 Abs. 2 bis 4 TKG), können aber, sofern eine um zwei Monate verlängerte Anzeigepflicht dafür nicht ausreicht (§ 39 Abs. 3 S. 2 TKG), einer Genehmigungspflicht unterworfen werden (§ 39 Abs. 1 S. 1 TKG).
812 Eine ausreichende flächendeckende Grundversorgung zu erschwinglichen Preisen (vgl. § 2 Abs. 2 Nr. 4 TKG) wird in Konkretisierung der verfassungsrechtlichen Verpflichtung aus Art. 87f Abs. 1 GG insbesondere über die Vorschriften zum Universaldienst nach den §§ 78 ff. TKG sichergestellt (dazu schon oben Teil II, B. II.). Die Versorgungskosten werden auch hierbei über Wettbewerbsmechanismen möglichst niedrig gehalten, indem nach der Feststellung einer bestehenden oder drohenden Unterversorgung für gesetzlich festgelegte Leistungen erst auf die freiwillige Erbringung der entsprechenden Dienstleistungen hingewirkt wird (vgl. §§ 80, 81 Abs. 1, 2 i. V. m. § 78 Abs. 2 TKG), bevor, sofern

bb) Erweiterung des sektorspezifischen Kartell- und Infrastrukturgewährleistungsrechts durch ordnungsrechtliche Komponenten

In dem Maße, in dem in Bereichen der Daseinsvorsorge gesetzliche Bindungen und Vorkehrungen zu Gunsten freier wirtschaftlicher Betätigung weichen, verlagert sich die regulierungsbehördliche Tätigkeit in die Richtung Aufsicht,[813] bleibt aber auch hierbei Gestaltungsaufgabe. Insofern lebt die Gefahrenabwehrverantwortung infolge der Privatisierung ehemals hoheitlich vollzogener Tätigkeit wieder auf und tritt rechtlich in Form ordnungsrechtlicher Komponenten neben die staatliche Gewährleistungs- und Monopolabbauverantwortung.[814] Das TKG weist die Wahrung der Nutzer-, insbesondere der Verbraucherinteressen auf dem Gebiet der Telekommunikation und die Wahrung des Fernmeldegeheimnisses ebenso wie die Wahrung der Interessen der öffentlichen Sicherheit als Regulierungsziele aus[815] und sichert diese Belange durch vielfältige Schutzvorschriften ab.

Das TKG enthält einen eigenen Teil zum Kundenschutz[816] und darüber hinaus kundenschützende Bestimmungen innerhalb der Nummerierungsvorschriften[817] sowie Vorgaben zum Schutz des Fernmeldegeheimnisses[818] und zum Datenschutz[819]. Über die Kundenschutzbestimmungen werden etwa die Zugangsansprüche der Endnutzer gewährleistet.[820] Daneben obliegt der Bundesnetzagentur auch die Sicherstellung einer störungsfreien Frequenznutzung.[821]

Das Aufgabenprofil der Bundesnetzagentur enthält daher nicht allein modifizierte wettbewerbsrechtliche Elemente. Vielmehr ist die Bundesnetzagentur in

eine Verpflichtung eines Unternehmens ohne Gewährung eines Ausgleichsanspruchs nicht möglich ist, in einem nächsten Schritt die entsprechende Universaldienstleistung ausschrieben wird (vgl. § 81 Abs. 1 bis 3 TKG). Zur Wettbewerbsorientierung der Universaldienstregulierung *Kühling*, Sektorspezifische Regulierung in den Netzwirtschaften, 2004, S. 353 ff. Wird die ausgleichspflichtige Universaldienstleistung im Ausschreibungsverfahren vergeben, richtet sich der Ausgleich nach dem entsprechenden Angebot (vgl. § 81 Abs. 3 i. V. m. § 82 Abs. 1 TKG), kommt es auf letzter Stufe dagegen zu einer Verpflichtung zur Leistungserbringung, erfolgen kostenbasierte Ausgleichszahlungen (vgl. § 81 Abs. 5 i. V. m. § 82 Abs. 2, 3 TKG) – jeweils über einen Fonds (vgl. § 83 TKG).

813 Vgl. *Gramlich*, Entwicklungen der staatlichen Wirtschaftsaufsicht, VerwArch 88 (1997), 598 (641).
814 *Ruffert*, Regulierung im System des Verwaltungsrechts, AöR 124 (1999), 237 (247 f.).
815 Vgl. § 2 Abs. 2 Nr. 1, 9 TKG
816 §§ 43a ff. TKG.
817 §§ 66a ff. TKG.
818 §§ 88 ff. TKG.
819 §§ 91 ff. TKG.
820 Vgl. z. B. §§ 45d, 45f TKG.
821 Vgl. § 52 TKG.

erheblichem Umfang mit klassischen wirtschaftverwaltungsrechtlichen Befugnissen ausgestattet[822] und fungiert im Rahmen des Allgemeingenehmigungsregimes insoweit als besondere gewerberechtliche Wirtschaftsaufsichtsbehörde.[823]

cc) Zwischenfazit

Damit lässt sich konstatieren, dass das Telekommunikationsrecht in instrumenteller Hinsicht auf drei Ebenen über die Wettbewerbssicherungsinstrumente des allgemeinen Kartellrechts hinausgeht: Marktzutritt wird auf einer ersten Ebene angesichts begrenzter Verteilungskapazitäten nicht in Gänze über Nachfragestrukturen geregelt, sondern die entsprechenden Märkte ganz oder teilweise dem Wettbewerb entzogen und über – teilweise marktähnlich ausgestaltete – Zuteilungsverfahren eine effiziente Kapazitätsnutzung gesichert. Marktverhaltensregulierung findet darüber hinaus auf zwei weiteren Ebenen statt. Eine verhaltensbezogene Marktsteuerung wird insbesondere für vorgelagerte Marktstufen vorgenommen. Über eine marktstrukturabhängige Ausgestaltung des Güteraustauschs, die als Herzstück die Pflicht zur Gewährung von Netzzugang und dessen Konditionen kennt, soll dabei eine chancengleiche Marktteilhabe gesichert werden. Im Falle der Nichterbringung bestimmter Leistungen auf Endkundenebene durch den Markt greifen letztlich wettbewerbsneutrale Universaldienstmechanismen.

Daneben obliegt der Bundesnetzagentur als spezieller Gewerbebehörde im Bereich der Telekommunikation die allgemeine Rechtsaufsicht über die unternehmerische Betätigung.

c) Verkopplung von Regulierungsinstrumenten und -verfahren zur Informationsgewinnung in komplexen Entscheidungssituationen

aa) Entscheiden unter Ungewissheit

Die insgesamt starke Rücknahme der materiellen Regelungsdichte[824] ist der starken technischen und ökonomischen Dynamik des Sachbereichs, des infolgedes-

---

822 Vgl. nur §§ 115, 126 TKG.
823 Vgl. noch zum TKG-1996 *Oertel*, Die Unabhängigkeit der Regulierungsbehörde nach §§ 66 ff. TKG, 2000, S. 356. Für die Begrenzung des Informationsgegenstands auf wirtschaftliche Verhältnisse dürfte dies ungeachtet der Einbeziehung aller tatsächlichen und rechtlichen Beziehungen des Unternehmens und des gesamten betrieblichen und gesellschaftsrechtlichen Bereichs nach altem Recht kaum wahrgenommene Fragen aufgeworfen haben, vgl. unten B. II. 4. a) bb).

sen wenig stabilen Entscheidungswissens und der hieraus resultierenden Unvorhersehbarkeit, ob längerfristig angelegte Strategien zur Zielerreichung wirksam sind, geschuldet. Dies gilt in gesteigertem Maße für die Marktregulierung nach dem zweiten Teil des TKG. Weder die zu regulierenden Märkte noch die zu ergreifenden Maßnahmen werden vom Gesetzgeber fest vorgegeben. In Erwartung einer schrittweisen Zurücknahme asymmetrischer Regulierung erfolgt nach § 14 TKG eine anlassbedingte bzw. periodische Neuorientierung, bei der Angemessenheit und Erfolg der Regulierungsstrategie überprüft werden.[825] Selbiges gilt für die konkrete Entgeltgenehmigung, die nach § 35 Abs. 4 TKG mit einer Befristung zu versehen ist.

Während nach dem klassischen Verständnis des Vollzugsmodells, welches das Gesetz als zentrales Steuerungsinstrument des demokratischen Rechtsstaats ansieht, vorausgesetzt wird, dass sich das Normanwendungswissen im Zugriff der Verwaltung befindet, sich also die Informationsgewinnung im Verwaltungsverfahren – wie es für den Untersuchungsgrundsatz ausdrücklich in § 24 Abs. 2 VwVfG festgelegt ist – auf die Ermittlung aller für den Einzelfall bedeutsamen Umstände beschränkt, während die Entscheidungsfähigkeit der Verwaltung, also die Kompetenz zur Einordnung des ermittelten Sachverhalts in rechtliche Kategorien unter Zugrundelegung aus Erfahrungssätzen gewonnener Prämissen, unterstellt wird,[826] fehlt dem Staat auf komplexen, dynamischen Handlungsfeldern, etwa wie hier in Bereichen, in denen hohe Innovationspotentiale sich unmittelbar auf Markteigenschaften auswirken und damit zu einer entsprechenden Veränderungsanfälligkeit der Regelungsmaterie führen, das notwendige Wissen, um das Handeln der Verwaltung und der Marktakteure zielbezogen durch ein inhaltlich determiniertes Entscheidungsprogramm zu steuern.[827]

---

824   Dazu sogleich unter B. II. 3. c. bb).
825   Schon nach dem TKG-1996 kam der Regulierungs- und Gesetzesevaluation eine wichtige Rolle zu. Nach § 81 Abs. 3 TKG-1996 hatte die Regulierungsbehörde alle zwei Jahre zusammen mit dem Tätigkeitsbericht einen Bericht der Monopolkommission zu der Frage vorzulegen, ob auf den Märkten der Telekommunikation ein funktionsfähiger Wettbewerb besteht. Die Monopolkommission sollte dabei insbesondere dazu Stellung beziehen, ob einzelne Bestimmungen des Gesetzes überarbeitungsbedürftig und die Regelungen zur Entgeltgenehmigung weiterhin erforderlich sind.
826   Anschaulich am Beispiel der ordnungsrechtlichen Generalklausel *Wollenschläger*, Wissensgenerierung im Verfahren, 2009, S. 8 ff.
827   Vgl. auch zu parallelen Bezügen zum Risikorecht *Röhl*, Der rechtliche Kontext der Wissenserzeugung, DV, Beiheft 9, Wissen – Zur kognitiven Dimension des Rechts, 2010, 65 (84 f.); *Trute*, Das Telekommunikationsrecht. Eine Herausforderung für die Verwaltungsgerichte, in: Schmidt-Aßmann u. a. (Hrsg.), Festgabe 50 Jahre BVerwG, 2003, S. 857 (859 f.); *Knauff*, Regulierungsverwaltungsrechtlicher Rechtsschutz, VerwArch 98 (2007), 382 (401 ff.); *Röhl*, Die Regulierung der Zusammenschaltung, 2002, S. 173 ff.; *Schmidt-Aßmann*, Das allgemeine Verwaltungsrecht als Ordnungsidee, 2. Aufl. 2006, Kap. 3 Rn. 53.

Tatbestandlich kommt dies im TKG etwa zum Ausdruck, wenn die Marktregulierung auf Märkte erstreckt wird, die durch beträchtliche und anhaltende strukturell oder rechtlich bedingte Marktzutrittsschranken gekennzeichnet sind, längerfristig nicht zu wirksamem Wettbewerb tendieren und auf denen die Anwendung des allgemeinen Wettbewerbsrecht allein nicht ausreicht, um dem betreffenden Marktversagen entgegenzuwirken.[828] Bestes Beispiel für fehlendes Entscheidungswissen ist hier etwa die Identifizierbarkeit eines neuen Marktes in der Folge einer technologischen Innovation bei der technischen Übertragung, die sowohl selbst zu einem Regulierungsbedarf führen kann, gleichzeitig aber die Definitionsmerkmale anderer Märkte unter Umständen berührt und evtl. sogar revidiert.[829] Ein weiteres Beispiel ist die inhaltliche Maßstabsbildung innerhalb der Vorschriften über die Entgeltgenehmigung. Das Gesetz gibt für die Kosten der effizienten Leistungsbereitstellung zwar vor, dass diese sich aus den langfristigen zusätzlichen Kosten der Leistungsbereitstellung und einem angemessenen Zuschlag für leistungsmengenneutrale Gemeinkosten, einschließlich einer angemessenen Verzinsung des eingesetzten Kapitals ergeben, soweit diese Kosten jeweils für die Leistungsbereitstellung notwendig sind,[830] enthält aber keine näheren geschweige denn als einzig richtig zu qualifizierenden Bewertungsbestimmungen hierfür.[831]

Die Unzulänglichkeit legislativer Deskription detaillierter Zusammenhänge auf vielschichtigen, sich wandelnden Regelungsfeldern ist dabei kein neuartiges Phänomen. Das Zurückbleiben normativer Regelungen hinter der Entwicklung wurde frühzeitig etwa schon für das Umwelt- und Technikrecht propagiert[832] und

---

828 § 10 Abs. 2 TKG. Bei den Eingriffsvoraussetzungen der Marktregulierung hat der Gesetzgeber bewusst davon abgesehen, auf ein bestimmtes Wettbewerbsmodell Bezug zu nehmen. Vgl. zur diesbezüglichen Entstehungsgeschichte nur *Spoerr*, Der Einfluss ökonomischer Modellbildung auf rechtliche Maßstäbe der Regulierung, in: Trute/Groß/Röhl/Möllers, Allgemeines Verwaltungsrecht – zur Tragfähigkeit eines Konzepts, S. 613 (623 ff.).

829 Vgl. zur Problematik der Abgrenzung neuer Märkte auch *Wollenschläger*, Wissensgenerierung im Verfahren, 2009, S. 120 ff, der auf das entsprechende Anhörungsverfahren der Regulierungsbehörde (*Bundesnetzagentur*, Mitteilung Nr. 79, ABl. BNetzA 2006, 703 ff.) verweist.

830 § 32 Abs. 1 Nr. 1 TKG.

831 Näher *Spoerr*, Der Einfluss ökonomischer Modellbildung auf rechtliche Maßstäbe der Regulierung, in: Trute/Groß/Röhl/Möllers, Allgemeines Verwaltungsrecht – zur Tragfähigkeit eines Konzepts, S. 613 (628 ff.); *Wollenschläger*, Wissensgenerierung im Verfahren, 2009, S. 125, 135 f., 139 ff.; vgl. auch schon *Trute*, Regulierung – am Beispiel des Telekommunikationsrechts, in: Eberle/Ibler/Lorenz (Hrsg.), Der Wandel des Staates vor den Herausforderungen der Gegenwart, 2002, S. 169 (175); zum TKG-1996 bereits *Koenig/Braun*, Element Based Charging Ante Portas, MMR 2001, 563 (566 ff.).

832 Dazu etwa *Berg*, Vom Wettlauf zwischen Recht und Technik. Am Beispiel neuer Regelungsversuche im Bereich der Informationstechnologie, JZ 1985, 401 ff.; *Meßerschmidt*, Umweltabgaben als Rechtsproblem, 1986, S. 60; vgl. auch *Wolf*, Das Recht im Schatten

offenbart sich vor allem im Bereich der Standardsetzung, die de facto der wesentlichen Beeinflussung von Privatrechtssubjekten unterliegt.[833] Eine Rezeption der technisch-wissenschaftlichen Progression erfolgt hierbei verbreitet über die dogmatische Konstruktion materiell-dynamischer Rechtsbegriffe, die regelmäßig in ordnungsrechtlichen Zusammenhängen – etwa als Genehmigungsvoraussetzung – eine Rolle spielen,[834] und zumindest äußerlich die Bindung allen Verwaltungshandelns an das Gesetz erhalten. Gleichwohl wurde lange auch für Sachbereiche, in denen eine zunehmende Spezialisierung die Ermittlung der einschlägigen Erfahrungsregeln erschwerte, von einer allgemeinen Zugänglichkeit des Wissens ausgegangen, das ggf. unter Zuhilfenahme externen Sachverstands[835] allen Gewalten zur Verfügung steht.[836]

Beschleunigt durch die Öffnung des Nationalstaates gegenüber internationalen, hiesig vor allem den europäischen (Rechts-)Einflüssen im Sog einer zusammenwachsenden Weltwirtschaft und -kultur und vor der Folie der Aufgabenex-

---

der Technik, KJ 19 (1986), 241 (242); *ders.*, Zur Antiquiertheit des Rechts in der Risikogesellschaft, Leviathan 3 (1987), 357 (368).

833 Ausführlich *Becker*, Kooperative und konsensuale Strukturen in der Normsetzung, 2005, S. 551 ff., sowie passim auch schon *Lamb*, Kooperative Gesetzeskonkretisierung, 1995.

834 Vgl. *Marburger*, Die Regeln der Technik im Recht, 1979, S. 120 ff. Beispiele hierfür sind etwa der »Stand der Technik« (u. a. in §§ 5 Abs. 1 Nr. 2, 22 Abs. 1 Nr. 1 und 2 i. V. m. § 3 Abs. 6 BImSchG; §§ 16 Abs. 1 S. 3, 57 Abs. 1 Nr. 1, Abs. 2 S. 1 i. V. m. § 3 Nr. 11 WHG; §§ 12 Abs. 1, Abs. 2 S. 1, 32 Abs. 1 Nr. 1 lit. b) i. V. m. § 3 Abs. 12 KrW-/AbfG) und der »Stand von Wissenschaft und Technik« (u. a. in §§ 4 Abs. 2 Nr. 3, 5 Abs. 5, 6 Abs. 2 Nr. 2. 7 Abs. 2 Nr. 3, 9 Abs. 2 Nr. 3, 26 Abs. 4 Nr. 1 AtG; § 1 Abs. 2 Nr. 5 ProdHaftG).

835 *Ladeur*, Privatisierung öffentlicher Aufgaben und die Notwendigkeit der Entwicklung eines neuen Informationsverwaltungsrechts, in: Hoffmann-Riem/Schmidt-Aßmann (Hrsg.), Verwaltungsrecht in der Informationsgesellschaft, 2000, S. 225 (228), führt die Einschaltung unabhängiger Sachverständiger, Verfahrensmittler und den Einbau unabhängiger Stabsstellen (Beauftragte) innerhalb von privaten Organisationen in dieser Phase auf fehlendes Vertrauen sowohl in die staatliche als auch in die private Fähigkeit zur Wissenserzeugung zurück. Umfassend zur externen Expertifizierung des Verwaltungsrechts *Scholl*, Der private Sachverständige im Verwaltungsrecht, 2005; *Voßkuhle*, Sachverständige Beratung des Staates, in: Isensee/Kirchhof (Hrsg.), Handbuch des Staatsrechts, Bd. III, 3. Aufl. 2005, § 43; vgl. auch *Di Fabio*, Verwaltungsentscheidungen durch externen Sachverstand, VerwArch 81 (1990), 193 ff.

836 Zum idealisierten verfassungsstaatlichen Ordnungsmodell, in dem die Verwaltung durch den gesetzgeberischen Willen fremdgesteuert und bei vergleichsweise hoher Kontrolldichte von der Judikative auf dessen Befolgung kontrolliert wird, knapp *Dreier*, Die drei Staatsgewalten im Zeichen von Europäisierung und Privatisierung, DÖV 2002, 537 ff. Teilweise bringen die unbestimmten Rechtsbegriffe die gesetzgeberische Annahme der Existenz von Konsenswissen auf dynamischen Handlungsfeldern auch selbst zum Ausdruck, vgl etwa § 12b Abs. 1 Nr. 2 ChemG (»wenn nach dem jeweiligen Stand der technischen und wissenschaftlichen Erkenntnisse sichergestellt ist«), § 55 Abs. 1 S. 1 Nr. 3 BBergG (»allgemein anerkannte Regeln der Sicherheitstechnik«).

pansion des Sozialstaates in der modernen Gesellschaft,[837] der parallel gewachsenen Betonung staatlicher Schutzpflichten und dem verstärkten Bewusstseinsanstieg der Risikohaftigkeit technischen Fortschritts für Mensch und Umwelt, wird nicht nur der Machtverlust des hierarchischen, vorrangig auf Regelüberwachung ausgerichteten Ordnungsstaates und der Wandel zu einem positivgestaltenden und dadurch kooperationsabhängigem Wohlfahrtstaat deutlich, sondern mit diesem Perspektivwechsel das Modell allgemeiner, stabiler und im Recht hierarchisch koordinierter Wissensbestände verstärkt in Frage gestellt. Gesellschaftliche Wissensbestände unterliegen einem schnellen Wandel und werden heutzutage insbesondere auf technologischer Ebene nicht mehr schrittweise und empirisch in Versuchen gewonnen, sondern wissenschaftlich modellhaft konstruiert und unterliegen daher ungesicherten Wirkungsbeziehungen.[838] In neueren Verfahrenskonstellationen wird die Koordinationsnotwendigkeit öffentlicher und privater Wissensbestände deshalb zunehmend betont und als Zugriffsproblem identifiziert.[839]

Dies kann nicht ohne Folgen für die rechtlichen Informationsstrukturen im Rahmen der Wirtschaftsaufsicht bleiben und führt neben der notwendigen und sekundärrechtlich vorgewiesenen Flexibilisierung der Handlungsinstrumente und der damit einhergehenden Verlagerung erheblicher Steuerungskompetenz auf die Exekutive zwangsweise zu einer partiell parallelverlaufenden Erzeugung von normativem »Erfahrungs-« und einzelfallbezogenem »Entscheidungswissen«.[840] Bevor Informationen im Hinblick auf eine zu treffende Verwaltungsentscheidung sinnvollerweise eingeordnet werden können, bedarf es einer möglichst aktuellen Einschätzung der Wirkungszusammenhänge, bei der die Verwaltung sich

---

837 Vgl. schon die Beiträge in *Grimm* (Hrsg.), Wachsende Staatsaufgaben – sinkende Steuerungsfähigkeit des Rechts, 1990.
838 So *Ladeur*, Privatisierung öffentlicher Aufgaben und die Notwendigkeit der Entwicklung eines neuen Informationsverwaltungsrechts, in: Hoffmann-Riem/Schmidt-Aßmann (Hrsg.), Verwaltungsrecht in der Informationsgesellschaft, 2000, S. 225 (229 ff.), der im Zuges dessen auch die Vorläufigkeit allgemein anerkannten Wissens betont. Eine umfassende Analyse der Veränderungen gesellschaftlicher Wissensbestände namentlich im Hinblick auf deren sich gegenseitig noch verstärkende Destabilisierung (Instabilität) und Dezentralisierung (Ubiquität) findet sich bei *Wollenschläger*, Wissensgenerierung im Verfahren, 2009, S. 29 ff.
839 Vgl. nur *Ladeur*, Der Staat gegen die Gesellschaft, 2006, S. 119 ff., 320 ff., sowie die Beiträge in *Collin/Spieker gen. Döhmann* (Hrsg.), Generierung und Transfer staatlichen Wissens im System des Verwaltungsrechts, 2008.
840 Zur Verlagerung der Erzeugung von »Erfahrungswissen« ins Verwaltungsverfahren *Scherzberg*, Risikosteuerung durch Verwaltungsrecht, VVDStRL 63 (2004), 214 (246); *ders.*, Wissen, Nichtwissen und Ungewissheit im Recht, in: Engel/Halfmann/Schulte (Hrsg.), Wissen – Nichtwissen – Unsicheres Wissen, 2002, S. 113 (135 ff.); *Röhl*, Ausgewählte Verfahrensarten, in: Hoffmann-Riem/Schmidt-Aßmann/Voßkuhle (Hrsg.), Grundlagen des Verwaltungsrechts, Bd. II, § 30 Rn. 8.

auch Klarheit darüber verschaffen muss, welche Informationen Parameter welcher Bezugsgrößen sein können. Wissen wird daher in diesen komplexen Regelungsbereichen eher problembezogen-situativ und zeitlich-strategisch generiert. Ohne verlässliche Erfahrungswerte nimmt der Prozess der Interessensrezeption und -bewertung bei der Entscheidungsfindung eine entscheidende Rolle ein, indem er unterschiedliche Risikotypen bindet und so zur Konsensbildung beiträgt.[841] Wissenserzeugung bewirkt dabei als Ungewissheitsverarbeitung zugleich eine Entscheidungsstabilisierung.[842]

bb) Entmaterialisierung und Flexibilisierung

Die Rolle des Gesetzgebers wandelt sich hierbei zunehmend und vorrangig zu der einer Organisation von Beobachtungsverhältnissen,[843] bei der die materiellen Kontrollstandards nur umrissen werden und gleichsam die Aufgabe zur eigenständigen administrativen Wissenserzeugung bergen. Diese Aufgabe ist dabei von vornherein auf ein prozedurales Zusammenwirken mit Privaten ausgelegt, da die legislative Delegation von Unsicherheit an die fachlich sachnähere Spezialverwaltung hier Defizite zunächst zwar abmildern,[844] diese aber nicht beseitigen kann,[845] und die Verteilung von Wissensbeständen über die Gesellschaft schon

---

841 Vgl. *Ladeur*, Die Regulierung von Selbstregulierung und die Herausbildung einer »Logik der Netzwerke«, DV, Beiheft 4, Regulierte Selbstregulierung als Steuerungskonzept des Gewährleistungsstaates, 2001, 59 (62 ff.); *ders.*, Privatisierung öffentlicher Aufgaben und die Notwendigkeit der Entwicklung eines neuen Informationsverwaltungsrechts, in: Hoffmann-Riem/Schmidt-Aßmann (Hrsg.), Verwaltungsrecht in der Informationsgesellschaft, 2000, S. 225 (231); *Wollenschläger*, Wissensgenerierung im Verfahren, 2009, S. 23.
842 Dazu *Wollenschläger*, Wissensgenerierung im Verfahren, 2009, S. 136 ff.; vgl. auch *Bora*, Innovationsregulierung als Wissensregulierung, in: Eifert/Hoffmann-Riem (Hrsg.), Innovationsfördernde Regulierung, 2009, S. 23 (32 f.). Weil das Entscheidungswissen in Anbetracht der Komplexität und Schnelllebigkeit der Zusammenhänge in hohem Maße vorläufig ist, gilt es bei der Herstellung kohärenter und operabler Maßstäbe, auf denen Entscheidungen beruhen, um eine größtmögliche Verarbeitung von Unwissen. Seine Legitimität bezieht Recht dabei allgemein aus seiner Stabilisierungsleistung: Es kann auch unter Ungewissheitsbedingungen nur dann gelten, wenn es den unter ihm interagierenden Akteuren geeignete Maßstäbe für ihre fortlaufende Selbstorientierung bietet, vgl. *Scherzberg*, Wissen, Nichtwissen und Ungewissheit im Recht, in: Engel/Halfmann/Schulte (Hrsg.), Wissen – Nichtwissen – Unsicheres Wissen, S. 113 (121 ff.).
843 Vgl. *Trute/Denkhaus/Kühlers*, Governance in der Verwaltungsrechtswissenschaft, DV 37 (2005), 451 (464); vgl. auch *Franzius*, Governance und Regelungsstrukturen, VerwArch 97 (2006), 186 (190).
844 Allgemein etwa *Möllers*, Kognitive Gewaltengliederung, DV, Beiheft 9, Wissen – Zur kognitiven Dimension des Rechts, 2010, 113 (124 ff.).
845 Zu diesem Aspekt *Spieker gen. Döhmann*, Informationsgewinnung im Umweltrecht durch materielles Recht, DVBl. 2006, 278 ff.

im Hinblick auf die Entscheidungsqualität zu einem (bestenfalls) formalisierten Umgang zwingt. Die Kompetenzverlagerung auf die Exekutive äußert sich materiell-rechtlich weniger in einer ausdrücklichen Delegierung als durch die Verwendung sog. »offener Kompetenznormen«[846] oder besser »normativer Ermächtigungen zur behördlichen Letztentscheidung«[847], und zwar sowohl auf Tatbestands- als auch auf Rechtsfolgenseite: In Form von unbestimmten Rechtsbegriffen, der Einräumung von Ermessen und einer finalen Normprogrammierung erhält die Verwaltung weitreichende Einschätzungsprärogativen, Beurteilungs- und Handlungsspielräume.[848]

Auch hier kann zur Veranschaulichung wieder umfassend auf die Verfahren der Marktregulierung verwiesen werden. Eine ausdrückliche Beurteilungsermächtigung steht der Bundesnetzagentur gemäß § 10 Abs. S. 2 TKG bereits bei der Frage zu, welche Märkte für eine Regulierung nach dem TKG in Betracht kommen und welche lediglich der allgemeinen kartellrechtlichen Aufsicht nach dem GWB unterfallen sollen.[849] Über den Wortlaut hinaus muss sich dieser Beurteilungsraum auch auf die sachliche und räumliche Marktabgrenzung und die Überprüfung wirksamen Wettbewerbs erstrecken, da die jeweils gewonnenen Ergebnisse aufeinander bezogen und untrennbar miteinander verbunden sind.[850]

Darüber hinaus bejaht das *Bundesverwaltungsgericht* auch bei der Auferlegung konkreter Regulierungsverfügungen entsprechende und gerichtlich nur beschränkt überprüfbare Entscheidungsspielräume. Bei der Ermessensentscheidung nach § 21 Abs. 1 TKG, ob eine Zugangsverpflichtung gerechtfertigt ist und ob diese in einem angemessenen Verhältnis zu den Regulierungszielen nach § 2 Abs. 2 TKG steht, hat die Bundesnetzagentur die in § 21 Abs. 1 S. 2 Nr. 1 bis 7 TKG genannten Punkte beispielsweise im Hinblick darauf zu berücksichtigen, ob andernfalls die Entwicklung eines nachhaltig wettbewerbsorientierten nachgelagerten Endnutzermarktes behindert oder diese Entwicklung den Interessen der Endnutzer zuwiderlaufen würde, ohne dass insoweit von einem echten Konditionalprogramm gesprochen werden könnte. Diese umfassende, durch zahlreiche

---

846 Grundlegend bereits *Braun*, Offene Kompetenznormen – ein geeignetes und zulässiges Regulativ im Wirtschaftsverwaltungsrecht?, VerwArch 76 (1985), 24 ff., 158 ff.
847 Zur normativen Ermächtigungslehre *Schmidt-Aßmann*, Die Kontrolldichte der Verwaltungsgerichte, DVBl. 1997, 281 (283).
848 Vgl. hierzu auch *Wollenschläger*, Wissensgenerierung im Verfahren, 2009, S. 176 ff. Eine Alternative ist die Übertragung von Steuerungskompetenz im Wege der Verordnungsermächtigung, vgl. *Berringer*, Regulierung als Erscheinungsform der Wirtschaftsaufsicht, 2004, S. 255 f.
849 Zum Marktregulierungsverfahren und zur prozeduralen Einbindung der Bundesnetzagentur in den europäischen Regulierungsverbund ausführlich unten Fn. 860.
850 *BVerwG*, Urteil v. 2.4.2008 – 6 C 15/07 –, BVerwGE 131, 41 (44); a. A. *Mayen*, in: Scheurle/Mayen (Hrsg.), TKG, 2. Aufl. 2008, § 13 Rn. 51; zum Ganzen näher *Oster*, Normative Ermächtigungen im Regulierungsrecht, 2010, S. 181 ff.

unbestimmte Rechtsbegriffe gesteuerte Abwägung könne deshalb von der Ermessensbetätigung der Bundesnetzagentur nicht getrennt werden, sondern sei vielmehr Bestandteil eines ihr in Anlehnung an das Planungsermessen einzuräumenden »Regulierungsermessens«.[851]

Letztlich ist es deshalb das prognostische Element einer Entscheidung unter Ungewissheit, aus dem sich im Regulierungsverwaltungsrecht regelmäßig Entscheidungsfreiräume der Vollzugsbehörde ableiten lassen. Als »Einfallstore« für diese – im Einzelnen in ihrem Bestehen und in ihrer Reichweite äußerst umstrittenen – Letztentscheidungsermächtigungen lassen sich insofern regelmäßig die Bezugnahme auf die Regulierungsziele[852] und die Verknüpfung von Rechtsfolgen mit wertungsabhängigen Tatbestandsmerkmalen[853] diagnostizieren.[854]

Die Rücknahme der materiellen Regelungsdichte bewirkt zwangsläufig eine Verlagerung der Wissensgenerierung in bestehende oder zu erwartende Verfahren. Die zentrale vorgeschaltete Frage des Regulierungsrechts lautet daher, wie

---

851 Vgl. *BVerwG*, Urteil v. 28.11.2007 – 6 C 42/06 –, BVerwGE 130, 39 (48 f.), sowie Fn. 802; *BVerwG*, Urteil v. 2.4.2008 – 6 C 15/07 –, BVerwGE 131, 41 (48); dazu *Franzius*, Wer hat das letzte Wort im Telekommunikationsrecht?, DVBl. 2009, 409 (410 ff.); kritisch *Gärditz*, »Regulierungsermessen« und verwaltungsgerichtliche Kontrolle, NVwZ 2009, S. 1005 ff. Zum vermehrten Einsatz finaler statt konditionaler Normstrukturen, um durch ein flexibleres Verwaltungshandeln Erneuerungsimpulse zu ermöglichen *Hoffmann-Riem/Eifert*, Regelungskonzepte des Telekommunikationsrechts, in: Hoffmann-Riem (Hrsg.), Innovation und Telekommunikation, 2000, S. 9 ff. und insb. S. 19; *Schmidt*, Flexibilität und Innovationsoffenheit im Bereich der Verwaltungsmaßstäbe, in: Hoffmann-Riem/Schmidt-Aßmann (Hsrg.), Innovation und Flexibilität des Verwaltungshandelns, 1994, S. 67 (79 ff.); vgl. auch *Grimm*, Der Wandel der Staatsaufgaben und die Krise des Rechtsstaats, in: Grimm (Hrsg.), Wachsende Staatsaufgaben – sinkende Steuerungsfähigkeit des Rechts, 1990, S. 291 (300).
852 Vgl. etwa § 25 Abs. 4 TKG: »Zur Erreichung der in § 2 Abs. 2 genannten Ziel kann die Bundesnetzagentur auch von Amts wegen ein Verfahren einleiten«; § 39 Abs. 1 S. 1 TKG: »Rechtfertigen Tatsachen die Annahme, dass die Verpflichtungen [...] nicht zur Erreichung der Regulierungsziele nach § 2 Abs. 2 führen würden [...]«.
853 Vgl. etwa § 18 Abs. 2 TKG: »Die Bundesnetzagentur kann [...] im Hinblick auf die Entwicklung eines nachhaltig wettbewerbsorientierten Endkundenmarkts«; § 31 Abs. 1 S. 1 Nr. 1 i. V. m. § 32 Abs. 1 S. 1 TKG: »Die Bundesnetzagentur genehmigt Entgelte [...] auf der Grundlage der auf die einzelnen Dienste entfallenden Kosten der effizienten Leistungsbereitstellung [...]«,»Die Kosten der effizienten Leistungsbereitstellung ergeben sich aus den langfristigen zusätzlichen Kosten der Leistungsbereitstellung und einem angemessenen Zuschlag für leistungsmengenneutrale Gemeinkosten, einschließlich einer angemessenen Verzinsung des eingesetzten Kapitals, soweit diese Kosten jeweils für die Leistungsbereitstellung notwendig sind.«.
854 *Oster*, Normative Ermächtigungen im Regulierungsrecht, 2010, S. 171 ff., sowie mit einer umfassenden Analyse normativer Ermächtigungen auch für den hier angesprochenen Regelungsbereich S. 179 ff.

eine größtmögliche und zeitnahe[855] Teilhabe an Prozessen der Informationsgewinnung organisiert werden kann.

Informationsasymmetrien zwischen Marktakteuren und Verwaltung lassen sich dabei auf unterschiedlichen Wegen verringern.[856] Regelungstechnisch äußert sich dies neben der organisatorischen Aus- und Umgestaltung des Verwaltungsapparates vor allem in der bereits angedeuteten Aufwertung von Verfahrenselementen, die als kooperative Arrangements einerseits die Akzeptanz und Kontrollfähigkeit des Regimes erhöhen sollen und gleichzeitig als Lernstrukturen die Steuerungsfähigkeit im Zusammenwirken erst erschließen. Der Gesetzgeber legt hierbei durch Recht und Planung offene Zielvorgaben fest,[857] während das notwendige Wissen zur Entscheidungsfällung erst in gestuften, transparenten Verfahren auch durch Öffnung gegenüber den Steuerungsadressaten[858] gewonnen wird.[859] Die Ausrichtung der Entscheidungen an den multipolaren Regulierungszielen und die Einbindung der Marktakteure und weiteren Wissensträgern im Verfahren sollen die nicht simulierbare wettbewerbliche Interessenkoordination zumindest bestmöglich gemeinwohlorientiert durch Interessensausgleich und Handlungsrationalität ausgleichen.

---

855 Die Relevanz zeitnaher Informationsgenerierung betonte für die regulierungsbehördlichen Auskunftsrechte frühzeitig schon das *OVG Münster*, Beschluss v. 2.4.1998 – 13 B 213/98 –, MMR 1998, 493: »Genauso wichtig wie die Feststellung der Fakten an sich ist aber auch, daß diese Feststellung zügig erfolgt. In einem Markt, der sich in einem derart raschen Wandel befindet wie der TK-Markt, können selbst geringe zeitliche Verzögerungen bei notwendigen Reaktionen der *Regulierungsbehörde* zu erheblichen Wettbewerbsverzerrungen führen. Deshalb ist die Auskunftspflicht des § 72 TKG eines der Kernstücke des Gesetzes und besteht an einer zügigen Auskunftserteilung ein hohes öffentliches Interesse.«.
856 Zu Lernstrukturen *Franzius*, Modalitäten und Wirkungsfaktoren der Steuerung durch Recht, in: Hoffmann-Riem/Schmidt-Aßmann/Voßkuhle (Hrsg.), Grundlagen des Verwaltungsrechts, Bd. I, 2006, § 4 Rn. 97 ff., sowie *Hoffmann-Riem*, Ermöglichung von Flexibilität und Innovationsoffenheit im Verwaltungsrecht, in: Hoffmann-Riem/Schmidt-Aßmann (Hrsg.), Innovation und Flexibilität des Verwaltungshandelns, 1994, S. 9 (63 ff.).
857 Zur Festlegung derartiger Entscheidungsprämissen und deren stufenförmiger Konkretisierung bereits *Wahl*, Rechtsfragen der Landesplanung und Landesentwicklung, Bd. I, 1978, S. 35 ff.; zur grundsätzlichen verfassungsrechtlichen Zulässigkeit dieser Vorgehensweise *Lange*, Staatliche Steuerung durch offene Zielvorgabe im Lichte der Verfassung, VerwArch 82 (1991), 1 ff.
858 Vgl. etwa *Voßkuhle*, Beteiligung Privater an der Wahrnehmung öffentlicher Aufgaben und staatliche Verantwortung, VVDStRL 62 (2003), 266 ff. (insb. 308); *Augsberg*, Der Staat als Informationsmittler, DVBl. 2007, 733 (737 f.).
859 Dabei ist im Hinblick auf die Dynamik der Regelungsmaterie darauf zu achten, dass die Verfahren selbst ungeachtet der Notwendigkeit ihrer Stufung nicht zu lange geraten. Kritisch *Koenig/Neumann*, Legitimation durch Regulierungsverfahren?, CR 2005, 487 (490 ff.).

So hat insbesondere das Marktregulierungsverfahren eine umfassende kooperative Ausgestaltung unter Einbeziehung nationaler und internationaler, staatlicher wie nichtstaatlicher Akteure erfahren.[860] Daneben spielen aber auch in den anderen angesprochenen Vergabe- und Verpflichtungsentscheidungen prozedurale Mechanismen eine Rolle und prägen so die Handlungsinstrumente entscheidend mit.[861]

cc) Stabilisierung und Folgenbeobachtung

Kommt dem Verfahrensrecht im herkömmlichen Steuerungsgefüge eine bloß dienende Funktion als Verwirklichungsmodus für das materielle Recht zu,[862] erfährt es hinsichtlich Entscheidungen unter Untergewissheitsbedingungen eine re-

---

860 Das Marktregulierungsverfahren ist dabei selbst von vornherein auf drei Stufen angelegt. Während auf den ersten beiden Stufen (zu diesen auch schon Fn. 336) potentiell regulierungsbedürftige Märkte zunächst abgegrenzt (sog. Marktdefinition gemäß § 10 TKG) und auf das Bestehen beträchtlicher Marktmacht untersucht werden (sog. Marktanalyse gemäß § 11 TKG), werden auf dritter Stufe, der Regulierungsverfügung nach § 13 TKG, die entsprechenden Maßnahmen auferlegt, um Marktversagen entgegenzuwirken. Für die ersten beiden Stufen werden nach einer Konsultation interessierter Parteien (§ 12 Abs. 1 TKG) unter weitestgehender Berücksichtigung des hierzu von der Kommission erlassenen Soft-Law (§§ 10 Abs. 2 S. 3, 11 Abs. 3 S. 1 TKG) Entwürfe erarbeitet und hierzu – bei Auswirkungen auf den Handel zwischen den Mitgliedstaaten (§§ 10 Abs. 3, 11 Abs. 4 TKG) – Stellungnahmen der anderen nationalen Regulierungsbehörden, des GEREK und der Kommission (§ 12 Abs. 2 TKG) eingeholt. Der Kommission kommet, wenn sie Zweifel an der Vereinbarkeit eines zweiten Entwurfs, der die Stellungnahmen berücksichtigt (§ 12 Abs. 2 Nr. 2 TKG), mit Gemeinschaftsrecht hat bzw. diesen als Hemmnis für den Binnenmarkt erachtet, ein bindendes Recht zur Aussetzung der Festlegungen bzw. zur Aufforderung, den Entwurf zurückzunehmen, zu (§ 12 Abs. 2 Nr. 3 TKG). Auf den ersten beiden Stufen ist zudem Einvernehmen mit dem Bundeskartellamt herzustellen (§ 123 Abs. 1 S. 1 TKG). Auch auf dritter Stufe sind die Beteiligten wieder eingebunden. Neu hinzugekommen ist hier durch die TKG-Novelle 2012 auch eine Art "Aufschubverfahren" gemäß § 13 Abs. 4 TKG, wenn die Kommission Zweifel an der Unionsrechtskonformität einer Abhilfemaßnahme hat oder der Auffassung ist, dass diese ein Hemmnis für den Binnenmarkt darstellt, vgl. *Körber*, TKG-Novelle 2011, MMR 2011, 215 (217); zur Einbindung des GEREK auch *Ellinghaus*, Das Telekom-Reformpaket der EU, CR 2010, 20 (22).
In der Praxis geht die Bundesnetzagentur regelmäßig über die gesetzlich vorgesehenen Beteiligungsvorschriften hinaus und führt bereits vor den Entwurfsabfassungen Anhörungen durch, vgl. etwa bzgl. des Marktes Nr. 12 für Breitbandzugang zu Großkunden (nach der Empfehlung 2007/879/EG nunmehr Markt Nr. 5) *RegTP*, Mitteilung Nr. 66, ABl. RegTP 2005, 329 (334 ff.).
861 Zur Frequenzzuteilung etwa *Schneider*, Telekommunikation, in: Fehling/Ruffert (Hrsg.), Regulierungsrecht, 2010, § 8 Rn. 34 ff., zum Universaldienst oben Teil II, B. II.
862 *Schmidt-Preuß*, Gegenwart und Zukunft des Verfahrensrechts, NVwZ 2005, 489 (490).

gelrechte »Emanzipation«[863]. Im Hinblick auf die rechtsstaatliche Qualität einer Entscheidung werden ihre Herstellungsbedingungen – die Verfahrensrichtigkeit – zum augenfälligen, legitimationsstiftenden Anknüpfungspunkt, um die teilweise Herauslösung der exekutiven Regulierer aus dem materiell-rechtlichen Zugriff des Parlaments zu kompensieren.[864] Die Einbindung in den europäischen Regulierungsverbund auch als fachlicher Peer Review dient hierbei als rationalitätsfördernder und machtbegrenzender Kontrollmechanismus.[865] Ein weiterer Baustein sind in diesem Zusammenhang die Sonderregeln des Beschlusskammerverfahrens, die nicht nur Vorkehrungen zu deren justizförmiger Ausgestaltung enthalten,[866] sondern mit Abstimmungs-, Auskunfts- und Informationspflichten zwischen den interdisziplinär besetzten Kammern auch einen Beitrag zur Entscheidungsstabilisierung und -vereinheitlichung leisten.[867]

Ebenfalls auf eine Stabilisierung zielen die regelmäßige Selbst- und Fremdkontrolle der Regulierungsbehörde,[868] die ihrerseits gegenüber Parlament und Regierung rechenschaftspflichtig ist,[869] sowie die kooperative Erarbeitung von Entscheidungsmaßstäben auf einer mittleren Abstraktionsebene zwischen dem offen normativen Programm und den situativen Einzelverfügungen, normativ angebunden etwa über die Pflicht zur Erstellung eines Vorhabenplans bzgl. anstehender grundsätzlicher Fragestellungen ökonomischer und rechtlicher Art[870] und die Pflicht der Bundesnetzagentur zur fortlaufenden Veröffentlichung ihrer Verwaltungsgrundsätze[871].[872] Hierbei gilt es die in hohem Maße durch technische

---

863 So *Wollenschläger*, Wissensgenerierung im Verfahren, 2009, S. 23. Grundlegend dazu nunmehr *Quabeck*, Dienende Funktion des Verwaltungsverfahrens und Prozeduralisierung, 2010.
864 Die gegenwärtigen Herausforderungen des Verwaltungsverfahrensrechts zusammenfassend *Schmidt-Aßmann*, Verwaltungsverfahren und Verwaltungskultur, NVwZ 2007, 40 (42 ff.).
865 *Spoerr*, Der Einfluss ökonomischer Modellbildung auf rechtliche Maßstäbe der Regulierung, in: Trute/Groß/Röhl/Möllers, Allgemeines Verwaltungsrecht – zur Tragfähigkeit eines Konzepts, S. 613 (636).
866 Vgl. § 132 Abs. 2 TKG. Dazu *Koenig/Loetz/Neumann*, Die Novellierung des Telekommunikationsgesetzes, 2003, S. 226, sowie bereits *Oertel*, Die Unabhängigkeit der Regulierungsbehörde nach §§ 66 ff. TKG, 2000, S. 174 ff.
867 Vgl. § 132 Abs. 4 S. 1 TKG. Dazu bereits oben Teil I, A. III. 1.
868 Zum Konzept einer auf Selbstrevision angelegten Regulierung bereits *Ladeur*, Innovation der Telekommunikation durch Regulierung, in: Hoffmann-Riem (Hrsg.), Innovation und Telekommunikation, 2000, S. 57 (72 ff.); vgl. dazu auch *Hoffmann-Riem/Eifert*, Regelungskonzepte des Telekommunikationsrechts, ebda., S. 9 (45 ff.).
869 Vgl. §§ 121 Abs. 1, 122 Abs. 1 TKG. Der von der Monopolkommission nach § 121 Abs. 2 TKG parallel anzufertigende Bericht und die Stellungnahmepflicht der Bundesregierung nach § 121 Abs. 3 TKG sichert diesbezüglich eine Perspektivenpluralität.
870 Vgl. § 122 Abs. 2 TKG.
871 Vgl. § 122 Abs. 3 TKG.

und ökonomische Wissensbestände geprägten Abwägungsentscheidungen konzeptionell vorzustrukturieren und dadurch das Spannungsverhältnis zwischen den weiten Gestaltungsspielräumen flexibler Regulierung und eines zumal für Investitionen und Innovationen unabdingbaren Maßes an Erwartungssicherheit der Marktakteure abzumildern.[873]

Namentlich das Konsistenzgebot nach § 27 Abs. 2 TKG enthält dabei für den Bereich der Entgeltregulierung sowohl eine prozedurale als auch eine materielle Komponente zur Kohärenzsicherung, indem es die Bundesnetzagentur verpflichtet, darauf zu achten, dass die Entgeltregulierungsmaßnahmen insbesondere zeitlich und inhaltlich aufeinander abgestimmt sind. Im Zusammenspiel mit den Marktteilnehmern wurden diesbezüglich im Einzelnen bereits äußerst umstrittene Fragestellungen[874] erörtert und soweit möglich zu Hinweisdokumenten verarbeitet.[875]

Teilweise sind Konzeptpflichten wie beispielsweise in § 2 TNV – zumindest durch den Verordnungsgeber – auch ausdrücklich normiert worden. Aber auch soweit das Telekommunikationsrecht administrative Bereiche der Gestaltungsfreiheit nicht als rechtsförmliche Konzeptpflicht ausweist – wie es für weite Teile der normativen Ermächtigungen der Fall ist – handelt es sich bei der im Zusammenhang zu leistenden Eigenprogrammierung um eine logisch den eigentlichen Regulierungsverfügungen vorgeschaltete Aufgabenstellung, die nichtsdestotrotz in den der Bundesnetzagentur übertragenen Aufgabenbereich fällt und damit als Anknüpfungspunkt für ein Auskunftsverlangen in Betracht kommt.[876]

---

872 Dazu für das Telekommunikationsrecht auch *Wollenschläger*, Wissensgenerierung im Verfahren, 2009, S. 136 ff.; vgl. auch schon *Trute*, in: Trute/Spoerr/Bosch (Hrsg.), TKG, 2001, § 1 Rn. 19.
873 *Trute/Broemel*, Die Regulierung des Zugangs in den Netzwirtschaften, ZHR 170 (2006), 706 (733); am Beispiel der telekommunikationsrechtlichen Entgeltregulierung *Trute*, Methodik der Herstellung und Darstellung verwaltungsrechtlicher Entscheidungen, in: Schmidt-Aßmann/Hoffmann-Riem (Hrsg.), Methoden der Verwaltungsrechtswissenschaft, 2004, S. 293 (319 f.); zur modelltheoretischen Verknüpfung von Regulierungskonzepten und Innovationsförderung *Rutkowski*, Innovationsförderung im Telekommunikationsrecht zwischen Netzzugang und Regulierungsfreistellung, 2009, S. 112 ff.; vgl. auch *Franzius*, Modalitäten und Wirkungsfaktoren der Steuerung durch Recht, in: Hoffmann-Riem/Schmidt-Aßmann/Voßkuhle (Hrsg.), Grundlagen des Verwaltungsrechts, Bd. I, 2006, § 4 Rn. 21.
874 Etwa zur Frage, ob und inwieweit sich das Konsistenzgebot selbst auch auf die Ermittlungsmethoden der Entgelte bezieht *Mayen*, Konsistenz als Rechtsgebot, CR 2005, 484 (486); *Nolte/König*, Konsistente Entgeltregulierung im neuen TKG, MMR 2005, 512 (514); *Senger*, Das Gebot der konsistenten Entgeltregulierung im Telekommunikationsrecht, N&R 2005, 138 (142).
875 Vgl. Fn. 350 und 351.
876 Tendenziell engeres Verständnis wohl bei *Gärditz*, Regulierungsrechtliche Auskunftsanordnungen als Instrument der Wissensgenerierung, DVBl. 2009, 69 (74), der die weitreichende Delegation von Normsetzungsfunktionen nur dann mit dem Vorbehalt des Geset-

Dieses Verständnis wird im Übrigen gestützt durch den Wortlaut von § 125 Abs. 2 S. 1 TKG, wonach die Bundesnetzagentur »bei der Erfüllung ihrer Aufgaben« fortlaufend wissenschaftliche Unterstützung erhält. Die in § 125 Abs. 2 S. 2 TKG genannten Beispiele setzen aber ebenso wie das in § 125 Abs. 1 TKG enthaltene Recht der Regulierungsbehörde, zur Vorbereitung ihrer Entscheidungen oder zur Begutachtung von Fragen der Regulierung wissenschaftliche Kommissionen einzusetzen, nicht zwingend einen konkreten Verfahrensbezug voraus und weisen im Übrigen Sachbereiche aus, die der Gesetzgeber zum Zeitpunkt des Gesetzerlasses für besonders veränderungsfällig und damit offen für administrative Eigenprogrammierung erachtet hat. § 127 TKG kann hier im Zusammenhang mit konzeptioneller Tätigkeit als selbstständige Ermächtigungsgrundlage auch außerhalb einzelner Verwaltungsverfahren zum Einsatz kommen.[877]

Das TKG 2012 trägt der Bedeutung der Konzeptebene für das Regulierungsgelingen nunmehr auch auf normativer Ebene verstärkt Rechnung, indem es für den Bereich der Marktregulierung die Erarbeitung von zeitlich befristet gültigen Verwaltungsgrundsätzen (sog. Regulierungskonzepte) nahelegt.

Neu eingefügt wurde insofern § 2 Abs. 3 Nr. 1 TKG, wonach die Bundesnetzagentur bei der Verfolgung der in § 2 Abs. 2 TKG festgelegten Regulierungsziele objektive, transparente, nicht diskriminierende und verhältnismäßige Regulie-

---

zes für vereinbar hält, wenn die prozeduralen Voraussetzungen eine detaillierte Ausformung erfahren haben. Dies ist bei zahlreichen Gegenständen konzeptioneller Entscheidungsvorstrukturierung aber entweder gar nicht (das Gesetz setzt etwa die Heranziehbarkeit von analytischen Kostenmodellen schlicht voraus, enthält aber keine prozeduralen Vorgaben) oder nur rudimentär (z. B. Price-Cap-Verfahren) der Fall, dazu *Wollenschläger*, Wissensgenerierung im Verfahren, 2009, S. 136.

Insbesondere die gesetzlichen Vorgaben zur Netzmodellierung fallen dabei in Anbetracht ihrer rechtspolitischen Umstrittenheit (vgl. zur Diskussion vor Aufnahme ins TKG einerseits *Knieps*, Der Irrweg analytischer Kostenmodelle als regulatorische Schattenrechnungen, MMR 1998, 598 ff.; *Doll/Wieck*, Analytische Kostenmodelle als Grundlage für Entgeltregulierungsentscheidungen, MMR 1998, 280 ff.; andererseits *Vogelsang*, Analytische Kostenmodelle – ein notwendiges Übel, MMR 1998, 594 ff.; *Mellewigt/Theissen*, Bottom-Up-Kostenmodelle als Kerninstrument für zukünftige Entgeltregulierungsentscheidungen – eine Replik, MMR 1998, 589 ff.) erstaunlich knapp aus und lassen sich weder einen bestimmten Modellansatz noch Konkretisierungsmaßstäbe entnehmen (in Frage kommen sowohl weitestgehend auf der historischen gewachsenen Netzstruktur basierende Modelle [Bottom-Up-Kostenmodelle], die künftige Investitionsentscheidungen besser prognostizierbar machen als auch einen sog. Greenfield-Ansatz verfolgende und am Rechnungswesen ansetzende fiktive Netzmodelle [Top-Down-Kostenmodelle], deren Ziel darin besteht, die inkrementellen Kosten zu ermitteln und deren Vorteil darin liegt, bestehende Ineffizienzen nicht zu verhärten).

877 Für eine Begrenzung der Befugnisse in § 127 TKG auf laufende Verwaltungsverfahren dagegen *Bergmann*, in: Scheurle/Mayen (Hrsg.), TKG, 2. Aufl. 2008, § 127 Rn. 1, 4; wie hier zu § 72 Abs. 1 TKG-1996 bereits *Spoerr*, in: Trute/Spoerr/Bosch (Hrsg.), TKG, 2001, § 72 Rn. 12.

rungsgrundsätze anwenden soll, indem sie unter anderem die Vorhersehbarkeit der Regulierung dadurch fördert, dass sie über angemessene Überprüfungszeiträume ein einheitliches Regulierungskonzept beibehält.

Die Ausprägungen derartiger Regulierungskonzepte fasst § 15a TKG näher. Nach § 15a Abs. 1 TKG soll die Bundesnetzagentur ihre grundsätzlichen Herangehensweisen und Methoden für die Marktdefinition, die Marktanalyse und die Regulierungsverfügungen für einen bestimmten, mehrere Marktregulierungszyklen[878] umfassenden Zeitraum beschreiben können. Auch hierbei greifen allerdings die im Regulierungsverfahren eingebetteten weitgehenden Berücksichtigungspflichten bzgl. des von der Kommission erlassenen Soft-Law und der Stellungnahmen anderer Regulierungsbehörden bzw. ggf. der Vetoentscheidungen der Kommission auf den ersten beiden Stufen der Marktregulierung.[879]

Während so allgemein etwa die Festlegung von Zugangsbedingungen erfolgen und verallgemeinerungsfähige Aussagen zur Berücksichtigung regionaler Besonderheiten bei der Marktdefinition erfolgen kann, dient § 15a Abs. 2 TKG der Diversifizierung von Investitionsrisiken bei der Zugangs- und Entgeltregulierung.[880] Durch die Ermächtigung der Bundesnetzagentur, regelmäßig in Form von Verwaltungsvorschriften die grundsätzlichen regulatorischen Anforderungen an die Berücksichtigung von Investitionsrisiken und die Anforderungen an entsprechende Risikobeteiligungsmodelle zu beschreiben, soll die Bereitschaft der Marktteilnehmer erhöht werden, in neue Infrastrukturen zu investieren, insbesondere Zugangsnetze der nächsten Generation (NGNs – Next Generation Networks),[881] also paketvermittelnder Infrastrukturen, welche die leitungsvermittelnden Telekommunikationsnetze allmählich zurückdrängen.

§ 15a Abs. 3 TKG enthält darüber hinaus eine weitere Formalisierung der zur Wissensgenerierung faktisch unerlässlichen Anhörungsverfahren, während § 15a Abs. 4 TKG einen Auskunftsanspruch der Netzbetreiber gegenüber der Bundesnetzagentur zu regulatorischen Festlegungen und Maßnahmen im Rahmen des Netzauf- und ausbaus vorsieht.[882]

---

878 Vgl. hierzu auch den neugefassten § 14 Abs. 2 TKG.
879 Vgl. BT-Drs. 17/5707, S. 56.
880 BT-Drs. 17/5707, S. 57 f.
881 Siehe dazu die Empfehlung 2010/572/EU der *Kommission* vom 20. September 2010 über den regulierten Zugang zu Zugangsnetzen der nächsten Generation, ABl. L 251 v. 25.9.2010, S. 35 ff.
882 Vgl. näher BT-Drs. 17/7521, S. 111 f.

d) Zwischenfazit

Obgleich namentlich § 127 Abs. 2 S. 1 Nr. 1 TKG dem allgemeinen kartellbehördlichen Auskunftsrecht nachempfunden wurde, legt bereits der jeweils regelungsspezifische Aufgabenbezug ein grundsätzlich differenziertes Verständnis nahe. Regulierungsverwaltungsrecht erschöpft sich nicht in einer (sektorspezifischen) Kartellaufsicht, sondern enthält zugleich einen Gestaltungsauftrag zur Marktstrukturierung. Das Aufgabenprofil ist darüber hinaus nicht allein wettbewerbsbezogen, sondern umfasst ebenso spezifische, vor allem endnutzerbezogene wirtschaftsaufsichtsrechtliche Elemente.

Das Telekommunikationsgesetz bildet dabei den Ordnungsrahmen eines Wirtschaftsbereiches, in dem eine vergleichsweise hohe Ungewissheit über Voraussetzungen und Wirkungen staatlicher Eingriffe herrscht. Die damit einhergehende Entwicklungsnotwendigkeit von Entscheidungsprogrammen durch die Verwaltung wirkt sich insofern auch auf die informationellen Instrumente der Behörde aus. Diese stellen nicht wie im allgemeinen Wettbewerbsrecht vorrangig einen Apparat zur »bloßen Kontrolle von Marktergebnissen«[883] dar. Es kommt ihnen vielmehr und zusätzlich die Schlüsselfunktion zu, die zurückgenommene legislative Programmierung durch umfassende und vor allem zeitnahe Wissenserzeugung zu kompensieren, soweit alternative Instrumente der Wissenserzeugung, insbesondere die Heranziehung externen Sachverstands und die Zusammenarbeit mit den Interessensträgern im Verfahren nicht ausreichen, um auf ausreichender (Entscheidungs-)wissensgrundlage tätig zu werden.[884] Auch der auf die Aufklärung eines konkreten Sachverhalts ausgerichtete Ermittlungsbegriff[885] passt hier deshalb nicht immer, weil er sich zu stark an Überwachungsverhältnissen orientiert, auf die das regulierungsbehördliche Aufgabenprofil und daran anknüpfend § 127 TKG nicht allein ausgerichtet ist.[886]

Entsprechend dem breiten Instrumentenarsenal, das sich in den vermittelten Gestaltungsspielräumen deutlich vom Modell einer lediglich das Gesetz vollziehenden Verwaltung unterscheidet, ist auch das tatbestandlich an das Aufgabenprofil anknüpfende Informationsrecht vergleichsweise weit zu interpretieren, da auf Grundlage der erteilten Auskünfte die konkrete Vorgehensweise regelmäßig

---

883 So *Ruffert*, Regulierung im System des Verwaltungsrechts, AöR 124 (1999), 237 (279).
884 Vgl. auch *Röhl*, Soll das Recht der Regulierungsverwaltung übergreifend geregelt werden?, JZ 2006, 831 (836 f.); *Gärditz*, Regulierungsrechtliche Auskunftsanordnungen als Instrument der Wissensgenerierung, DVBl. 2009, 69 (70).
885 Unter vielen Literaturstimmen etwa *Nübel*, in: Geppert u. a. (Hrsg.), TKG, 3. Aufl. 2006, § 127 Rn. 16.
886 Vgl. dazu gleich unter B. II. 5. b).

erst entschieden wird.[887] Angesichts der Bedeutung, die die Ermächtigungen bei der informationellen Vorbereitung der komplexen Regulierungsentscheidungen einnehmen, und der nur begrenzt abstrahierbaren Informationsbedürfnisse, kommt der (Weiter-)Entwicklung organisatorischer und prozeduraler Elemente im Hinblick auf den rechtsstaatlichen Vorbehalt des Gesetzes eine gehobene Bedeutung zu.[888]

Auf Grund der Dynamik des Sachbereichs kann nicht umfassend durch den Gesetzgeber vorausgesagt werden kann, welche inhaltlichen Maßstäbe zu welchem Zeitpunkt konkretisierungsbedürftig werden können. Dies ist im Telekommunikationsrecht in hohem Maße technologie- und produktabhängig.[889] Soweit die Regulierungsbehörde Steuerungsbedarf erkennt, hat sie ihre Vorgehensweise frühzeitig anzukündigen.[890] Daneben hat sie ihre eigene Tätigkeit fortlaufend zu hinterfragen und weiterzuentwickeln. Konzeptioneller Eigensteuerung kommt insofern im Telekommunikationsrecht eine besondere Bedeutung zu, um die Rechtsanwendung vorhersehbar zu gestalten. Das Aufgabenprofil der Bundesnetzagentur weicht damit nicht nur in der Breite, sondern auch in der Tiefe erheblich von demjenigen des Bundeskartellamts ab.

---

887 So allgemein auch schon *Spoerr*, in: Trute/Spoerr/Bosch (Hrsg.), TKG, 2001, § 72 Rn. 1; *Eifert*, Die gerichtliche Kontrolle der Entscheidungen der Bundesnetzagentur, ZHR 174 (2010), 449 (473).
888 Vgl. *Gärditz*, Regulierungsrechtliche Auskunftsanordnungen als Instrument der Wissensgenerierung, DVBl. 2009, 69 (71 f., 77); *Eifert*, Die gerichtliche Kontrolle der Entscheidungen der Bundesnetzagentur, ZHR 174 (2010), 449 (473); vgl. auch *BVerfG*, Beschluss v. 13.7.2004 – 1 BvR 1298 u. a. –, BVerfGE 111, 191 (217 f.).
889 Vgl. jüngst etwa das Kommentierungsverfahren zum im Auftrag der Bundesnetzagentur vom Wissenschaftlichen Institut für Infrastruktur und Kommunikationsdienste (WIK) erstellten Referenzdokument zur Entwicklung eines analytischen Kostenmodells für das Breitbandnetz 2010; zum praktisch durchaus nicht unbeachtlichen Einfluss von Stellungnahmen auf die endgültigen Dokumente *Wollenschläger*, Wissensgenerierung im Verfahren, 2009, S. 146 ff.
890 § 122 Abs. 2, 3 TKG.

4. Informationsgegenstände und -zwecke

a) Wettbewerbsbezogene Generalklausel

aa) Übernahme des kartellrechtstypischen Informationsgegenstandes in die sektorspezifischen Regulierungsgesetze

Wie weiter oben bereits skizziert[891] sind die allgemeinen Auskunfts- und Prüfungsbefugnisse der Bundesnetzagentur denjenigen des Bundeskartellamts nachempfunden. Als Nachfolgenorm von § 72 Abs. 2 Nr. 1 TKG-1996 ist auch § 127 Abs. 2 S. 1 Nr. 1 TKG an den Wortlaut von § 59 Abs. 1 Nr. 1 GWB in seiner bis zum 30. Juni 2005 geltenden Fassung angelehnt. Eine sehr ähnliche Formulierung enthält das PostG in § 45 Abs. 1 Nr. 1. Das Auskunftsrecht nach § 69 Abs. 1 S. 1 Nr. 1 EnWG ist dagegen der heutigen Fassung der kartellrechtlichen Informationsbefugnis nachempfunden und befindet sich ebenso wie dieses innerhalb der Verfahrensvorschriften. Nach § 69 Abs. 1 S. 1 Nr. 1 Hs. 2 EnWG umfasst der Auskunftsanspruch der Bundesnetzagentur ausdrücklich auch allgemeine Marktstudien, soweit diese zur Erfüllung der ihr übertragenen Aufgaben, insbesondere der Einschätzung oder Analyse der Wettbewerbsbedingungen oder Marktlage, dienen und sich im Besitz des Unternehmens oder der Vereinigung von Unternehmen befinden.[892] Während hierdurch der Inhalt der Herausgabepflicht näher beschrieben wird, ist der Gegenstand auch selbst weiter gefasst. Dieser erstreckt sich neben den wirtschaftlichen ausdrücklich auch auf alle technischen Verhältnisse des Unternehmens.

Für die Interpretation des Begriffs wirtschaftliche Verhältnisse, für die Umsatzzahlen insoweit abweichend von der »Original-Norm« ausdrücklich als Regelbeispiel aufgeführt werden, ist dies richtungsweisend, werden doch die technischen Verhältnisse im EnWG – auch wegen deren Nichtaufführung in § 69 Abs. 1 S. 1 Nr. 2 und wegen des unterschiedlichen Aufgabenbezugs in § 49 Abs. 6 S. 1 – gerade zur terminologischen Abgrenzung herangezogen.[893] Soll das Merkmal technische Verhältnisse die Erhebung aller Informationen über die technischen Spezifika der unternehmenseigenen Infrastruktur ermöglichen, dient

---
891 B. I.
892 Die Hervorhebung wurde notwendig, da sich Einschätzungen der Befragten über die Marktsituation und -entwicklung nach Ansicht der Rechtsprechung nicht unter den Begriff der wirtschaftlichen Verhältnisse subsumieren lassen; vgl. *KG Berlin*, Beschluss v. 18.11.1985 – 1 Kart 32/85 –, WuW/E OLG 3721 (3725); dazu auch *Becker*, in: Loewenheim/Meessen/Riesenkampff (Hrsg.), Kartellrecht, 2. Aufl. 2009, § 59 GWB Rn. 5.
893 Vgl. etwa *Franke*, Energieregulierungsbehörden und behördliche Verfahren, in: Schneider/Theobald (Hrsg.), Recht der Energiewirtschaft, 2. Aufl. 2008, § 19 Rn. 40; *Stötzel*, in: Britz/Hellermann/Hermes (Hrsg.), EnWG, 2. Aufl. 2010, § 49 Rn. 17.

das Merkmal wirtschaftliche Verhältnisse dazu, sich seitens der Behörde ein möglichst vollständiges Bild von der wirtschaftlichen Situation betroffener Unternehmen machen zu können.[894] Dem wird nach allgemeiner Ansicht nur ein weites Begriffsverständnis gerecht. Erfasst sind alle rechtlichen und tatsächlichen Beziehungen auskunftsverpflichteter Unternehmen, die auf ihre betriebliche und gesellschaftsrechtliche Sphäre bezogen sind.[895]

Zur betrieblichen Sphäre zählen alle Informationen über Art und Umfang der Leistungserbringung und ihrer Kalkulations- und Kostengrundlagen.[896] Ein umfassendes Bild über die Situation erhält die Behörde nur, wenn sie sämtliche Faktoren kennt, die sich auf die wirtschaftlichen Verhältnisse auswirken können. Neben der Marktstellung, der Art und dem Umfang der vertraglichen Beziehungen zu den vor- und nachgelagerten Wirtschaftsstufen sind deshalb auch sonstige vermögenswerte Positionen erfasst, wie etwa die Überlassung oder der Erwerb von Schutzrechten, Know-how sowie technische Informationen mit Bezug zur betrieblichen Sphäre.[897] Wirtschaftliche Verhältnisse des Auskunftstatbestandes können entsprechend diesem Erhebungszweck auch innere Tatsachen, also das Handeln bestimmende Beweggründe wie Überlegungen und Entschlüsse sein.[898] Nicht erfasst sind aber, wie das Tatbestandsmerkmal »ihre« verdeutlicht, wirtschaftliche Verhältnisse Dritter,[899] sofern sich diese nicht aus den Beziehungen

---

894 Aus der Rechtsprechung zu § 72 Abs. 1 Nr. 1 TKG-1996 *VG Köln*, Beschluss v. 21.1.1998 – 1 L 4289/97 –, ArchivPT 1998, 395.
895 *VG Köln*, Beschluss v. 21.1.1998 – 1 L 4289/97 –, ArchivPT 1998, 395 (396); vgl. aus der umfangreicheren Rechtsprechung zur Parallelregelung in § 45 Abs. 1 Nr. 1 PostG *BVerwG*, Urteil v. 20.5.2009 – 6 C 14.08 –, N&R 2009, 209 (210); *OVG Münster*, Urteil v. 22.1.2008 – 13 A 4362/00 –, N&R 2008, 156 (158); *VG Köln,* Beschluss v. 30.6.2009 – 22 L 582/09 –, N&R 2009, 276 (277); *VG Köln*, Beschluss v. 13.8.2007 – 22 L 1042/07 –, N&R 2008, 46 (47); aus der Literatur *Klaue*, in: Immenga/Mestmäcker (Hrsg.), Wettbewerbsrecht, Bd. 2: GWB, 4. Aufl. 2007, § 59 Rn. 25; *Lammich*, in: Manssen (Hrsg.), Telekommunikations- und Multimediarecht, Bd. 1, § 127 Rn. 22; *Ruffert*, in: Säcker (Hrsg.), TKG, 2. Aufl. 2009, § 127 Rn. 23; *Holznagel*, Die Erhebung von Marktdaten im Wege des Auskunftsersuchens nach dem TKG, 2001, S. 35; *Spoerr*, in: Trute/Spoerr/Bosch (Hrsg.), TKG, 2001, § 72 Rn. 16; *Badura*, in: Badura u. a. (Hrsg.), PostG, 2. Aufl. 2004, § 45 Rn. 12 f.; *Holznagel*, Befugnisse der Regulierungsbehörde zur Erhebung von Marktdaten im Wege des Auskunftsersuchens nach § 45 PostG, in: Habersack/Holznagel/Lübbig (Hrsg.), Behördliche Auskunftsrechte und besondere Missbrauchsaufsicht im Postrecht, 2002, S. 55 (59).
896 Vgl. schon *KG Berlin*, Entscheidung v. 7.10.1969 – Kart 16/69 u. a. –, BB 1970, 316 (318); *OLG Düsseldorf*, Beschluss v. 22.4.2002 – VI-Kart 2/02 (V) –, WuW DE-R 914 (915); *Nübel*, in: Geppert u. a. (Hrsg.), TKG, 3. Aufl. 2006, § 127 Rn. 29.
897 *Klaue*, in: Immenga/Mestmäcker (Hrsg.), Wettbewerbsrecht, Bd. 2: GWB, 4. Aufl. 2007, § 59 Rn. 25.
898 Vgl. *KG Berlin*, Beschluss v. 19.2.1980 – Kart 6/78 –, WuW/E OLG 2441 (2445); *KG Berlin*, Beschluss v. 12.5.1981 – Kart 22/81 –, WuW OLG 2613.
899 *Nübel*, in: Geppert u. a. (Hrsg.), TKG, 3. Aufl. 2006, § 127 Rn. 30; *Lammich*, in: Manssen (Hrsg.), Telekommunikations- und Multimediarecht, Bd. 1, § 127 Rn. 22.

zum Adressaten des Ersuchens ergeben und damit die wirtschaftlichen Verhältnisse des Unternehmens selbst betreffen.[900]

Zur gesellschaftsrechtlichen Sphäre gehören alle rechtlichen und tatsächlichen Beziehungen, die die Einbindung und Stellung des Unternehmens im Konzern ausmachen.[901]

Teilweise wird angenommen, Kostennachweise seien nicht vom Auskunftsanspruch der Bundesnetzagentur umfasst, da § 29 TKG insoweit als spezielle Regelung vorgehe.[902] Dessen Zuschnitt auf die Erhebung spezifischer Angaben in konkreten Entgeltregulierungsverfahren – vor allem als Absicherung der selbstständigen Nachweispflicht nach § 34 Abs. 1, 2 TKG – lässt dies nicht zwingend erscheinen. Daraus, dass gegenüber marktmächtigen Unternehmen in sehr großem Maße Einfluss auf die Kostenrechnung und deren Offenlegung ausgeübt werden kann, lässt sich jedenfalls nicht schließen, dass dies gegenüber deren Konkurrenten gar nicht möglich sein soll. Unter Umständen kann sich auch der Rückgriff auf Daten leistungsbeziehender Unternehmen anbieten, etwa um konkrete Positionen gegenzurechnen, aber auch um Modellannahmen zu prüfen. Hierfür enthält § 127 TKG die einschlägigen Ermächtigungsgrundlagen. Ob derartige Nachweise auch rechtlich zulässig erhoben werden können, ist deshalb keine Frage des Auskunftsgegenstandes, sondern der Erforderlichkeit des Auskunftsverlangens zur Erfüllung einer gesetzlich übertragenen Aufgabe.[903]

bb)   Inkongruenz von Gegenstand und Aufgabenprofil

Die Umgestaltung des kartellrechtlichen Informationserhebungsrechts zur regulierungsbehördlichen Auskunftsgeneralklausel – wie in § 72 Abs. 1 Nr. 1 im TKG-1996[904] und § 45 Abs. 1 Nr. 1 PostG geschehen –, erweist sich bei näherer Betrachtung als tatbestandliche Fehlkonstruktion, wie sogleich am Beispiel der

---

900  Aus der Rechtsprechung zum TKG-1996 *OVG Münster*, Beschluss v. 2.4.1998 – 13 B 213/98 –, MMR 1998, 493; aus der postrechtlichen Rechtsprechung *BVerwG*, Urteil v. 20.5.2009 – 6 C 14.08 –, N&R 2009, 209; *OVG Münster*, Beschluss v. 5.10.2009 – 13 B 1056 –, NVwZ 2010, 270 (271 f.); *OVG Münster*, Urteil v. 22.1.2008 – 13 A 4362/00 –, N&R 2008, 156 (158).
901  *Klaue*, in: Immenga/Mestmäcker (Hrsg.), Wettbewerbsrecht, Bd. 2: GWB, 4. Aufl. 2007, § 59 Rn. 25.
902  *Bergmann*, in: Scheurle/Mayen (Hrsg.), TKG, 2. Aufl. 2008, § 127 Rn. 22; *Graulich*, in: Arndt/Fetzer/Scherer (Hrsg.), TKG, 2008, § 127 Rn. 12.
903  Für eine parallele Anwendbarkeit der Vorschriften im Ergebnis auch *Spoerr*, in: Trute/Spoerr/Bosch (Hrsg.), TKG, 2001, § 72 Rn. 7.
904  Wie die Entwurfsbegründung zum TKG-2004 zeigt, sollte die Neufassung durch den als Ergänzung gedachten § 127 Abs. 1 TKG (§ 125 Abs. 1 TKG-E) hieran nichts ändern, vgl. BT-Drs. 15/2316, S. 100.

regulierungsbehördlichen Überwachungstätigkeit verdeutlicht werden kann. Durch die Aufnahme von § 127 Abs. 1 hat sich dieses Problem zwar zumindest für das TKG relativiert. Relevanz entfaltet die begriffliche Abgrenzung aber weiterhin auch dort durch das auf den Auskunftsanspruch nach § 127 Abs. 2 S. 1 Nr. 1 TKG bezogene Einsichts- und Prüfungsrecht[905] und dessen Anwendbarkeit im Rahmen bereichsspezifischer Überwachungstätigkeit.[906]

Entsprechend dem beschriebenen Aufgabenprofil der Bundesnetzagentur erschöpft sich dieses nicht in der Wettbewerbsaufsicht – auch nicht in einer gestaltenden –, sondern umfasst daneben etwa die allgemeine Rechtsaufsicht über die nicht unmittelbar wettbewerbsrelevante Unternehmenstätigkeit, sofern diese im Anwendungsbereich näheren Vorgaben unterfällt.[907] Die Verpflichtungen nach oder auf Grund des Gesetzes dienen daher vielfach Interessen oder betreffen Gegenstände, für die die Kenntnis der wirtschaftlichen Situation betroffener Telekommunikationsunternehmen unerheblich ist. Nur begrenzt weiterführend ist insofern auch eine am Zweck der Regulierung orientierte Interpretation des Begriffs wirtschaftliche Verhältnisse,[908] weil der Begriff letztendlich zu stark auf die Kartellaufsicht zugeschnitten ist. Auch soweit bereichsspezifische und § 126 TKG vorgehende Aufsichtsnormen geregelt sind, die entsprechende Auskunftsrechte vorsehen,[909] oder spezielle Auskunftsrechte die Überwachung von Verpflichtungen ermöglichen, wird insgesamt keine geschlossene Konzeption sichtbar, über die die Einhaltung der Verpflichtungen kontrolliert werden könnte.[910]

Im Gegensatz zum allgemeinen Kartellrecht geht daher mit der Begriffsverwendung eine sachlich nicht zu rechtfertigende Einschränkung einher. Ungeachtet der Einbeziehung aller tatsächlichen und rechtlichen Beziehungen des Unternehmens und des gesamten betrieblichen und gesellschaftsrechtlichen Bereichs

---

905 Vgl. unten Teil IV, A. III.
906 Dazu bereits oben Teil II, A. I. 3. c).
907 Anerkannt ist insoweit, dass das Auskunftsrecht jedenfalls auch ein Instrument zur Durch- und Umsetzung der Einhaltung der gesetzlichen Verpflichtungen darstellt. So die Rechtsprechung zu der der inhaltsgleichen Vorgängerregelung nachgebildeten postrechtlichen Parallelnorm § 45 Abs. 1 Nr. 1 PostG, vgl. *VG Köln*, Urteil v. 20.6.2000 – 22 K 7663/99 – NRWE Rn. 31 ff.; *OVG Münster*, Urteil v. 22.1.2008 – 13 A 4362/00 –, N&R 2008, 156 (157).
908 So aus der postrechtlichen Literatur und Rechtsprechung etwa *Badura*, in: Badura u. a. (Hrsg.), PostG, 2. Aufl. 2004, § 45 Rn. 13, zitiert vom *VG Köln*, Beschluss v. 30.6.2009 – 22 L 582/09 –, N&R 2009, 276 (277); vgl auch *OVG Münster*, Urteil v. 22.1.2008 – 13 A 4362/00 –, N&R 2008, 156 (158).
909 Vgl. §§ 64 Abs. 1 S. 2, 67 Abs. 1 S. 2, 115 Abs. 1 S. 2 TKG. § 49 TKG-1996 beinhaltete im Gegensatz zu § 64 Abs. 1 TKG zudem kein hierauf bezogenes Auskunftsrecht, weshalb § 72 TKG-1996 auch für diesen Bereich als einschlägig betrachtet wurde, vgl. *Spoerr*, in: Trute/Spoerr/Bosch (Hrsg.), 2001, § 49 Rn. 10, § 72 Rn. 6.
910 Innerhalb der Vorschriften zum Kundenschutz nach §§ 43a ff. TKG existieren etwa weder eine spezielle Aufsichtsnorm noch bereichsspezifische Auskunftsrechte.

unter diesen Begriff, wird mit der Erhebung von Informationen über wirtschaftliche Verhältnisse eine andere Stoßrichtung verfolgt als mit einem gewerberechtlichen Auskunfts- und Nachschaurecht.

cc) Ergänzung durch die TKG-Novelle 2012

Im Rahmen der jüngsten Überarbeitung des TKG wurden dem Auskunftstatbestand § 127 Abs. 2 S. 1 Nr. 1 TKG zwei Regelbeispiele beigefügt bzw., wie es der Gesetzentwurf formuliert, »bestimmte Arten von Auskünften, die die Bundesnetzagentur verlangen kann, besonders hervorgehoben«.[911]

§ 127 Abs. 2 S. 2 TKG stellt klar, dass zu den Auskünften über wirtschaftliche Verhältnisse insbesondere Auskünfte über künftige Netz- und Diensteentwicklungen gehören, wenn diese Entwicklungen sich auf Dienste auf Vorleistungsebene auswirken können. Der Hintergrund dieser Klarstellung ergibt sich aus Erwägungsrund 16 der RL 2009/140/EG. Die Einholung entsprechender Informationen durch die nationale Regulierungsbehörde soll die Beurteilungsfähigkeit der möglichen Auswirkungen geplanter Erweiterungen oder Ausweitungen der Netztopologie auf die Entwicklung des Wettbewerbs oder auf anderen Marktteilnehmern angebotene Großhandelsprodukte sicherstellen. Der Umsetzungsgesetzgeber hat hierbei zutreffend klargestellt, dass es sich um Dienste auf Vorleistungsebene handelt, die Konkurrenten zugänglich sind, und hierbei den durch die RL 2009/140/EG eingefügten Art. 5 UAbs. 2 S. 2 RL 2002/21/EG umsetzen wollen.[912] Die deutsche Fassung des Art. 5 UAbs. 2 S. 2 RL 2002/21/EG[913] lässt demgegenüber nicht klar erkennen, ob sich »zugänglich machen« auf die »Dienste« durch die »Unternehmen« oder auf die »Informationen« durch die »nationalen Regulierungsbehörden« bezieht.

Da der Informationstatbestand nicht nur eine Aufnahme in die allgemeine Informationsnorm der Rahmenrichtlinie, sondern ebenfalls als lit. h) einen Weg in den – spezielleren – Katalog des Art. 11 Abs. 1 UAbs. 1 RL 2002/20/EG, der durch § 127 Abs. 1 TKG umgesetzt wurde, gefunden hat, wäre auch dessen Ergänzung möglich und folgerichtig gewesen. Nach Art. 11 Abs. 1 UAbs. 1 RL lit. h) 2002/20/EG dürfen die nationalen Regulierungsbehörden wörtlich alle Informationen anfordern, die für die Bewertung künftiger Entwicklungen im Netz-

---

911 BT-Drs. 17/5707, S. 85.
912 BT-Drs. 17/5707, S. 85.
913 Art. 5 UAbs. 2 S. 2 RL 2002/21/EG lautet: »Die nationalen Regulierungsbehörden sind insbesondere befugt, von diesen Unternehmen die Vorlage von Informationen über künftige Netz- oder Dienstentwicklungen zu fordern, die sich auf die Dienste auf Vorleistungsebene auswirken könnten, die sie Konkurrenten zugänglich machen.«

oder Dienstleistungsbereich, die sich auf die Dienstleistungen an Wettbewerber auf Vorleistungsebene auswirken könnten, erforderlich sind.

Die Aufnahme von § 127 Abs. 2 S. 3 TKG wirkt indes als Umsetzung des Art. 5 Abs. 1 UAbs. 1 S. 3 RL 2002/21/EG[914] im Rahmen der Generalklausel systematisch verfehlt. Danach kann die Bundesnetzagentur von Unternehmen mit beträchtlicher Marktmacht auf Vorleistungsmärkten verlangen, Rechnungslegungsdaten zu den mit diesen Vorleistungsmärkten verbundenen Endnutzermärkten vorzulegen. Da die Erhebung der Daten eine Beurteilung ermöglichen soll, wie das Unternehmen bei der Preisbildung kalkuliert, hätte eine »Hervorhebung« hier besser in den Auskunftstatbestand § 29 Abs. 1 S. 1 Nr. 1 TKG gepasst, der die besonderen Informationspflichten des regulierten Unternehmens im Rahmen der Entgeltregulierung betrifft.[915]

b) Zweckneutrale Generalklausel

Durch die Ausweitung des Auskunftsanspruchs nach § 127 Abs. 1 TKG wurde, wie bereits weiter oben dargestellt, die tatbestandliche Einschränkung regulierungsbehördlicher Auskunftsanordnungen aufgegeben.[916] Aufschluss über die inhaltliche Reichweite bietet aber ein Katalog an Regelbeispielen, der sich an Art. 11 Abs. 1 UAbs. 1 RL 2002/20/EG ausrichtet, der seinerseits den Auskunftsanspruch der nationalen Regulierungsbehörden nach Art. 10 Abs. 1 UAbs. 2 RL 2002/20/EG konkretisiert und durch die Änderungs-RL 2009/140/EG inhaltlich leicht überarbeitet wurde.

Ein näherer Vergleich mit dem zu Grunde liegenden Richtlinienrecht zeigt, dass sowohl die Integration der einzelnen Regelbeispiele bei der nationalen Umsetzung missglückt ist[917] als auch die Regelungskonzeption als tatbestandlich offene Generalklausel der Systematik des zu Grunde liegenden Richtlinienrechts widerstrebt.[918]

---

914 Vgl. BT-Drs. 17/5707, S. 85.
915 Vgl. bereits oben Teil 2, B. I. 3. c) cc) (1).
916 Vgl. B. I.
917 B. II. 4. b) aa).
918 B. II. 4. b) bb).

aa) Umsetzung der europarechtlichen Erhebungszwecke

(1) Überwachung

Nach § 127 Abs. 1 S. 2 Nr. 1 TKG kann die Bundesnetzagentur insbesondere Auskünfte verlangen für die systematische oder einzelfallbezogene Überprüfung der Verpflichtungen, die sich aus diesem Gesetz oder auf Grund dieses Gesetzes ergeben, während nach § 127 Abs. 1 S. 2 Nr. 2 TKG für die einzelfallbezogene Überprüfung von Verpflichtungen dann Auskünfte verlangt werden dürfen, wenn der Bundesnetzagentur eine Beschwerde vorliegt oder sie aus anderen Gründen eine Verletzung von Pflichten annimmt oder sie von sich aus Ermittlungen durchführt.

Indem beide Tatbestände an die Überprüfung von Verpflichtungen anknüpfen, lassen sie sich zunächst als Instrumente der Rechtsaufsicht begreifen. Die Gegenüberstellung der Modi systematische und einzelfallbezogene Überprüfungen zeigt, dass mit ersterem die flächendeckende und planmäßige Kontrolle aller in Frage kommenden Adressaten gemeint ist, während nach der zweiten Alternative eine situationsabhängige bzw. sachverhaltsbezogene Überprüfung erfolgt.[919] Der Vergleich der beiden Regelbeispiele untereinander macht hingegen deutlich, dass die in Nr. 2 näher geregelten Eingriffsschwellen in den Fällen von Nr. 1 gerade keine tatbestandliche Geltung beanspruchen sollen. Da aber beide Regelbeispiele mit den Verpflichtungen (nach oder auf Grund des TKG) das gleiche Bezugsobjekt ausweisen und ebenso beide die einzelfallbezogene Überprüfung als Anwendungsfall nennen, erscheinen die in Nr. 2 getroffenen Beschränkungen auf den ersten Blick sinnlos, da die Behörde diese nicht nur nach der zweiten Alternative von Nr. 1 unterlaufen, sondern durch die erste Alternative gar übertreffen könnte, sofern man nicht zumindest ähnliche Schwellen aus dem Verhältnismäßigkeitsprinzip herleitet,[920] wobei selbst dann die unterschiedlichen Modi nicht zu erklären wären. Regelungssystematisch ergibt das Regelbeispiel Nr. 1 deshalb nur dann Sinn, wenn es anderen Beschränkungen unterworfen ist als Nr. 2.

---

[919] Ähnlich *Ruffert*, in: Säcker (Hrsg.), TKG, 2. Aufl. 2009, § 127 Rn. 15; *Bergmann*, in: Scheurle/Mayen (Hrsg.), TKG, 2. Aufl. 2008, § 127 Rn. 25.
Dass sich die Modi selbst nur auf die Adressaten und nicht auf die Verpflichtungen beziehen können, ergibt sich schon daraus, dass die umfassende Kontrolle aller sich aus dem Gesetz oder auf Grund des Gesetzes ergebenden Verpflichtungen darauf hinaus liefe, dass der Aufsichtsunterworfene nachzuweisen hätte, wie er seine Rechtspflichten einhält. Dies ist weder mit der Institution des Auskunftsrechts an sich vereinbar und wäre zudem offensichtlich unverhältnismäßig, vgl. oben bereits Teil II, A. I. 3. b).

[920] In diese Richtung im Ergebnis wohl *Bergmann*, in: Scheurle/Mayen (Hrsg.), TKG, 2. Aufl. 2008, § 127 Rn. 25.

Diese Konzeption liegt lit. a) und b) des Art. 11 Abs. 1 UAbs. 1 RL 2002/20/2002 auch zu Grunde. Während die Erhebungsmodi ebenso wie die Eingriffsschwellen der nationalen Umsetzung entsprechen, dient lit. b) der Prüfung aller im Anhang der Richtlinie genannten Bedingungen, während lit. a) lediglich die Erfüllung der Bedingungen 1 und 2 des Teils A, der Bedingungen 2 und 6 des Teils B, der Bedingungen 2 und 7 des Teils C des Anhangs sowie die Erfüllung der in Art. 6 Abs. 2 genannten Verpflichtungen in Bezug nimmt.[921]

Mit den im Anhang genannten Bedingungen sind die branchenspezifischen Genehmigungs- und Nutzungsbedingungen gemeint, denen nach nationalem Recht alle Unternehmen unterliegen, die Kommunikationsnetze und -dienste auf Grundlage der Allgemeingenehmigung anbieten oder die Nutzungsrechte für Funkfrequenzen oder Nummern innehaben. Der Anhang führt insofern eine Maximalliste an Bedingungen auf, die innerhalb der gemäß den Art. 5, 6, 7, 8 und 9 der RL 2002/21/EG zulässigen Grenzen an eine Allgemeingenehmigung (Teil A), an Frequenznutzungsrechte (Teil B) und Nummernnutzungsrechte (Teil C) geknüpft werden können und bezieht sich damit auf den gesamten Anwendungsbereich des gemeinsamen Rechtsrahmens für elektronische Kommunikationsnetze und -dienste.

Der Zweck dieser Maximalliste, die durch die inhaltliche Nennung von Bedingungsbereichen eher als thematische Abgrenzung denn als enges Korsett zu verstehen ist, wie der Einführung des Allgemeingenehmigungsregimes überhaupt, lag darin, die vormals sehr heterogene Genehmigungspraxis durch harmonisierte Vorgaben zu vereinfachen und eine länderspezifische Belastung der Unternehmen weitestgehend zu reduzieren.[922] Alle diese Bedingungen müssen daher nach Art. 6 Abs. 1 S. 2 RL 2002/20/EG nicht diskriminierend, verhältnismäßig und transparent sein und im Fall der Funkfrequenzen mit den besonderen Bestimmungen der Rahmenrichtlinie in Einklang stehen. Die in Art. 11 Abs. 1 UAbs. 1 lit. a) RL 2002/20/EG explizit aus der Liste aufgeführten Bedingungen betreffen mit der Finanzierung des Universaldiensts (A. 1.), den Verwaltungsgebühren zur Deckung der administrativen Kosten (A. 2.) und der effizienten und effektiven Frequenz- und Nummernutzung (B. 2., C. 2.) sowie dafür erhobener

---

921 Die Bedingungen 2 der Teile B und C sind dabei erst im Zuge der Änderung 2009 aufgenommen worden.
922 Nach der Begründung zum Richtlinienvorschlag (Vorschlag für eine Richtlinie des Europäischen Parlaments und des Rates über die Genehmigung elektronischer Kommunikationsnetze und -dienste KOM [2000] 386 endg., mit Begründung abrufbar unter http://eur-lex.europa.eu/LexUriServ/LexUriServ.do?uri=COM:2000:0386:FIN:DE:PDF) existierten vormals 15 verschiedene nationalen Genehmigungsregime bei zwischen 2 und 18 verschiedenen Genehmigungsarten mit bis zu 49 Informationsvorbehalten, so dass Genehmigungserteilungen dementsprechend mit sehr unterschiedlich hohem Aufwand verbunden und Gebühren belegt waren (ebda., S. 2 f.).

Entgelte (B. 6., C. 2.) nur einen Bruchteil aller an die branchenspezifische Unternehmenstätigkeit gebundenen Verpflichtungen.

Die in Art. 6 Abs. 2 genannten Verpflichtungen, auf die ebenfalls lediglich in Art. 11 Abs. 1 UAbs. 1 lit. a) RL 2002/20/EG verwiesen wird, betreffen dagegen alle besonderen Verpflichtungen, die im Rahmen der Regulierung auferlegt werden können, allen voran die Vorabverpflichtungen marktmächtiger Unternehmen nach Art. 9 bis 13 der Zugangsrichtlinie, die mittelbar über den Art. 6 Abs. 2 RL 2002/20/EG genannten Art. 8 RL 2002/19/EG in Bezug genommen werden, bzw. die ausnahmsweise Regulierung von Endnutzermärkten über den ebenfalls genannten Art. 17 RL 2002/22/EG sowie die Verpflichtung zur Erbringung des Universaldienstes.[923]

Nur diese Verpflichtungen rechtfertigen nach der Vorstellung des Europäischen Gesetzgebers im Gegensatz zu allen sonstigen Verpflichtungen eine besondere Kontrolle und können die unterschiedlichen Beschränkungen in den Regelbeispielen erklären.[924] Neben der Entrichtung von Beiträgen und Gebühren sowie der effektiven und effizienten Nutzung können einzelfallbezogen und sektorenübergreifend ohne spezifizierte Eingriffsschwellen deshalb vor allem Vorabverpflichtungen der regulierten Unternehmen überprüft werden. Dass gerade die Kontrolle Letzterer unter vereinfachten Bedingungen möglich sein soll, ist letztlich auf die Konzeption asymmetrischer Regulierung selbst zurückführbar.

Alle sonstigen Verpflichtungen können darüber hinaus nach althergebrachten wirtschaftsaufsichtsrechtlichen Grundsätzen überprüft werden. Art. 11 Abs. 1 UAbs. 1 lit. b) RL 2002/20/EG verdeutlicht insoweit ebenso wie § 127 Abs. 1 S. 2 Nr. 2 TKG durch die Nennung potentieller Ermittlungen der nationalen Regulierungsbehörden »von sich aus«, dass durch das sektorspezifische Kartellrecht zugleich ein Sonderordnungsrecht etabliert wird, in dem neben die anlassbezogene auch die anlasslose Kontrolle, etwa in Form stichprobenhafter Überprüfungen treten kann.[925]

---

[923] Daneben verweist Art. 6 Abs. 2 RL 2002/20/EG auf Art. 5 Abs. 1, 2 sowie Art. 6 RL 2002/19/EG (der Wortlaut der deutschen Übersetzung legt hier zwar durchaus die Interpretation nahe, dass auf Art. 5 Abs. 1, 2 RL 2002/20/EG verwiesen wird; deutlicher sind insoweit aber die franz. und vor allem die engl Fassung). Art. 5 Abs. 1 und 2 betreffen ergänzende Maßnahmen der Zugangsregulierung und Zusammenschaltung gegenüber Unternehmen ohne beträchtliche Marktmacht, Art. 6 die technische Regulierung von Zugangsberechtigungssystemen, um die Verfügbarkeit einer großen Bandbreite an Programmen und Dienstleistungen sicherzustellen. Die vor der Änderungs-RL 2009/140/EG ebenfalls genannten Art. 16, 18 und 19 2002/22/EG sind nunmehr entfallen.

[924] Es ist vor diesem Hintergrund nicht weiter verwunderlich, dass die deutsche Regelung für unverhältnismäßig gehalten wird. Vgl. – freilich ohne dabei auf Art. 11 RL 2002/20/EG einzugehen – *Lammich*, in: Manssen (Hrsg.), Telekommunikations- und Multimediarecht, Bd. 1, § 127 Rn. 11.

[925] Näher sogleich unter B. II. 5. a).

(2) Konsumenteninformation

§ 127 Abs. 1 S. 2 Nr. 3 TKG ermöglicht der Regulierungsbehörde die Erhebung aller für die Veröffentlichung von Qualitäts- und Preisvergleichen für Dienste zum Nutzen der Endnutzer erforderlichen Auskünfte, und weicht damit von Art. 11 Abs. 1 UAbs. 1 lit. d) RL 2002/20/EG nur marginal ab, indem der Begriff Endnutzer den Begriff des Verbrauchers ersetzt. Zwar fallen unter den Begriff Endnutzer nach den Legaldefinitionen in § 3 Nr. 8, 14 TKG sowohl natürliche als auch juristische Personen, die weder öffentliche Telekommunikationsnetze betreiben noch Telekommunikationsdienste für die Öffentlichkeit erbringen,[926] während der Begriff Verbraucher im europäischen Rechtsrahmen im Zusammenhang mit natürlichen Personen verwendet wird.[927] Angesichts der insoweit gleichläufigen Interessen lassen sich allerdings für den Erhebungszweck keine signifikant unterschiedlichen Informationsbedarfe ableiten, weshalb der terminologischen Abweichung im Ergebnis keine Bedeutung zukommt.

§ 127 Abs. 1 S. 2 Nr. 3 TKG stellt zugleich klar, dass die Veröffentlichung von Qualitäts- und Preisvergleichen zum Aufgabenprofil der Bundesnetzagentur zählt und dient somit selbst der Verwirklichung des Regulierungsziels der Wahrung der Nutzer- und Verbraucherinteressen auf dem Gebiet der Telekommunikation nach § 2 Abs. 2 Nr. 1 TKG.[928] Da das Gesetz nicht auf eine bestimmte Art von Diensten abstellt, sind vom Anwendungsbereich der Vorschrift nicht nur Telekommunikationsdienste, sondern auch telekommunikationsgestützte Dienste erfasst. Darunter fallen auch hochpreisige Dienste, die etwa über Premiumdiensterufnummern erreicht werden können und einen besonderen Aufklärungsbedarf mit sich bringen. Dem Verbraucherschutz dienen hier speziell auch die Preistransparenz- und Preisbegrenzungsvorschriften im Abschnitt über die Nummerierung.[929]

---

926 Vgl. die entsprechende Begriffsbestimmung in Art. 2 lit. n) RL 2002/21/EG.
927 *Scheurle*, in: Scheurle/Mayen (Hrsg.), TKG, 2. Aufl. 2008, § 3 Rn. 5.
928 In diese Richtung auch *Lammich*, in: Manssen (Hrsg.), Telekommunikations- und Multimediarecht, Bd. 1, § 127 Rn. 13; zu enges Verständnis von § 127 Abs. 1 S. 2 Nr. 3 TKG dagegen bei *Bergmann*, in: Scheurle/Mayen (Hrsg.), TKG, 2. Aufl. 2008, § 127 Rn. 27, welche die Erforderlichkeit für den Gesetzesvollzug so auslegt, dass das Gesetz an anderer Stelle eine Veröffentlichungspflicht vorsehen muss.
Die hier vertretene Auffassung wird gestützt von § 45n Abs. 7 TKG, wonach die Bundesnetzagentur unter Beachtung sonstiger Schutzvorschriften in ihrem Amtsblatt oder auf ihrer Internetseite jegliche Information veröffentlichen kann, die für Endnutzer Bedeutung haben.
929 Vgl. §§ 66a ff. und zudem § 45l Abs. 1 TKG. Im Bereich der Service-Dienste sind die Befugnisse der Bundesnetzagentur zudem in den letzten Jahren dort erheblich ausgeweitet worden, wo unterschiedliche Tarifhoheiten zu stark netzabhängigen Kosten führen, vgl. den mehrfach geänderten § 67 Abs. 2 TKG.

Zur Markttransparenz über Telekommunikationsdienste und telekommunikationsgestützte Dienste gleichermaßen[930] sollen außerdem die seit dem TKG-Änderungsgesetz 2007 auf § 45n TKG basierenden Veröffentlichungspflichten beitragen,[931] die nunmehr nach dem TKG-2012 nicht mehr kraft Gesetzes, sondern nach Maßgabe einer Rechtsverordnung bestehen, die gemäß § 45n Abs. 1, 7 TKG von der Bundesnetzagentur erlassen wird, bei der gemäß Art. 21 RL 2002/22/EG auf nationaler Ebene die Zuständigkeit zur Vorgabe der Transparenzpflichten liegt.[932] Mögliche Inhalte der Rechtsverordnung sind in den Abs. 2 bis 4 und 6 TKG aufgeführt. Hierzu zählen vor allem die Dienstemerkmale und die Vertragskonditionen.

Die in der Rechtsverordnung vorgegeben Informationen sind nach § 45n Abs. 5 S. 1 von den Unternehmen in klarer, verständlicher und leicht zugänglicher Form zu veröffentlichen, um hierdurch den Endnutzern die Möglichkeit zu geben, die Leistungen der unterschiedlichen Marktteilnehmer miteinander zu vergleichen und in voller Sachkenntnis eine Wahl zu treffen.[933]

Da die Überprüfung dieser Pflicht über § 127 Abs. 1 S. 2 Nr. 2 TKG möglich ist, ist der Anwendungsbereich von § 127 Abs. 1 S. 2 Nr. 3 TKG als gering einzuschätzen.

(3) Beobachtung und Analysierung von Markt- und Wettbewerbsentwicklung

Das Herzstück des regulierungsbehördlichen Informationsverwaltungsrechts ist die Aggregation ausreichender Informationen, um tragfähige Regulierungsverfügungen als Instrument einer flexibilisierten asymmetrischen Regulierung zu ermöglichen. Dies setzt entsprechend der Stufung des Marktregulierungsverfahrens voraus, dass regulierungsbedürftige Märkte erkannt und abgegrenzt, auf diesen Märkten die Verteilung der Marktmacht identifiziert und die Auswirkungen bestimmter Verpflichtungen – gerade auch auf das weitere Verhalten der Marktteilnehmer – vor deren Auferlegung sondiert und prognostiziert werden können. Die Dynamik der Wettbewerbsverhältnisse und das begrenzte Wissen über die Wirkungen von Interventionen auf Marktstruktur und -verhalten machen zudem eine Folgenbeobachtung und eine periodische Anpassung der Entscheidungen an

---

930 Für die Geltung von § 45n auch für telekommunikationsgestützte Dienste nur *Robert*, in: Säcker (Hrsg.), TKG, 2. Aufl. 2009, § 45n Rn. 9.
931 Zur Verwirklichung von Gemeinwohlzielen durch Konsumentensouveränität *Franzius*, Schutz der Verbraucher durch Regulierungsrecht, DVBl. 2010, 1086 (1091 f.).
932 Vgl. BT-Drs. 17/5707, S. 67.
933 So BT-Drs. 16/2581, S. 26, wo daneben ausdrücklich auch auf alternative Informationsmöglichkeiten durch die Verbraucherzentralen, die Stiftung Warentest und Fachzeitschriften hingewiesen wird.

die sich verändernden Bedingungen notwendig. Anders als bei Strukturentscheidungen im allgemeinen Kartellrecht handelt es sich deshalb nicht um punktuelle Interventionen, sondern um ein Steuerungskonzept aktiver Marktbegleitung[934], das über die umfassende und detailgenaue Kenntnis der Wettbewerbsverhältnisse im Vorfeld von Einzelverfügungen hinaus ein verstetigtes Branchenmonitoring erfordert.[935]

Ähnlich wie die Monopolkommission zur Anfertigung ihres alle zwei Jahre zu erstellenden Sondergutachtens neben ihrem in § 121 Abs. 2 S. 3 TKG normiertem Recht zur Einsichtnahme in die bei der Bundesnetzagentur geführten Akten nach § 47 GWB auch einen Katalog an statistischen Daten anfordern kann, sah auch das TKG-1996 in § 84 eine diesem nachgebildete Übermittlungspflicht des Statistischen Bundesamtes und der statistischen Ämter der Länder vor, um eine Begutachtung der Markt- und Wettbewerbsentwicklung zu ermöglichen. Diese Stellen verfügten allerdings nicht über hinreichendes Datenmaterial im Hinblick auf die Verhältnisse auf dem Telekommunikationssektor, weshalb die Vorschrift weitgehend ins Leere lief.[936] Da für die nunmehr durchzuführenden Marktregulierungsverfahren eine externe Datenerfassung in Form von Statistiken ohnehin nicht ausreicht, um eine verlässliche Informationsbasis für Regulierungsentscheidungen sicherzustellen, wurden im TKG-2004 die Kompetenzen zur Informationssammlung hierfür und zur statistischen Primärdatenerhebung für die Marktbeobachtung in § 127 Abs. 1 S. 2 Nr. 4 und 5 TKG bei der Fachbehörde gebündelt.

§ 127 Abs. 1 S. 2 Nr. 4 TKG, wonach Auskünfte für genau angegebene statistische Zwecke verlangt werden dürfen, soll insofern den inhaltsgleichen Art. 11 Abs. 1 UAbs. 1 lit. e) RL 2002/20/EG umsetzen. Dabei hat der nationale Gesetzgeber allerdings übersehen, dass sich die Pflicht zur genauen Angabe der statistischen Zwecke nicht an die nationalen Regulierungsbehörden richtet[937] – insofern ginge die Pflicht auch nicht über § 127 Abs. 3 S. 2 TKG, der Art. 11 Abs. 2 RL 2002/20/EG umsetzt, hinaus –, sondern an die Umsetzungsgesetzgeber adressiert ist.

Zwar lässt sich der Richtlinie entnehmen, dass die nationalen Regulierungsbehörden im Wege des Auskunftsersuchens zur systematischen Erhebung allgemeiner Marktdaten selbst berechtigt sein sollen, um übergreifende Analysen der

---

934 Dazu nur *Hoffmann-Riem/Eifert*, Regelungskonzepte des Telekommunikationsrechts und der Telekommunikationspolitik, in: Hoffmann-Riem (Hrsg.), Innovation und Telekommunikation, 2000, S. 9 (29 ff.).
935 Dazu sogleich unter B. II. 5. b).
936 *Holznagel*, Die Erhebung von Marktdaten im Wege des Auskunftsersuchens nach dem TKG, 2001, S. 51, 77.
937 So wohl *Lammich*, in: Manssen (Hrsg.), Telekommunikations- und Multimediarecht, Bd. 1, § 127 Rn. 14.

Marktentwicklung und Regulierungseffektivität und -effizienz vornehmen zu können.[938] Welche Informationen regelmäßig, also anlassunabhängig und periodisch erhoben werden dürfen, kann aber aus rechtsstaatlichen Gründen nicht ins freie Belieben der Behörde gestellt werden und ist bei statistischen Erhebungen auch nicht wegen einer größeren Sachnähe und Flexibilität des Regulierers geboten.

§ 127 Abs. 1 S. 2 Nr. 4 TKG wird insoweit den qualifizierten Bestimmtheitsanforderungen des Bundesstatistikgesetzes nicht gerecht.[939] Nach § 9 Abs. 1 BStatG, der Mindestanforderungen für den Regelungsumfang bundesstatistischer Rechtsvorschriften aufstellt, muss die eine Bundesstatistik anordnende Rechtsvorschrift wenigstens die Erhebungsmerkmale, die Hilfsmerkmale, die Art der Erhebung, den Berichtszeitraum bzw. -zeitpunkt, die Periodizität und den Kreis der zu Befragenden bestimmen. Ohne eine vorherige abstrakt-generelle und außenverbindliche Festlegung der Erhebungszwecke in der beschriebenen Art und Weise ist der Bundesnetzagentur der Zugriff auf § 127 Abs. 1 S. 2 Nr. 4 TKG deshalb verwehrt.

Für die Informationserhebung für die Zwecke konkreter Regulierungsverfahren und zu deren Vorbereitung gelten diese Beschränkungen dagegen nicht. § 127 Abs. 1 S. 2 Nr. 5 TKG soll insofern die zu Grunde liegenden Richtliniennorm Art. 11 Abs. 1 UAbs. 1 lit. f) RL 2002/20/EG umsetzen. Dort ist zwar nur von Marktanalysen und nicht von Marktdefinitionen die Rede. Zum einen sind Letztere aber die zwingende Voraussetzung der Analysen.[940] Zum anderen legen die Regelungssystematik und Formulierung im Richtlinienrecht deutlicher noch als die nationale Umsetzungsvorschrift ein extensives Verständnis dieses Erhebungszwecks nahe.

In der rahmenrechtlichen Vorschrift zum Verfahren der Marktanalyse, Art. 16 RL 2002/21/EG, ist nämlich zugleich die dritte Stufe des Marktregulierungsverfahrens, der Erlass von Regulierungsverfügungen geregelt.[941] Die Formulierung

---

938 So zutreffend *Schneider*, Telekommunikation, in: Fehling/Ruffert (Hrsg.), Regulierungsrecht, § 8 Rn. 72; zu dieser vor allem bzgl. § 72 TKG-1996 noch kontrovers diskutierten Problematik statt vieler *Holznagel*, Die Erhebung von Marktdaten im Wege des Auskunftsersuchens nach dem TKG, 2001, S. 46 f.
939 Zielsetzung der seinerzeitigen Neuregelung des Bundesstatistikgesetzes war es, die allgemein übertragbaren Grundsätze des Volkszählungsurteils in einem Rahmengesetz auf das Gebiet der amtlichen Statistik zu übertragen, um so mit »vor die Klammer gezogenen Bestimmungen«, die für alle statistische Einzelgesetze Geltung haben, den Novellierungsbedarf zu begrenzen, vgl. *Dorer/Mainusch/Tubies*, BStatG, 1988, Vorbem. vor § 1 Rn. 3.
940 *Ruffert*, in: Säcker (Hrsg.), TKG, 2. Aufl. 2009, § 127 Rn. 19; ähnlich *Hermeier*, Der Europäische Regulierungsverbund im EG-Rechtsrahmen für Telekommunikation, 2009, Fn. 198.
941 Vgl. Art. 16 Abs. 2 ff. RL 2002/21/EG.

von Art. 11 Abs. 1 UAbs. 1 lit. f) RL 2002/20/EG ist zudem selbst weit gehalten, wobei die deutsche Übersetzung hierbei von der englischen und französischen Fassung des Richtlinientextes leicht abweicht. Während in Art. 11 Abs. 1 UAbs. 1 lit. f) RL 2002/20/EG eine Marktanalyse »im Sinne« der Zugangs- und der Universaldienstrichtlinie als Erhebungszweck angesprochen wird, obwohl diese wie angesprochen in der Rahmenrichtlinie geregelt ist, sprechen die beiden anderen Versionen von Marktanalysen »für die Zwecke«[942] der genannten Richtlinien und bringen damit ebenfalls zum Ausdruck, dass hiermit im Gegensatz zur dauerhaften Marktbeobachtung die situative Erhebung aller relevanten Informationen gemeint ist, die darüber hinaus für die Beurteilung notwendig sind, ob und welche Verpflichtungen für Unternehmen aufzuerlegen, beizubehalten, zu ändern oder aufzuheben sind, und nehmen damit nahezu die gesamte Marktdatenerhebung für die asymmetrische Marktregulierung in Bezug.[943] Auch das Richtlinienrecht selbst verwendet den Begriff Marktanalyseverfahren zudem nicht allein im engeren Sinne, sondern weit auch im Sinne von Regulierungsanordnungsverfahren.[944]

Die zeitliche Dimension der Entscheidung wird durch den im Zuge der RL 2009/140/EG in die Genehmigungsrichtlinie zusätzlich aufgenommenen Art. 11 Abs. 1 UAbs. 1 lit. h) RL 2002/20/EG deutlich, wonach Information erhoben werden können, welche die Bewertung künftiger Entwicklungen im Netz- oder Dienstleistungsbereich, die sich auf die Dienstleistungen an Wettbewerber auf Vorleistungsebene auswirken könnten, ermöglichen. Hiermit sollen Innovationspotentiale identifiziert werden, die sich auf die Märkte und damit die Marktstellung der Unternehmen auswirken und damit letztlich die Prognosefestigkeit der Einzelentscheidung erhöht werden. Letztlich wird aus der Formulierung des ebenfalls geänderten Art. 5 Abs. 1 UAbs. 1 S. 2 RL 2002/21/EG, dass die Vorlage von Informationen über künftige Netz- oder Dienstentwicklungen gefordert werden kann, aber auch deutlich, dass das Auskunftsrecht nach § 127 Abs. 1 S. 1 TKG ebenso wie das Anordnungsrecht nach § 29 Abs. 1 S. 1 Nr. 1 TKG im Gegensatz zu den althergebrachten Eingriffsgrundlagen des Gewerberechts in begrenztem Rahmen zur Einholung von nicht beweisbaren Umständen wie Einschätzungen oder Planungen ermächtigen soll.

Eine Aufnahme ins TKG hat lit h) wie gezeigt in § 127 Abs. 2 als S. 2 gefunden.[945]

---

942 Engl.: »for the purposes«, franz.: »aux fins«.
943 Im Ergebnis ebenso *Hermeier*, Der Europäische Regulierungsverbund im EG-Rechtsrahmen für Telekommunikation, 2009, Fn. 198.
944 *Huppertz*, Die SMP-Konzeption, 2003, S. 271 (Fn. 699).
945 Vgl. B. II. 4. a) cc).

(4) Erteilung von Nutzungsrechten, Nutzungsaufsicht und -planung

§ 127 Abs. 1 S. 2 Nr. 6 TKG, wonach Auskünfte für Verfahren auf Erteilung von Nutzungsrechten und zur Überprüfung der entsprechenden Anträge verlangt werden dürfen, setzt den fast wortidentischen Art. 11 Abs. 1 UAbs. 1 lit. c) RL 2002/20/EG um. Hierunter fallen die Anträge nach Teil 5 des TKG zur Nutzung von Frequenzen, Nummern und Wegen.[946] Verlangt werden dürfen deshalb alle Informationen, die für eine ordnungsgemäße Bescheidung der Anträge benötigt werden.[947]

§ 127 Abs. 1 S. 2 Nr. 7 TKG ist demgegenüber auf die Informationseinholung im Zusammenhang mit der Nummernnutzung beschränkt und hat keine spezielle Entsprechung im Richtlinienrecht. Da Art. 11 Abs. 1 UAbs. 1 lit. a) RL 2002/20/EG mit der systematischen oder einzelfallbezogenen Überprüfung der Bedingungen 2 der Teile B und C des Anhangs der Richtlinie wie bereits oben ausgeführt[948] die effektive und effiziente Frequenz- und Nummernnutzung entsprechend der Rahmenrichtlinie als besondere Erhebungszwecke aufführt, verbliebe bei einer richtliniengemäßen Umsetzung etwa innerhalb § 127 Abs. 1 S. 2 Nr. 1 TKG für Nr. 7 kein eigenständiger Anwendungsbereich. Ebenso wird der durch die Änderungsrichtlinie aufgenommene Art. 11 Abs. 1 UAbs. 1 lit. g), wonach Informationen für die Sicherstellung der effizienten Nutzung und Gewährleistung der wirksamen Verwaltung der Funkfrequenzen erhoben werden können, zumindest größtenteils schon von lit. a) erfasst. Deutlicher als bei der überwachungsrechtlichen Regelung stellt die Vorschrift aber den planerischen Moment der Frequenzverwaltung heraus. Im Rahmen der Ressourcenverwaltung stehen Überwachung und Planung ohnehin in einem engen Bezug, da die Überwachungsergebnisse eine Umplanung ermöglichen und gerade auch hierfür gewonnen werden und dürfen.[949] Die TKG-Novelle 2012 hat der Änderung des Art. 11 RL 2002/20/EG auch diesbezüglich allerdings keine Rechnung getragen.

---

946 A. A. *Bergmann*, in: Scheurle/Mayen (Hrsg.), TKG, 2. Aufl. 2008, § 127 Rn. 28, die Anträge auf Nummernnutzung wegen § 127 Abs. 1 S. 2 Nr. 7 TKG als nicht von Nr. 6 erfasst ansieht. Zu weitgehend *Graulich*, in: Arndt/Fetzer/Scherer (Hrsg.), TKG, 2008, § 127 Rn. 7, der – ungeachtet Art. 11 Abs. 1 UAbs. 1 lit. c) und UAbs. 2 RL 2002/20/EG – § 127 Abs. 1 S. 2 Nr. 6 und S. 3 TKG als europarechtswidrig ansieht, weil hierdurch der Regelungszweck der Genehmigungsrichtlinie unterlaufen werde. Nutzungsrechte für knappe Ressourcen unterfallen nicht dem Allgemeingenehmigungsregime, weshalb Informationspflichten als rechtlicher Vorbehalt vor der Marktteilnahme auftreten können und dürfen.
947 *Ruffert*, in: Säcker (Hrsg.), TKG, 2. Aufl. 2009, § 127 Rn. 20.
948 Siehe B. II. 4. b) aa) (1).
949 So zur Sicherstellung der Frequenzordnung ausdrücklich *Zerres*, in: Scheurle/Mayen (Hrsg.), TKG, 2. Aufl. 2008, § 64 Rn. 3, wonach Überwachung in diesem Zusammenhang nicht lediglich die Suche nach Rechtsverstößen sei; in diese Richtung auch *Weg-*

De lege ferenda bietet sich die ausdrückliche Aufnahme einer Regelung an, dass die nationalen Regulierungsbehörden auch bei der planerisch-konzeptsetzenden Tätigkeit im Rahmen der Ressourcenverwaltung zur Informationseinholung berechtigt sind. Bisher ist die Bundesnetzagentur bei der Informationsgewinnung hierfür überwiegend auf die Informationserteilung im Rahmen öffentlicher Anhörungsverfahren angewiesen.[950] Insofern ist die – freilich auf Art. 12 Abs. 4 RL 2002/21/EG zurückgehende – Aufnahme einer entsprechenden Auskunftsbefugnis im Rahmen der Vorschriften über die Wegerechte als richtiger Ansatz auf diesem Weg zu begrüßen.[951]

bb) Vereinbarkeit der Regelungstechnik mit den Vorgaben des Gemeinschaftsrechts

Nach § 127 Abs. 1 S. 2 TKG dürfen »insbesondere« die Informationen nach den Nr. 1 bis 7 verlangt werden. Bei den Erhebungszwecken handelt es sich folglich um einen nicht abschließenden Katalog an Regelbeispielen. Nach § 127 Abs. 1 S. 1 TKG besteht die Generalklausel zudem unbeschadet anderer nationaler Berichts- und Informationspflichten, lässt also auch andere Informationsbefugnisse der Auskunftsverpflichteten – auch nach dem TKG – unberührt. In Art. 11 Abs. 1 UAbs. 1 RL 2002/20/EG heißt es dagegen, dass unbeschadet der Informations- und Berichtspflichten auf Grund anderer innerstaatlicher Rechtsvorschriften als der Allgemeingenehmigung die nationalen Regulierungsbehörden von den Unternehmen im Rahmen der Allgemeingenehmigung oder der Nutzungsrechte oder der in Art. 6 Abs. 2 genannten besonderen Verpflichtungen »nur« die Informationen verlangen dürfen, die für die im Folgenden aufgeführten Zwecke angemessen und objektiv gerechtfertigt sind.

Es wird also durch die Genehmigungsrichtlinie nicht nur eine abschließende Regelung getroffen, die den in Art. 5 Abs. 1 S. 1 RL 2002/21/EG vorgesehen Informationsanspruch der nationalen Regulierungsbehörden auf Erteilung aller für die Anwendbarkeit des Richtlinienpakets benötigten Informationen weitgehend einschränkt, indem die zulässigen Erhebungszwecke im Einzelnen bestimmt werden.[952] Der europäische Gesetzgeber hat auch ausdrücklich vorgeschrieben,

     mann, in: Säcker (Hrsg.), TKG, 2. Aufl. 2009, § 64 Rn. 23. Dazu auch bereits oben Teil II, A. V. 1.
950 Vgl. etwa § 54 Abs. 1 S. 2 TKG und § 2 S. 1 TNV.
951 Vgl. zu § 77a Abs. 3 S. 1 TKG oben Teil II, B. I. 7.
952 Im ursprünglichen Kommissionsentwurf zu Art. 11 Abs. 1 RL 2002/20/EG (Vorschlag für eine Richtlinie des Europäischen Parlaments und des Rates über die Genehmigung elektronischer Kommunikationsnetze und -dienste KOM [2000] 386 endg., mit Begründung abrufbar unter http://eur-lex.europa.eu/LexUriServ/LexUriServ.do?uri=COM:2000:

dass der nationale Gesetzgeber bei der Regelung der Auskunfts- und Informationspflichten im Rahmen des Anwendungsbereichs des Richtlinienpakets – nur so kann die Formulierung »im Rahmen der Allgemeingenehmigung oder der Nutzungsrechte oder der in Art. 6 Abs. 2 genannten besonderen Verpflichtungen« gelesen werden – nicht über die europarechtlich vorgesehenen Informationsansprüche der nationalen Regulierungsbehörden hinausgehen darf.[953] Der Anlass hierfür ist Erwägungsgrund 28 der Genehmigungsrichtlinie zu entnehmen. Dort wird hervorgehoben, dass die Verpflichtung von Diensteanbietern, Berichte und Informationen zu liefern, sowohl für das Unternehmen als auch für die zuständige nationale Regulierungsbehörde eine Belastung bedeuten kann und derartige Verpflichtungen daher auf das absolut Notwendige beschränkt werden sollten.

Zwar ist die gemeinschaftsrechtliche Regelungstechnik durchaus überdenkenswert. Art. 11 Abs. 1 i. V. m. Art. 10 Abs. 1 RL 2002/20/EG modifiziert die Art. 5 Abs. 1 RL 2002/21/EG nahe legende Annahme, der nationale Gesetzgeber habe lediglich den zur Anwendung der Richtlinien erforderlichen Informationsanspruch der nationalen Regulierungsbehörde sicherzustellen, nicht unerheblich und verkompliziert insofern das Verhältnis zwischen den Einzelrichtlinien unnötig. Zudem zeigt die Ergänzung des Art. 11 Abs. 1 UAbs. 1 RL 2002/20/EG um einzelne Erhebungszwecke sowie die Normierung zusätzlicher Auskunftsansprü-

---

0386:FIN:DE:PDF) waren etwa die besonderen Verpflichtungen nach Art. 6 Abs. 2 RL 2002/20/EG noch nicht enthalten (ebda., S. 17 f.), so dass Art. 5 Abs. 1 RL 2002/21/EG noch eine größere eigenständige Bedeutung zukam, weil dieser auch die speziellen Informationsbefugnisse gegenüber Unternehmen erfasste, denen regulatorische Verpflichtungen auferlegt werden (näher dazu und kritisch zur Regelungssystematik auch *Hermeier*, Der Europäische Regulierungsverbund im EG-Rechtsrahmen für Telekommunikation, 2009, S. 67 ff.).
Durch die jetzige Formulierung scheint Art. 11 Abs. 1 i. V. m. Art. 10 Abs. 1 RL 2002/20/EG den Informationsanspruch der nationalen Regulierungsbehörden zur Erfüllung eigener Aufgaben zwar auch nach dem Richtlinienpaket abschließend zu regeln (nicht erfasst sind dagegen Informationsverlangen zur Erfüllung von Auskunftsansprüchen der Kommission , soweit diese über den Informationsanspruch nach Art. 11 Abs. 1 i. V. m. Art. 10 Abs. 1 RL 2002/20/EG hinausgehen). Vereinzelt finden sich aber auch innerhalb des Rechtsrahmens für elektronische Kommunikationsnetze und -dienste zusätzliche Auskunftsansprüche der nationalen Regulierungsbehörden, bei denen im Einzelfall fraglich sein kann, ob sie über Art. 11 Abs. 1 RL 2002/20/EG hinausgehen (durch die Aufnahme der regulatorischen Vorabverpflichtungen dürfte etwa der Auskunftsanspruch nach Art. 11 Abs. 2 S. 1 RL 2002/19/EG auf Übermittlung von Rechnungslegungsdaten bei Anordnung der Pflicht zur getrennten Buchführung auch von Art. 11 Abs. 1 UAbs. 1 lit. a) RL 2002/20/EG erfasst sein).
Auf das Verhältnis zwischen Art. 11 RL 2002/20/EG und Art. 5 RL 2002/21/EG wird im Übrigen indirekt auch in der Überschrift der im Anhang der Genehmigungsrichtlinie aufgeführten Maximalliste der Bedingungen für Allgemeingenehmigungen und Nutzungsrechte eingegangen, die auf die Art. 5 bis 9 der Rahmenrichtlinie verweist.
953 A. A. *Nübel*, in: Geppert u. a. (Hrsg.), TKG, 3. Aufl. 2006, § 127 Rn. 24; kritisch auch *Graulich*, in: Arndt/Fetzer/Scherer (Hrsg.), TKG, 2008, § 127 Rn. 6.

che der nationalen Regulierungsbehörden im Rahmen der Richtlinienüberarbeitung, dass das europarechtlich vorgegebene Informationsregime insgesamt nicht so ausgereift ist, dass eine Einschränkung der nationalen Umsetzungsspielräume wie im erfolgten Maße gerechtfertigt erscheint.[954] Vor allem im Bereich der Planung lässt das Richtlinienrecht kein einheitliches Konzept erkennen. Während die Informationserhebung nunmehr für die Frequenzplanung und für die Erstellung des Infrastrukturatlas ausdrücklich zulässig ist, können Auskünfte bei der Planung der Nummernnutzung – etwa bei der Erstellung des Nummerierungskonzepts – nur bei einer recht extensiven Interpretation von Art. 11 Abs. 1 UAbs. 1 lit. a) i. V. m. Teil C Nr. 2 des Anhangs der RL 2002/20/EG verlangt werden, da lit. a) dem Wortlaut nach auf Überwachungsverhältnisse zugeschnitten ist.[955]

Ungeachtet dessen lässt sich erkennen, dass die Einräumung einer zweckneutralen Generalklausel zur Informationserhebung mit geltendem Gemeinschaftsrecht systematisch schwer vereinbar erscheint, weil sie der vom europäischen Gesetzgeber verfolgten Intention, durch abschließende Aufzählung der Informationsbedarfe innerhalb des Rechtsrahmens die Informationen, die von den Unternehmen verlangt werden dürfen, auf das absolut Notwendige und Angemessene zu begrenzen, prinzipiell entgegenläuft.

Dennoch dürfte eine richtlinienkonforme Auslegung der Vorschrift über einen entsprechenden Ermessensgebrauch und insbesondere über eine eingeschränkte Heranziehung des § 127 Abs. 1 S. 2 Nr. 1 TKG vorliegend noch möglich sein.[956] Da die Erhebungszwecke in Art. 11 Abs. 1 UAbs. 1 RL 2002/20/EG sehr weit formuliert wurden, fallen die Einschränkungen gegenüber einem zweckneutralen Auskunftsanspruch zur Aufgabenerfüllung zudem letztlich relativ gering aus.[957] Die bislang im TKG geregelten speziellen Auskunftsrechte dürften ohnehin richtlinienkonform sein, da sie sich, auch soweit sie wie etwa § 115 Abs. 1 S. 2

---

954 Die in Art. 5 Abs. 1 UAbs. 1 S. 2 und 3, Art. 12 Abs. 4 und Art. 13b Abs. 2 lit. a) RL 2002/21/EG sowie die in Art. 11 Abs. 1 UAbs. 1 lit. g) und h) RL 2002/20/EG erfolgten Ergänzungen sind allesamt auf das bisherige Aufgabenprofil der nationalen Regulierungsbehörden zugeschnitten.
955 Vgl. aber zu möglichen Modifikationen bereits B. II. 4. b) aa) (4) und insbesondere Fn. 949.
956 In diese Richtung, wenngleich wohl eher auf eine Abgrenzung zu übrigen nationalen (außertelekommunikationsrechtlichen) Vorbehalten bedacht *Graulich*, in: Arndt/Fetzer/Scherer (Hrsg.), TKG, 2008, § 127 Rn. 6.
957 Ebenfalls von einer weitreichenden Kongruenz der in den Art. 5 Abs. 1 RL 2002/21/EG und Art. 11 Abs. 1 i. V. m. Art. 10 Abs. 1 RL 2002/20/EG geregelten Auskunftsansprüche ausgehend *Hermeier*, Der Europäische Regulierungsverbund im EG-Rechtsrahmen für Telekommunikation, 2009, S. 68 f.

TKG als Generalklausel formuliert wurden, innerhalb spezieller und zulässiger Erhebungszwecke bewegen.[958]

5. Auswirkungen auf die Erforderlichkeit eines Auskunftsverlangens

a) Keine unbesehene Übertragbarkeit der kartellrechtlichen Eingriffsvoraussetzungen

Da sich der Auskunftsanspruch nach den Abs. 1 und 2 des § 127 TKG wie vorangehend beschrieben auf den gesamten Zuständigkeitsbereich der Bundesnetzagentur erstreckt, sind die Informationsbefugnisse tatbestandlich in vielfältigen Konstellationen anwendbar, angefangen bei der an das allgemeine Kartellrecht angelehnten sektorspezifischen Kontrolle der Missbrauchs- und Diskriminierungstatbestände im Sinne herkömmlicher Wettbewerbsaufsicht,[959] über die allgemeine Rechtsaufsicht über die Netzbetreiber und Diensteanbieter im Sinne überkommener Wirtschaftsaufsicht bis hin zu neuartigen und im engeren Sinne regulierungsverwaltungsrechtlichen Aufgabenstellungen, die durch prospektivgestaltende Elemente geprägt sind und wie die Erstellung von Regulierungskonzepten nach § 15a TKG auch schon im Vorfeld einzelner Verfahren zu Informations- und Abstimmungsbedarf führen können.

Als Korrektiv für die über § 127 TKG vermittelten Eingriffsbefugnisse dient deshalb der Verhältnismäßigkeitsgrundsatz, der über den im jeweiligen Einzelfall ausfüllungs- und konkretisierungsbedürftigen unbestimmten Rechtsbegriff der Erforderlichkeit auch tatbestandlich genannt wird.

Zwar ist dieses Tatbestandsmerkmal zusammen mit dem Ermittlungsziel auch die zentrale Einschränkung der kartellbehördlichen Auskunftsbefugnis.[960] Weitgehende Unterschiede folgen aber schon aus dem dortigen zwingend konkretindividuellen Entscheidungsbezug. Da die Ermittlungen keinen Selbstzweck verfolgen sollen,[961] sondern der Prüfung zu dienen haben, ob eine bestimmte Verfügung ergehen soll, dürfen keine verfahrensunabhängigen »Vorratsinformatio-

---

958 § 115 Abs. 1 S. 2 TKG ist insofern eine zulässige Umsetzung von Art. 11 Abs. 1 UAbs. 1 lit. b) RL 2002/20/EG und nunmehr auch von Art. 13b lit. a) RL 2002/21/EG.
959 Vgl. insbesondere §§ 28, 42 TKG.
960 *OLG Düsseldorf*, Urteil v. 27.4.2001 – Kart 19/01 (V) –, WuW DE-R 677 (678); *OLG Düsseldorf*, Beschluss v. 4.6.2006 – VI-Kart 6/06 (V) –, WuW/E DE-R 1861 (1862).
961 *Klaue*, in: Immenga/Mestmäcker (Hrsg.), Wettbewerbsrecht, Bd. 2: GWB, 4. Aufl. 2007, § 59 Rn. 19.

nen« erhoben werden,⁹⁶² sondern lediglich auf Grundlage eines schlüssigen Ermittlungskonzeptes die Aufklärung betrieben werden, ob die Tatbestandsmerkmale einer zu entsprechenden Verfügungen berechtigenden Sachnorm vorliegen.⁹⁶³

Zur Erfüllung der kartellrechtlichen Verbotstatbestände ist zwar nicht durchweg schuldhaftes Verhalten erforderlich, da diese Tatbestände an objektiven Ordnungsprinzipien einer Wettbewerbswirtschaft ausgerichtet sind.⁹⁶⁴ Namentlich mit der missbräuchlichen Ausnutzung einer marktbeherrschenden Stellung wird aber schon begriffsnotwendig an ein Unwerturteil im Sinne eines unangemessenen oder ungerechtfertigten Verhaltens angeknüpft.⁹⁶⁵ Ein schlüssiges Ermittlungskonzept liegt in diesem Sinne deshalb regelmäßig nur dann vor, wenn eine gewisse Konkretisierung des Sachverhalts, der geprüft werden soll, bereits gegeben ist.⁹⁶⁶ Entsprechend dem repressiven Charakter der Missbrauchsaufsicht ist insofern das Vorliegen tatsächlicher Verdachtsmomente gefordert.⁹⁶⁷ Wenn gleich dieses Merkmal großzügiger zu interpretieren ist als der strafrechtliche Anfangsverdacht,⁹⁶⁸ ist offensichtlich, dass dieses jenem gedanklich entspringt.⁹⁶⁹ Eine Übertragung auf Konstellationen jenseits der Kontrolle (potentiell) rechtswidrigen Verhaltens verbietet sich daher von vornherein.⁹⁷⁰ Umgekehrt

---

962 *OLG Düsseldorf*, Beschluss v. 4.6.2006 – VI-Kart 6/06 (V) –, WuW/E DE-R 1861 (1863); *Barth*, in: Hirsch/Montag/Säcker (Hrsg.), Wettbewerbsrecht, Bd. 2: GWB, 2008, § 59 Rn. 6.
963 *OLG München*, Beschluss v. 23.6.1997 – Kart 11/97 –, WuW/E OLG 5859.
964 *Möschel*, in: Immenga/Mestmäcker (Hrsg.), Wettbewerbsrecht, Bd. 2: GWB, 4. Aufl. 2007, § 19 Rn. 100.
965 *BGH*. Urteil v. 9.11.1982 – KVR 9/81 –, WuW/E BGH 1965 (1966).
966 *Barth*, in: Hirsch/Montag/Säcker (Hrsg.), Wettbewerbsrecht, Bd. 2: GWB, 2008, § 59 Rn. 7; *Klaue*, in: Immenga/Mestmäcker (Hrsg.), Wettbewerbsrecht, Bd. 2: GWB, 4. Aufl. 2007, § 59 Rn. 20; zu weitgehend aber *KG Berlin*, Beschluss v. 3.5.1982 – Kart 11 - 14/82 –, WuW/E OLG 2620.
967 *Becker*, in: Loewenheim/Meessen/Riesenkampff (Hrsg.), Kartellrecht, 2. Aufl. 2009, § 59 GWB Rn. 1.
968 *KG Berlin*, Beschluss v. 30.11.1977 – Kart 14/77 –, WuW/E OLG 1961 (1962); *KG Berlin*, Beschluss v. 4.2.1981 – Kart 5/81 –, WuW/E OLG 2433 (2436); vgl. auch *OLG München*, Beschluss v. 23.6.1997 – Kart 11/97 –, WuW/E OLG 5859.
969 Ausdrücklich *KG Berlin*, Beschluss v. 4.2.1981 – Kart 5/81 –, WuW/E OLG 2433.
970 A. A. mit ausdrücklicher Parallelziehung zu § 72 Abs. 1 Nr. 1 TKG a. F. *Gerstner*, Die Grenzen des Auskunftsrechts der Regulierungsbehörde für Telekommunikation und Post nach § 45 I Nr. 1 PostG am Beispiel der Teilleistungsverträge, NVwZ 2000, 637 (638); ähnlich *Badura*, in: Badura u. a. (Hrsg.), PostG, 2. Aufl. 2004, § 45 Rn. 16; unter Verweis auf die Rechtsprechung des OVG Münster zu § 72 Abs. 1 Nr. 1 TKG (Fn. 968) *Wende*, in: Säcker (Hrsg.), Energierecht, Bd. 1, 2. Aufl. 2010, § 69 EnWG Rn. 3. Die zunächst zu § 45 Abs. 1 Nr. 1 PostG ergangene Rechtsprechung (*OVG Münster*, Beschluss v. 26.1.2000 – 13 B 47/00 –, NVwZ 2000, 702 [703], wonach das Erfordernis eines gewissen Anfangsverdachts auch im Hinblick auf die Aufgabe der Entgeltregulierung noch für »unverzichtbar« gehalten wurde; ebenso vorangehend *VG Köln*, Beschluss v.

kann dort, wo die Regulierungsbehörde repressiv tätig wird, auf die entsprechende Auslegung zurückgegriffen werden.[971]

Auch soweit Verhaltensweisen wie einem geplanten Unternehmenszusammenschluss kein Unwerturteil innewohnt, sondern zuvorderst quantitativen Indikatoren wie der Marktstellung der am Zusammenschluss beteiligten Unternehmen die entscheidungsleitende Rolle zukommt, und die Informationstätigkeit dementsprechend auch nicht an einen – an wettbewerbswidrige Handlungen anknüpfenden – Anfangsverdacht gebunden ist,[972] erscheint die Begrenzung auf eine nur verfahrensbezogene Anwendung des kartellrechtlichen Informationsrechts einsichtig. Dessen Restriktionen sind nämlich vor allem darauf zurückzuführen, dass eine abstrakte Gefahr für den Wettbewerb, die in spezifischer Weise mit der unternehmerischen Tätigkeit zusammenhängt und damit die Grundlage für ein formelles Überwachungsverhältnis[973] bildet, dort nicht besteht.[974] Von der Normierung einer allgemeinen Informationsbefugnis hat der Gesetzgeber im allgemeinen Kartellrecht gerade deshalb abgesehen, weil die allgemeine Gefahr wettbewerbswidriger Unternehmenstätigkeit so unspezifisch ist, dass sie eine anlasslose Überwachungstätigkeit nicht zu rechtfertigen vermag.[975] Dementsprechend sind auch Sektorenuntersuchungen nicht gänzlich anlassfrei, sondern nur dann zulässig, wenn starre Preise oder andere Umstände vermuten lassen, dass der Wettbewerb im Inland möglicherweise eingeschränkt oder verfälscht ist.

---

24.11.1999 – 22 L 2311/99 – NRWE Rn. 17 ff.) wurde in diesem Punkt unterdessen auch ausdrücklich relativiert, für den Fall eines möglichen Rechtsverstoßes *OVG Münster*, Urteil v. 22.1.2008 – 13 A 4362/00 –, N&R 2008, 156 (158), und noch deutlicher für eine einzelfallunabhängige Auskunftsanordnung *OVG Münster*, Beschluss v. 31.10.2007 – 13 B 1428/07 u. a. –, N&R 2008, 48 (49) mit kritischer Anmerkung von *Gramlich* (50 f.); vorsichtiger vorangehend noch das *VG Köln*, Beschluss v. 13.8.2007 – 22 L 1042/07 –, N&R 2008, 46 (47 f.); vgl. auch *OVG Münster*, Beschluss v. 5.10.2009 – 13 B 1056 –, NVwZ 2010, 270 (271).

971 So für die Anwendung des Auskunftsrechts (§ 72 Abs. 1 Nr. 1 TKG) im Rahmen der telekommunikationsrechtlichen Missbrauchskontrolle *VG Köln*, Beschluss v. 21.1.1998 – 1 L 4289/97 –, ArchivPT 1998, 395; und im Anschluss das *OVG Münster*, Beschluss v. 2.4.1998 – 13 B 213/98 –, MMR 1998, 493 f.

972 Dass auch das allgemeine Kartellrecht deshalb keine einheitliche Voraussetzung des Anfangsverdachts kennt, die auf das sektorspezifische Kartellrecht übertragen werden könnte, wird regelmäßig verkannt. Vgl. etwa *Börner*, Anmerkung zu OLG Düsseldorf, Beschluss v. 20.3.2006 – VI Kart 150/06 (V) –, RdE 2006, 166.

973 Dazu nur *Gröschner*, Das Überwachungsrechtsverhältnis, 1992, S. 165 ff.

974 *Böse*, Wirtschaftsaufsicht und Strafverfolgung, 2005, S. 219.

975 *Böse*, Wirtschaftsaufsicht und Strafverfolgung, 2005, S. 219, unter Hinweis auf die frühere Kommentierung von *Quack* im Frankfurter Kommentar (§ 46 GWB a. F. Rn. 31 f.). Ähnlich wird im Steuerrecht die Ermittlungstätigkeit der Finanzbehörden von der Voraussetzung eines begründeten (zuerst *BFH*, Beschluss v. 13.2.1968 – GrS 5/67 –, BStBl II 1968, 365 [369]) bzw. hinreichenden (vgl. etwa *BVerfG*, Beschluss v. 6.4.1989 – 1 BvR 33/87 –, NJW 1990, 701 [702]) Anlasses abhängig gemacht.

Allein die im TKG vorzufindende Aufsichtskonstellation unterscheidet sich hiervon grundlegender als es etwa der wettbewerbs- und versorgungsbezogene Gesetzeszweck nach § 1 TKG zum Ausdruck bringt. Eine generelle Begrenzung des Informationsrechts auf Verwaltungsverfahren erscheint schon deshalb nicht zielführend, weil das Gesetz nicht nur sektorspezifisches Sonderkartellrecht enthält, sondern seiner (gewerbe-)ordnungsrechtlichen Komponenten wegen eben solche qualifizierten Überwachungsrechtsverhältnisse gegenüber den auf diesem Gebiet tätigen Unternehmen begründet, die mit der Aufnahme einer der Meldepflicht für gewerbliche Netzbetreiber und Diensteanbieter für die Öffentlichkeit nach § 6 Abs. 1 TKG unterliegenden Tätigkeit beginnt und fortan eine an die mit den Risiken der Tätigkeit anknüpfende Überwachung legitimiert, die ggf. in der ganzen oder teilweisen Untersagung der Tätigkeit nach §§ 115 Abs. 3, 126 Abs. 3 TKG enden kann, sofern Unternehmen den an die Allgemeingenehmigung geknüpften Verhaltenspflichten nicht nachkommen.

Die damit verbundene (fortlaufende) Überwachung der Betroffenen erfordert ein Tätigwerden der Behörde schon im Vorfeld konkreter Gefahrensituationen und – bezogen auf den Gefahrenzusammenhang – auch anlasslose Informationstätigkeit,[976] ohne dass insoweit überhaupt auf die Abgrenzung gestaltender Regulierung von ordnungspolitisch begründeter Kartellaufsicht rekurriert werden müsste.[977] Da § 127 TKG auch die ordnungsrechtlichen Komponenten der Behördentätigkeit erfasst, ist schon deshalb auch ein Verfahrensbezug keine einheitlich zwingende Voraussetzung zur Anwendung des Auskunftsrechts.

b)     Notwendigkeit der Wissensgenerierung als Rechtfertigung kontinuierlicher Informationserhebung

Prinzipiell ist eine fortlaufend und aktiv marktbegleitende Verwaltung zudem in weitaus höherem Maße auf Informationen angewiesen als eine zwar abstrakt permanente, aber konkret punktuelle Überwachungstätigkeit im Rahmen überkommener Wirtschafts- und Wettbewerbsaufsichtsverhältnisse. Die Schaffung des sektorspezifischen Kartellrechts insgesamt geht auf eine grundsätzlich divergierende Bewertung der abstrakten Gefahr unternehmerischer Tätigkeit auf zu Marktversagen neigenden Märkten für den Wettbewerb zurück, die eine laufende Marktbeobachtung und damit eine mitunter außerhalb einzelner Verfahren anset-

---

976 Allgemein zur permanenten Überwachung im Wirtschaftsverwaltungsrecht *Stober*, Handbuch des Wirtschaftsverwaltungs- und Umweltrechts, 1989, S. 633 ff.
977 So – freilich zutreffend – zum Zusammenhang zwischen Aufgabenstruktur und Einzelfallbezug von Informationserhebungen *Ruffert*, in: Säcker (Hrsg.), TKG, 2. Aufl. 2009, § 127 Rn. 3. Vgl. bereits oben B. II. 4. b) aa) (1).

zende Einbindung der Marktteilnehmer grundsätzlich zu rechtfertigen vermag. Auch die Einzelentscheidungen der Bundesnetzagentur nehmen nicht lediglich die wirtschaftlichen Verhältnisse des Entscheidungsadressaten und ggf. am Verfahren beteiligter weiterer Unternehmen in Bezug, sondern machen eine Marktgesamtschau notwendig.

Führt man sich den Grund der Entmaterialisierung des Entscheidungsprogramms vor Augen – die dynamischen Veränderungen des Sachbereichs in der Folge technischer, ökonomischer, aber vor allem auch kognitiver Veränderungen – wird deutlich, dass die informationellen Instrumente, die der Behörde an die Hand gegeben sind, nicht nur eine größere Rolle spielen als in unspezifischen oder auch spezifischen, besonderen Risiken bzw. Gefahren geschuldeten Überwachungszusammenhängen, sondern – auch und vor allem – eine andere.

Die Restriktionen, denen Auskunftsverlangen allgemein in Überwachungsrechtsverhältnissen unterliegen,[978] sind neben dem damit verbundenen Aufwand vor allem darauf zurückzuführen, dass es mit rechtsstaatlichen Grundsätzen unvereinbar erscheint, wirtschaftliche oder jedwede sonstige grundrechtlich abgesicherte Betätigung unter den Generalverdacht des Rechtsbruchs zu stellen. Ein zum Zwecke der Überwachung eingerichtetes behördliches Auskunfts- und Nachschaurecht ermöglicht deshalb zwar auch anlasslose, stichprobenartige Betriebsüberprüfungen, will aber anlasslose oder ziellose Überprüfungen »ins Blaue hinein«, ob die gesetzlichen Vorschriften eingehalten werden, vermeiden, weil diese in Anbetracht des Erhebungszwecks vom Gesetzgeber als unverhältnismäßig eingestuft wurden. Systematische Überprüfungen kommen grundsätzlich nur dann in Betracht, wenn eine bestimmte Aufgabe dies aus der Natur der Sache erfordert, vor allem wenn die mit der Ausübung der Tätigkeit verbundenen Risiken so erheblich sind, dass der Schutz der Allgemeinheit nur durch entsprechende Kontrollen sichergestellt werden kann.

Im Regulierungsverwaltungsrecht dienen die Instrumente der Informationsgenerierung dagegen sowohl in ihrer Vielzahl, in ihrem Zusammenspiel als auch in ihrer Reichweite dem Aufbau einer Kompetenz zur sachverständigen und zukunftsgerichteten Problemlösung.[979] Die Veränderungen des Steuerungszusammenhangs zwischen Gesetz und Verwaltung kommen gerade dadurch zum Ausdruck, dass es der Regulierungsbehörde in weiten Teilen eigenprogrammatisch obliegt, das Veränderungspotential des Sachbereichs zu ergründen, in abstraktgenerellen Maßstäben situativ abzubilden und im Hinblick auf ihre gesetzlich vorgegebenen Ziele selbst temporär angelegte Strategien zu entwickeln.

---

978 Vgl dazu die verallgemeinerungsfähigen Ausführungen oben Teil II, A. I. 3. b).
979 Vgl. *Britz*, Organisation und Organisationsrecht in der Regulierungsverwaltung in der öffentlichen Versorgungswirtschaft, in: Fehling/Ruffert (Hrsg.), Regulierungsrecht, 2010, § 21 Rn. 33 ff.

Anders als in überwachungsrechtlichen Zusammenhängen erfolgt die Einbeziehung der Informationen aus dem Kreise der Marktteilnehmer hierbei nicht nur zur Überprüfung gesetzeskonformen Verhaltens,[980] sondern auch zur Generierung des notwendigen Entscheidungswissens. Dabei bilden die technischen, ökonomischen und kognitiven Ressourcen aller (potentiellen) Marktteilnehmer gerade das Veränderungspotential ab und müssen deshalb ebenso zur wirksamen Aufgabenwahrnehmung informationell verarbeitet werden wie die Wechselwirkungen und Relationen zu vor- und nachgelagerten Wirtschaftsstufen sowie die jeweilige Nachfrage.[981] Das im Kern auf die effiziente Leistungserbringung zugeschnittene Regulierungsregime unterliegt dabei dem Vorbehalt der Realisierung technischer und organisatorischer Innovationspotentiale und erfordert im Hinblick auf die Regulierungsziele ein pro-aktives Vorgehen, das die kontinuierliche Bildung des Sachverstands einschließt, wie entsprechende Fortschrittsprozesse angestoßen werden können.[982]

Die Informations- und Kenntnisstände sind deshalb zum jeweiligen Entscheidungszeitpunkt nur Momentaufnahmen und müssen einerseits kontinuierlich weiterentwickelt und fortgeschrieben, andererseits auf einer abstrakteren Ebene systematisiert und zugänglich gemacht werden. Die Bundesnetzagentur ist deshalb schon bei der konzeptionellen Arbeit im Vorfeld einzelner Entscheidungen, die auch organisatorisch getrennt von der den Beschlusskammern zugewiesenen Einzelfallzuständigkeit auf die Erforschung von Zusammenhängen und die Ent-

---

[980] Weil Auskunftsanordnungen zur Generierung von Regulierungswissen im Gegensatz zur ordnungsrechtlichen Aufsichtstätigkeit gerade nicht auf die Kontrolle rechtskonformen Verhaltens zielen, lassen sich für diesen Bereich abstrakt keine näheren Eingriffsvoraussetzungen wie das Vorliegen eines gewissen Anfangsverdachts bzw. objektiven Hinweisen für das Vorliegen einer Pflichtverletzung aufstellen, vgl. *Gärditz*, Regulierungsrechtliche Auskunftsanordnungen als Instrument der Wissensgenerierung, DVBl. 2009, 69 (72).

[981] Zu dieser Multipolarität *Eifert*, Die gerichtliche Kontrolle der Entscheidungen der Bundesnetzagentur, ZHR 174 (2010), 449 (463 f.); *Trute*, in: Trute/Spoerr/Bosch (Hrsg.), TKG, 2001, § 1 Rn. 14. Vgl. auch etwa Art. 5 Abs. 1 UAbs. 1 S. 3 RL 2002/21/EG.

[982] *Britz*, Organisation und Organisationsrecht in der Regulierungsverwaltung in der öffentlichen Versorgungswirtschaft, in: Fehling/Ruffert (Hrsg.), Regulierungsrecht, 2010, § 21 Rn. 35 f., 38; zu innovationsstimulierendem Verwaltungshandeln auch allgemein *Hoffmann-Riem*, Eigenständigkeit der Verwaltung, in: Hoffmann-Riem/Schmidt-Aßmann/Voßkuhle (Hrsg.), Grundlagen des Verwaltungsrechts, Bd. I, 2006, § 10 Rn. 128 ff.; auf die Wissensproblematik bezogen *Bora*, Innovationsregulierung als Wissensregulierung, in: Eifert/Hoffmann-Riem (Hrsg.), Innovationsfördernde Regulierung, 2009, S. 23 ff.

wicklung übergeordneter Strategien zielt,[983] auf die Erzeugung und Zurverfügungstellung gesellschaftlicher Wissensbestände angewiesen.[984]

Durch die stetige prozedurale Einbindung der Marktakteure können die unvermeidlichen Informationsdefizite reduziert und dadurch die Entscheidungsqualität erhöht, sowie der durch die Entmaterialisierung des Entscheidungsprogramms bewirkte Steuerungsverlust kompensiert werden. Dies muss gerade in grundrechtsrelevanten Regelungsbereichen ggf. auch verpflichtend geschehen können, wenn so eine höhere Prognosefestigkeit bzgl. der – ungleich intensiveren – Auswirkungen von Markteingriffshandeln erreicht werden kann.[985] Indem diese Informationen an die Wettbewerber weitergeleitet werden,[986] wird wiederum die dezentrale Bildung von Entscheidungswissen angeregt, welches etwa in öffentliche Konsultationen eingebracht werden kann.

Mit der Zukunftsbezogenheit dieses »Aufsichtskonzepts« gehen auch Veränderungen einher, die mögliche Auskunftsgegenstände betreffen. Die Begrenzung von Informationsersuchen auf tatsächliche Umstände in Überwachungssituationen gründet ebenso wie der Amtsermittlungsgrundsatz, der in § 128 TKG eine spezialgesetzliche Ausprägung erfahren hat, insgesamt auf der Annahme stabiler, anerkannter und ggf. über Sachverständige abrufbarer Normanwendungswissensbestände. Situatives Regulierungswissen baut aber in erheblichem Maße auf Wahrscheinlichkeitsannahmen auf, die sich nicht allein aus Vergangenheitsdaten ableiten lassen, sondern in die auch Erwartungen der Wettbewerber, der Expertengremien und etwa von Verbänden eingehen.[987]

Die Begriffe Ermittlung nach § 128 Abs. 1 TKG oder Sachverhaltsermittlung im Sinne des § 24 Abs. 1 S. 1 VwVfG bzw. auch der Begriff Sachverhaltserforschung im Sinne des § 86 Abs. 1 S. 1 VwGO beschreiben diese Formen von Informationsbeschaffung nur unzureichend.[988] Der Aufforderung an Marktakteure, die im Gegensatz zu anderen interessierten Kreisen einer konkreten Abhängig-

---

983 *Britz*, Organisation und Organisationsrecht in der Regulierungsverwaltung in der öffentlichen Versorgungswirtschaft, in: Fehling/Ruffert (Hrsg.), Regulierungsrecht, 2010, § 21 Rn. 46.
984 Umfassend zur insoweit ähnlich gelagerten Grundproblematik im Energiewirtschaftsrecht *Herzmann*, Konsultationen, 2010, S. 134 ff.
985 Die Änderungs-RL 2009/140/EG trägt diesem Anliegen ausdrücklich dadurch Rechnung, dass sie die die Anforderung von Informationen für zulässig erklärt, welche die Bewertung künftiger Entwicklungen im Netz- oder Dienstleistungsbereich, die sich auf die Dienstleistungen an Wettbewerber auf Vorleistungsebene auswirken könnten, ermöglicht, vgl. den neueingefügten Art. 11 Abs. 1 UAbs. 1 lit. h) RL 2002/20/EG sowie oben B. II. 4. b) aa) (3).
986 Vgl. Art. 5 Abs. 1 UAbs. 1 S. 2 RL 2002/21/EG.
987 Vgl. etwa die Möglichkeit der Bundesnetzagentur, nach § 29 Abs. 1 S. 1 Nr. 1 TKG vom regulierten Unternehmen die prognostizierten Umsätze abzurufen.
988 Siehe nur *Röhl*, Der rechtliche Kontext der Wissenserzeugung, DV, Beiheft 9, Wissen – Zur kognitiven Dimension des Rechts, 2010, 65 (83).

keit vom Aufbau entsprechenden Regulierungswissens unterliegen, eine sachverständige Einschätzung abzugeben, lässt sich deshalb jedenfalls nicht entgegenhalten, diese diene lediglich der »bloßen Aufsichtserleichterung«. Vielmehr wird eine Konzeption alleiniger Wahrnehmungszuständigkeit für die Generierung von Entscheidungswissen in komplexen Regelungsmaterien, die sich durch destabilisierte und diffundierte Wissensbestände auszeichnen, nicht gerecht.[989]

c) Zumutbarkeitsfolgerungen

Allerdings folgt sowohl hieraus als auch aus dem weiten Anwendungsbereich der lediglich durch den Aufgabenbezug begrenzten Vorschrift eine Verpflichtung zum »transparenten und maßvollen Einsatz des Instrumentariums, um etwaigen Missbrauchsrisiken in rechtsstaatlicher Weise Rechnung zu tragen«[990]. Allgemein hängt die erforderliche Datentiefe allein vom jeweiligen Zweck des Auskunftsbegehrens ab. Im Einzelfall bedarf es aber einer differenzierten Betrachtung, in Wahrnehmung welcher Aufgabe bzw. aus welchem Anlass Informationen durch die Bundesnetzagentur erhoben werden. Folgen aus dem Transparenzgebot der Informationserhebung erhöhte Begründungsanforderungen an ein Auskunftsbegehren,[991] die in § 127 Abs. 3 TKG zumindest mindestinhaltlich auch Eingang ins Gesetz gefunden haben, erfordert der Verhältnismäßigkeitsgrundsatz grundsätzlich die Pflicht zur Ausschöpfung aller sonst zur Verfügung stehenden gleich geeigneten und weniger eingriffsintensiven Mittel vor der behördlichen Auferlegung von spezifischen Rechtspflichten.

Lässt sich hieraus zwar ebenso wie im allgemeinen Kartellrecht kein genereller Vorrang informaler Handlungsweisen vor dem Gebrauchmachen von Befugnissen zum Erlass von Verwaltungsakten statuieren, so ist gerade bei allgemeinen Auskunftsersuchen im Rahmen der Wettbewerbsregulierung doch dem Befund Rechnung zu tragen, dass Informationsherrschaft und »Gefahrverursachung« weitestgehend voneinander unabhängig sind. Gerade bei der entscheidungsvorbereitenden, planenden und konzeptbildenden Tätigkeit der Bundes-

---

989 *Röhl*, Der rechtliche Kontext der Wissenserzeugung, DV, Beiheft 9, Wissen – Zur kognitiven Dimension des Rechts, 2010, 65 (84 f.)
990 So bzgl. § 45 Abs. 1 Nr. 1 PostG etwa das *VG Köln*, Beschluss v. 30.6.2009 – 22 L 582/09, N&R 2009, 276 (277), mit allerdings anderen Folgerungen daraus im konkreten Fall.
991 Dazu schon *Holznagel*, Befugnisse der Regulierungsbehörde zur Erhebung von Marktdaten im Wege des Auskunftsersuchens nach § 45 PostG, in: Habersack/Holznagel/Lübbig (Hrsg.), Behördliche Auskunftsrechte und besondere Missbrauchsaufsicht im Postrecht, 2002, S. 55 (89).

netzagentur sind rechtsförmlichen Auskunftsersuchen deshalb Konsultationsverfahren nach Möglichkeit vorzuziehen bzw. mit diesen zu kombinieren.[992]

Ist für Marktanalysen die Heranziehung der entsprechenden Daten aller Marktteilnehmer unmittelbar einsichtig, erscheint so etwa bei der im Hinblick auf ein bestimmtes Kostenmodell erfolgenden Methodenentwicklung die – zumindest vorherige – Konsultation interessierter Kreise unter Umständen sogar zielführender, um eine größtmögliche Informationsweitergabe stimulieren zu können. Kostenmodelle werden in der Praxis im Auftrag der Bundesnetzagentur vom Wissenschaftlichen Institut für Kommunikationsdienste (WIK) entwickelt und als Referenzdokumente zur öffentlichen Diskussion freigegeben, sobald die Modellentwicklung einen stabilen Status erreicht hat. Die Referenzdokumente enthalten an offenen Stellen gezielt Fragen und Aufforderungen zur Kommentierung sowie eine tabellarische Gesamtübersicht dieser »Knackpunkte« des Konzepts. Die Stellungnahmen gehen inhaltlich soweit möglich und sachlich gerechtfertigt in die nächsten Dokumentversionen ein. Das Auskunftsrecht kann aber auch hier vor allem dazu eingesetzt werden, tatsächliche Umstände zu erfragen, beispielsweise die Volatilität von Verkehrsströmen an bestimmten Datenaustauschpunkten.

---

992 Zur besonderen Pflicht, Auskunftsverlangen im Rahmen der Eigenprogrammierung auf ihre Zumutbarkeit zu überprüfen, auch *Spoerr*, in: Trute/Spoerr/Bosch (Hrsg.), TKG, 2001, § 72 Rn. 10. Zu faktischen Grenzen der Durchsetzbarkeit von Informationsansprüchen zur Generierung von Entscheidungswissen vgl. zudem unten Teil IV, B.

# Vierter Teil: Erfüllung und Durchsetzung des Informationsanspruchs

## A. Konzeption des Vollzugsmodells und Umsetzung im Telekommunikationsrecht

Zwangsweise durchsetzbare Mitwirkungspflichten sind als gesetzliche Ausnahme oder besser Modifikation vom staatlichen Amtsermittlungsgrundsatz konzipiert, um in Sphären, in denen typischerweise die Informationsherrschaft bei den Normunterworfenen liegt, durch Einbeziehung dieser eine effektivere Verwaltungsarbeit sicherstellen zu können.

Hierbei ist zunächst bedeutsam, welchen näheren formellen Rechtmäßigkeitsvoraussetzungen ein vollstreckbares Informationsbegehren unterliegt.[993] Kommt der Auskunftsverpflichtete der Informationsgewährung[994] nicht oder nicht wie erwünscht nach, kommt eine Durchsetzung des Informationsanspruchs durch alternative Ermittlungsinstrumente[995] oder im Wege des Verwaltungszwangs[996] in Frage. In bestimmten Konstellationen ist hierbei fraglich, ob eine Mitwirkung, bei der sich der Mitwirkungspflichtige selbst eines ahndbaren Verhaltens überführbar machen würde, erzwingbar ist.[997] Die unzureichende Mitwirkung ist dabei regelmäßig selbst sanktioniert.[998]

### I. Aktualisierung des Informationsanspruchs

Während bei selbstständigen Informationspflichten die Verpflichtung zur Informationsübermittlung an den Eintritt eines bestimmten gesetzlichen Tatbestands geknüpft ist, tritt eine Aktualisierung unselbstständiger Informationspflichten erst durch das behördliche Informationsersuchen ein. Grundsätzlich ergehen diese in der Rechtsform eines Verwaltungsakts,[999] so dass bei deren Erlass die allgemeinen verwaltungsverfahrensrechtlichen Vorschriften Anwendung finden, wenn keine spezielleren Vorschriften eingreifen.

---

993 A. I.
994 A. II.
995 A. III.
996 A. IV.
997 A. V.
998 A. VI.
999 Zu den Ausnahmen im Telekommunikationsrecht vgl. Fn. 99.

Formellen Voraussetzungen werden Verwaltungsakte vor allem deshalb unterworfen, um dem Adressaten eines konkreten Ersuchens die Überprüfung von dessen Tatbestands- und Verhältnismäßigkeit zu ermöglichen, dessen Rechtsfolgen zu veranschaulichen und über die Folgen unzureichender Erfüllung aufzuklären.

Bis auf § 127 Abs. 1 und 2 TKG[1000] sind den telekommunikationsrechtlichen Ermächtigungsgrundlagen zur Informationserhebung keine qualifizierten Formerfordernisse zugewiesen, ist also auf die allgemeinen Formvorschriften des VwVfG zurückzugreifen. Grundsätzlich gilt für Verwaltungsakte nach § 37 Abs. 2 S. 1 VwVfG die Formwahlfreiheit. Verwaltungsakte können danach schriftlich, elektronisch, mündlich oder in anderer Weise erlassen werden. Die Formenauswahl steht somit im Ermessen der Behörde. Auch vor dem Hintergrund, dass den Auskunftsersuchen zumeist komplizierte Sachverhalte zu Grunde liegen, wird allerdings regelmäßig die Schriftform sachlich geboten sein,[1001] um dem Adressaten eine Erfüllung der Pflicht zu ermöglichen bzw. zu erleichtern.[1002]

Während § 37 Abs. 3 bis 5 VwVfG für schriftliche, elektronische und automatisierte Verwaltungsakte vorschreibt, dass und wie die erlassende Behörde identifizierbar sein muss, ergeben sich nähere formale Anforderungen vor allem aus dem Erfordernis der hinreichenden Bestimmtheit nach § 37 Abs. 1 VwVfG und für schriftliche oder elektronische sowie schriftlich oder elektronisch bestätigte Verwaltungsakte aus der Begründungspflicht nach § 39 Abs. 1 S. 1 VwVfG.

Aus dem Erfordernis der hinreichenden Bestimmtheit des Verwaltungsakts folgt, dass der Gegenstand des Informationsverlangens konkret benannt werden muss. Es liegt allerdings schon im eigenen Interesse der Behörde, präzise vorzuzeichnen, worüber sie Auskünfte erwartet, um sich die auswertende Arbeit zu erleichtern und ihre wahrgenommene Aufgabe effektiv wahrnehmen zu können. Solange der Adressat des Auskunftsverlangens erkennen kann, was von ihm ver-

---

1000 Vgl. § 127 Abs. 3 TKG.
1001 Überwiegend wird in der Literatur ein Gebot der Schriftform dann angenommen, wenn es auf den Wortlaut des Verwaltungsakts ankommt, vgl. *Wendt*, Zustandekommen, Inhalt und Fehlerhaftigkeit von Verwaltungsakten, JA 1980, 25 (30); *Kischel*, Die Begründung, 2003, S. 241; *Maurer*, Allgemeines Verwaltungsrecht, 18. Aufl. 2011, § 10 Rn. 12, nennt als Gründe für die Schriftform als Regel die Kriterien Rechtsklarheit, Beweiserleichterung und die ordnungsgemäße Aktenführung der Behörde. Bei demnach nur in Ausnahmefällen möglichen mündlichen Verfügungen wird ein »berechtigtes Interesse« im Sinne des § 37 Abs. 2 S. 2 VwVfG bei den Auskunftsadressaten vorliegen, weshalb diese eine schriftliche oder elektronische Bestätigung »unverzüglich verlangen« dürfen.
1002 Für eine ausdrückliche Schriftformpflicht, die *Klesczewski*, in: Säcker (Hrsg.), TKG, 2. Aufl. 2009, § 115 Rn. 10, etwa für das Auskunftsrecht § 115 Abs. 1 S. 2 TKG über eine analoge Anwendung des § 127 Abs. 3 S. 2 TKG herleitet, besteht deshalb kein Bedürfnis. Dessen Voraussetzungen ergeben sich schon aus §§ 37, 39 VwVfG.

langt wird, liegt auch in einem sehr umfangreichen bzw. weit gefassten Ersuchen kein Bestimmtheitsproblem. Fraglich ist in diesen Fällen allein, ob der Verwaltungsakt von der Ermächtigungsgrundlage gedeckt oder noch verhältnismäßig ist und damit seine materielle Rechtmäßigkeit.

In der Begründung sind nach § 39 Abs. 1 S. 2 VwVfG die wesentlichen tatsächlichen und rechtlichen Gründe mitzuteilen, die die Behörde zu ihrer Entscheidung bewogen haben. Die Bundesnetzagentur hat demnach darzulegen, warum sie welchen Sachverhalt ermitteln möchte bzw. welche Informationen sie benötigt und warum sie die Auskünfte verbindlich anfordern darf. Dazu gehört grundsätzlich auch die Angabe der Rechtsgrundlage des Verwaltungsakts.[1003] Aus der Begründungspflicht ergibt sich insofern eine über die reine Bezugnahme auf die wahrgenommene Verwaltungsaufgabe hinausgehende Erläuterungspflicht des Zwecks des Auskunftsverlangens.[1004] Auf diese Weise soll der Adressat einer Entscheidung deren Tatbestandsmäßigkeit und insbesondere die Verhältnismäßigkeit des Begehrens und die Ermessenserwägungen der Behörde nachvollziehen können.[1005]

Inhaltlich sind grundsätzlich an die Begründung von Ersuchen im Rahmen behördlicher Überwachungstätigkeit keine hohen Anforderungen zu stellen. Eine unvollständige oder fehlerhafte Begründung führt nicht immer zwingend zur formellen Rechtswidrigkeit. Das aus dem Gleichheitssatz folgende Differenzierungsgebot, wonach die Behörde die jeweiligen Aspekte des Einzelfalles hervorheben muss,[1006] spielt bei der Begründung eines Auskunftsverlangens eine untergeordnete Rolle. Individuelle Erwägungen werden regelmäßig weitgehend ausbleiben, bei regelmäßigen anlasslosen Kontrollen schon der Sache nach nur eine knappe Erläuterung möglich sein und ausreichen. Aber gerade auch dann, wenn die Informationsbefugnis zur Aufklärung eines Verdachts eingesetzt wird, darf

---

1003 *Kopp/Ramsauer*, VwVfG, 12. Aufl. 2011, § 39 Rn. 18; *Hufen*, Fehler im Verwaltungsverfahren, 4. Aufl. 2002, Rn. 309.
1004 Siehe auch *Stohrer*, Informationspflichten Privater gegenüber dem Staat in Zeiten von Privatisierung, Liberalisierung und Deregulierung, 2007, S. 230. Vgl. hierzu auch *Bergmann*, in: Scheurle/Mayen (Hrsg.), TKG, 2. Aufl. 2008, § 127 Rn. 31 ff. Schon unter Rechtsschutzgesichtspunkten muss die Regulierungsbehörde klar zum Ausdruck bringen, dass die verlangten Informationen nicht allein vor dem Hintergrund eines Ordnungswidrigkeitsverfahrens beigebracht werden sollen, für welches sie gemäß § 149 Abs. 3 TKG ebenfalls zuständig ist. Bzgl. des Begründungszwangs in der ähnlichen Aufgabenkonstellation im Polizeirecht *Schenke*, Polizei- und Ordnungsrecht, 7. Aufl. 2011, Rn. 420 f..
1005 Vgl. *Wieckmann*, Das Auskunftsersuchen im System kartellbehördlicher Eingriffsbefugnisse, 1977, S. 45.
1006 *Hufen*, Fehler im Verwaltungsverfahren, 4. Aufl. 2002, Rn. 308.

sich die Kontrollmaßnahme nicht insoweit erklären, dass sie Gelegenheit zu Gegenstrategien gibt.[1007]

Neben den formalen Erfordernissen der Nennung von Rechtsgrundlage, Gegenstand und Zweck des Auskunftsverlangens ist der schriftlichen Verfügung eine Rechtsbehelfsbelehrung beizufügen, in welcher der Auskunftspflichtige ordnungsgemäß über sein Widerspruchsrecht aufzuklären ist.[1008] Eine fehlende Rechtsbehelfsbelehrung führt jedoch im Gegensatz zu Verstößen gegen die §§ 37, 39 VwVfG nicht zur (vorläufigen) formellen Rechtswidrigkeit bzw. Nichtigkeit der Verfügung,[1009] sondern hat lediglich Auswirkungen auf die Widerspruchsfrist.[1010]

Im Telekommunikationsrecht stellt als einzige Vorschrift § 127 Abs. 3 S. 1 und 2 TKG spezielle Anforderungen für die Auskunftsverlangen der Bundesnetzagentur nach § 127 Abs. 1 und 2 TKG auf.[1011] Danach fordert diese Auskünfte durch eine schriftliche Verfügung an, in der sie die Rechtsgrundlagen, den Gegenstand und den Zweck eines Auskunftsverlangens anzugeben hat. Abgesehen davon, dass die Vorschrift damit ausdrücklich den verwaltungsverfahrensrechtlichen Grundsatz der Formwahlfreiheit modifiziert, geht das Begründungserfordernis damit nicht per se über die ohnehin § 39 VwVfG abzuleitenden Voraussetzungen hinaus.

## II. Erfüllung des Informationsanspruchs

Von der Reichweite des Auskunftsanspruchs ist die Frage zu unterscheiden, wie der Auskunftspflichtige das Verlangen pflichtgemäß erfüllt. Hierbei ist zunächst der Inhalt der konkreten Aufforderung maßgeblich, § 43 Abs. 1 S. 2 VwVfG.[1012] Dieser lassen sich möglicherweise neben den begehrten Informationsinhalten schon Erfüllungsvoraussetzungen des Informationsanspruchs entnehmen, etwa Vorgaben, innerhalb welcher Frist und in welcher Form Informationen erteilt werden sollen. Bei schriftlichen Auskunftsverlangen dürfte eine Fristsetzung, soweit sie nicht wie durch § 127 Abs. 3 S. 3 TKG vorgeschrieben ist, üblich sein, da eine zeitnahe Informationsübermittlung im Interesse der Behörde liegt. Die

---

1007 Vgl. *Scholl*, Behördliche Prüfungsbefugnisse im Recht der Wirtschaftsüberwachung, 1989, S. 90: »Der Prüfer braucht sich [...] nicht in die Karten sehen zu lassen.«.
1008 Vgl. § 58 Abs. 1 VwGO.
1009 Vgl. §§ 44, 45, 46 VwVfG.
1010 Vgl. § 58 Abs. 2 VwGO.
1011 Vgl. aber § 45 Abs. 2 PostG und § 69 Abs. 7 EnWG.
1012 Da die Wirksamkeit des Verwaltungsakts gerade nicht von seiner Rechtmäßigkeit bzw. nur begrenzt (§ 43 Abs. 3 VwVfG) hiervon abhängt, besteht die Verpflichtung grundsätzlich ungeachtet der Rechtsfehlerfreiheit des Auskunftsverlangens.

Möglichkeit einer Fristsetzung liegt in der Verfahrensherrschaft der Behörde und erfordert keine ausdrückliche Ermächtigungsgrundlage.[1013]

Enthält eine Auskunftsaufforderung keine Einzelheiten zu den Modalitäten ihrer Erfüllung, sind allein die gesetzlichen Vorgaben in den Blick zu nehmen. Der europäische Rechtsrahmen für elektronische Kommunikationsnetze und -dienste enthält in der allgemeinen Informationsnorm der Rahmenrichtlinie, nunmehr in Art. 5 Abs. 1 UAbs. 2 RL 2002/21/EG, insofern allgemeine und verallgemeinerungsfähige Aussagen. Die Unternehmen haben danach die verlangten Informationen umgehend sowie im Einklang mit dem Zeitplan und in den Einzelheiten vorzulegen, die von der nationalen Regulierungsbehörde verlangt werden. Umfang und Detaillierungsgrad, in dem Informationen zu erteilen sind, lassen sich aus dem Zweck des Informationsrechts ableiten.[1014]

Die Verpflichtung zur Informationserteilung umfasst demnach etwa bei einer Überwachungsaufgabe alle Auskünfte, welche zur Beurteilung nötig sind, ob die jeweiligen Vorschriften eingehalten werden. Dies entbindet die Behörde freilich nicht davon, das Verlangen bzw. die damit einhergehenden Fragen so konkret wie möglich zu fassen. Umgehende bedeutet unverzügliche Informationserteilung,[1015] worunter analog § 121 Abs. 1 S. 1 BGB Handeln ohne schuldhaftes Zögern zu verstehen ist.[1016] Wann und in welcher Form Auskünfte erteilt werden müssen, ist dabei abhängig vom jeweils verfolgten Anliegen. Je umfangreicher und komplizierter die Erfüllung eines Verlangens ausfällt, desto eher wird die grundsätzliche Formwahlfreiheit des Adressaten sich in eine Pflicht zur schriftlichen und damit durch die Behörde besser nachvollziehbaren Auskunftserteilung wandeln,[1017] desto mehr Zeit wird man aber dem Auskunftsadressaten auch für die Beantwortung der Fragen zuzugestehen haben. Letzteres ist wiederum bei einer Fristsetzung von Seiten der Behörde zu beachten.

Da die Auskünfte am staatlichen und damit öffentlichen Interesse auszurichten sind, begründen sämtliche (aktualisierte) Informationspflichten eine Rechtspflicht zur wahrheitsgemäßen, vollständigen und rechtzeitigen Informationsertei-

---

1013 Vgl. *Kallerhoff*, in Stelkens/Bonk/Sachs (Hrsg.), VwVfG, 7. Aufl. 2008, § 31 Rn. 13.
1014 Vgl. allgemein zu einer allerdings selbstständigen Informationspflicht *Feldhaus*, Umweltschutzsichernde Betriebsorganisation, NVwZ 1991, 927 (933 f.) sowie *Herrmann*, Informationspflichten gegenüber der Verwaltung, 1997, S. 220.
1015 Vgl. *Stohrer*, Informationspflichten Privater gegenüber dem Staat in Zeiten von Privatisierung, Liberalisierung und Deregulierung, 2007, S. 238.
1016 Vgl. etwa *Lechelt*, in: Koch/Pache/Scheuing (Hrsg.), BImSchG, Bd. III, § 52 Rn. 143. Zur Übertragbarkeit von § 121 Abs. 1 S. 1 BGB auf öffentlich-rechtliche Vorschriften *OVG Münster*, Beschluss vom 3.2.1992 – 18 A 226/92.A –, NWVBl. 1992, 295 f. m. w. N.
1017 Die schriftliche Auskunft ist in der Praxis ohnehin die Regel, vgl. bereits *Scholl*, Behördliche Prüfungsbefugnisse im Recht der Wirtschaftsüberwachung, 1989, S. 116.

lung.[1018] Dass die Auskünfte nach bestem Wissen zu erteilen sind, ist nicht gleichbedeutend damit, dass das Tatsachenwissen aktuell beim Auskunftsadressaten vorhanden sein muss. Diesen trifft in seinem Verantwortungsbereich auch eine gewisse Pflicht, seinerseits Auskünfte zu erfragen und zusammenzustellen.[1019] In einem großen Unternehmen bestünde sonst leicht die Möglichkeit, der Pflicht durch umfassende Delegationen zu entgehen. Je nach Kenntnisstand und Einwirkungsmöglichkeiten kann der Umfang der Auskunftsverpflichtung bei den unterschiedlichen Adressatenkreisen verschieden sein.[1020]

III. Absicherung des Informationsanspruchs durch weitergehende Ermittlungsbefugnisse

Wird ein Informationsverlangen nicht ordnungsgemäß erfüllt, kann die Bundesnetzagentur – alternativ zur Einleitung der Verwaltungsvollstreckung – auch auf ihre ergänzenden Ermittlungsbefugnisse zurückgreifen, sofern diese dafür geeignet sind und deren Anwendung verhältnismäßig erscheint. Entsprechende Zusatzkompetenzen enthält neben § 115 vor allem § 127 TKG.

Das Auskunftsrecht nach § 127 Abs. 2 S. 1 Nr. 1 TKG wird durch ein Einsichts- und Prüfungsrecht abgesichert, welches sich diesem in § 127 Abs. 2 S. 1 Nr. 2 TKG anschließt. Danach kann die Bundesnetzagentur innerhalb der üblichen Betriebs- und Geschäftszeiten beim entsprechenden Adressatenkreis Einblick in die geschäftlichen Unterlagen nehmen, um diese zu kontrollieren. Der Begriff «geschäftliche Unterlagen» ist weit im Sinne aller Unterlagen auszulegen, aus denen sich die gewünschten Auskünfte ergeben können. Seiner Stellung nach ist das Einsichts- und Prüfungsrecht auf das Auskunftsrecht in § 127 Abs. 2

---

1018 *Martens*, Einführung in die Praxis des Verwaltungsverfahrens (Teil 3), JuS 1978, 99 (102); *Scholl*, Behördliche Prüfungsbefugnisse im Recht der Wirtschaftsüberwachung, 1989, S. 116; *Stohrer*, Informationspflichten Privater gegenüber dem Staat in Zeiten von Privatisierung, Liberalisierung und Deregulierung, 2007, S. 234. Einzelne Auskunftspflichten sehen diese an sich selbstverständliche Pflicht auch ausdrücklich vor, im Bereich der regulierten Netzwirtschaften etwa § 14c Abs. 3 S. 3 AEG: »Die Auskünfte sind wahrheitsgemäß und nach bestem Wissen zu erteilen.« Ähnliche Formulierungen werden fast durchweg in den einschlägigen Bußgeldvorschriften aufgegriffen. Zu den entsprechenden Sanktionsvorschriften im TKG siehe auch schon oben Fn. 97.
1019 *Lechelt*, in: Koch/Pache/Scheuing (Hrsg.), BImSchG, Bd. III, § 52 Rn. 141; *Thiel*, Auskunftverlangen und Nachschau als Instrumente der Informationsbeschaffung im Rahmen der Gewerbeaufsicht, GewArch 2001, 403 (404). § 93 Abs. 3 S. 2 AO konkretisiert derartige Informationsbeschaffungspflichten. Hiernach haben Auskunftspflichtige, die nicht aus dem Gedächtnis Auskunft geben können, Bücher, Aufzeichnungen, Geschäftspapiere und andere Urkunden, die ihnen zur Verfügung stehen, einzusehen und, soweit nötig, Aufzeichnungen daraus zu entnehmen.
1020 Vgl. *Lechelt*, in: Koch/Pache/Scheuing (Hrsg.), BImSchG, Bd. III, § 52 Rn. 136.

S. 1 Nr. 1 TKG bezogen und erfasst insofern alle Materialien, aus denen sich die wirtschaftlichen Verhältnisse des jeweiligen Unternehmens ersehen lassen,[1021] etwa Bilanzen, Handelsbücher, Kalkulationen, Handelsbriefe und Belege.[1022]

Dies ist insofern problematisch, als der Anwendungsbereich der Auskunftsnorm durch den als Ergänzung gedachten,[1023] in seinem Anwendungsbereich über die Erforschung der wirtschaftlichen Verhältnisse aber hinausgehenden § 127 Abs. 1 TKG erweitert wurde, zumal nunmehr für eine extensive Interpretation des Anwendungsbereichs von § 127 Abs. 2 im Hinblick auf diesen kein Bedürfnis mehr besteht. Da insbesondere § 127 Abs. 1 S. 2 Nr. 1 und 2 TKG ähnlich wie § 115 Abs. 1 S. 2 TKG für den Bereich des siebten Teils auf Überwachungssituationen zugeschnitten ist, die von § 127 Abs. 2 TKG nicht oder zumindest nicht in Gänze erfasst werden,[1024] erscheint nicht einsichtig, warum für diese Fälle ein Einsichts- und Prüfungsrecht im Gegensatz zum allgemeinen Gewerberecht[1025] nicht normiert wurde.[1026] Dass mit der Regelung innerhalb des Abs. 2 keine inhaltliche Beschränkung des Prüfungsrechts einhergehen sollte legt zudem § 127 Abs. 4 TKG nahe, der Auskünfte nach Abs. 1 und 2 nennt, daneben aber bei den vorzulegenden Unterlagen keine weitere Differenzierung vornimmt.[1027]

Während § 127 Abs. 5 TKG Personen, die zur Vornahme von Prüfungen beauftragt werden, ein Betretungsrecht gewährt, sind die schärferen Voraussetzungen für eventuelle Durchsuchungen und Beschlagnahmen in § 127 Abs. 6, 7 TKG normiert.

---

1021 *Lammich*, in: Manssen (Hrsg.), Telekommunikations- und Multimediarecht, Bd. 1, § 127 Rn. 24; *Ruffert*, in: Säcker (Hrsg.), TKG, 2. Aufl. 2009, § 127 Rn. 26; *Nübel*, in: Geppert u. a. (Hrsg.), TKG, 3. Aufl. 2006, § 127 Rn. 40; *Bergmann*, in: Scheurle/Mayen (Hrsg.), TKG, 2. Aufl. 2008, § 127 Rn. 45; *Graulich*, in: Arndt/Fetzer/Scherer (Hrsg.), TKG, 2008, § 127 Rn. 13.
1022 *Lammich*, in: Manssen (Hrsg.), Telekommunikations- und Multimediarecht, Bd. 1, § 127 Rn. 25.
1023 BT-Drs. 15/2316, S. 101.
1024 Dazu auch schon *Trute*, in: Trute/Spoerr/Bosch (Hrsg.), TKG, 2001, § 91 Rn. 5.
1025 Vgl. § 29 Abs. 2 GewO.
1026 Vgl zum fehlenden Einsichts- und Prüfungsrecht im Rahmen des § 115 Abs. 1 TKG oben bereits Teil II, A. I. 3. c).
1027 Hier liegt daher die Möglichkeit einer erweiternden Auslegung zumindest nicht fern. Die in § 127 Abs. 4 TKG niedergelegten Duldungspflichten sind allerdings redundant, da sich die Duldungspflicht bereits aus der jeweiligen Ermächtigung der Behörde ergibt.

IV.  Zwangsweise Durchsetzung des Informationsanspruchs

Da es sich bei der Informationserteilung regelmäßig um nicht vertretbare Handlungen handelt, kommt als Vollstreckungsmittel vor allem die Festsetzung von Zwangsgeldern in Betracht.

§ 127 Abs. 10 TKG gestattet insofern zur Durchsetzung von Anordnungen nach dieser Vorschrift, abweichend von § 11 Abs. 3 VwVG[1028], die Festsetzung von Zwangsgeldern bis zu 500.000 Euro. Die Differenz zum allgemeinen Vollstreckungsrecht beruht auf den hohen Umsatzerwartungen im Telekommunikationssektor.[1029] Ähnlich wird man die Befugnis nach § 115 Abs. 1 S. 2 TKG hinsichtlich der in Abs. 2 Nr. 1 bis 3 TKG genannten Verpflichtungen interpretieren dürfen.[1030] Zur Durchsetzung von Anordnungen gegenüber marktmächtigen Betreibern nach § 29 Abs. 1 und 2 TKG können nach § 29 Abs. 4 TKG gar Zwangsgelder bis zu einer Million Euro festgelegt werden.

Auch außerhalb des TKG finden sich entsprechende Spezialregelungen. Im Produktzulassungs- und Produktsicherheitsrecht können im Rahmen von Auskunftsanordnungen nach § 16 EMVG ggf. i. V. m. § 15 Abs. 1 S. 2 FTEG Zwangsgelder bis zu 500.000 Euro verhängt werden. Nach § 10 Abs. 2 Nr. 1 PTSG dürfen zur Durchsetzung des Auskunftsrechts nach § 8 Abs. 1 PTSG Zwangsgelder bis zu 50.000 € festgesetzt werden.

Soweit im Übrigen im Zusammenhang mit den Informationsbefugnissen keine besonderen Regelungen erfolgt sind, kann die Bundesnetzagentur auf die allgemeinen Regelungen des VwVG zurückgreifen. Hierzu zählt insbesondere die Möglichkeit nach § 13 Abs. 6 VwVG das Zwangsmittel beliebig häufig zu wiederholen, um so den Druck auf den Informationspflichtigen zu erhöhen.[1031]

V.  Selbstbelastungsschutz

1.  Problemstellung

Die vollstreckbare Verpflichtung zur vollständigen und wahrheitsgemäßen Erfüllung einer Auskunftsverpflichtung kann in bestimmten Situationen mit dem Inte-

---

1028 Nach § 11 Abs. 3 VwVG beträgt die Höhe eines Zwangsgeldes mindestens drei und bis zu 2.000 Deutsche Mark.
1029 BT-Drs. 13/3609, S. 51.
1030 § 115 Abs. 2 sieht eine Staffelung der möglichen Zwangsgelder in Abhängigkeit einzelner Verpflichtungen von höchstens 500.000 Euro (Nr. 1) über höchstens 100.000 Euro (Nr. 2) bis zu höchsten 20.000 Euro (Nr. 3) vor.
1031 Vgl. *Stohrer*, Die zwangsweise Durchsetzung staatlicher Auskunftsansprüche gegenüber Privaten, BayVBl. 2005, 489 (492).

resse des Auskunftsverpflichteten in Konflikt geraten, sich nicht selbst eines straf- oder ordnungswidrigkeitsrechtlich relevanten Verhaltens bezichtigen zu müssen, zumal durch die auf Grund gefahrenabwehrrechtlicher Ermächtigungsgrundlage erfolgende Preisgabe diesbezüglicher Informationen eine Beweislage geschaffen wird, die sich zugleich in einem Ermittlungsverfahren gegen die Auskunftsperson verwenden ließe.[1032] Diese Problematik stellt sich in verschärfter Form in den Konstellationen, in denen den jeweiligen für die Einhaltung eines Gesetzes Sorge tragenden Verwaltungsbehörden[1033] die Aufgabe der Sanktionierung etwaiger Gesetzesverstöße obliegt. In den wirtschaftsverwaltungsrechtlichen Gesetzen erfolgt eine derartige Doppelzuweisung präventiver und repressiver Aufgaben regelmäßig gerade im Hinblick auf deren Sachnähe und Detailverstand. Auch im Telekommunikationsrecht erfolgt diese Aufgabenbündelung. Die Bundesnetzagentur ist nach § 149 Abs. 3 TKG als Verwaltungsbehörde im Sinne des § 36 Abs. 1 Nr. 1 OWiG zuständig für die Verfolgung und Ahndung des Ordnungswidrigkeitenkatalogs in § 149 Abs. 1 TKG, welcher zu einem Großteil Verpflichtungen aus dem besonders grundrechtssensiblen siebten Teil des Gesetzes betrifft.[1034] Entsprechende Zuweisungen sehen auch § 20 Abs. 4 EMVG, § 17 Abs. 3 FTEG sowie § 11 Abs. 3 PTSG vor.

Kommt der Adressat einer Informationsanforderung nach, gelangen belastende Informationen somit zugleich an die Stelle, die für dessen Überführung zuständig ist. Es stellt sich daher die Frage, inwieweit ein derartiger Zwang zu einer mittelbaren Selbstbelastung zulässig ist.

---

1032 Vgl. schon *Hanebuth*, Das Auskunftsrecht im europäischen Wirtschaftsrecht, 1967, S. 161 f.
1033 Während § 71 S. 1 TKG-1996 die Überwachungsaufgabe der Behörde noch eigens nannte (»Die Regulierungsbehörde überwacht die Einhaltung dieses Gesetzes...«), lässt diese sich nunmehr als ein den allgemeinen (Aufsichts-)Befugnissen der §§ 126 ff. TKG immanentes Ziel, nämlich die Herstellung rechtmäßiger Zustände für die Zukunft, entnehmen. § 115 Abs. 1 S. 1 TKG nennt die Aufgabe der Aufsicht demgegenüber noch bereichsspezifisch ausdrücklich (»um die Einhaltung der Vorschriften des Teils 7 ... sicherzustellen«).
1034 § 149 Abs. 1 Nr. 15 bis 35 TKG. Für die Rechtsfragen zum siebten Teil des Gesetzes und die Ahndung von Ordnungswidrigkeiten ist laut Organisationsplan der Bundesnetzagentur sogar die gleiche Stelle bei einer Unterabteilung zuständig, vgl. *Bundesnetzagentur*, Jahresbericht 2010, S. 218. Der Unterabteilung Z2 der Zentralabteilung Z obliegt binnenorganisatorisch die Zuständigkeit in allgemeinen Rechtsangelegenheiten, Finanzen und Controlling, wobei deren Stelle Z21 die Zuständigkeit in allgemeinen Rechtsangelegenheiten, den Rechtsfragen zu Teil 7 des TKG, für den Datenschutz und die Ordnungswidrigkeiten zugewiesen ist.

a)  Ausstrahlungswirkung des Nemo-tenetur-Grundsatzes auf vollstreckbare Auskunftspflichten

In gewissen Grenzen wird der Einzelne durch das Recht davor geschützt, an seiner eigenen Überführung mitzuwirken. Dem aus dem Strafprozess rührenden Grundsatz der Freiheit vor aktiver Selbstbezichtigung (»nemo tenetur se ipsum accusare«) kommt ungeachtet seiner divergierenden Herleitung als grundlegendem Rechtsstaatsprinzip Verfassungsrang zu.[1035] Bzgl. der Schutz- bzw. Ausstrahlungswirkung des Nemo-tenetur-Grundsatzes wird hierbei nach der Art des Verfahrens differenziert. Während in Straf- oder ähnlichen Verfahren ein weitgehend absoluter Schutz vor einem Zwang zur Selbstbezichtigung für Beschuldigte oder Zeugen besteht,[1036] wird die verfassungsrechtliche Reichweite des Grundsatzes für sonstige Auskunfts- und Mitwirkungspflichten kontrovers diskutiert. Einigkeit besteht darüber, dass es dem ausnahmslos verbotenen Zwang zur aktiven Mitwirkung in Straf- oder ähnlichen Verfahren wertungsmäßig gleichsteht,[1037] wenn in einem ersten Schritt eine außerhalb dieser Verfahren bestehende, aktive Mitwirkungspflicht erzwungen wird, die entsprechenden Informationen in einem zweiten Schritt der jeweiligen Ahndungsbehörde übermittelt und in einem dritten Schritt im Ermittlungsverfahren gegen den Mitwirkungspflichtigen eingesetzt werden.[1038]

---

1035 *Schneider*, Grund und Grenzen des strafrechtlichen Selbstbegünstigungsprinzips auf der Basis einer generalpräventiv-funktionalen Schuldmodells, 1991, S. 3; anders allein *Peters*, Gerichtswesen und Kriminalistik II, ZStW 91 (1979), 96 (123), der den Nemo-tenetur-Grundsatz allein durch das einfache Recht abgesichert sieht. Eingehend zur verfassungsrechtlichen Verortung *Böse*, Wirtschaftsaufsicht und Strafverfolgung, 2005, S. 114 ff., *Mäder*, Betriebliche Offenbarungspflichten und Schutz vor Selbstbelastung, 1997, S. 67 ff.; *Wolff*, Selbstbelastung und Verfahrenstrennung, 1997, S. 28 ff.
1036 Dieser Schutz wird auch einfachrechtlich gewährt. Ein strafprozessuales Schweigerecht des Beschuldigten bzw. Angeklagten wird in den Hinweispflichten der §§ 115 Abs. 3 S. 1, 136 Abs. 1 S. 2, 243 Abs. 4 S. 1 StPO vorausgesetzt, als Rechtsgrundlage für das Schweigerecht wird von Teilen der Literatur auch das Beweismethodenverbot des § 136a Abs. 1 StPO angeführt (näher *Rogall*, Der Beschuldigte als Beweismittel gegen sich selbst, 1977, S. 50 f., 105 ff.). Nach § 55 StPO erfährt auch ein Zeuge durch das dort normierte Auskunftsverweigerungsrecht den Schutz bereits im Vorfeld eines Verfahrens. Über § 46 Abs. 1 OWiG gelten die Rechte entsprechend im Ordnungswidrigkeitenverfahren.
1037 Außerhalb jener Verfahren wird die Reichweite des verfassungsrechtlichen Schutzes unter dem Begriff der Ausstrahlungswirkung des Nemo-tenetur-Prinzips diskutiert, vgl. *Wolff*, Selbstbelastung und Verfahrenstrennung, 1997, S. 99 ff.
1038 Fallen wie hier (zumindest für die Fälle ordnungswidrigkeitsrechtlich sanktionierter Verstöße gegen das TKG) Aufsichts- und Verfolgungsbehörde zusammen, kommt dem zweiten Schritt unabhängig von der jeweils zuständigen Behördenstelle ein untergeordnetes Gewicht zu, weil der Einzelne keinen Einfluss auf die Binnenorganisation einer Behörde hat. Teilweise wird bereits in der Weitergabe belastender Informationen an die Ahndungsbehörde eine Verletzung des Nemo-tenetur-Grundsatzes gesehen, so schon das

Weitgehend anerkannt ist auch, dass aus dem Nemo-tenetur-Prinzip verfassungsrechtlich kein ausnahmsloses Gebot folgt, nach dem niemand dazu gezwungen werden kann, sich einer durch die Rechtsordnung sanktionierten Handlung zu bezichtigen. Außerhalb von Verfahren, die auf eine verhaltensbedingte Sanktionierung abzielen,[1039] kann der Gesetzgeber ein berechtigtes öffentliches Informationsinteresse mit dem Geheimhaltungsinteresse des Betroffenen abwägen.[1040] Eine erzwingbare aktive Mitwirkungspflicht kann deshalb in diesen Fällen mit der Selbstbezichtigungsfreiheit vereinbar sein, wenn sie zum Schutz kollidierender Interessen verhältnismäßig erscheint und im vorgehend beschriebenen Sinn der zweite oder dritte Schritt unterbleibt.[1041] Für die hier allein interessierenden öffentlich-rechtlichen, vollstreckbaren Auskunftspflichten folgt daraus vor allem, dass den Wirkungen des Nemo-tenetur-Grundsatzes in legislativer Hinsicht grundsätzlich sowohl auf der Ebene der Informationserlangung als auch auf der Ebene der Informationsverwendung in verfassungskonformer Weise Rechnung getragen werden kann.

b) Legislative Schutzmechanismen und verfassungsgerichtliche Vorgaben

Als Grenze der Auskunftsverpflichtung sind daher zum einen regelmäßig Informationsverweigerungsrechte im Zusammenhang mit den einschlägigen Ermächtigungsgrundlagen geregelt. Nach deren zumeist identischem Wortlaut[1042] können auskunftspflichtige Personen die Auskunft auf solche Fragen verweigern, deren Beantwortung sie selbst oder einen der in § 383 Abs. 1 Nr. 1 bis 3 der Zivilprozessordnung bezeichneten Angehörigen der Gefahr strafrechtlicher Verfol-

---

Sondervotum zu *BVerfG*, Beschluss vom 13.1.1981 – 1 BvR 116/77 –, BVerfGE 56, 37 (52 ff.). Eine im obigen Sinne beschriebene Aufgabenbündelung ohne besondere (gesetzliche) Verfahrensvorkehrungen müsste diese Ansicht konsequenterweise für verfassungswidrig erachten.

1039 Neben den genannten Straf- und Ordnungswidrigkeitenverfahren sind dies etwa auch Disziplinarverfahren und berufsgerichtliche Verfahren, vgl. *BVerfG*, Beschluss vom 13.1.1981 – 1 BvR 116/77 –, BVerfGE 56, 37 (43); *Starck*, in: v. Mangoldt/Klein/Starck (Hrsg.), GG, Bd. I, 6. Aufl. 2010, Art. 2 Abs. 1 Rn. 105.

1040 *Di Fabio*, in: Maunz/Dürig (Begr.), GG, Bd. I, Art. 2 Abs. 1 Rn. 187. Vgl. etwa *BVerfG*, Kammerbeschluss vom 21.4.1988 – 2 BvR 330/88 –, wistra 1988, 302 f. In diesen Konstellationen wird auch von relativem Schutz vor Selbstbelastung gesprochen, vgl. *Mäder*, Betriebliche Offenbarungspflichten und Schutz vor Selbstbelastung, 1997, S. 132.

1041 Für die Verfassungswidrigkeit des § 393 Abs. 2 S. 2 AO, welcher für bestimmte Fälle eine Verwertbarkeit erzwingbarer Auskünfte vorsieht daher *LG Göttingen*, Vorlagebeschluss vom 11.12.2007 – 8 KLs 1/07 –, wistra 2008, 231 ff., vgl. hierzu aber *BVerfG*, Beschluss v. 27.4.2010 – 2 BvL 13/07 –, wistra 2010, 341 ff.

1042 Vgl. die Beispiele bei *Herrmann*, Informationspflichten gegenüber der Verwaltung, 1997, S. 418 Fn. 1886.

gung oder eines Verfahrens nach dem Gesetz über Ordnungswidrigkeiten aussetzen würde.[1043] Vor dem Hintergrund der Verpflichtung zur vollständigen und wahrheitsgemäßen Auskunftserteilung müssen Auskunftsverweigerungsrechte ausdrücklich geltend gemacht werden. Es darf daher von Seiten des Auskunftsverpflichteten durch Verschweigen oder unvollständige Antworten nicht der Eindruck der Kenntnislosigkeit erweckt werden.[1044] Das Recht zur Auskunftsverweigerung lässt die Rechtmäßigkeit des Auskunftsbegehrens und damit den Informationsanspruch unberührt. Es lässt sich eher als Vollstreckungs- und Ahndungshindernis verstehen.[1045] Wird von einem Auskunftsverweigerungsrecht Gebrauch gemacht, kann das Verlangen daher nicht wegen fehlender Mitwirkung vollstreckt oder ein Ordnungswidrigkeitenverfahren eingeleitet werden. Für diese Fälle hat der Gesetzgeber ausdrücklich bestimmt, dass das öffentliche Informationsinteresse dem Schutz vor Selbstbelastung nachsteht.

Im TKG findet sich ein entsprechendes Auskunftsverweigerungsrecht im Zusammenhang mit den zentralen Informationsrechten der Bundesnetzagentur in § 127 Abs. 8 S. 1 TKG.[1046] Außerhalb des TKG besteht ein entsprechendes Recht nach § 15 Abs. 1 S. 2 EMVG ggf. i. V. m. § 15 Abs. 1 S. 1 FTEG analog § 55 Abs. 1 StPO. Eine ähnliche Regelung wie im Produktzulassungs- und Produktsicherungsrecht enthält nunmehr auch § 8 Abs. 1 S. 2 PTSG.[1047]

---

1043 Teilweise wird auch auf die Parallelregelung in § 55 StPO verwiesen, so insbesondere im Zusammenhang polizeilicher Auskunftsrechte, vgl. etwa § 20c Abs. 3 BKAG, § 22 Abs. 3 BPolG.
1044 *Scholl*, Behördliche Prüfungsbefugnisse im Recht der Wirtschaftüberwachung, 1989, S. 121.
1045 Vgl. *OVG Koblenz*, Urteil vom 12.11.1981 – 2 A 40/81 –, NJW 1982, 1414.
1046 Zur Erstreckung dieses Auskunftsverweigerungsrechts über den Wortlaut hinaus auf das Unternehmen selbst *Bergmann*, in: Scheurle/Mayen (Hrsg,), TKG, 2. Aufl. 2008, § 127 Rn. 42; vgl. näher zur vergleichbaren Regelung im allgemeinen Kartellrecht *Klaue*, in: Immenga/Mestmäcker (Hrsg.), Wettbewerbsrecht, Bd. 2: GWB, 4. Aufl. 2007, § 59 Rn. 36 ff. und insbesondere Rn. 39. Gegen eine Übertragbarkeit wegen der Herleitung aus dem allgemeinen Persönlichkeitsrecht *BVerfG*, Beschluss v. 26.2.1997 – 1 BvR 2172/96 –, BVerfGE 95, 220 (242); dazu *Weiß*, Haben juristische Personen ein Aussageverweigerungsrecht?, JZ 1998, 289 ff.; Überblick zum Meinungsstand bei *Schuler*, Zur Diskussion um ein Auskunftsverweigerungsrecht juristischer Personen, JR 2003, 265 ff.
1047 Im Hinblick auf die mit der Erfüllung eines Auskunftsverlangens einhergehende potentielle Selbstbelastungsgefahr hinsichtlich drohender Sanktionsverfahren fand sich im PTSG-1994 und den dazu ergangenen Rechtsverordnungen eine eher ungewöhnliche Regelungstechnik. Auch wenn § 4 PTSG-1994 selbst keine unmittelbar geltende Informationspflicht enthielt, war in § 4 Abs. 2 S. 1 PTSG-1994 gleichwohl ein Auskunftsverweigerungsrecht gegenüber Auskunftsverlangen nach den auf Grund von § 4 Abs. 1 PTSG-1994 ergangenen Rechtsverordnungen – also der PTKAuskV und der PTZSV – normiert, das in S. 2 durch ein Belehrungsgebot darüber ergänzt wurde.
Eine ausdrückliche Belehrungspflicht über die Existenz von Auskunftsverweigerungsrechten stellt nach geltender Rechtslage in den Aufsichtsgesetzen eher die Ausnahme dar, vgl. etwa § 4 Abs. 9 WpHG und § 38 Abs. 3 S. 3 BDSG. Zur Frage, ob über ein beste-

In anderen Fällen hat der Gesetzgeber das öffentliche Informationsinteresse als so überwiegend erachtet, dass er von der möglichen Einräumung eines Auskunftsverweigerungsrechts – teilweise als Gegenausnahme[1048] – abgesehen hat, im Zusammenhang aber ein Verbot geregelt hat, die Informationen im Rahmen eines Sanktionsverfahrens gegen die Auskunftsperson einzusetzen.[1049] Grundsätzlich ist diese Form des Schutzes in mehreren Intensitäten vorstellbar, angefangen bei einem reinem Weitergabe-[1050] oder Verwertungsverbot[1051], über eine Kombination beider Institute bis hin zu einem umfassenden Verwendungs- bzw. Fernwirkungsverbot, wonach belastende Äußerungen auch nicht zum Anlass genommen werden dürfen, nach weiteren Beweismitteln zu suchen.[1052]

Voraussetzungen für eine derartige Einschränkung des Selbstbezichtigungsschutzes hat das *Bundesverfassungsgericht* in dafür bekannt gewordenen Gemeinschuldnerbeschluss[1053] aufgestellt. Danach gilt die Selbstbezichtigungsfreiheit in Straf- oder ähnlichen Verfahren nicht in gleicher Weise für Personen, die »aus besonderen Gründen rechtsgeschäftlich oder gesetzlich dazu verpflichtet sind, einem anderen oder einer Behörde die für diese notwendigen Informationen zu erteilen«.[1054] Das Gericht hat dabei betont, dass regelmäßig allein der Auskunftspflichtige Informationsträger ist und sein Schweigen einen erheblichen Nachteil des Auskunftsberechtigten begründe.[1055] Der Gesetzgeber dürfe bei der Normierung einer uneingeschränkten Auskunftspflicht berücksichtigen, dass anders als bei neueren verwaltungsrechtlichen – um ein Aussageverweigerungsrecht ergänzten – Auskunftspflichten, die Informationserteilung nicht allein im

---

hendes Auskunftsverweigerungsrecht auch dann zu belehren ist, wenn eine Belehrungspflicht nicht im Zusammenhang geregelt ist, vgl. *Wolff*, Selbstbelastung und Verfahrenstrennung, 1997, S. 195 f. m. w. N. in Fn. 521. Eine fehlende Belehrung enthebt zwar nicht der Auskunftspflicht (vgl. schon *BayObLG*, Beschluss v. 11.10.1968 – BWReg. 4 b St 14/68 –, GewArch 1969, 41 f.), dürfte aber zu einem Verwertungsverbot selbstbelastender Angaben in einem sich anschließenden Sanktionsverfahren führen (ausführlich *Schlothauer*, Strafprozessuale Verwertung selbstbelastender Angaben im Verwaltungsverfahren, in: Wesslau/Wohlers [Hrsg.], FS für Gerhard Fezer, 2008, S. 267 [280 ff.] m. w. N.).
1048 So etwa die übliche Formulierung der entsprechenden polizei- und ordnungsrechtlichen Standardbefugnisnorm, soweit die Auskunft zur Abwehr einer Gefahr für Leib, Leben oder Freiheit einer Person erforderlich ist, vgl. § 12 Abs. 2 S. 3 HSOG, § 28 Abs. 2 S. 4 SOG MV, § 12 Abs. 5 S. 2 NdsSOG.
1049 Vgl. § 97 Abs. 1 S. 3 InsO, § 393 Abs. 2 S. 1 AO (bezogen auf §§ 90 Abs. 1 S. 1, 93 Abs. 1 S. 1, 200 Abs. 1 S. 2 AO).
1050 Etwa Geheimhaltungsvorschriften, dazu näher *Nothhelfer*, Die Freiheit von Selbstbezichtigungszwang, 1989, S. 103 f.
1051 *BVerfG*, Beschluss vom 13.1.1981 – 1 BvR 116/77 –, BVerfGE 56, 37 (50 ff.).
1052 Vgl. *Wolff*, Selbstbelastung und Verfahrenstrennung, 1997, S. 136.
1053 *BVerfG*, Beschluss vom 13.1.1981 – 1 BvR 116/77 –, BVerfGE 56, 37 ff.
1054 *BVerfG*, Beschluss vom 13.1.1981 – 1 BvR 116/77 –, BVerfGE 56, 37 (45).
1055 *BVerfG*, Beschluss vom 13.1.1981 – 1 BvR 116/77 –, BVerfGE 56, 37 (45, 48).

staatlichen bzw. öffentlichen Interesse, sondern zugleich im Interesse eines geschädigten Dritten erfolge.[1056]

Aus dieser Formulierung wird teilweise geschlossen, eine uneingeschränkte Auskunftspflicht ließe sich nicht allein durch das öffentliche Interesse legitimieren, zwischen dem Auskunftspflichtigen und dem (privaten) Nutznießer der Informationen müsse vielmehr ein »besonderes Pflichtenverhältnis« bestehen.[1057] Bei einem ausschließlich öffentlichen Informationsbedürfnis sei der Schutz vor Selbstbelastung deshalb immer durch Auskunftsverweigerungsrechte zu gewähren.[1058]

Zum einen zwingt aber schon der Wortlaut des Urteils (»kann [...] berücksichtigen«) nicht zu einem solchen Umkehrschluss, sondern ist eher als Verhältnismäßigkeitserwägung zu einem formal[1059] größeren Grundrechtseingriff zu verstehen. Zum anderen legt die dort getroffene Schlussfolgerung, dass nicht schon die erzwungene Selbstbezichtigung zur Grundrechtsverletzung führe, ein anderes Verständnis des Gerichts nahe. Denn im Gegensatz zur bis dahin weitverbreiteten Literaturmeinung, die das Verbot der Selbstbelastung auch dem Gedanken entlehnte, dass ein Mensch (verfahrensunabhängig) eigene Verfehlungen nicht preisgeben müsse,[1060] erfolgt die Rechtfertigung des Zwangs dann nicht mehr vor dem Hintergrund des Nemo-tenetur-Grundsatzes, sondern es findet (zunächst) allein eine Abwägung zwischen Informations- und persönlichem Integritätsinteresse des Betroffenen statt. Dass hierbei ein konkretes Interesse geschädigter Dritter die Abwägung in eine Richtung ausschlagen lässt, macht diese in anderen Fällen nicht entbehrlich.

Die verfassungsrechtliche Wirkung des Nemo-tenetur-Grundsatzes bringt das *Bundesverfassungsgericht* erst im Anschluss ins Spiel, indem es ausführt, dass die uneingeschränkte Pflicht zur Auskunft nicht zugleich Verurteilungsbeitrag sein darf, weil ein Schweigerecht im Strafverfahren sonst illusorisch sei.[1061] Im konkreten Fall ergänzte das Gericht die (vorkonstitutionelle) Mitwirkungspflicht deshalb um ein strafrechtliches Verwertungsverbot, stellte in diesem Zusammen-

---

1056 *BVerfG*, Beschluss vom 13.1.1981 – 1 BvR 116/77 –, BVerfGE 56, 37 (49 f.).
1057 *Rachor*, Das Polizeihandeln, in: Lisken/Denninger (Hrsg.), Handbuch des Polizeirechts, 4. Aufl. 2007, F Rn. 273.
1058 So etwa *Feuerich*, Zum Umfang der Auskunftspflicht des Rechtsanwalts gegenüber dem Vorstand der Rechtsanwaltskammer, AnwBl 1992, 61 (63).
1059 Kritisch gegenüber dem unternehmerischen Nutzen von Auskunftsverweigerungsrechten in Überwachungsgesetzen *Gröschner*, Das Überwachungsrechtsverhältnis, 1992, S. 321.
1060 Eingehend *Rogall*, Der Beschuldigte als Beweismittel gegen sich selbst, 1997, S. 169; vgl. auch *Blum*, Die Auskunfts- und sonstigen Ermittlungsrechte der Kartellbehörden nach dem Gesetz gegen Wettbewerbsbeschränkungen, dem Gesetz über Ordnungswidrigkeiten und dem europäischen Kartellrecht, 1968, S. 53 ff.; *v. Bary*, Das Auskunftsverlangen im Kartellrecht, GewArch 1962, 3 (5).
1061 *BVerfG*, Beschluss vom 13.1.1981 – 1 BvR 116/77 –, BVerfGE 56, 37 (51).

hang aber ausdrücklich fest, dass es grundsätzlich Sache des Gesetzgebers sei, eine insoweit bestehende Gesetzeslücke zu schließen. Der verfassungsrechtliche Schutz der Selbstbelastungsfreiheit wirkt insofern – wenn auch erst in letzter Konsequenz – als Gebot der Verfahrensabschottung.

Ein einfaches Verwertungsverbot, welches allein an der Verwertung einer vom Auskunftspflichtigen erteilten Auskunft im Sanktionsverfahren hindert, bietet nicht das gleiche Schutzniveau wie eine eingeschränkte Auskunftspflicht. Sollen die Strafverfolgungsbehörden durch die Auskunftspflicht, wie das *Bundesverfassungsgericht* es fordert, keine »weitergehende(n) Möglichkeiten erhalten als in anderen Fällen der Strafverfolgung«[1062], so ist damit noch keine abschließende Aussage über eine mittelbare Verwertbarkeit der Auskunft getroffen.[1063] Der Gesetzgeber hat dennoch in den entsprechenden Vorschriften umfassende Verwendungsverbote geregelt und damit nicht nur das öffentliche Interesse an der Sachverhaltsaufklärung höher bewertet als den Schutz vor Selbstbelastung, sondern zugleich eine Rangfolge gegenüber dem öffentlichen Interesse an Strafverfolgung festgelegt.[1064]

Indem § 127 Abs. 8 S. 2, 3 TKG neben dem Auskunftsverweigerungsrecht ein qualifiziertes Verwendungsverbot normiert, kombiniert es diese Institute. Danach dürfen unter Geltungsausschluss der §§ 93, 97, 105 Abs. 1, des § 111 Abs. 5 i. V. m. 105 Abs. 1 sowie des § 116 Abs. 1 der Abgabenordnung die durch Auskünfte oder Maßnahmen nach den § 127 Abs. 1 und 2 erlangten Kenntnisse und Unterlagen für ein Besteuerungsverfahren oder ein Bußgeldverfahren wegen einer Steuerordnungswidrigkeit oder einer Devisenzuwiderhandlung sowie für ein Verfahren wegen einer Steuer- oder Devisenstraftat nicht verwendet werden, soweit nicht an der Durchführung des Verfahrens wegen der Steuerstraftat bzw. eines damit zusammenhängenden Besteuerungsverfahrens ein zwingendes öffentliches Interesse besteht oder bei vorsätzlich falschen Angaben der Auskunftspflichtigen oder der für sie tätigen Personen.[1065] Entgegen seinem

---

1062 *BVerfG*, Beschluss vom 13.1.1981 – 1 BvR 116/77 –, BVerfGE 56, 37 (51).
1063 Vgl. dazu gleich A. V. 1. c).
1064 Näher zur Entstehungsgeschichte und Reichweite des dem Gemeinschuldnerbeschluss Rechnung tragenden Beweisverwendungsverbotes in § 97 Abs. 1 S. 3 InsO *Hefendehl*, Beweisermittlungs- und Beweisverwertungsverbote bei Auskunfts- und Mitwirkungspflichten, wistra 2003, 1 (2 f.); vgl. auch die Begründung des Rechtsausschusses, BT-Drs. 12/7302, S. 166. Gegen eine Fernwirkung bei § 393 Abs. 2 S. 1 AO *Böse*, Wirtschaftsaufsicht und Strafverfolgung, 2005, S. 525.
1065 In § 4 Abs. 3 PTSG-1994 war unter Geltungsausschluss der entsprechenden Vorschriften der Abgabenordnung ein Verwendungsverbot der erlangten Erkenntnisse und Unterlagen für Besteuerungsverfahren, Strafverfahren wegen Steuerstraftaten oder Bußgeldverfahren wegen Steuerordnungswidrigkeiten vorgesehen. Die Vorschrift ähnelte daher stark § 127 Abs. 8 S. 2 TKG, wenngleich eine Rückausnahme wie in § 127 Abs. 8 S. 3 TKG nicht bestand. Obwohl somit die Frage der Gewährleistung des Selbstbelastungsschutzes schon

Wortlaut ist § 127 Abs. 8 S. 3 TKG Rückausnahme vom Verwendungsverbot und nicht vom Auskunftsverweigerungsrecht, weil die Vorschrift einerseits gerade an die erteilte Auskunft anknüpft und andererseits dem Pflichtigen die Beurteilung, wann ein zwingendes öffentliches Interesse vorliegt, nicht obliegt.

c) Auswirkungen fehlender Schutzvorkehrungen

Probleme ergeben sich vor allem dann, wenn der Gesetzgeber – wie bei den Informationsbefugnissen im TKG außer § 127 – keinen der beiden aufgezeigten Wege beschritten hat. Für diese Fälle wird seit geraumer Zeit diskutiert, wie weit der verfassungsrechtliche Schutz vor einem Zwang zur Selbstbelastung reicht und welche Konsequenzen sich daraus für die Mitwirkungspflicht ergeben. Auch im Regelungszusammenhang dieser Informationsbefugnisse bestehen keine (ausdrücklichen) Vorkehrungen, um dem verfassungsrechtlich gebotenen Selbstbelastungsschutz zur Geltung zu verhelfen. Die Normierung uneingeschränkter Auskunftspflichten ist hierbei für den Bereich des Wirtschaftsaufsichtsrechts nicht per se unzulässig.[1066] Die vom *Bundesverfassungsgericht* getroffenen Ausführungen für die Auskunftspflicht des Gemeinschuldners im Konkursverfahren lassen sich insofern auf die entsprechenden Vorschriften in wirtschaftsverwal-

---

umfassend im PTSG-1994 beantwortet wurde, traf § 2 Abs. 3 PTKAuskV eine davon abweichende Entscheidung über die Zulässigkeit einer Informationsverwertung. Die erlangten Auskünfte durften danach nur zur Erfüllung der Aufgaben nach § 1 PTSG-1994 verwendet werden.
Dieses umfassende Verwendungsverbot dehnte das in § 4 Abs. 3 S. 1 PTSG-1994 vorgesehene auf Besteuerungs- und Steuersanktionsverfahren beschränkte auf alle sonstigen Verfahrensformen aus. Zwar war damit kein größerer Eingriff in die Rechte der betroffenen Unternehmen verbunden. Dennoch erscheint es zweifelhaft, ob hier das Verordnungsermessen mangels Verzichts des Gesetzes auf eine eigene Regelung nicht überschritten wurde. Das Verwendungsverbot in § 2 Abs. 3 PTKAuskV stellte weder eine Normkonkretisierung noch eine zulässige Gesetzesergänzung dar und verließ den Raum eigener Gestaltungsfreiheit des Verordnungsgebers (zum Ermessen des Verordnungsgebers *Ossenbühl*, Rechtsverordnung, in: Isensee/Kirchhof [Hrsg.], Handbuch des Staatsrechts, Bd. III, 2. Aufl. 1996, § 64 Rn. 33 ff.). Auch wenn bei Annahme eines umfassendes Verwendungsverbotes Auskunftspflichtige im Hinblick auf die Selbstbelastungsgefahr keines weitergehenden Schutzes bedürfen, durfte zumindest das im Gesetz geregelte Auskunftsverweigerungsrecht schon wegen der Normenhierarchie nicht verdrängt werden. Auf dieses hätten sich Verpflichtete demnach sowohl bei Auskunftsverlangen nach §§ 12 Abs. 1 und 17 S. 1 PTZSV als auch nach § 2 Abs. 1 PTKAuskV berufen können.
1066 *Scholl*, Behördliche Prüfungsbefugnisse im Recht der Wirtschaftüberwachung, 1989, S. 132; *Hahn*, Offenbarungspflichten im Umweltschutzrecht, 1984, S. 164; *Mäder*, Betriebliche Offenbarungspflichten und Schutz vor Selbstbelastung, 1997, S. 141; *Stürner*, Strafrechtliche Selbstbelastung und verfahrensförmige Wahrheitsermittlung, NJW 1981, 1757 (1761).Vgl. auch A. V. 1. b).

tungsrechtlichen Aufsichtsverhältnissen übertragen. Auch hier steht der Auskunftsschuldner in einem besonderen Pflichtenverhältnis zu Dritten, die an Informationen, über die lediglich dieser verfügt, ein großes Interesse haben.[1067] Die Schaffung uneingeschränkter Auskunftspflichten verstößt auch nicht etwa gegen den Gleichheitssatz.[1068] Es stellt sich daher vordergründig die Frage, ob aus dem Fehlen eines Informationsverweigerungsrechts auch dann auf die Ausnahmslosigkeit der Auskunftsverpflichtung geschlossen werden kann, wenn weitere Schutzvorkehrungen fehlen.[1069]

aa) Analoge Herleitung eines Auskunftsverweigerungsrechts

Zunächst ist deshalb zu prüfen, ob im Wege der analogen Anwendung ein Auskunftsverweigerungsrecht ergänzt und die jeweilige Auskunftspflicht insofern beschränkt werden kann, sich also der Vorschrift selbst über den Wortlaut hinaus eine Schutzvorkehrung entnehmen lässt. Voraussetzung dafür sind eine planwidrige Regelungslücke und eine vergleichbare Interessenlage. Eine Regelungslücke könnte man darin sehen, dass der Gesetzgeber in den Fällen uneingeschränkter Auskunftspflichten ohne Verwendungsbeschränkungen für selbstbelastende Informationen das öffentliche Informationsbedürfnis und den Selbstbelastungsschutz nicht in Ausgleich gebracht hat. Zweifelhaft ist deren Planwidrigkeit.[1070] Maßgeblich für die Beurteilung einer planwidrigen Unvollständigkeit des Gesetzes ist eine historische und teleologische Auslegung des gesetzgeberischen Regelungsplans.[1071]

Ähnlich wie in anderen Fällen fehlender Informationsverweigerungsrechte liefern die Gesetzesmaterialien zu den einschlägigen Ermächtigungsgrundlagen keine genaueren oder gar ausdrückliche Anhaltspunkte darüber, ob die Befugnis auch zur Einholung selbstbelastender Informationen berechtigen soll.

Eine generelle Planwidrigkeit wird überwiegend mit allgemeinen historischen Erwägungen begründet. Während in den älteren, insbesondere den vorkonstituti-

---

1067 *Gramlich*, in: Manssen (Hrsg.), Telekommunikations- und Multimediarecht, Bd. 1, § 115 Rn. 21, geht gerade aus diesem Grund im Rahmen des § 115 Abs. 1 S. 2 TKG von gesteigerten Mitwirkungspflichten aus. Vgl. auch *Trute*, in: Trute/Spoerr/Bosch (Hrsg.), TKG, 2001, § 91 Rn. 5.
1068 Zu diesem Aspekt *Wolff*, Selbstbelastung und Verfahrenstrennung, 1997, S. 201.
1069 So ohne nähere Begründung etwa *Stober*, LadSchlG, 4. Aufl. 2000, § 22 Rn. 16.
1070 Sieht man die Selbstbelastungsfreiheit als verfahrensübergreifenden allgemeinen Rechtsgedanken an, hat die Einräumung eines verfassungsunmittelbaren Auskunftsverweigerungsrechts konsequenterweise bei jeder Nichtregelung des Gesetzgebers zu erfolgen. Mit dem insofern fehlgehenden Verweis auf den Gemeinschuldnerbeschluss wohl auch *Klesczewski*, in: Säcker (Hrsg.), TKG, 2. Aufl. 2009, § 115 Rn. 11.
1071 *Larenz*, Methodenlehre der Rechtswissenschaft, 6. Aufl. 1991, S. 373.

onellen Vorschriften Schutzvorkehrungen fehlten, auch weil die verfahrensübergreifende Problematik verkannt wurde,[1072] wiesen die neueren Aufsichtsgesetze ganz überwiegend entsprechende Regelungen auf.[1073] Hierbei sei zu berücksichtigen, dass der Gesetzgeber, wenn er Schutzvorkehrungen getroffen habe, überwiegend Auskunftsverweigerungsrechte und nur vereinzelt Verwertungsverbote normiert habe.[1074] Dies sei auch deshalb zweckmäßig, weil eine unbeschränkte Auskunftspflicht einen größeren Eingriff in das allgemeine Persönlichkeitsrecht des Betroffenen darstelle und daher nur ausnahmsweise durch ein gewichtiges öffentliches Interesse an der Wahrheitsermittlung rechtfertigt werden könne.[1075] Auf Grund dieser heutigen gesetzgeberischen Praxis und der Heterogenität der Vorschriften, in denen Schutzvorkehrungen fehlten, sei davon auszugehen, dass der Gesetzgeber die Einfügung eines Auskunftsverweigerungsrechts in den meisten dieser Fälle vergessen habe, bei verständiger Würdigung der Rechtslage aber im Zusammenhang mitgeregelt hätte.[1076]

Die Gegenmeinung macht sich ebenfalls ein historisches Argument zu Eigen. Die Bedeutung der Auskunftsverweigerungsrechte als Schutzprinzipien sei unter der Geltung des Grundgesetzes schon früh gesehen worden. Die Annahme einer Analogie spreche daher gegen den gesetzgeberischen Willen.[1077] Vielmehr sei in

---

1072 Vgl. etwa gegen eine entsprechende Anwendung von § 55 StPO (§ 54 StPO a. F.) im Rahmen von § 6 Abs. 1 Nr. 1 der Verordnung über die Auskunftspflicht vom 13.7.1923 (RGBl. I S. 723) das Reichsgericht in Strafsachen, RGSt 60, 290 (291 ff.); dazu *Roth*, Das Auskunftsrecht der Wirtschaftsverwaltung, VerwArch 57 (1966), 225 (231). Überblick über die Entwicklung in den verschiedenen Rechtsgebieten bei *Hahn*, Offenbarungspflichten im Umweltschutzrecht, 1984, S. 149 ff.
1073 *Böse*, Wirtschaftsaufsicht und Strafverfolgung, 1997, S. 545.
1074 *Böse*, Wirtschaftsaufsicht und Strafverfolgung, 1997, S. 546.
1075 *Stürner*, Strafrechtliche Selbstbelastung und verfahrensförmige Wahrheitsermittlung, NJW 1981, 1757 (1761).
1076 Vgl. schon *Stürner*, Strafrechtliche Selbstbelastung und verfahrensförmige Wahrheitsermittlung, NJW 1981, 1757 (1761). Für eine analoge Anwendbarkeit der in den Aufsichtsgesetzen geregelten Auskunftsverweigerungsrechte auf gesetzliche Auskunftspflichten ohne entsprechende Regelung auch *Böse*, Wirtschaftsaufsicht und Strafverfolgung, 2005, S. 544 ff, allerdings nur bei getrennter Behördenwahrnehmung von präventiven und repressiven Aufgaben. Sonst, das heißt bei paralleler Aufgabenwahrnehmung, plädiert *Böse* für eine verfahrensübergreifende Geltung der Aussagefreiheit (S. 502 ff.). Ein ähnlicher Ansatz findet sich bei *Bärlein/Pananis/Rehmsmeier*, Spannungsverhältnis zwischen Aussagefreiheit im Strafverfahren und den Mitwirkungspflichten im Verwaltungsverfahren, NJW 2002, 1825 (1828 f.). Vgl zur Herleitung eines Auskunftsverweigerungsrechts aus strafprozessualen Grundsätzen schon *Kopperschmidt*, Die Auskunftspflicht gegenüber der Verwaltung, S. 125.
1077 *Wolff*, Selbstbelastung und Verfahrenstrennung, S. 199; *Kallerhoff*, in: Stelkens/Bonk/Sachs (Hrsg.), VwVfG, 7. Aufl. 2008, § 26 Rn. 63; *Hartung*, Die Atomaufsicht, 1992, S. 145.

diesen Fällen von dessen »beredtem Schweigen« auszugehen.[1078] Mit anderen Worten: Je häufiger der Gesetzgeber Auskunftsverweigerungsrechte normiert habe, desto unwahrscheinlicher sei ein »Vergessen«.

Letzteres mag angesichts der Unvermeidlichkeit redaktioneller Fehler nicht vollends überzeugen. Für die Informationsbefugnisse im TKG ohne entsprechende Regelung sprechen aber noch weitere Gründe gegen ein gesetzgeberisches Übersehen der Problematik. Zum einen hat sich der Gesetzgeber entgegen den üblichen standardisierten Formulierung eines Auskunftsverweigerungsrechts der Selbstbelastungsproblematik im Rahmen des § 127 Abs. 8 TKG besonders intensiv angenommen und das Auskunftsverweigerungsrecht an dieser Stelle durch ein begrenztes steuerstrafrechtliches Verwendungsverbot ergänzt, offensichtlich also mit der Erteilung selbstbelastender Informationen gerechnet. Zum anderen handelt es sich um Eingriffsgrundlagen, die der Gesetzgeber gerade deshalb eingerichtet hat, um über die allgemeinen Befugnisse hinaus besondere Informationsbedarfe zu befriedigen.

Dies gilt auch für die bereichsspezifische Generalklausel § 115 Abs. 1 S. 2 TKG. Wie aufgezeigt sind verhältnismäßig viele Verstöße gegen einzelne Vorschriften aus dem siebten Teil bußgeldbewehrt, weil diese überwiegend Freiheitsrechte Dritter schützen und gesetzeswidriges Handeln daher besonders nachdrücklich unterbunden werden soll.[1079] Eine Einschränkung des Auskunftsrechts würde daher nicht nur – wie alle Informationsverweigerungsrechte im Rahmen von Kontrollrechten – eine effektive Gefahrenabwehr erschweren,[1080] sondern diesem Zweck regelrecht zuwiderlaufen, zumal die Auskunftspflicht in § 115 Abs. 1 S. 2 TKG nicht durch ein Einsichts- und Prüfungsrecht abgesichert ist.[1081]

---

1078 So ausdrücklich für das Auskunftsrecht in § 115 Abs. 1 S. 2 TKG *Gramlich*, in: Manssen (Hrsg.), Telekommunikations- und Multimediarecht, Bd. 1, § 115 Rn. 21; allgemein *Stohrer*, Informationspflichten Privater gegenüber dem Staat in Zeiten von Privatisierung, Liberalisierung und Deregulierung, 2007, S. 223.

1079 Siehe oben Teil II, A. I. 1. b) sowie Teil IV, A. V. 1. und insbesondere Fn. 1034.

1080 Rechtspolitische Kritik an Auskunftsverweigerungsrechten im Wirtschaftsverwaltungsrecht deshalb bei *Scholl*, Behördliche Prüfungsbefugnisse im Recht der Wirtschaftüberwachung, 1989, S. 132; zustimmend *Gröschner*, Das Überwachungsrechtsverhältnis, 1992, S. 321; vgl. auch *Sautter*, Zielorientierter Vollzug der Wassergesetze – wasserbehördliche Kontrolle der Abwassereinleitungen, NVwZ 1988, 487 (488); *Decker*, Die externe Informationsgewinnung in der deutschen öffentlichen Verwaltung, 1975, S. 141; *Stein*, Die Wirtschaftsaufsicht, 1967, S. 145.

1081 Vgl. oben Teil II, A. I. 3. c). Die Befugnis in § 115 Abs. 1 S. 3 TKG, während der üblichen Betriebs- und Geschäftszeiten die Betriebs- und Geschäftsräume zu betreten und zu besichtigen, um die Einhaltung der Verpflichtungen nach dem siebten Teil zu überprüfen, wird sich zum Erkennen einer Vielzahl von Pflichtverstößen nicht eignen, da im Rahmen einer derartigen behördlichen Nachschau nur offensichtliche Umstände festgestellt werden dürfen. Näher zum Betretungsrecht *Klesczewski*, in: Säcker (Hrsg.), TKG, 2. Aufl.

Von einer planwidrigen Regelungslücke, die mit der analogen Anwendung vorhandener Auskunftsverweigerungsrechte geschlossen werden müsste, kann vor allem bei besonderen Mitwirkungspflichten von Betreibern mit beträchtlicher Marktmacht nicht ausgegangen werden. Gerade für die Ermittlung der Kosteninformationen der regulierten Unternehmen als zentralem Belang regulierungsverwaltungsrechtlicher Tätigkeit kann nicht davon ausgegangen werden, dass der Gesetzgeber eine Verhinderungsmöglichkeit der Durchsetzung des Informationsanspruchs bei verständiger Würdigung der Rechtslage im Zusammenhang mitgeregelt hätte. Auch die Möglichkeit der Heranziehung analytischer Kostenmodelle oder des Vergleichsmarktverfahrens kann in diesem Zusammenhang nicht als Argument dafür herangezogen werden, dass die Regulierungsbehörde zur ordnungsgemäßen Wahrnehmung ihrer Aufgaben nicht auf die Kosteninformationen des regulierten Unternehmens angewiesen wäre.[1082] Die ins Entgeltgenehmigungsverfahren nach § 35 Abs. 1 S. 1 TKG subsidiär einbeziehbaren alternativen Erkenntnisgrundlagen sind vielmehr Ausdruck dafür, wie einflussreich das marktbeherrschende Unternehmen auf einem asymmetrisch regulierten Markt als häufig einzig verfügbare Informationsquelle für die Rechtsgüter Dritter ist, und will aus diesem Grund gerade vermeiden, dass eine unvollständige Informationserteilung zu Lasten der anderen Marktteilnehmer und damit letztlich der Verbraucher geht. Diese Interessen Dritter und die innerhalb des Rechtsbereiches herausgehobene Pflicht vermögen ein Überwiegen des öffentlichen Informationsinteresses daher durchaus zu begründen.

bb) Verwendbarkeit der selbstbelastenden Informationen im Sanktionsverfahren

Durch die uneingeschränkte Auskunftspflicht ist der Informationspflichtige hinsichtlich eines potentiellen Sanktionsverfahrens nicht schutzlos gestellt. Zwar hat der Gesetzgeber im Zusammenhang mit der Mitwirkungspflicht auf die Regelung von Verwendungsbeschränkungen verzichtet. Eine Verwertung der selbstbelastenden Informationen muss aber schon deshalb unterbleiben, weil sonst aus den genannten Gründen[1083] die Auskunft zum Verurteilungsbeitrag und daher in verfassungsrechtlich unzulässigerweise Weise der Selbstbelastungsschutz unter-

---

2009, § 115 Rn. 12; *Gramlich*, in: Manssen (Hrsg.), Telekommunikations- und Multimediarecht, Bd. 1, § 115 Rn. 22 ff.
1082 In diese Richtung aber *Lübbig*, in: Badura u. a. (Hrsg.), PostG, 2. Aufl. 2004, § 26 Rn. 30, der die postrechtliche Parallelvorschrift § 26 PostG wohl im Ergebnis sowohl durch ein Auskunftsverweigerungsrecht als auch durch ein strafrechtliches Verwertungsverbot ergänzen will.
1083 Dazu A. V. 1. a).

graben würde.[1084] Stellt sich das Fehlen einer Beschränkung der Mitwirkungspflicht als nicht planwidrig dar, kann der Herleitung eines verfassungsrechtlichen Verwertungsverbotes auch nicht entgegengehalten werden, die Normierung eines solchen Verbots sei Aufgabe des Gesetzgebers und daher bei nachkonstitutionellen Gesetzen ausgeschlossen.[1085] Zwar obliegt es grundsätzlich dem demokratisch legitimierten Gesetzgeber, wie er die Verwendungsmöglichkeiten der im Verwaltungsverfahren erhobenen Informationen ausgestaltet – eingeschlossen der »wesentlichen« Frage[1086] eines Verwertungsverbotes. Das Verwaltungs- und das Bußgeldverfahren bilden aber rechtlich selbstständige Vorgänge, in denen sich auch die Rechte und Pflichten Betroffener nach den für das jeweilige Verfahren geltenden Vorschriften richten.[1087] Hat der Gesetzgeber die Abwägung

---

1084 *Wolff*, Selbstbelastung und Verfahrenstrennung, 1997, S. 202; *Günther*, Wasserrechtliche Meldepflichten und ihre Bedeutung im Straf- und Ordnungswidrigkeitenverfahren, ZfW 1996, 290 (293); *Mäder*, Betriebliche Offenbarungspflichten und Schutz vor Selbstbelastung, 1997, S. 258 ff.; *Schramm*, Die Verpflichtung des Abwassereinleiters zur Weitergabe von Eigenmesswerten und der nemo-tenetur-Satz, 1990, S. 115 ff.; *Michalke*, Die Verwertbarkeit von Erkenntnissen der Eigenüberwachung zu Beweiszwecken im Straf- und Ordnungswidrigkeitenverfahren, NJW 1990, 417 (419), der zufolge ein Verfolgungshindernis auch praktisch geboten sei, um Pflichtverstöße aufzudecken, weil Betroffene sonst eher versuchten, die Herausgabe der korrekten Informationen zu verhindern.
1085 Diesen Umkehrschluss hat das *BVerfG* im Gemeinschuldnerbeschluss »provoziert«, indem es für das strafrechtliche Verwertungsverbot ausführt, dass sich, wenn sich eine aus vorkonstitutioneller Zeit überkommene Regelung aus verfassungsrechtlichen Gründen als ergänzungsbedürftig erweise, auch für den Richter die Aufgabe stelle, Gesetzeslücken bis zu einer Neuregelung durch den Gesetzgeber in möglichst enger Anlehnung an das geltende Recht und unter Rückgriff auf die unmittelbar geltenden Vorschriften der Verfassung zu schließen, vgl. *BVerfG*, Beschluss vom 13.1.1981 – 1 BvR 116/77 –, BVerfGE 56, 37 (51). Dazu *Breuer*, Probleme der Zusammenarbeit zwischen Verwaltung und Strafverfolgung auf dem Gebiet des Umweltschutzes, AöR 115 (1990), 448 (484 f.); *Dingeldey*, Der Schutz der strafprozessualen Aussagefreiheit durch Verwertungsverbote bei außerstrafrechtlichen Aussage- und Mitwirkungspflichten, NStZ 1984, 529 (530); *Schäfer*, Einige Bemerkungen zu dem Satz »nemo tenetur se ipsum accusare«, in: Hannack/Rieß/Wendisch (Hrsg.), FS für Hans Dünnebier, 1982, S. 11 (38 f.). Entscheidend ist aber die anschließende Feststellung des Gerichts, dass ein Verwertungsverbot den normativen Regelungsgehalt der Aussagepflicht und deren Erzwingbarkeit unberührt lässt, *BVerfG*, Beschluss vom 13.1.1981 – 1 BvR 116/77 –, BVerfGE 56, 37 (51 f.).
1086 *Böse*, Wirtschaftsaufsicht und Strafverfolgung, S. 459; *Breuer*, Probleme der Zusammenarbeit zwischen Verwaltung und Strafverfolgung auf dem Gebiet des Umweltschutzes, AöR 115 (1990), 448 (485).
1087 Vgl. etwa *BVerwG*, Urteil v. 9.8.1983 – 1 C 7/82 –, NVwZ 1984, 376 (377 f.). Die unionalen Wettbewerbsregeln werden dagegen von der Kommission in einem einheitlichen Ermittlungs- und Sanktionsverfahren durchgesetzt. Ein Auskunftsverweigerungsrecht der betroffenen Unternehmen bei der Möglichkeit der Selbstbelastung lehnt der EuGH gleichwohl ab, vgl. *EuGH*, Urteil v. 18.10.1983 (Orkem vs. Kommission) – Rs. 374/87, Slg. 1989, S. 3283 (Tz. 29 f.); *EuGH*, Urteil v. 29.6.2006 (Kommission vs. SGL Carbon AG) – Rs. C-301/04 P, Slg. 2006, S. I-5915 (Tz. 41); vgl. auch *EuG*, Urteil v. 20.2.2001

zwischen Informationsinteresse und Selbstbelastungsschutz im Rahmen der Mitwirkungspflicht zu Gunsten des Informationsbedarfs entschieden, kommt es auf die Frage, ob die Mitwirkungspflicht einem vor- oder nachkonstitutionellen Aufsichtsgesetz entstammt, deshalb nicht an.[1088] Vor diesem Hintergrund sind auch Passagen anderer Entscheidungen des *Bundesverfassungsgerichts* zu sehen, in denen die Beurteilung der Verfassungsmäßigkeit von verwaltungsrechtlichen, vollstreckbaren Informationserhebungsermächtigungen ausdrücklich unabhängig von der Zulässigkeit der Verwendungsmöglichkeiten selbstbelastender Informationen im Hinblick auf die Selbstbelastungsfreiheit vorgenommen wird.[1089] Die Anerkennung ungeschriebener selbstständiger Beweismittelverbote aus verfassungsrechtlichen Gründen ist der Rechtsordnung zudem auch bei rechtmäßiger Beweiserhebung nicht fremd.[1090]

Fraglich erscheint demgegenüber die Reichweite des Verwertungsverbotes. Als »Mindestschutz« gegen eine Aushöhlung der strafprozessualen Selbstbelastungsfreiheit muss sich dessen Inhalt am verfassungsrechtlichen Schutzniveau des Nemo-tenetur-Prinzips orientieren.[1091] Weil zeitlich frühere einsetzende

(Mannesmannröhren-Werke) – Rs. T-112/98, Slg. 2001, S. II-729 (Tz. 67). Eine Grenze für das Auskunftsverlangen der Kommission sieht der EuGH erst dann erreicht, wenn Auskünfte angefordert werden, welche »die Verteidigungsrechte des Unternehmens beeinträchtigen« (*EuGH*, Urteil v. 18.10.1983 (Orkem vs. Kommission) – Rs. 374/87, Slg. 1989, S. 3283 (Tz. 34). Die Kommission dürfe dem Unternehmen lediglich »nicht die Verpflichtung auferlegen, Antworten zu erteilen, durch die es das Vorliegen einer Zuwiderhandlung eingestehen müsste, für die die Kommission den Beweis zu erbringen hat« (*EuGH*, a. a. O., Tz. 35).
Da die europäische Menschenrechtskonvention (EMRK) durch ihre materielle Inkorporation gemäß Art. 6 Abs. 3 EUV i. V. m. Art. 52 Abs. 3 der Grundrechte-Charta nunmehr zum verbindlichen Maßstab für das Handeln der Unionsorgane geworden ist, wird mit einer Angleichung der Rechtsprechung an die tendenziell weitere Rechtsprechung des *Europäischen Gerichtshof für Menschenrechte* zum fair-trial-Grundsatz (Art. 6 Abs. 1 EMRK) gerechnet. Mit eingehender Rechtsprechungsanalyse *Simon*, Verfahrensgrundrechte im europäischen Wirtschaftsverwaltungsrecht, in: Debus u. a. (Hrsg.), Verwaltungsrechtsraum Europa, 2011, S. 143 ff.
1088 Vgl. demgegenüber *Böse*, Wirtschaftsaufsicht und Strafverfolgung, 2005, S. 457 ff. sowie S. 458 Fn 121.; *Dingeldey*, Der Schutz der strafprozessualen Aussagefreiheit durch Verwertungsverbote bei außerstrafrechtlichen Aussage- und Mitwirkungspflichten, NStZ 1984, 529 (530); *Wolff*, Selbstbelastung und Verfahrenstrennung, 1997, S. 144 f., wendet zudem zutreffend ein, ein Verwertungsverbot ließe sich nicht nur durch eine Ergänzung des Aufsichtsgesetzes, sondern ebenfalls durch eine Beschränkung der strafprozessualen Vorschriften erreichen.
1089 *BVerfG*, Beschluss v. 26.2.1997 – 1 BvR 2172/96 –, BVerfGE 95, 220 (239); *BVerfG*, Beschluss v. 21.4.1993 – 2 BvR 930/92 –, NStZ 1993, 482. Vgl. auch *BGH*, Beschluss v. 26.4.2001 – 5 StR 587/00 –, BGHSt 47, 8 (15 f.).
1090 Jeweils m. w. N. *Mäder*, Betriebliche Offenbarungspflichten und Schutz vor Selbstbelastung, 1997, S. 259; *Wolff*, Selbstbelastung und Verfahrenstrennung, 1997, S. 145.
1091 Das Verwertungsverbot erstreckt sich deshalb auf alle Sanktionsverfahren, neben den Straf- also insbesondere auch auf Ordnungswidrigkeitenverfahren, näher *Stohrer*, Infor-

Schutzmechanismen nicht erforderlich sind, um eine Verletzung des Grundsatzes zu verhindern, greift dessen Schutz deshalb erst im Sanktionsverfahren.[1092] Über das Nemo-tenetur-Prinzip lässt sich daher nicht bereits ein generelles Übermittlungsverbot der selbstbelastenden Informationen an die Verfolgungsbehörde begründen, soweit diese nicht schon mit der Gefahrenabwehrbehörde zusammenfällt. Lehnt man mit der überwiegenden Ansicht ein mit dem verfassungsrechtlichen Verwertungsverbot einhergehendes Fernwirkungsverbot ab[1093] – dürfen die selbst dem Verwertungsverbot unterliegenden Informationen also zur Gewinnung weiterer Beweismittel und gerade auch zur Ermittlung weiterer Delikte verwendet werden – lässt sich zudem die Behauptung schwerlich aufrecht erhalten, die Weitergabe der Informationen an die Strafverfolgungsbehörden sei angesichts des Verwertungsverbotes nicht erforderlich.[1094]

mationspflichten Privater gegenüber dem Staat in Zeiten von Privatisierung, Liberalisierung und Deregulierung, 2007, S. 280; vgl. demgegenüber *Bosch*, Aspekte des nemotentur-Prinzips aus verfassungsrechtlicher und strafprozessualer Sicht, 1998, S. 33; *Stürner*, Strafrechtliche Selbstbelastung und verfahrensförmige Wahrheitsermittlung, NJW 1981, 1757 (1759).
Zum anderen kann auch nicht danach unterschieden werden, ob die Sanktionierbarkeit wegen eines Verstoßes gegen das Aufsichtsgesetz oder gegen andere Vorschriften besteht, vgl. *Mäder*, Betriebliche Offenbarungspflichten und Schutz vor Selbstbelastung, 1997, S. 261.

1092 In diese Richtung auch *Hefendehl*, Beweisermittlungs- und Beweisverwertungsverbote bei Auskunfts- und Mitwirkungspflichten, wistra 2003, 1 (5 f.).
1093 Gegen die Annahme eines Fernwirkungsverbotes spricht vor allem, dass der Nemo-tenetur-Grundsatz lediglich verhindern will, dass der Auskunftspflichtige aktiv zu seiner Überführung beitragen muss. Eine Einstandspflicht für begangenes Unrecht soll hierdurch nicht entfallen. Ablehnend daher *Böse*, Wirtschaftsaufsicht und Strafverfolgung, 2005, S. 524; *Wolff*, Selbstbelastung und Verfahrenstrennung, 1997, S. 207; *Mäder*, Betriebliche Offenbarungspflichten und Schutz vor Selbstbelastung, 1997, S. 262; unter Berufung auf den Gemeinschuldnerbeschluss auch *Dingeldey*, Der Schutz der strafprozessualen Aussagefreiheit durch Verwertungsverbote bei außerstrafrechtlichen Aussage- und Mitwirkungspflichten, NStZ 1984, 529 (530 f.); *Stürner*, Strafrechtliche Selbstbelastung und verfahrensförmige Wahrheitsermittlung, NJW 1981, 1757 (1758); *Schäfer*, Einige Bemerkungen zu dem Satz »nemo tenetur se ipsum accusare«, in: Hannack/Rieß/Wendisch (Hrsg.), FS für Hans Dünnebier, 1982, S. 11 (43); a. A. *Kühne*, Zivilrechtliche Auskunftspflicht des Gemeinschuldners und strafprozessuales Beweisverbot, EuGRZ 1981, 311 (313); *Streck*, Der Beschluß des Bundesverfassungsgerichts zum strafrechtlichen Verwertungsverbot bei Aussagen des Gemeinschuldners und seine Auswirkungen im Steuerstrafrecht, StV 1981, 362 (364); differenzierend *Nobbe/Vögele*, Offenbarungspflichten und Auskunftsverweigerungsrechte, NuR 1988, 313 (317 m. w. N. in Fn. 45).
1094 Für ein Offenbarungs- und Weitergabeverbot spricht sich das Sondervotum zu *BVerfG*, Beschluss vom 13.1.1981 – 1 BvR 116/77 –, BVerfGE 56, 37 (52 ff) aus, weil bereits durch die Weitergabe der für das Strafverfahren nicht erforderlichen Informationen eine Zweckentfremdung und damit eine Verletzung des allgemeinen Persönlichkeitsrechts eintrete; ähnlich *Hahn*, Offenbarungspflichten im Umweltschutzrecht, 1984, S. 166; *Mäder*, Betriebliche Offenbarungspflichten und Schutz vor Selbstbelastung, 1997, S. 264, lehnt ein Offenbarungsverbot ab, weil er in der bloßen Weitergabe noch keinen Eingriff sieht.

Durch den sehr eingeschränkten Schutz des Auskunftspflichtigen bei einem verfassungsrechtlichen Verwertungsverbot besteht die erhöhte Gefahr, dass sich dieser einer Sanktionierung durch die Erteilung unrichtiger Informationen zu entziehen versucht, gerade wenn sich Rechtsverstöße angesichts der weitgehend alleinigen Informationsherrschaft des Mitwirkungspflichtigen alternativ nur schwer aufklären lassen. Im Sinne einer effektiven Gefahrenabwehr bietet sich daher auch für die bislang nicht mit Schutzvorschriften versehenen Bereiche die Einführung eines umfassenden Verwendungsverbotes nach dem Vorbild des § 97 Abs. 1 S. 3 InsO an.

VI.  Ahndung unzureichender Mitwirkung

Um die Informationspflichtigen zur Mitwirkung im Sinne der Behörde zu bewegen, ist die unzureichende Befolgung zudem regelmäßig selbst als ahndbares Verhalten ausgestaltet.

Mit Ausnahme der §§ 64 Abs. 1 S. 2, 77a Abs. 3 S. 1, 109 Abs. 5 S. 2 und 115 Abs. 1 S. 2 TKG stellt die Zuwiderhandlung gegen verbindliche Auskunftsanordnungen nach den einschlägigen Ermächtigungsgrundlagen des TKG gemäß § 149 Abs. 1 Nr. 1, 4 a) - c), 14 und 33 TKG eine Ordnungswidrigkeit dar, die nach § 149 Abs. 2 TKG mit Geldbußen bis zu 500.000 Euro belegt werden und im Einzelfall sogar noch höher ausfallen kann, wenn der wirtschaftliche Vorteil, den der Täter aus der Tat gezogen hat, entsprechend größer ausgefallen ist.

Dem kann nicht gefolgt werden. Die Übermittlung der Informationen zu einem anderen als dem Erhebungszweck stellt einen Eingriff in das Recht des Auskunftspflichtigen auf informationelle Selbstbestimmung dar. Ein begrenzter Schutz vor einem unzulässigen Eingriff wird de lege lata schon einfach-rechtlich gewährt. Weil das TKG selbst keine Aussage über die Verwendung der im Verwaltungsverfahren erhobenen Daten zur Verfolgung von Straftaten und Ordnungswidrigkeiten trifft, ist insofern bzgl. der Bundesnetzagentur als öffentlicher Stelle des Bundes auf das BDSG zurückzugreifen. § 15 Abs. 1 i. V. m. § 14 Abs. 2 Nr. 7 BDSG macht eine Informationsübermittlung insofern von der Notwendigkeit zur Erfüllung der in der Zuständigkeit des Dritten liegenden Aufgaben abhängig. Bzgl. der Prüfung der Erforderlichkeit der Übermittlung kann allerdings nur eine aufgabenbezogene Betrachtungsweise erfolgen. Die Kompetenz zu überprüfen, ob Auskünfte geeignet sind, einen Straftatverdacht hervorzurufen, obliegt nämlich allein der Staatsanwaltschaft, vgl. *Hefendehl*, Beweisermittlungs- und Beweisverwertungsverbote bei Auskunfts- und Mitwirkungspflichten, wistra 2003, 1 (2, 5); zudem gebieten grundsätzlich weder das Grundrecht auf informationelle Selbstbestimmung noch der Verhältnismäßigkeitsgrundsatz die Prüfung einer Verwaltungsbehörde, ob die an Strafverfolgungsbehörden zu übermittelnden Informationen einem Verwertungsverbot unterliegen, vgl. *BFH*, Beschluss v. 14.7.2008 – VII B 92/08 –, BB 2008, 2218 ff. Ausführlich zur verfahrensübergreifenden Informationsverwendung insbesondere im Hinblick auf den Gesetzesvorbehalt *Böse*, Wirtschaftsaufsicht und Strafverfolgung, 2005, S. 281 ff.

Nach § 11 Abs. 1 Nr. 10; Abs. 2 PTSG kann nunmehr mit einer Geldbuße bis zu 30.000 Euro geahndet werden, wer entgegen § 8 Abs. 1 S. 1 PTSG eine Auskunft nicht, nicht richtig oder nicht vollständig erteilt.[1095]

Zuwiderhandlungen gegen Auskunftsverpflichtungen auf Grund des telekommunikationsrechtlichen Produktzulassungs- und Produktsicherheitsrechts sind dagegen in den jeweiligen Katalogen[1096] nicht enthalten.

### B. Grenzen des Vollzugsmodells im kooperativen Staat

In Anbetracht der Grundbedingungen im Telekommunikationssektor, welche die inhaltliche Reichweite der Befugnisse prägen, stößt die rechtsförmliche Informationsanforderung an natürliche Grenzen.

Im Gegensatz zum tradierten Vollzugsmodell, welches das notwendige Entscheidungswissen im Zugriff der staatlichen Sphäre voraussetzt, zeichnen sich die Entscheidungszusammenhänge in weiten Teilen des Telekommunikationsrechts durch eine strukturelle Informations- und Wissensasymmetrie aus, die, um der Wissensdezentralisierung entgegenzusteuern, ein kommunikatives Anknüp-

---

[1095] Auch § 13 Abs. 1 Nr. 1 PTSG-1994 gestaltete die vorsätzliche oder fahrlässige Zuwiderhandlung gegen Pflichten aus den Verordnungen, die auf Grund des PTSG-1994 erlassen wurden, als bußgeldbewehrte Ordnungswidrigkeiten aus, soweit diese für einen bestimmten Tatbestand auf § 13 PTSG-1994 verwiesen (verfassungsrechtliche Bedenken derartiger Rückverweisungstechniken äußert insbesondere im Hinblick auf den Art. 103 Abs. 2, Art. 104 Abs. 1 S. 1 sowie Art. 80 Abs. 1 GG zu entnehmenden Kompetenzzuweisungen *Volkmann*, Qualifizierte Blankettnormen, ZRP 1995, 220 [221 ff.]; vgl. dazu auch *Ehmer*, in: in: Büchner u. a. [Hrsg.], TKG, 2. Aufl. 2000, Anhang zu § 87, § 14 PTSG Rn. 3 ff. Nach § 13 Abs. 1 Nr. 2 PTSG-1994 handelte zudem ordnungswidrig, wer vorsätzlich oder fahrlässig entgegen § 4 Abs. 4 i. V. m. einer Rechtsverordnung nach § 4 Abs. 5 PTSG-1994 eine Mitteilung nicht, nicht richtig, nicht vollständig oder nicht rechtzeitig machte. Bzgl. der in den Verordnungen enthaltenen Informationspflichten war demnach zu differenzieren. Von § 13 Abs. 1 Nr. 2 PTSG-1994 wurden unmittelbar Verstöße gegen die in § 12 Abs. 2 S. 2 PTZSV normierte Meldepflicht erfasst. Für Verstöße gegen die übrigen Pflichten bedurfte es darüber hinaus einer Verweisung auf die im PTSG-1994 enthaltene Bußgeldvorschrift. Entsprechende Regelungen fanden sich in § 3 PTKAuskV und in § 18 Abs. 2 PTZSV, wonach ordnungswidrig im Sinne des § 13 Abs. 1 Nr. 1b) PTSG-1994 handelte, wer vorsätzlich oder fahrlässig entgegen § 2 Abs. 1 Nr. 1 und Abs. 2 PTKAuskV bzw. entgegen § 12 Abs. 1 oder § 17 S. 1 PTZSV eine Auskunft nicht, nicht richtig, nicht vollständig oder nicht rechtzeitig erteilte. Ein beharrliches Wiederholen von Zuwiderhandlungen gegen die Auskunftspflichten stellte folglich keine Straftat im Sinne des § 14 PTSG-1994 dar, da dieser tatbestandlich Verstöße gegen die nach § 13 Abs. 1 Nr. 1a) erlassenen Rechtsverordnungen voraussetzte. Das Auskunftsrecht nach § 7 TKSiV wurde in der im TKSiV enthaltenen Ordnungswidrigkeitenvorschrift § 9 nicht erwähnt, Verstöße waren folglich nicht bußgeldbewehrt.

[1096] Vgl. 17 Abs. 1 FTEG, § 20 Abs. 1 EMVG.

fen an gesellschaftliche Wissensbestände und -netzwerke erforderlich macht.[1097] Es bedarf wegen dieser latenten Informationsabhängigkeit schon aus strategischer Perspektive eines ausgewogenen Verhältnisses zwischen hierarchischen und kooperativen Verhaltensweisen.

Da die Regulierungsbehörde Inhalt, Umfang und Nutzbarkeit bzw. Nützlichkeit der privaten Wissensbestände vielfach nicht vorab bestimmen oder beurteilen kann, stehen deren rechtsförmlicher Mobilisierung zudem praktische Bedenken im Weg. Setzt das Vollzugsmodell die grundsätzliche Nachprüfbarkeit der zu erteilenden Informationen voraus, bergen – wenngleich in Form von Fakten mitzuteilende – Einschätzungen wie Umsatzprognosen und die erwarteten Auswirkungen auf Wettbewerber und Endnutzer oder geplante Vorhaben in Bezug auf die Netz- und Dienstentwicklung in erheblichem Maße subjektive Elemente, die einer derartigen Überprüfung, wenn überhaupt, so doch nur begrenzt zugänglich sind.

Auch die Durchsetzung des Informationsanspruchs zur Generierung von Entscheidungswissen mit alternativen Ermittlungsbefugnissen erscheint daher vielfach ungeeignet. Gegenüber nicht regulierten Unternehmen wäre ihre Anwendung zudem regelmäßig offensichtlich unverhältnismäßig, so dass als einziges Mittel in diesen Fällen das Zwangsgeld verbleibt, aber auch nur dann, wenn die Zuwiderhandlung überhaupt ersichtlich ist.

Die Formulierung des regulierungsbehördlichen Informationsbedarfs als Beteiligungsanspruch gegenüber Privaten dient bei der Generierung von Entscheidungswissen deshalb ungeachtet der auch sonst informale Verfahren bevorzugenden Behördenpraxis faktisch weniger seiner zwangsweisen Durchsetzbarkeit als der Abbildung und Ausgestaltung der Optionen im Recht, auch und gerade um im Sinne eines programmatischen Auftrags Handlungsorientierung zu geben, die Funktionsfähigkeit des Verwaltungshandelns zu sichern und Akzeptanz für die informale Praxis zu schaffen. Sie bleibt deshalb letztlich und gerade auch da, wo eine Durchsetzung im Wege des Verwaltungszwangs weniger erfolgreich als alternative Formen der Wissensgenerierung wie die Konsultation interessierter Kreise erscheint, unverzichtbar, soweit ungeachtet aller privatisierungsfolgenrechtlichen Verflechtungen zwischen öffentlichem und privaten Sektor auf den Handlungsfeldern der Gemeinwohlverwirklichung die Gewährleistungsverantwortung im Sinne einer Regulierungs-, Überwachungs-, Beobachtungs- und Auffangverantwortung beim Staat als legitimiertem Zurechnungssubjekt angesiedelt ist.[1098] Sie ist zugleich Aufgabenbeschreibung und dient als äußerer Rahmen der

---

1097 Allgemein zu neueren Entscheidungszusammenhängen *Wollenschläger*, Wissensgenerierung im Verfahren, 2009, S. 190 ff.
1098 Zu Letzterem nur *Voßkuhle*, Beteiligung Privater an der Wahrnehmung öffentlicher Aufgaben und staatliche Verantwortung, VVDStRL 62 (2003), 266 (270 ff.).

Fortentwicklung einer geeigneten Informations- und Kommunikationsstruktur sowie der Erhöhung der Wirksamkeit entsprechender Verfahren und lässt sich auf diesem Weise als Absicherung lernender Verwaltung begreifen.

Gerade auch deshalb kommt der (Weiter-)Entwicklung und normativen Implementation alternativer Generierungsmechanismen eine entscheidende Rolle zu.[1099] Einen ersten Schritt auf diesem Weg bildet die Aufnahme von § 15a ins TKG, gleichwohl dieser nur einen Teilausschnitt der Erarbeitung von Entscheidungsmaßstäben abbildet und das Verfahren und die Anforderungen hierfür nicht näher, sondern flexibel ausgestaltet und insbesondere nicht an den Management-Plan rückanbindet. Momentan erscheint die Verrechtlichung diesbezüglich eher der – insgesamt gelungenen Behördenpraxis – zu folgen als umgekehrt.

---

1099 Zu Vorschlägen de lege ferenda *Herzmann*, Konsultationen, 2010, S. 368 ff.

## Systematische Gesamtbetrachtung

Das Telekommunikationsrecht weist Sachbereiche auf, in denen das erforderliche Entscheidungs- bzw. Normanwendungswissen erst erzeugt werden muss. Dies liegt zum einen an seiner Veränderungsanfälligkeit im Hinblick auf die Dynamik des Sachbereichs, zum anderen an seiner Verteilung über die Gesellschaft bzw. seiner schlichten Nichtexistenz. So ist einerseits das Wissensgefälle zwischen normunterworfenen Marktteilnehmern und hoheitlicher Verwaltung in komplexen Regelungsmaterien besonders ausgeprägt. Andererseits zieht diese Dynamik die Notwendigkeit nach sich, das konkrete Programm zur Verfolgung des final ausgestalteten Regulierungsauftrags situativ und temporär zu manifestieren und anzupassen. Die Regulierungsbehörde verfügt daher über weite Optionsspielräume, muss ihre Verwaltungspraxis aber transparent und vorausschaubar kommunizieren, um die Realisierung von Innovationspotentialen und Investitionen zu fördern.

Die Wissensgenerierung ist im Anwendungsbereich von Verwaltungsverfahren nach dem TKG daher eine zentrale Aufgabe der Bundesnetzagentur und erfolgt im Zusammenspiel mit den Marktteilnehmern und anderen Wissens- und Verantwortungsträgern.

Das telekommunikationsrechtliche Informationsregime reagiert auf diese geänderten Wissensbedarfe in steigendem Maße mit neuartigen Formen des Informationsaustauschs, insbesondere durch eine Art Netzwerkbildung. Hierzu zählen der Einbau von Sachverstand, wissenschaftlicher Expertise und Beratung als dauerhafte Installation, Formen der inner- und interbehördlichen Wissensdiffusion durch Kooperations-, Abstimmungs- und Informationspflichten auf nationaler wie internationaler Ebene sowie die Stimulierung interessierter Kreise zur Einbringung ihrer Sachnähe in Konsultationsverfahren. In Letzteren werden Entscheidungsmaßstäbe auf einer mittleren Abstraktionsebene zwischen den offenen Kompetenznormen und dem konkreten Einzelfall konzeptionell verarbeitet.

Weiterhin verbleiben der Bundesnetzagentur ihre traditionellen Vollzugsbefugnisse, die ihr als Gewerbeaufsichtsbehörde zur Wirtschaftsüberwachung zugewiesen sind. Hierzu zählen vor allem die Instrumente der Auskunft und Nachschau, die angesichts der Regelungsmaterie einer neuen Interpretation bedürfen und durch den Gesetzgeber partiell bereits eine Anpassung an die geänderten Voraussetzungen erfahren haben.

Das Telekommunikationsrecht kennt eine Reihe besonderer und allgemeiner Informationsbefugnisse, die – auch soweit sie innerhalb des TKG normiert wurden – in sich kein geschlossenes System erkennen lassen, sondern vor allem darauf beruhen, dass der derzeitige Rechtsrahmen seinerseits als Mixtur aus dem allgemeinen Kartellrecht, dem TKG-1996 und der Umsetzung des kürzlich geänderten Richtlinienpakets aus dem Jahre 2002 mit einigen Nachjustierungen gewachsen ist.

Soweit Spezialbefugnisse eingerichtet wurden, decken diese die jeweiligen Regelungsbereiche nicht vollständig ab bzw. betreffen nur einzelne Ebenen regulierungsbehördlichen Informationsbedarfs wie die Überwachung der Einhaltung von gesetzlichen Verpflichtungen, lassen die Anwendbarkeit der allgemeinen Befugnisse auch für diese Regelungsbereiche – soweit einschlägig –im Übrigen aber unberührt.

Dennoch bestehen insbesondere für Ermächtigungsgrundlagen der nichtökonomischen Regulierung weit- oder sogar weitestgehende Überschneidungsbereiche mit der allgemeinen Generalklausel nach § 127 Abs. 1 S. 2 TKG bzw. der aus dem TKG-1996 übernommenen Generalklausel § 127 Abs. 2 S. 1 Nr. 1 TKG. So enthält das TKG mit § 115 Abs. 1 S. 2 eine typische gewerbeüberwachungsrechtliche Ermittlungsbefugnis für den siebten Teil des Gesetzes, die – abgesehen vom fehlenden Auskunftsverweigerungsrecht und dem in Nuancen abweichenden Kreis an Überwachungsadressaten – inhaltlich voll in der (im TKG-1996 noch ohne Vorgängernorm gebliebenen) Auskunftsbefugnis § 127 Abs. 1 S. 2 Nr. 2 TKG aufgeht. Im Zusammenhang mit den Vorschriften zur Netzintegrität nach dem siebten Teil stehen die spezialrechtlichen Vorschriften nach dem PTSG. Mit § 67 Abs. 1 S. 2 TKG existiert eine sogar sprachlich auf § 127 Abs. 1 S. 2 Nr. 2 TKG aufbauende und inhaltlich auf Anwendungsfälle des § 127 Abs. 1 S. 2 Nr. 7 TKG zugeschnittene spezielle Generalklausel für die Überwachung der Nummernnutzung, deren Schaffung allein auf die in der Praxis umstrittene und der Rechtsprechung sogar bejahte Frage zurückgeht, inwieweit die allgemeinen Befugnisnormen der Regulierungsgesetze zur Erhebung personenbezogener Daten berechtigen. Gleichwohl wäre eine Klarstellung auch ohne Einfügung einer speziellen Eingriffsgrundlage innerhalb der Generalbefugnis möglich gewesen. Mit einer Flexibilisierung des Adressatenkreises wäre ebenso eine Integration der frequenz- und wegerechtlichen Aufsichtsvorschriften in die allgemeinen Befugnisse möglich.

Aber auch innerhalb der Spezialbefugnisse der ökonomischen Regulierung bestehen erhebliche Schnittmengen. So erhält das Recht der Bundesnetzagentur, gemäß § 87 Abs. 1 S. 1 TKG jährlich Umsatzmeldungen auf Universaldienstleistungsmärkten abzufragen, weniger in seiner zeitlichen Beschränkung gegenüber § 127 Abs. 2 S. 1 Nr. 1 oder auch gegenüber § 127 Abs. 1 S. 2 TKG eigenständige Bedeutung – nach Art. 11 Abs. 1 UAbs. 1 lit. a) RL 2002/20/EG i. V. m. A. 1. des Richtlinienanhangs sind im Hinblick auf die Finanzierung des Universaldienstes ergehende Auskunftsersuchen außer dem Verhältnismäßigkeitsgrundsatz grundsätzlich gerade keinen Einschränkungen unterworfen –, sondern durch die der Verwaltungsvollstreckung vorgehende alternative Möglichkeit einer Umsatzschätzung nach § 87 Abs. 1 S. 2 TKG.

Andere Ermächtigungsgrundlagen gehen auf Transparenzvorschriften zurück und dienen im Ergebnis weniger der behördlichen Aufgabenerfüllung als der Information der Öffentlichkeit. Oder aber eine Informationserhebung dient wie nach § 82 Abs. 4 TKG der Umlageberechnung im Rahmen der Universaldienstfinanzierung und erfolgt im Interesse des ausgleichsbeantragenden Unternehmens.

Kreist man die Spezialgesetze mit ihren eigenständigen Anwendungsbereichen und die angesprochenen Sonderkonstellationen aus, wird vor dem Hintergrund der Marktregulierung vor allem eine Trennung zwischen allgemeinen Generalklauseln und Befugnissen gegenüber Unternehmen mit beträchtlicher Marktmacht sichtbar. Gegenüber Letzteren kann im Rahmen von Verfahren der Entgeltregulierung entsprechend dem Konzept asymmetrischer Regulierung letztlich die Offenlegung der tatsächlichen Kostensituation verlangt werden, um die Kalkulation nachzuvollziehen. Das darauf zugeschnittene Anordnungsrecht bleibt zwar teilweise hinter den ohnehin im Verfahren nach § 34 TKG zu erteilenden Kostennachweisen zurück, macht aber deutlich, dass das die Regulierungsentscheidung vorläufig und das Aufsichtskonzept prospektiv angelegt ist. Verlangt werden können im Gegensatz etwa zu Auskunftsnormen in gewerberechtlichen Zusammenhängen nicht nur tatsächliche Umstände, sondern auch betriebseigene Prognosen und Angaben über Planungen, die sich auf die Kalkulation in Zukunft auswirken könnten. Um bei unternehmerischer Paralleltätigkeit auf vor- und nachgelagerten Produktionsstufen einer Wertschöpfungskette die Kosten auch einzelnen Leistungsbereichen zuordnen zu können, kann eine Offenlegung von Kostenrechnungs- und Buchungsunterlagen auch unabhängig von Maßnahmen der Entgeltregulierung verlangt werden.

Soweit im TKG die allgemeinen Informationsbefugnisse innerhalb des § 127 auf die nationale oder nach § 4 auf die internationale Aufgabenerfüllung zugeschnitten sind, besteht weder eine regelungstechnische Notwendigkeit hierfür noch bringt diese Trennung Vorteile mit sich. Ungeachtet der verfassungsrechtlich fragwürdigen Ausgestaltung des § 4 TKG erscheint das informationelle Zusammenwirken mit internationalen Institutionen ohnehin zu den Aufgaben der Bundesnetzagentur und ermöglicht eine Informationserhebung über § 127 TKG. Andererseits bestehen objektive Rechtspflichten, die eine unmittelbare Informationseinholung gegenüber Privaten nach sich ziehen können, ohnehin primär gegenüber der Kommission und bedürften keiner dynamischen Verweisung, sondern lediglich der (inhaltlichen) Bezugnahme auf Art. 5 Abs. 2 UAbs. 1 S. 1 RL 2002/21/EG, wie sie in § 123b Abs. 1 TKG nunmehr auch erfolgt ist.

Die Einfügung einer allgemeinen zweckneutralen Generalklausel in § 127 Abs. 1 S. 2 TKG im Zuge der Umsetzung des Richtlinienpakets aus dem Jahre

2002, macht nicht nur den § 72 Abs. 1 TKG-1996 entlehnten § 127 Abs. 2 S. 1 Nr. 1 TKG redundant, sondern offenbart auch die Schwächen, welche die Übernahme der allgemeinen kartellrechtlichen Generalbefugnis in ein wirtschaftsverwaltungsrechtliches Gesetz mit zahlreichen gewerberechtlichen Elementen nach sich zieht. Mit der Begrenzung des Auskunftsrechts auf wirtschaftliche Verhältnisse im TKG-1996 ging eine sachlich nicht zu rechtfertigende Einschränkung einher, da der Bundesnetzagentur über das TKG auch die allgemeine Rechtsaufsicht zugewiesen ist. Anders als vom Gesetzgeber beabsichtigt ermöglicht § 127 Abs. 1 S. 2 TKG zudem nicht lediglich eine »zusätzliche« Informationserhebung über § 127 Abs. 2 S. 1 Nr. 1 TKG hinaus, sondern schafft als zweckneutrale Generalklausel, die in ihren Regelbeispielen gleichwohl (sektor-)kartellrechtstypische Sachverhalte regelt, eine sämtliche Zwecke des § 127 Abs. 2 TKG mitumfassende Grundnorm. Problematisch ist insofern, dass das absichernde Einsichts- und Prüfungsrecht weiterhin auf den Kontext des § 127 Abs. 2 S. 1 Nr. 1 TKG zugeschnitten geblieben ist und mithin typische Situationen des Gewerbeüberwachungsrechts allein der Systematik nach nicht erfasst.

Inhaltlich sind die Regelbeispiele in § 127 Abs. 1 S. 2 TKG dem Art. 11 Abs. 1 UAbs. 1 RL 2002/20/EG nachempfunden. Letzterer lässt vier Grundrichtungen für Informationserhebungen erkennen: Die Überwachung gesetzeskonformen Verhaltens einschließlich besonders starker Aufsichtselemente insbesondere gegenüber marktmächtigen Betreibern, denen regulatorische Vorabverpflichtungen auferlegt wurden, die Herstellung von Markttransparenz durch Konsumenteninformation, die Beobachtung und Analysierung der Wettbewerbsentwicklung für die Durchführung der Regulierungsverfahren einschließlich des Rechts zum Aufbau eines statistischen Marktdatenportfolios sowie die Informationseinholung im Zusammenhang mit der Ressourcenverwaltung.

Mit Ergänzung des § 127 Abs. 2 TKG durch einen nach der Systematik von Art. 11 Abs. 1 UAbs. 1 lit. h) RL 2002/20/EG in § 127 Abs. 1 TKG einzugliedernden Erhebungszweck sowie einen nur gegenüber Unternehmen mit beträchtlicher Marktmacht anzufordernden Informationsgegenstand durch die die TKG-Novelle 2012 wurde sowohl die Systematik der allgemeinen Informationsbefugnisse als auch die Trennung zwischen den §§ 126 ff. und §§ 9 ff. TKG unterlaufen.

Zudem wird die Formulierung einer zweckneutralen Generalklausel in § 127 Abs. 1 S. 2 TKG dem europarechtlichen Informationserhebungskonzept nicht gerecht. Der Art. 5 Abs. 1 S. 1 RL 2002/21/EG konkretisierende Art. 11 Abs. 1 UAbs. 1 RL 2002/20/EG sieht bzgl. der rechtsförmlichen Informationserhebung bei Privaten eine abschließende Regelung vor, der die zulässigen Erhebungszwecke im Einzelnen bestimmt, um Unternehmen nicht über das Erforderliche Maß hinaus zu belasten, wenngleich die Erhebungszwecke so weit formuliert wurden, dass die Einschränkungen gegenüber einem zweckneutralen Auskunftsanspruch zur Aufgabenerfüllung im Ergebnis relativ gering ausfallen.

Der gewährleistungsaufsichtsrechtliche Regulierungsauftrag geht über Überwachungszusammenhänge des Gewerbe- wie des allgemeinen Kartellrechts hinaus. Die Schaffung des sektorspezifischen Kartellrechts insgesamt geht auf eine grundsätzlich divergierende Bewertung der abstrakten Gefahr unternehmerischer Tätigkeit auf zu Marktversagen neigenden Märkten für den Wettbewerb zurück, die eine laufende Marktbeobachtung und damit eine mitunter außerhalb einzelner Verfahren ansetzende Einbindung der Marktteilnehmer grundsätzlich zu rechtfertigen vermag. Die Bundesnetzagentur ist auch im Rahmen ihrer planenden und konzeptsetzenden Tätigkeit mit allenfalls latentem Entscheidungsbezug zum Gebrauchmachen ihrer Vollzugsbefugnisse berechtigt. Durch den neueingefügten § 15a TKG bestehen für Teilbereiche des administrativen Gestaltungsprogramms auch formal Verfahren der Konzeptionierung. Aber auch soweit entsprechende Konzeptpflichten nicht rechtsförmlich bestehen, handelt es sich bei der im Zusammenhang zu leistenden Eigenprogrammierung um eine logisch den eigentlichen Regulierungsverfügungen vorgeschaltete Aufgabenstellung, die nichtsdestotrotz in den der Bundesnetzagentur übertragenen Aufgabenbereich fällt und damit als Anknüpfungspunkt für Auskunftsverlangen in Betracht kommen. Selbiges gilt für die Planungstätigkeit der Behörde im Rahmen der Ressourcenverwaltung.

Ebenso wie im Rahmen der speziellen Informationsbefugnisse gegenüber Betreibern mit beträchtlicher Marktmacht gehen mit der Zukunftsbezogenheit der Gewährleistungsaufsicht auch Veränderungen einher, die mögliche Auskunftsgegenstände betreffen. Gründen die Restriktionen, denen Informationsersuchen in Überwachungssituationen zugeschnitten sind, auf der Annahme stabiler, anerkannter und ggf. über Sachverständige abrufbarer Normanwendungswissensbestände, baut situatives Regulierungswissen in erheblichem Maße auf Wahrscheinlichkeitsannahmen auf, die sich nicht allein aus Vergangenheitsdaten ableiten lassen, sondern in die auch prognostische Momente eingehen. Zwar verbleibt die Wahrnehmungszuständigkeit formal bei der Aufsichtsbehörde. Dieser obliegt aber gerade im Bereich der Marktregulierung weniger eine Ermittlung von Sachverhalten als vielmehr die Moderation der Wissensgenerierung und damit die Aufgabe eines Kompetenzaufbaus.

Das klassische Vollzugsmodell stößt hier an offensichtliche Grenzen. Anders als ein aufzuklärender Sachverhalt lassen sich Wissenselemente nicht notwendigerweise im Wege der Verwaltungsvollstreckung, geschweige denn durch alternative Ermittlungsinstrumente wie eine Durchsuchung der Geschäftsräume beitreiben. Kooperative Verhaltensweisen sind daher schon aus strategischer Sicht geboten und gewinnen insbesondere in Form von formalen und informalen Konsultationsverfahren rasant an Bedeutung. Vollzugsbefugnisse behalten in wissensgenerierenden Verfahren aber regelmäßig eine Auffang- und Abgleichfunktion. Ihre Formulierung schafft Handlungsorientierung und Akzeptanz und bildet ein rechtsstaatlich unverzichtbares Element.

# Literaturverzeichnis

*Anselmann, Norbert*, Technische Vorschriften und Normen in Europa, Bonn 1991.

*Attendorn, Thorsten*, Das »Regulierungsermessen« – ein deutscher »Sonderweg« bei der gerichtlichen Kontrolle tk-rechtlicher Regulierungsentscheidungen, MMR 2009, S. 238 ff.

*Arndt, Hans-Wolfgang/Fetzer, Thomas/Scherer, Joachim* (Hrsg.), Telekommunikationsgesetz (Kommentar), Berlin 2008.

*Augsberg, Steffen*, Der Staat als Informationsmittler, DVBl. 2007, S. 733 ff.

*Badura, Peter/v. Danwitz, Thomas/Herdegen, Matthias/Sedemund, Jochim/Stern, Klaus* (Hrsg.), Beck'scher PostG-Kommentar, 2. Aufl., München 2004.

*Baer, Susanne*, Verwaltungsaufgaben, in: Hoffmann-Riem, Wolfgang/Schmidt-Aßmann, Eberhard/Voßkuhle, Andreas (Hrsg.), Grundlagen des Verwaltungsrechts, Bd. I, Methoden, Maßstäbe, Aufgaben, Organisation, München 2006, § 11.

*Bärlein, Michael/Pananis, Panos/Rehmsmeier, Jörg*, Spannungsverhältnis zwischen Aussagefreiheit im Strafverfahren und den Mitwirkungspflichten im Verwaltungsverfahren, NJW 2002, S. 1825 ff.

*v. Bary, Otto G.*, Das Auskunftsverlangen im Kartellrecht, GewArch 1962, S. 3 ff.

*Baumol, William J./Panzar, John C./Willig, Robert D.*, Contestable Markets and the theory of industry structure, 2. Aufl., San Diego 1988.

*Becker, Florian*, Kooperative und konsensuale Strukturen in der Normsetzung, Tübingen 2005

*Berg, Wilfried*, Vom Wettlauf zwischen Recht und Technik. Am Beispiel neuer Regelungsversuche im Bereich der Informationstechnologie, JZ 1985, S. 401 ff.

*Berringer, Christian*, Regulierung als Erscheinungsform der Wirtschaftsaufsicht, München 2004.

*Blum, Walter A.*, Die Auskunfts- und sonstigen Ermittlungsrechte der Kartellbehörden nach dem Gesetz gegen Wettbewerbsbeschränkungen, dem Gesetz über Ordnungswidrigkeiten und dem europäischen Kartellrecht, Heidelberg 1968.

*Börner, Achim-Rüdiger*, Anmerkung zu OLG Düsseldorf, Beschluss v. 20.3.2006 – VI Kart 150/06 (V) –, RdE 2006, S. 166 f.

*Böse, Martin*, Wirtschaftsaufsicht und Strafverfolgung, Tübingen 2005.

*v. Bogdandy, Armin*, Informationsbeziehungen innerhalb des Europäischen Verwaltungsverbundes, in: Hoffmann-Riem, Wolfgang/Schmidt-Aßmann, Eberhard/Voßkuhle, Andreas (Hrsg.), Grundlagen des Verwaltungsrechts, Bd. II, Informationsordnung – Verwaltungsverfahren – Handlungsformen, München 2008, § 25.

*ders./Zacharias, Diana*, Zum Status der Weltkulturerbekonvention im deutschen Rechtsraum – Ein Beitrag zum internationalen Verwaltungsrecht, NVwZ 2007, S. 527 ff.

*Bora, Alfons*, Innovationsregulierung als Wissensregulierung, in: Eifert, Martin/Hoffmann-Riem, Wolfgang (Hrsg.), Innovationsfördernde Regulierung, Berlin 2009, S. 23 ff.

*Bosch, Nikolaus*, Aspekte des nemo-tentur-Prinzips aus verfassungsrechtlicher und strafprozessualer Sicht. Ein Beitrag zur funktionsorientierten Auslegung des Grundsatzes »nemo tenetur se ipsum accusare«, Berlin 1998.

*Brammsen, Joerg*, Wirtschaftsgeheimnisse als Verfassungseigentum, DÖV 2007, S. 10 ff.

*Braun, Wilfried*, Offene Kompetenznormen – ein geeignetes und zulässiges Regulativ im Wirtschaftsverwaltungsrecht?, VerwArch 76 (1985), S. 24 ff., 158 ff.

*Breuer, Rüdiger*, Schutz von Betriebs- und Geschäftsgeheimnissen im Umweltrecht, NVwZ 1986, S. 171 ff.

*ders.*, Probleme der Zusammenarbeit zwischen Verwaltung und Strafverfolgung auf dem Gebiet des Umweltschutzes, AöR 115 (1990), S. 448 ff.

*ders.*, Die staatliche Berufsregelung und Wirtschaftslenkung, in: Isensee, Josef/Kirchhof, Paul (Hrsg.), Handbuch des Staatsrechts der Bundesrepublik Deutschland, Bd. VI: Freiheitsrechte, 2. Aufl., Heidelberg 2001, § 148.

*Britz, Gabriele*, Vom Europäischen Verwaltungsverbund zum Regulierungsverbund? – Europäische Verwaltungsentwicklung am Beispiel der Netzzugangsregulierung bei Telekommunikation , Energie und Bahn, EuR 2006, S. 45 ff.

*dies.*, Organisation und Organisationsrecht in der Regulierungsverwaltung in der öffentlichen Versorgungswirtschaft, in: Fehling, Michael/Ruffert, Matthias (Hrsg.), Regulierungsrecht, Tübingen 2010, § 21.

*dies.*, Schutz informationeller Selbstbestimmung gegen schwerwiegende Grundrechtseingriffe – Entwicklungen im Lichte des Vorratsdatenspeicherungsurteils, JA 2011, 81 ff.

*dies./Hellermann, Johannes/Hermes, Georg* (Hrsg.), Energiewirtschaftsgesetz (Kommentar), 2. Aufl., München 2010.

*Brugger, Winfried*, Rechtsprobleme der Verweisung im Hinblick auf Publikation, Demokratie und Rechtsstaat, VerwArch 78 (1987), S. 1 ff.

*Büchner, Wolfgang/Ehmer, Jörg/Geppert, Martin/Kerkhoff, Bärbel/Piepenbrock, Herrmann-Josef/Schütz, Raimund/Schuster, Fabian* (Hrsg.), Beck´scher TKG-Kommentar, 2. Aufl., München 2000.

*Bull, Hans Peter*, Die »völlig unabhängige« Aufsichtsbehörde – Zum Urteil des EuGH vom 9.3.2010 in Sachen Datenschutzaufsicht, EuZW 2010, S. 488 ff.

*Bullinger, Martin*, Wettbewerbsgefährdung durch präventive Wirtschaftsaufsicht, NJW 1978, S. 2121 ff.

*ders.*, Wettbewerbsgerechtigkeit bei präventiver Wirtschaftsaufsicht, NJW 1978, S. 2173 ff.

*ders.*, Regulierung als modernes Instrument zur Ordnung liberalisierter Wirtschaftszweige, DVBl. 2003, S. 1355 ff.

*Bumke, Susanne*, Frequenzvergabe nach dem Telekommunikationsgesetz. Unter besonderer Berücksichtigung der Integration ökonomischer Handlungsrationalität in das Verwaltungsverfahren, Berlin 2006.

*Bundesnetzagentur*, Nummerierungskonzept 2001, abrufbar unter: http://www.bundesnetzagentur.de/SharedDocs/Downloads/DE/BNetzA/Sachgebiete/Telekommunikation/Regulierung/ Nummernverwaltung/Nummerierungskonzept/Nummerierungskonzept2011pdf.pdf;jsessionid=5732689F3C942DD913511293F323E167?__blob=publicationFile.

*dies.*, Mitteilung Nr. 198 (Hinweise zu sachlich ungerechtfertigter Bündelung i. S. d. § 28 Abs. 2 Nr. 3 TKG), ABl. BNetzA 2005, S. 1188 ff.

*dies.*, Mitteilung Nr. 940 (Hinweise zu Preis-Kosten-Scheren i. S. d. § 28 Abs. 2 Nr. 2 TKG), ABl. BNetzA 2007, S. 4532 ff.

*dies.*, Hinweise zur konsistenten Entgeltregulierung i. S. d. § 27 Abs. 2 TKG, Konsultationsentwurf vom 13. Mai 2009, abrufbar unter: http://www.bundesnetzagentur.de/media/archive/16260.pdf.

*dies.*, Nummerierungskonzept 2009, abrufbar unter: http://www.bundesnetzagentur.de/cae/servlet/contentblob/124938/publicationFile/3358/Nummerierungskonzept2009_Id15541pdf.pdf;jsessionid=78C82B9DA23A5D6BAE78341B03DDD932.

*dies.*, Jahresbericht 2009, Bonn 2010, abrufbar unter: http://www.bundesnetzagentur.de/cae/servlet/contentblob/152206/publicationFile/9591/Jahresbericht2009Id18409pdf.pdf.

*dies.*, Jahresbericht 2010, Bonn 2011, abrufbar unter: http://www.bundesnetzagentur.de/SharedDocs/Downloads/DE/BNetzA/Presse/Berichte/2011/Jahresbericht2010pdf.pdf?__blob=publicationFile.

*dies.*, Hinweise der Bundesnetzagentur zur Umsetzung von § 77a Abs. 3 TKG-E (Umsetzungskonzept), Entwurf v. 6.12.2011, Bonn 2011, abrufbar unter: http://www.bundesnetzagentur.de/SharedDocs/Downloads/DE/BNetzA/Sachgebiete/Telekommunikation/Infrastrukturatlas/Anhg_Umsetzungskonzept/ISA_InfoDatenlieferung.pdf?__blob=publicationFile.

*Callies, Christian/Ruffert, Matthias* (Hrsg.), Das Verfassungsrecht der Europäischen Union, EUV/AEUV (Kommentar), 4. Aufl., München 2011.

*Classen, Claus Dieter*, Die Entwicklung eines internationalen Verwaltungsrechts als Aufgabe der Rechtswissenschaft, VVDStRL 67 (2008), S. 365 ff.

*Clemens, Thomas*, Die Verweisung von einer Rechtsnorm auf andere Vorschriften – insbesondere ihre Verfassungsmäßigkeit, AöR 111 (1987), S. 62 ff.

*Collin, Peter/Spieker gen. Döhmann, Indra* (Hrsg.), Generierung und Transfer staatlichen Wissens im System des Verwaltungsrechts, Tübingen 2008.

*Coppik, Jürgen*, Die sektorspezifische ex post-Entgeltkontrolle von Teilnehmernetzbetreibern, MMR 2007, S. 225 ff.

*Cornils, Matthias*, Staatliche Infrastrukturverantwortung und kontingente Marktvoraussetzungen. Unter besonderer Berücksichtigung des Universaldienstes für Telekommunikationsdienstleistungen, AöR 131 (2006), S. 378 ff.

*Couzinet, Daniel*, Die Legitimation unabhängiger Behörden an der Schnittstelle von unionalem und nationalen Verfassungsrecht – Zur Zulässigkeit der unionsrechtlichen Verpflichtung der Mitgliedstaaten unabhängiger Behörden, in: Debus, Alfred G./Kruse, Franziska/Peters, Alexander/Schröder, Hanna/Seifert, Olivia/Sicko, Corinna/Stirn, Isabel (Hrsg.), Verwaltungsrechtsraum Europa. 51. Assistententagung Öffentliches Recht, 2011, S. 213 ff.

*v. Danwitz, Thomas*, Die Eigenverantwortung der Mitgliedstaaten für die Durchführung von Gemeinschaftsrecht, DVBl. 1998, S. 421 ff.

*ders.*, Der Schutz von Betriebs- und Geschäftsgeheimnissen im Recht der Regulierungsverwaltung, DVBl. 2005, S. 597 ff.

*ders.*, Was ist eigentlich Regulierung?, DÖV 2004, S. 977 ff.

*ders.*, Europäisches Verwaltungsrecht, Berlin 2008.

*David, Antje*, Inspektionen im Europäischen Verwaltungsrecht, Berlin 2003.

*dies.*, Inspektionen als Instrument der Vollzugskontrolle im Europäischen Verwaltungsverbund, in: Schmidt-Aßmann, Eberhard/Schöndorf-Haubold, Bettina (Hrsg.), Der Europäische Verwaltungsverbund, Tübingen 2005, S. 237 ff.

*Debus, Alfred G.*, Verweisungen in deutschen Rechtsnormen, Berlin 2008.

*Decker, Friedrich*, Die externe Informationsgewinnung in der deutschen öffentlichen Verwaltung, Köln 1975.

*Denninger, Erhard/Hoffmann-Riem, Wolfgang/Schneider, Hans-Peter/Stein, Ekkehart* (Hrsg.), Kommentar zum Grundgesetz für die Bundesrepublik Deutschland (Loseblatt), Bd. II: Art. 20-82, 3. Aufl., Neuwied 2001.

*Di Fabio, Udo*, Verwaltungsentscheidungen durch externen Sachverstand, VerwArch 81 (1990), S. 193 ff.

*Dingeldey, Thomas*, Der Schutz der strafprozessualen Aussagefreiheit durch Verwertungsverbote bei außerstrafrechtlichen Aussage- und Mitwirkungspflichten, NStZ 1984, S. 529 ff.

*Ditscheid, Alexander/Rudloff, Karsten*, Das Gesetz zur Bekämpfung des Missbrauchs von 0190er-/0900er-Mehrwertdiensterufnummern – sinnvolle Lösungen im Spannungsfeld zwischen Verbraucherschutz und Wirtschaft?, TKMR 2003, S. 406 ff.

*Doll, Roland/Wieck, Reinhard*, Analytische Kostenmodelle als Grundlage für Entgeltregulierungsentscheidungen, MMR 1998, S. 280 ff.

*Dorer, Peter/Mainusch, Helmut/Tubies, Helga*, Bundesstatistikgesetz (Kommentar), München 1988.

*Dreier, Horst*, Die drei Staatsgewalten im Zeichen von Europäisierung und Privatisierung, DÖV 2002, S. 537 ff.

*ders.* (Hrsg.), Grundgesetz (Kommentar), Bd. 1: Art. 1-19, 2. Aufl., Tübingen 2004.

*ders.* (Hrsg.), Grundgesetz (Kommentar), Bd. 2: Art. 20-82, 2. Aufl., Tübingen 2006.

*Drews, Bill/Wacke, Gerhard/Vogel, Klaus/Martens, Wolfgang*, Gefahrenabwehr, Allgemeines Polizeirecht (Ordnungsrecht) des Bundes und der Länder, 9. Auflage, Köln 1986.

*Druey, Jean Nicolas*, Information als Gegenstand des Rechts. Entwurf einer Grundlegung, Zürich 1995.

*Druschel, Christoph*, Die Verwaltungsaktbefugnis, Berlin 1999.

*Edelbluth, Markus*, Gewährleistungsaufsicht. Zur Verlagerung von Kontrollverantwortung in den gesellschaftlichen Bereich am Beispiel des Abfallrechts, Baden-Baden 2008.

*Eekhoff, Meike*, Die Verbundaufsicht. Gemeinschaftsrechtliche Aufsichtsverfahren und -mechanismen außerhalb des Vertragsverletzungsverfahrens, Tübingen 2006.

*Eifert, Martin*, Grundversorgung mit Telekommunikationsleistungen im Gewährleistungsstaat, Baden-Baden 1998.

*ders.*, Regulierte Selbstregulierung und die lernende Verwaltung, in: Berg, Wilfried/Fisch, Stefan/Schmitt-Glaeser, Walter/Schoch, Friedrich/Schulze-Fielitz, Helmuth (Hrsg.), Regulierte Selbstregulierung als Steuerungskonzept des Gewährleistungsstaates, Die Verwaltung, Beiheft 4, Berlin 2001, S. 137 ff.

*ders.*, Regulierungsstrategien, in: Hoffmann-Riem, Wolfgang/Schmidt-Aßmann, Eberhard/Voßkuhle, Andreas (Hrsg.), Grundlagen des Verwaltungsrechts, Bd. I, Methoden, Maßstäbe, Aufgaben, Organisation, München 2006, § 19.

*ders.*, Die gerichtliche Kontrolle der Entscheidungen der Bundesnetzagentur, ZHR 174 (2010), S. 449 ff.

*Ellinghaus, Ulrich*, Das Telekom-Reformpaket der EU, CR 2010, S. 20 ff.

*ERG*, Opinion on Proposed changes to Commission Recommendation of 1998 on Accounting separation and cost accounting, ERG (04) 15rev1, abrufbar unter: http://www.erg.eu.int/doc/publications/erg_0415rev1_caas_opinion.pdf.

*dies.*, Guidelines for implementing the Commissions Recommendation C (2005) 3480 on Accounting Separation and Cost Accounting Systems under the regulatory framework for elctronic communications, ERG (05) 29, abrufbar unter: http://www.erg.eu.int/doc/publications/consult_accounting_sep/erg_05_29_erg_cp_rec_as_and_cas_final.pdf.

*Europäische Kommission*, Mitteilung vom 20. März 2006 an das Europäische Parlament, den Rat, den Wirtschafts- und Sozialausschuss und den Ausschuss der Regionen, Überwindung der Breitbandkluft, KOM (2006) 129 endg., abrufbar unter: http://eur-lex.europa.eu/LexUriServ/LexUriServ.do?uri=COM:2006:0129:FIN:DE:PDF.

*Fastenrath, Ulrich*, Der Schutz des Weltkulturerbes in Deutschland – Zur innerstaatlichen Wirkung von völkerrechtlichen Verträgen ohne Vertragsgesetz (Verwaltungsabkommen i. S. d. Art. 59 Abs. 2 Satz 2 GG), DÖV 2006, S. 1017 ff.

*ders.*, Zur Abgrenzung des Gesetzgebungsvertrags vom Verwaltungsabkommen i. S. d. Art. 59 Abs. 2 GG am Beispiel der UNESCO-Welterbekonvention, DÖV 2008, S. 697 ff.

*Fehling, Michael*, Regulierung als Staatsaufgabe im Gewährleistungsstaat Deutschland – Zu den Konturen eines Regulierungsverwaltungsrechts, in: Hill, Hermann (Hrsg.), Die Zukunft des öffentlichen Sektors, Baden-Baden 2006, S. 91 ff.

*ders.*, Energieversorgung zwischen Daseinsvorsorge und Liberalisierung, in: Leible, Stefan/Lippert, Michael/Walter, Christian (Hrsg.), Die Sicherung der Energieversorgung auf globalisierten Märkten, Tübingen 2007, S. 115 ff.

*ders.*, Instrumente und Verfahren, in: Fehling, Michael/Ruffert, Matthias (Hrsg.), Regulierungsrecht, Tübingen 2010, § 20.

*Feldhaus, Gerhard*, Umweltschutzsichernde Betriebsorganisation, NVwZ 1991, S. 927 ff.

*Fetzer, Thomas*, Breitbandinterzugang als Universaldienst? Rechtliche Zulässigkeit und ökonomische Angemessenheit einer Universaldienstverpflichtung, MMR 2011, S. 707 ff.

*Feuerich, Wilhelm*, Zum Umfang der Auskunftspflicht des Rechtsanwalts gegenüber dem Vorstand der Rechtsanwaltskammer, AnwBl 1992, S. 61 ff.

*Frank, Torben*, Der Schutz von Unternehmensgeheimnissen im Öffentlichen Recht, Frankfurt a. M. 2009.

*Franke, Peter*, Energieregulierungsbehörden und behördliche Verfahren, in: Schneider, Jens-Peter/Theobald, Christian (Hrsg.), Recht der Energiewirtschaft, 2. Aufl., München 2008, § 19.

*Franzius, Claudio*, Governance und Regelungsstrukturen, VerwArch 97 (2006), S. 186 ff.

*ders.*, Modalitäten und Wirkungsfaktoren der Steuerung durch Recht, in: Hoffmann-Riem, Wolfgang/Schmidt-Aßmann, Eberhard/Voßkuhle, Andreas (Hrsg.), Grundlagen des Verwaltungsrechts, Bd. I, Methoden, Maßstäbe, Aufgaben, Organisation, München 2006, § 4.

*ders.*, Gewährleistung im Recht. Grundlagen eines europäischen Regelungsmodells öffentlicher Dienstleistungen, Tübingen 2009.

*ders.*, Wer hat das letzte Wort im Telekommunikationsrecht?, DVBl. 2009, S. 409 ff.

*ders.*, Schutz der Verbraucher durch Regulierungsrecht, DVBl. 2010, S. 1086 ff.

*Frenzel, Eike Michael*, Die Umsetzung von Rechtsakten der EG als Gesetzeszweck – Willensbekundung oder dynamische Verweisung?, NVwZ 2006, S. 1141 ff.

*Freund, Matthias*, Infrastrukturgewährleistung in der Telekommunikation. Staatliche Gewährleistungsverantwortung, Universaldienst, Wegerechte, München 2002.

*Friauf, Karl Heinrich/Höfling, Wolfram* (Hrsg.), Berliner Kommentar zum Grundgesetz, Bd. 3: Art. 38-82, Berlin, Stand: 36. Ergänzungslieferung 2011.

*Gärditz, Klaus Ferdinand*, Regulierungsrechtliche Auskunftsanordnungen als Instrument der Wissensgenerierung, DVBl. 2009, S. 69 ff.

*ders.*, »Regulierungsermessen« und verwaltungsgerichtliche Kontrolle, NVwZ 2009, S. 1005 ff.

*ders.*, Keine Regulierungsfreistellung für neue Märkte im Telekommunikationsrecht, JZ 2010, S. 198 ff.

*ders.*, Gestaltungsspielräume und Gestaltungsverantwortung des nationalen Gesetzgebers im europäischen Telekommunikationsregulierungsrechts. Zur Umsetzung der Richtlinie 2009/140/EG (»TK-Review«), N&R, Beilage 2/2011, S. 1 ff.

*Geiger, Rudolf*, Grundgesetz und Völkerrecht mit Europarecht. Die Bezüge des Staatsrechts zum Völkerrecht und Europarecht, 5. Aufl., München 2010.

*Geiß, Joachim/Doll, Wolfgang*, Das Neue Geräte- und Produktsicherheitsgesetz (Kommentar), Stuttgart 2005.

*Gellermann, Martin*, Beeinflussung des bundesdeutschen Rechts durch Richtlinien der EG. Dargestellt am Beispiel des europäischen Umweltrechts, Köln 1994.

*ders./Szczekalla, Peter*, Gemeinschaftsrechtskonforme Umsetzung von Umweltrichtlinien der EG, NuR 1993, S. 54 ff.

*Geppert, Martin/Ruhle, Ernst-Olav/Schuster, Fabian*, Handbuch Recht und Praxis der Telekommunikation, 2. Aufl., Baden-Baden 2002.

*Geppert, Martin/Piepenbrock, Hermann-Josef/Schütz, Raimund/Schuster, Fabian* (Hrsg.), Beck´scher TKG-Kommentar, 3. Auflage, München 2006.

*Gersdorf, Hubertus*, Die Zulässigkeit einer Universaldienstabgabe im Regulierungsrecht, untersucht am Beispiel des Telekommunikations- und Postrechts, in: Osterloh, Lerke/Schmidt, Karsten/Weber, Herrmann (Hrsg.), Staat, Wirtschaft, Finanzverfassung: Festschrift für Peter Selmer zum 70. Geburtstag, Berlin 2004, S. 351 ff.

*Gerstner, Stephan*, Die Grenzen des Auskunftsrechts der Regulierungsbehörde für Telekommunikation und Post nach § 45 I Nr. 1 PostG am Beispiel der Teilleistungsverträge, NVwZ 2000, S. 637 ff.

*Grabitz, Eberhard/Hilf, Meinhard* (Begr.), Das Recht der Europäischen Union (Loseblatt-Kommentar), Bd. II, Bd. III, Bd. IV, München, Stand: 40. Ergänzungslieferung 2009.

*Gräfer, Jens/Schmitt, Thomas*, Die Befugnisse der Kartell- und Regulierungsbehörden zur Durchführung von Enqueteuntersuchungen, N&R 2007, S. 2 ff.

*Gramlich, Ludwig*, Rechtliche Möglichkeiten zur Finanzierung von Infrastrukturleistungen im Post- und Telekommunikationsbereich durch die Einrichtung eines Infrastrukturfonds, ArchivPT 1995, S. 189 ff.

*ders.*, Entwicklungen der staatlichen Wirtschaftsaufsicht: Das Telekommunikationsrecht als Modell?, VerwArch 88 (1997), S. 598 ff.

*ders.*, Sollen und können nationale Regulierungsspielräume in der Telekommunikation gewahrt werden?, in: Klumpp, Dieter/Kubicek, Herbert/Roßnagel, Alexander/Schulz, Wolfgang (Hrsg.), Medien, Ordnung und Innovation, Berlin 2005, S. 157 ff.

*ders.*, Aufgaben und Verfahren der Bundesnetzagentur (Regulierungsbehörde), in: Heun, Sven-Erik (Hrsg.), Handbuch zum Telekommunikationsrecht, 2. Aufl., Köln 2007, Teil 1, C.

*ders.*, Anmerkung zu den Beschlüssen des VG Köln vom 13. August 2007 – Az. 22 L 1042/07 und des OVG Münster vom 31. Oktober 2007 – Az. 13 B 1428/07 – 1471/07, N&R 2008, S. 49 ff.

*Graulich, Kurt*, Telekommunikationsgesetz und Vorratsdatenspeicherung, NVwZ 2008, S. 485 ff.

*Grimm, Dieter*, Der Wandel der Staatsaufgaben und die Krise des Rechtsstaats, in: Grimm, Dieter (Hrsg.), Wachsende Staatsaufgaben – sinkende Steuerungsfähigkeit des Rechts, Baden-Baden 1990, S. 291 ff.

*Groebel, Annegret*, European Regulators Group (ERG), MMR 2002, Heft 12, S. XV ff.

*Gröschner, Rolf*, Das Überwachungsrechtsverhältnis, Tübingen 1992.

*Groß, Thomas*, Die Schutzwirkung des Brief-, Post- und Fernmeldegeheimnisses nach der Privatisierung der Post, JZ 1999, S. 326 ff.

*Guckelberger, Annette*, Die Gesetzgebungstechnik der Verweisung unter besonderer Berücksichtigung ihrer verfassungs- und gemeinschaftsrechtlichen Probleme, ZG 19 (2004), S. 62 ff.

*Guder, Leonie F.*, Völkerrechtliche Praxis der Bundesrepublik Deutschland in den Jahren 2000 bis 2002, 2. Teil: Wirtschaft, Umwelt und Entwicklung, ZaöRV 64 (2004), S. 795 ff.

*Günther, Jörg-Michael*, Wasserrechtliche Meldepflichten und ihre Bedeutung im Straf- und Ordnungswidrigkeitenverfahren, ZfW 1996, S. 290 ff.

*Härle, Elfried*, Die völkerrechtlichen Verwaltungsabkommen der Bundesrepublik. Ein Beitrag zu Art. 59 Abs. 2 S. 2 GG, JIR 12 (1965), S. 93 ff.

*Hahn, Werner*, Offenbarungspflichten im Umweltschutzrecht, Köln 1984.

*Haller, Robert*, Auskunftsansprüche im Umwelthaftungsrecht, Köln 1999.

*Hanebuth, Klaus*, Das Auskunftsrecht im europäischen Wirtschaftsrecht. Rechtsgrundlagen und Handhabung, Baden-Baden 1967.

*Hartung, Sven*, Die Atomaufsicht. Zur staatlichen Aufsicht nach § 19 des Atomgesetzes, Baden-Baden 1992.

*Hatje, Armin*, Die gemeinschaftsrechtliche Steuerung der Wirtschaftsverwaltung. Grundlagen, Erscheinungsformen, verfassungsrechtliche Grenzen am Beispiel der Bundesrepublik Deutschland, Baden-Baden 1998.

*Hecker, Jan*, Marktoptimierende Wirtschaftsaufsicht. Öffentlich-rechtliche Probleme staatlicher Wirtschaftsinterventionen zur Steigerung der Funktionsfähigkeit des Marktes, Tübingen 2007.

*Hefendehl, Roland*, Beweisermittlungs- und Beweisverwertungsverbote bei Auskunfts- und Mitwirkungspflichten. Das sog. Verwendungsverbot nach § 97 Abs. 1 S. 3 InsO, wistra 2003, S. 1 ff.

*Hermanns, Ferdinand*, Ermittlungsbefugnisse der Kartellbehörde, Köln 1978.

*Hermeier, Guido*, Der Europäische Regulierungsverbund im EG-Rechtsrahmen für Telekommunikation, Münster 2009.

*Hermes, Georg*, Legitimationsprobleme unabhängiger Behörden, in: Bauer, Hartmut/Huber, Peter M./Sommermann, Karl Peter (Hrsg.), Demokratie in Europa, 2005, S. 457 ff.

*Herrmann, Stephanie*, Informationspflichten gegenüber der Verwaltung. Dargestellt am Recht der Gefahrenabwehr, Frankfurt am Main 1997.

*Herzmann, Karsten*, Konsultationen. Eine Untersuchung von Prozessen kooperativer Maßstabskonkretisierung in der Energieregulierung, Tübingen 2010.

*Heun, Sven-Erik*, Das neue Telekommunikationsgesetz 2004, CR 2004, S. 893 ff.

*Heußner, Kristina*, Informationssysteme im Europäischen Verwaltungsverbund, Tübingen 2007.

*Hilf, Meinhard*, Die Auslegung mehrsprachiger Verträge. Eine Untersuchung zum Völkerrecht und zum Staatsrecht der Bundesrepublik Deutschland, Berlin 1973.

*Hill, Hermann*, Einführung in die Gesetzgebungslehre, Heidelberg 1982.

*Hirsch, Günter/Montag, Frank/Säcker, Franz Jürgen* (Hrsg.), Münchener Kommentar zum europäischen und deutschen Wettbewerbsrecht (Kartellrecht), Bd. 2: GWB, München 2008.

*Hölscheidt, Sven*, Information der Parlamente durch die Regierungen, DÖV 1993, S. 593 ff.

*Hoffmann-Riem, Wolfgang*, Ermöglichung von Flexibilität und Innovationsoffenheit im Verwaltungsrecht – Einleitende Problemskizze, in: Hoffmann-Riem, Wolfgang/Schmidt-Aßmann, Eberhard (Hrsg.), Innovation und Flexibilität des Verwaltungshandelns, Baden-Baden 1994, S. 9 ff.

*ders.*, Informationelle Selbstbestimmung in der Informationsgesellschaft: auf dem Weg zu einem neuen Konzept des Datenschutzes, AöR 123 (1998), S. 513 ff.

*ders.*, Verwaltungsrecht in der Informationsgesellschaft – Einleitende Problemskizze, in: Hoffmann-Riem, Wolfgang/Schmidt-Aßmann, Eberhard (Hrsg.), Verwaltungsrecht in der Informationsgesellschaft, Baden-Baden 2000, S. 9 ff.

*ders.,* Gesetz und Gesetzesvorbehalt im Umbruch. Zur Qualitätsgewährleistung durch Normen, AöR 130 (2005), S. 5 ff.

*ders.*, Eigenständigkeit der Verwaltung, in: Hoffmann-Riem, Wolfgang/Schmidt-Aßmann, Eberhard/Voßkuhle, Andreas (Hrsg.), Grundlagen des Verwaltungsrechts, Bd. I, Methoden, Maßstäbe, Aufgaben, Organisation, München 2006, § 10.

*ders./Eifert, Martin*, Regelungskonzepte des Telekommunikationsrechts und der Telekommunikationspolitik: Innovativ und innovationsgeeignet?, in: Hoffmann-Riem, Wolfgang (Hrsg.), Innovation und Telekommunikation, Baden-Baden 2000, S. 9 ff.

*Hofmann, Jens*, Rechtsschutz und Haftung im Europäischen Verwaltungsverbund, Berlin 2004.

*Holznagel, Bernd*, Frequenzplanung im Telekommunikationsrecht, in: Erbguth, Wilfried/Oebbecke, Janbernd/Rengeling, Hans-Werner (Hrsg.), Planung – Festschrift für Werner Hoppe zum 70. Geburtstag, München 2000, S. 767 ff.

*ders.*, Die Erhebung von Marktdaten im Wege des Auskunftsersuchens nach dem TKG. Befugnisse der Regulierungsbehörde für Telekommunikation und Post, München 2001.

*ders.*, Befugnisse der Regulierungsbehörde zur Erhebung von Marktdaten im Wege des Auskunftsersuchens nach § 45 PostG, in: Habersack, Mathias/Holznagel, Bernd/Lübbig, Thomas (Hrsg.), Behördliche Auskunftsrechte und besondere Missbrauchsaufsicht im Postrecht, München 2002, S. 55 ff.

*ders.*, Frequenzeffizienz und Rundfunkspektrum, MMR 2008, S. 207 ff.

*ders.*, Informationsbeziehungen in und zwischen Behörden, in: Hoffmann-Riem, Wolfgang/Schmidt-Aßmann, Eberhard/Voßkuhle, Andreas (Hrsg.), Grundlagen des Verwaltungsrechts, Bd. II, Informationsordnung – Verwaltungsverfahren – Handlungsformen, München 2008, § 24.

*ders./Schulz, Christian*, Die Auskunftsrechte der Regulierungsbehörde aus § 72 TKG und § 45 PostG, MMR 2002, S. 364 ff.

*Holznagel, Bernd/Enaux, Christoph/Nienhaus, Christian*, Telekommunikationsrecht, 2. Auflage, München 2006.

*Hombergs, Anne*, Europäisches Verwaltungskooperationsrecht auf dem Sektor der elektronischen Kommunikation, Münster 2006.

*Hommelhoff, Peter*, Deutscher Konzernabschluss: International Accounting Standards und das Grundgesetz, in: v. Böttcher, Reinhard/Hueck, Götz/Jähnke, Burkhard (Hrsg.), Festschrift für Walter Odersky zum 65. Geburtstag am 17. Juli 1996, Berlin 1996, S. 779 ff.

*Honig, Gerhart*, Die gesetzlichen Auskunftspflichten des Handwerksbetriebes, GewArch 1979, S. 187 ff.

*ders./Knörr, Matthias*, Handwerksordnung (Kommentar), 4. Aufl., München 2008.

*Hoppe, Werner/Beckmann, Martin/Kauch, Petra*, Umweltrecht, 2. Auflage, München 2000.

*Huber, Peter M.*, Das Kooperationsverhältnis von Kommission und nationalen Verwaltungen beim Vollzug des Unionsrechts, in: Eberle, Carl-Eugen/Ibler, Martin/Lorenz, Dieter (Hrsg.), Der Wandel des Staates vor den Herausforderungen der Gegenwart. Festschrift für Winfried Brohm zum 70. Geburtstag, München 2002, S. 127 ff.

*Hufen, Friedhelm*, Fehler im Verwaltungsverfahren, 4. Auflage, Baden-Baden 2002.

*Huppertz, Christiane*, Die SMP-Konzeption. Europarechtliche Vorgaben für die asymmetrische Regulierung im Kommunikationssektor, Frankfurt a. M. 2003.

*Immenga, Ulrich/Mestmäcker, Ernst-Joachim* (Hrsg.), Wettbewerbsrecht, Bd. 2: GWB (Kommentar zum Deutschen Kartellrecht), 4. Aufl., München 2007.

*Ipsen, Knut* (Hrsg.), Völkerrecht, 5. Aufl., München 2004.

*IRG*, Regulatory Accounting Principles of Implementation and Best Practice for WACC calculation, 2007, abrufbar unter: http://www.erg.eu.int/doc/publications/erg_07_05_pib_s_on_-wacc.pdf.

*Jachmann, Monika*, Die Bindungswirkung normkonkretisierender Verwaltungsvorschriften, DV 28 (1995), S. 17 ff.

*Janssen, Fritz*, Der praktische Vollzug der auf § 38 GewO beruhenden Rechtsvorschriften, GewArch 1967, S. 193 ff.

*Jarass, Hans D.*, Bundesimmissionsschutzgesetz (Kommentar), 8. Auflage, München 2010.

*Jenny, Valerian*, Frequenzverwaltung, in: Heun, Sven-Erik (Hrsg.), Handbuch zum Telekommunikationsrecht, 2. Aufl., Köln 2007, Teil 2, D.

*Kadelbach, Stefan*, Allgemeines Verwaltungsrecht unter europäischem Einfluss, Tübingen 1998.

*Kämmerer, Jörn Axel*, Privatisierung. Typologie – Determinanten - Rechtspraxis – Folgen, Tübingen 2001.

*Kahl, Wolfgang*, Die Staatsaufsicht. Entstehung, Wandel und Neubestimmung unter besonderer Berücksichtigung der Aufsicht über die Gemeinden, Tübingen 2000.

*Karpen, Hans-Ulrich*, Die Verweisung als Mittel der Gesetzgebungstechnik, Berlin 1970.

*ders.*, Die Verweisungstechnik im System horizontaler und vertikaler Gewaltenteilung, in; Rödig, Jürgen (Hrsg.), Studien zu einer Theorie der Gesetzgebung, Berlin 1976, S. 221 ff.

*Kartmann, Uwe*, Die europäische R&TTE-Richtlinie, MMR 2000, S. 741 ff.

*Kimminich, Otto/Freiherr von Lersner, Heinrich/Storm, Peter-Christoph*, Handwörterbuch des Umweltrechts, I. Band, 2. Auflage, Berlin 1994.

*dies.*, Handwörterbuch des Umweltrechts, II. Band, 2. Auflage, Berlin 1994.

*Kirchhof, Paul*, Deutsche Sprache, in: Isensee, Josef/Kirchhof, Paul (Hrsg.), Handbuch des Staatsrechts, Bd. II: Verfassungsstaat, 3. Aufl., Heidelberg 2004, § 20.

*Kirchner, Jens*, Die Bedeutung der Europäischen Wettbewerbsvorgaben für den Universaldienst im Post- und Telekommunikationssektor, ZögU 25 (2002), S. 297 ff.

*Kischel, Uwe*, Die Begründung, Tübingen 2003.

*Klindt, Thomas*, Die Zulässigkeit dynamischer Verweisungen auf EG-Recht aus verfassungs- und europarechtlicher Sicht, DVBl. 1998, S. 373 ff.

*ders.*, Das novellierte Gesetz über die elektromagnetische Verträglichkeit von Geräten (EMVG), NJW 1999, S. 175 ff.

*ders.*, Der »new approach« im Produktrecht des europäischen Binnenmarkts, EuZW 2002, S. 133 ff.

*ders.*, Ausfüllung staatlicher Rechtsvorschriften durch Regeln der Technik, BG 2004, S. 20 ff.

*ders.*, Geräte- und Produktsicherheitsgesetz (Kommentar), München 2007.

*Kloepfer, Michael*, Informationsrecht, München 2002.

*ders.,* Umweltrecht, 3. Auflage, München 2004.

*ders.,* Instrumente des Technikrechts, in: Schulte, Martin/Schroeder, Rainer (Hrsg.), Handbuch des Technikrechts, 2. Aufl., Berlin 2011, S. 151 ff.

*Knack, Hans Joachim/Hennecke, Hans-Günther* (Hrsg.), Verwaltungsverfahrensgesetz (Kommentar), 9. Aufl., Köln 2010.

*Knieps, Günter,* Der Irrweg analytischer Kostenmodelle als regulatorische Schattenrechnungen, MMR 1998, S. 598 ff.

*ders.*, Wettbewerbsökonomie, 3. Aufl., Berlin 2008.

*ders.,* Der disaggregierte Regulierungsansatz der Netzökonomie, in: Knieps, Günter/Brunekreeft, Gert (Hrsg.), Zwischen Regulierung und Wettbewerb, 2. Aufl., Heidelberg 2003, S. 9 ff.

*Koch, Hans Joachim /Pache, Eckhard/Scheuing, Dieter H.* (Hrsg.), Gemeinschaftskommentar zum Bundes-Immissionsschutzgesetz (Loseblatt), Düsseldorf, Stand: 28. Lieferung 2010.

*Köhler, Richard/Küpper, Hans-Ulrich/Pfingsten, Andreas* (Hrsg.), Handwörterbuch der Betriebswirtschaft, 6. Aufl., Stuttgart 2007.

*Koenig, Christian/Braun, Jens-Daniel,* Element Based Charging Ante Portas: Die Regulierung der Zusammenschaltungsentgelte am Scheideweg, MMR 2001, S. 563 ff.

*Koenig, Christian/Loetz, Sascha/Neumann, Andreas,* Die Novellierung des Telekommunikationsgesetzes, Münster 2003.

*Koenig, Christian/Winkler, Kay,* Die Regulierung alternativer Festnetzbetreiber im neuen TKG, MMR 2004, S. 783 ff.

*Koenig, Christian/Vogelsang, Ingo/Winkler Kay,* Marktregulierung im Bereich der Mobilfunkterminierung, K&R 2005, Beilage 1, S. 1 ff.

*Koenig, Christian/Neumann, Andreas,* Legitimation durch Regulierungsverfahren?, CR 2005, S. 487 ff.

*Koenig, Christian/Loetz, Sascha,* Vereinigung nationaler Regulierungsbehörden vs. EECMA – Vorschlag zur Ausgestaltung einer gemeinschaftsrechtlich verankerten Zusammenarbeit der nationalen Regulierungsbehörden im TK-Sektor, MMR 2008, S. 367 ff.

*König, Klaus/Benz, Angelika,* Zusammenhänge von Privatisierung und Regulierung, in: König, Klaus/Benz, Angelika (Hrsg.), Privatisierung und staatliche Regulierung, Baden-Baden 1997, S. 13 ff.

*König, Klaus/Theobald, Christian,* Liberalisierung und Regulierung netzgebundener Dienste, in: Grupp, Klaus/Ronellenfitsch, Christian (Hrsg.), Planung – Recht – Rechtsschutz. Festschrift für Willi Blümel zum 70. Geburtstag am 6. Januar 1999, Berlin 1999, S. 277 ff.

*Körber, Torsten,* TKG-Novelle 2011 – Breitbandausbau im Spannungsfeld von Europäisierung, Regionalisierung und Netzneutralität, MMR 2011, S. 215 ff.

*Knauff, Matthias,* Regulierungsverwaltungsrechtlicher Rechtsschutz, VerwArch 98 (2007), S. 382 ff.

*Kopp, Ferdinand* (Begr.)/*Ramsauer, Ulrich,* Verwaltungsverfahrensgesetz (Kommentar), 12. Auflage, München 2011.

*Kopperschmidt, Gert,* Die Auskunftspflicht gegenüber der Verwaltung. Unter besonderer Berücksichtigung des Polizei-, Steuer- und Wirtschaftsrechts, Heidelberg 1951.

*KPMG,* Schlussbericht zum Projekt Möglichkeiten und Grenzen einer Verbesserung der Wettbewerbssituation der Post- und Telekommunikationswirtschaft durch den Abbau von branchenspezifischen Kosten aus Informationspflichten vom 13.9.2010, Berlin 2010, abrufbar unter: http://www.bmwi.de/BMWi/Redaktion/PDF/Publikationen/Studien/abschlussbericht-buerokratiekostensenkung-post-undtelekommunikationswirtschaft,property=pdf,bereich=bmwi,sprache=de,rwb=true.pdf

*Krakowski, Michael*, Theoretische Grundlagen der Regulierung, in: Krakowski, Michael (Hrsg.), Regulierung in der Bundesrepublik Deutschland, Hamburg 1988, S. 19 ff.

*Kühling, Jürgen*, Sektorspezifische Regulierung in den Netzwirtschaften, München 2004.

ders., Innovationsschützende Zugangsregulierung in der Informationswirtschaft, in: Eifert, Martin/Hoffmann-Riem, Wolfgang (Hrsg.), Innovationsfördernde Regulierung, 2009, S. 47 ff.

*Kühne, Hans-Heiner*, Zivilrechtliche Auskunftspflicht des Gemeinschuldners und strafprozessuales Beweisverbot. Anmerkung zum Beschluss des BVerfG v. 13.1.1981 – 1 BvR 116/77, EuGRZ 1981, S. 311 ff.

*Kugelmann, Dieter*, Die informatorische Rechtsstellung des Bürgers, Tübingen 2001.

*Kunig, Philip*, Völkerrecht und staatliches Recht, in: Vitzthum, Wolfgang Graf (Hrsg.), Völkerrecht, 5. Aufl., Berlin 2010, 2. Abschnitt.

*Kurth, Matthias*, »Euro«-Regulierer durch die Hintertür? Notifizierungspflichten der nationalen Regulierungsbehörden gegenüber der EU-Kommission, MMR 2009, S. 818 ff.

*Ladeur, Karl-Heinz*, Privatisierung öffentlicher Aufgaben und die Notwendigkeit der Entwicklung eines neuen Informationsverwaltungsrechts, in: Hoffmann-Riem, Wolfgang/Schmidt-Aßmann, Eberhard (Hrsg.), Verwaltungsrecht in der Informationsgesellschaft, Baden-Baden 2000, S. 225 ff.

ders, Innovation der Telekommunikation durch Regulierung, in: Hoffmann-Riem, Wolfgang (Hrsg.), Innovation und Telekommunikation, Baden-Baden 2000, S. 57 ff.

ders., Die Regulierung von Selbstregulierung und die Herausbildung einer »Logik der Netzwerke«, in: Berg, Wilfried/Fisch, Stefan/Schmitt-Glaeser, Walter/Schoch, Friedrich/Schulze-Fielitz, Helmuth (Hrsg.), Regulierte Selbstregulierung als Steuerungskonzept des Gewährleistungsstaates, Die Verwaltung, Beiheft 4, Berlin 2001, S. 59 ff.

ders., Der Staat gegen die Gesellschaft, Tübingen 2006.

ders./Möllers, Christoph, Der Europäische Regulierungsverbund der Telekommunikation im deutschen Verwaltungsrecht, DVBl. 2005, S. 525 ff.

*Ladeur, Karl-Heinz/Gostomzyk, Tobias*, Der Gesetzesvorbehalt im Gewährleistungsstaat, DV 36 (2003), S. 141 ff.

*Lamb, Irene*, Kooperative Gesetzeskonkretisierung. Verfahren zur Erarbeitung von Umwelt- und Technikstandards, Baden-Baden 1995.

*von Landmann, Robert/Rohmer, Gustav* (Hrsg.), Umweltrecht (Loseblatt-Kommentar), München, Stand: 62. Ergänzungslieferung 2011.

*Lange, Klaus*, Staatliche Steuerung durch offene Zielvorgabe im Lichte der Verfassung, VerwArch 82 (1991), S. 1 ff.

*Langen, Eugen* (Begr.)/*Bunte, Herrmann-Josef* (Hrsg.), Kommentar zum deutschen und europäischen Kartellrecht, Bd. 1: Deutsches Kartellrecht, 11. Aufl., Köln 2010.

*Larenz, Karl*, Methodenlehre der Rechtswissenschaft, 6. Aufl., Berlin 1991.

*Laubinger, Hans-Werner*, Die gewerberechtliche Unzuverlässigkeit und ihre Folgen, VerwArch 89 (1998), S. 145 ff.

*Lenk, Klaus*, Außerrechtliche Grundlagen für das Verwaltungsrecht in der Informationsgesellschaft – Zur Bedeutung von Information und Kommunikation in der Verwaltung, in: Hoffmann-Riem, Wolfgang/Schmidt-Aßmann, Eberhard (Hrsg.), Verwaltungsrecht in der Informationsgesellschaft, Baden-Baden 2000, S. 59 ff.

*Lepsius, Oliver*, Verfassungsrechtlicher Rahmen der Regulierung, in: Fehling, Michael/Ruffert, Matthias (Hrsg.), Regulierungsrecht, Tübingen 2010, § 4.

*Leschke, Martin*, Regulierungstheorie aus ökonomischer Sicht, in: Fehling, Michael/Ruffert, Matthias (Hrsg.), Regulierungsrecht, Tübingen 2010, § 6.

*Linßen, Ronja Maria*, Informationsprobleme und Schutz von Unternehmensgeheimnissen im Telekommunikationsregulierungsrecht. Eine Untersuchung unter besonderer Berücksichtigung des In-camera-Verfahrens, Baden-Baden 2011.

*Loewenheim, Ulrich/Meessen, Karl M./Riesenkampff, Alexander* (Hrsg.), Kartellrecht (Kommentar), 2. Aufl., München 2009.

*Lübbig, Thomas*, Missbrauchsaufsicht im Postsektor, in: Habersack, Mathias/Holznagel, Bernd/Lübbig, Thomas (Hrsg.), Behördliche Auskunftsrechte und besondere Missbrauchsaufsicht im Postrecht, München 2002, S. 91 ff.

*Lüdemann, Jörn*, Internationales Kommunikationsrecht, in: Tietje, Christian (Hrsg.), Internationales Wirtschaftsrecht, Berlin 2009, § 10.

*Ludwigs, Markus*, Die Bundesnetzagentur auf dem Weg zur Independent Agency? – Europarechtliche Anstöße und verfassungsrechtliche Grenzen, DV 44 (2011), S. 41 ff.

*Lupberger, Dirk R.*, Auskunfts- und Prüfungsverfahren der Kartellbehörden gegen Unternehmen und verfassungsrechtlicher Datenschutz, Köln 1987.

*Mäder, Detlef*, Betriebliche Offenbarungspflichten und Schutz vor Selbstbelastung. Zum Spannungsfeld von Umweltrecht und nemo-tenetur-Grundsatz, Freiburg i. Br. 1997.

*v. Mangoldt, Herrmann* (Begr.)/*Klein, Friedrich/Starck, Christian* (Hrsg.), Grundgesetz (Kommentar), Bd. 1: Präambel, Art. 1-19, 6. Aufl., München 2010.

dies. (Hrsg.), Grundgesetz (Kommentar), Bd. 2: Art. 20-82, 6. Aufl., München 2010.

*Manssen, Gerrit*, Das Telekommunikationsgesetz (TKG) als Herausforderung für die Verfassungs- und Verwaltungsrechtsdogmatik, ArchivPT 1998, S. 236 ff.

ders. (Hrsg.), Telekommunikations- und Multimediarecht (Kommentar), Bd. 1, Berlin, Stand: 26. Ergänzungslieferung 2010.

*Marburger, Peter*, Die Regeln der Technik im Recht, Köln 1979.

*Martens, Joachim*, Einführung in die Praxis des Verwaltungsverfahrens (Teil 3), JuS 1978, S. 99 ff.

ders., Die Rechtsprechung zum Verwaltungsverfahrensrecht, NVwZ 1987, S. 106 ff.

*Martini, Mario*, Der Markt als Instrument hoheitlicher Verteilungslenkung, Tübingen 2008.

*Masing, Johannes*, Stand und Entwicklungstendenzen eines Regulierungsverwaltungsrechts, in: Bauer, Hartmut/Huber, Peter M./Niewiadomski, Zygmunt (Hrsg.), Ius Publicum Europaeum, Stuttgart 2002, S. 161 ff.

ders., Die US-amerikanische Tradition der Regulated Industries und die Herausbildung eines europäischen Regulierungsverwaltungsrechts – Constructed Markets on Networks vor verschiedenen Rechtstraditionen, AöR 128 (2003), S. 558 ff

ders., Grundstrukturen eines Regulierungsverwaltungsrechts, DV 36 (2003), S. 1 ff.

ders., Transparente Verwaltung – Konturen eines Informationsverwaltungsrechts, VVDStRL 63 (2004), S. 377 ff.

ders., Soll das Recht der Regulierungsverwaltung übergreifend geregelt werden?, Gutachten D zum 66. Deutschen Juristentag, 2006.

*Maunz, Theodor/Dürig, Günter* (Begr.), Grundgesetz (Loseblatt-Kommentar), Bd. I, Bd. V, München, Stand: 63. Aufl. 2011.

*Maurer, Hartmut*, Allgemeines Verwaltungsrecht, 18. Auflage, München 2011.

*Mayen, Thomas*, Verwaltung durch unabhängige Einrichtungen, DÖV 2004, S. 45 ff.

*ders.*, Konsistenz als Rechtsgebot, CR 2005, S. 484 ff.

*ders.*, Das planungsrechtliche Abwägungsgebot im Telekommunikationsrecht, NVwZ 2008, S. 835 ff.

*Mayntz, Renate*, Politische Steuerung und gesellschaftliche Steuerungsprobleme, in: Ellwein, Thomas/Hesse, Joachim Jens/Mayntz, Renate/Scharpf, Fritz (Hrsg.), Jahrbuch zur Staats- und Verwaltungswissenschaft 1, Baden-Baden 1987, S. 89 ff.

*Mellewigt, Thomas/Theissen, Bodo*, Bottom-Up-Kostenmodelle als Kerninstrument für zukünftige Entgeltregulierungsentscheidungen – eine Replik, MMR 1998, S. 589 ff.

*Meßerschmidt, Klaus*, Umweltabgaben als Rechtsproblem, Berlin 1986.

*Mestmäcker, Ernst-Joachim*, Schnittstellen von Wettbewerb und Regulierung, in: Gaitanides, Charlotte/Kadelbach, Stefan/Rodriguez Iglesias, Gil (Hrsg.), Europa und seine Verfassung. Festschrift für Manfred Zuleeg zum siebzigsten Geburtstag, Baden-Baden 2005, S. 397 ff.

*Michalke, Regina*, Die Verwertbarkeit von Erkenntnissen der Eigenüberwachung zu Beweiszwecken im Straf- und Ordnungswidrigkeitenverfahren, NJW 1990, S. 417 ff.

*Michel, Elmar* (Begr.)/*Kienzle, Werner/Pauly, Renate*, Das Gaststättengesetz (Kommentar), 14. Aufl., Köln 2003.

*Möller-Bösling, Ralph*, Informelle Auskunftsersuchen der Regulierungsbehörde auf den Märkten der Telekommunikation, Baden-Baden 2001.

*Möllers, Christoph*, Kognitive Gewaltengliederung, in: Röhl, Hans Christian (Hrsg.), Wissen – Zur kognitiven Dimension des Rechts, Die Verwaltung, Beiheft 9, Berlin 2010, S. 113 ff.

*Mösbauer, Heinz*, Immissionsschutzrecht und Staatsaufsicht, VerwArch 72 (1981), S. 17 ff.

*ders.*, Der verwaltungsbehördliche Überwachungsauftrag im Immissionsschutzrecht, NVwZ 1985, S. 457 ff.

*Möstl, Markus*, Die staatliche Garantie für die öffentliche Sicherheit und Ordnung, Tübingen 2002.

*ders.*, Perspektiven des Regulierungsrechts – Ein klassisches und ein nicht-klassisches Referenzgebiet als Beispiel, GewArch 2011, S. 265 ff.

*Mohr, Peter Michael*, Technische Normen und freier Warenverkehr in der EWG. Deutsche überbetriebliche technische Normen und ihre staatliche Rezeption als Maßnahmen gleicher Wirkung wie mengenmäßige Einfuhrbeschränkungen gemäß Art. 30, 36 EWG-Vertrag, Köln 1990.

*Monopolkommission*, VII. Hauptgutachten (1986/1987), Die Wettbewerbsordnung erweitern, Baden-Baden 1988.

*dies.*, XIV. Hauptgutachten (2000/2001), Netzwettbewerb durch Regulierung, Baden-Baden 2003.

*v. Münch, Ingo* (Begr.)/*Kunig, Philip* (Hrsg.), Grundgesetz (Kommentar), Bd. 1, 5. Aufl., München 2000.

*dies.*, Grundgesetz (Kommentar), Bd. 2, 5. Aufl., München 2001.

*Nett, Lorenz/Neu, Werner*, Die Gewährleistung eines Universaldienstes und die Bestimmung der Universaldienstkosten bei Wettbewerb im Telekommunikationsbereich, ZögU 22 (1999), S. 134 ff.

*Nobbe, Uwe/Vögele, Peter*, Offenbarungspflichten und Auskunftsverweigerungsrechte, NuR 1988, S. 313 ff.

*Noll, Alfons*, The International Telecommunication Union (ITU) – Ist Inception, Evolution and Innate, Constant Reform Process, MMR 1999, S. 465 ff.

*Nolte, Norbert/König, Annegret*, Konsistente Entgeltregulierung im neuen TKG, MMR 2005, S. 512 ff.

*Nothhelfer, Martin*, Die Freiheit von Selbstbezichtigungszwang, Heidelberg 1989.

*Oertel, Klaus*, Die Unabhängigkeit der Regulierungsbehörde nach §§ 66 ff. TKG. Zur organisationsrechtlichen Verselbständigung staatlicher Verwaltungen am Beispiel der Privatisierung in der Telekommunikation, Berlin 2000.

*Ohler, Christoph*, Die Kollisionsordnung des Allgemeinen Verwaltungsrechts, Tübingen 2005.

*Ossenbühl, Fritz*, Die verfassungsrechtliche Zulässigkeit der Verweisung als Mittel der Gesetzgebungstechnik, DVBl. 1967, S. 401 ff.

*ders.*, Rechtsverordnung, in: Isensee, Josef/Kirchhof, Paul (Hrsg.), Handbuch des Staatsrechts, Bd. III: Das Handeln des Staates, 2. Aufl., Heidelberg 1996, § 64.

*Oster, Jan*, Normative Ermächtigungen im Regulierungsrecht. Eine vergleichende Untersuchung behördlicher Entscheidungsspielräume in der deutschen und amerikanischen Netzinfrastrukturregulierung, Baden-Baden 2010.

*Pahlke, Armin/Koenig, Ulrich*, Abgabenordnung (Kommentar), 2. Aufl., München 2009.

*Papier, Hans-Jürgen*, Bedeutung der Verwaltungsvorschriften im Recht der Technik, in: Leßmann, Herbert/Großfeld, Bernhard/Vollmer, Lothar (Hrsg.), Festschrift für Rudolf Lukes zum 65. Geburtstag, Köln 1989, S. 159 ff.

*ders.*, Der Bestimmtheitsgrundsatz, in: Friauf, Karl Heinrich (Hrsg.), Steuerrecht und Verfassungsrecht, Köln 1989, S. 61 ff.

*Pernice, Ingolf*, Kriterien der normativen Umsetzung von Umweltrichtlinien der EG im Lichte der Rechtsprechung des EuGH, EuR 1994, S. 325 ff.

*ders.*, Soll das Recht der Regulierungsverwaltung übergreifend geregelt werden?, Referat zum 66. DJT, O 124 ff.

*Peters, Karl*, Gerichtswesen und Kriminalistik II, ZStW 91 (1979), S. 96 ff.

*Pöcker, Markus*, Unabhängige Regulierungsbehörden und die Fortentwicklung des Demokratieprinzips, VerwArch 99 (2008), S. 380 ff.

*Pohl, Marcus A.*, Der Universaldienst in der Telekommunikation: Zur Verfassungsmäßigkeit der Universaldienstabgabe, Frankfurt a. M. 1998.

*Pünder, Hermann*, Grundmodell des Verwaltungsverfahrens, in: Erichsen, Hans-Uwe/Ehlers, Dirk (Hrsg.), Allgemeines Verwaltungsrecht, 14. Aufl., Berlin 2010, § 14.

*Quabeck, Christian*, Dienende Funktion des Verwaltungsverfahrens und Prozeduralisierung, Tübingen 2009.

*Rachor, Frederik*, Das Polizeihandeln, in: Lisken, Hans/Denninger, Erhard (Hrsg.), Handbuch des Polizeirechts, 4. Aufl., München 2007

*Rathke, Kurt-Dietrich*, Mitwirkungspflichten bei der Kontrolle nach dem LMBG und dem EichG und ihre Grenzen, ZLR 1985, S. 115 ff.

*RegTP*, Tätigkeitsbericht 2002/2003, Bonn 2003, abrufbar unter: http://www.bundesnetzagentur.de/cae/servlet/contentblob/31302/publicationFile/1127/Taetigkeitsbericht2002_2003Id203pdf.pdf.

*Rengeling, Hans-Werner*, Deutsches und europäisches Verwaltungsrecht – wechselseitige Einwirkungen, VVDStRL 53 (1994), S. 202 ff.

*ders./Gellermann, Martin*, Gestaltung des europäischen Umweltrechts und seine Implementation im deutschen Rechtsraum, in: Di Fabio, Udo/Marburger, Peter/Schröder, Meinhard (Hrsg.), Jahrbuch des Umwelt- und Technikrechts 1996, Band 36, Berlin 1996, S. 1 ff.

*Rengier, Rudolf*, Bußgeldbewehrte Auskunftspflichten, dargestellt am Beispiel des Umweltordnungswidrigkeitenrechts, in: Geppert, Martin (Hrsg.), Festschrift für Rudolf Schmitt zum 70. Geburtstag, Tübingen 1992, S. 263 ff.

*Reuter, Alexander*, Kartellbehördliche Recherche als Eingriff in Freiheit und Eigentum. Ein Beitrag zur Eingriffsdogmatik im Lichte informaler Verfahrensweisen, Berlin 1984.

*Röhl, Hans Christian*, Akkreditierung und Zertifizierung im Produktsicherheitsrecht, Berlin 2000.

*ders.*, Soll das Recht der Regulierungsverwaltung übergreifend geregelt werden?, JZ 2006, S. 831 ff.

*ders.*, Ausgewählte Verfahrensarten, in: Hoffmann-Riem, Wolfgang/Schmidt-Aßmann, Eberhard/Voßkuhle, Andreas (Hrsg.), Grundlagen des Verwaltungsrechts, Bd. II, Informationsordnung – Verwaltungsverfahren – Handlungsformen, München 2008, § 30.

*ders.*, Der rechtliche Kontext der Wissenserzeugung, in: Röhl, Hans Christian (Hrsg.), Wissen – Zur kognitiven Dimension des Rechts, Die Verwaltung, Beiheft 9, Berlin 2010, S. 65 ff.

*ders.*, Finanzmarktaufsicht, in: Fehling, Michael/Ruffert, Matthias (Hrsg.), Regulierungsrecht, 2010, § 18.

*Röhl, Matthias*, Die Regulierung der Zusammenschaltung. Voraussetzungen und Rechtsfolgen der Zusammenschaltungsanordnung nach §§ 35, 36, 37 Telekommunikationsgesetz durch die Regulierungsbehörde für Telekommunikation und Post, Frankfurt a. M. 2002.

*Rönck, Rüdiger*, Technische Normen als Gestaltungsmittel des Europäischen Gemeinschaftsrechts. Zulässigkeit und Praktikabilität ihrer Rezeption zur Realisierung des Gemeinsamen Marktes, Berlin 1995.

*Rösler, Hannes*, Die Bekämpfung des Missbrauchs von Mehrwertdiensterufnummern, NJW 2003, S. 2633 ff.

*Rogall, Klaus*, Der Beschuldigte als Beweismittel gegen sich selbst, Berlin 1977.

*Rosenberger, Stefan*, Geheimnisschutz und Öffentlichkeit in Verwaltungsverfahren und -prozeß, Bayreuth 1998.

*Roth, Gregor*, Das Auskunftsrecht der Wirtschaftsverwaltung. Wandlungen im Verwaltungsrechtsverhältnis, VerwArch 57 (1966), S. 225 ff.

*Ruffert, Matthias*, Regulierung im System des Verwaltungsrechts, AöR 124 (1999), S. 237 ff.

*ders.*, Verselbständigte Verwaltungseinheiten – Ein europäischer Megatrend im Vergleich, in: Trute, Hans-Heinrich/Groß, Thomas/Röhl, Hans Christian/Möllers, Christoph, Allgemeines Verwaltungsrecht – zur Tragfähigkeit eines Konzepts, Tübingen 2008, S. 431 ff.

*Rutkowski, Stefan*, Innovationsförderung im Telekommunikationsrecht zwischen Netzzugang und Regulierungsfreistellung, Baden-Baden 2009.

*Sachs, Michael* (Hrsg.), Grundgesetz (Kommentar), 5. Aufl., München 2009.

*Säcker, Franz Jürgen*, Das Regulierungsrecht im Spannungsfeld von öffentlichem und privatem Recht, AöR 130 (2005), S. 180 ff.

*ders.* (Hrsg.), Berliner Kommentar zum Telekommunikationsgesetz, 2. Auflage, Frankfurt a. M. 2009.

*ders.* (Hrsg.), Berliner Kommentar zum Energierecht, Bd. 1, 2. Aufl., München 2010.

*Säcker, Christopher*, Der Einfluss der sektorspezifischen Regulierung auf die Anwendung des deutschen und gemeinschaftlichen Kartellrechts, Münster 2006.

*Schäfer, Michael*, Verfassungsrechtliche Rahmenbedingungen für die Konkretisierung unbestimmter Sicherheitsstandards durch die Rezeption von Sachverstand, Baden-Baden 1998.

*Schäfer, Karl*, Einige Bemerkungen zu dem Satz »nemo tenetur se ipsum accusare«, in: Hannack, Ernst-Walter/Rieß, Peter/Wendisch, Günter (Hrsg.), Festschrift für Hans Dünnebier zum 75. Geburtstag am 12. Juni 1982, Berlin 1982, S. 11 ff.

*Sautter, Bruno*, Zielorientierter Vollzug der Wassergesetze – wasserbehördliche Kontrolle der Abwassereinleitungen, NVwZ 1988, S. 487 ff.

*Schenke, Wolf-Rüdiger*, Die verfassungsrechtliche Problematik dynamischer Verweisungen, NJW 1980, S. 743 ff.

*ders.*, Polizei- und Ordnungsrecht, 7. Auflage, Heidelberg 2011.

*Scherzberg, Arno*, Wissen, Nichtwissen und Ungewissheit im Recht, in: Engel, Christoph/Halfmann, Jost/Schulte, Martin (Hrsg.), Wissen – Nichtwissen – Unsicheres Wissen, Baden-Baden 2002, S. 113 ff.

*ders.*, Risikosteuerung durch Verwaltungsrecht. Ermöglichung oder Begrenzung von Innovationen?, VVDStRL 63 (2004), S. 214 ff.

*Scheuing, Dieter H.*, Instrumente zur Durchführung des Europäischen Umweltrechts, NVwZ 1999, S. 475 ff.

*Scheurle, Klaus-Dieter/Mayen, Thomas* (Hrsg.), Telekommunikationsgesetz (Kommentar), 1. Aufl., München 2002.

*dies.* (Hrsg.), Telekommunikationsgesetz (Kommentar), 2. Aufl., München 2008.

*Schlothauer, Reinhold*, Strafprozessuale Verwertung selbstbelastender Angaben im Verwaltungsverfahren, in: Wesslau, Edda/Wohlers, Wolfgang (Hrsg.), Festschrift für Gerhard Fezer zum 70. Geburtstag am 29. Oktober 2008, Berlin 2008, S. 267 ff.

*Schmidt, Christian*, Von der RegTP zur Bundesnetzagentur – Der organisationsrechtliche Rahmen der neuen Regulierungsbehörde, DÖV 2005, S. 1025 ff.

*Schmidt, Rainer*, Flexibilität und Innovationsoffenheit im Bereich der Verwaltungsmaßstäbe, in: Hoffmann-Riem, Wolfgang/Schmidt-Aßmann, Eberhard (Hsrg.), Innovation und Flexibilität des Verwaltungshandelns, Baden-Baden 1994, S. 67 ff.

*Schmidt-Aßmann, Eberhard*, Die Kontrolldichte der Verwaltungsgerichte: Verfassungsgerichtliche Vorgaben und Perspektiven, DVBl. 1997, S. 281 ff.

*ders.*, Strukturen Europäischer Verwaltung und die Rolle des Europäischen Verwaltungsrechts, in: Blankenagel, Alexander/Pernice, Ingolf/Schulze-Fielitz, Hemuth (Hrsg.), Verfassung im Diskurs der Welt, Liber Amicorum für Peter Häberle, Tübingen 2004, S. 395 ff.

*ders.*, Das allgemeine Verwaltungsrecht als Ordnungsidee. Grundlagen und Aufgaben der verwaltungsrechtlichen Systembildung, 2. Aufl., Berlin 2006.

*ders.*, Verwaltungsverfahren und Verwaltungskultur, NVwZ 2007, S. 40 ff.

*ders.*, Der Verfahrensgedanke im deutschen und europäischen Verwaltungsrecht, in: Hoffmann-Riem, Wolfgang/Schmidt-Aßmann, Eberhard/Voßkuhle, Andreas (Hrsg.), Grundlagen des Verwaltungsrechts, Bd. II, Informationsordnung – Verwaltungsverfahren – Handlungsformen, München 2008, § 27.

*Schmidt-Preuß, Matthias*, Gegenwart und Zukunft des Verfahrensrechts, NVwZ 2005, S. 489 ff.

*Schmitt Glaeser, Walter*, Schutz der Privatsphäre, in: Isensee, Josef/Kirchhof, Paul (Hrsg.), Handbuch des Staatsrechts der Bundesrepublik Deutschland, Bd. VI: Freiheitsrechte, 2. Aufl., Heidelberg 2001, § 129.

*Schneider, Hartmut*, Grund und Grenzen des strafrechtlichen Selbstbegünstigungsprinzips auf der Basis einer generalpräventiv-funktionalen Schuldmodells, Berlin 1991.

*Schneider, Jens-Peter*, Flexible Wirtschaftsregulierung durch unabhängige Behörden im deutschen und britischen Telekommunikationsrecht, ZHR 164 (2000), S. 513 ff.

*ders.*, Strukturen und Typen von Verwaltungsverfahren, in: Hoffmann-Riem, Wolfgang/Schmidt-Aßmann, Eberhard/Voßkuhle, Andreas (Hrsg.), Grundlagen des Verwaltungsrechts, Bd. II, Informationsordnung, Verwaltungsverfahren, Handlungsformen, München 2008, § 28.

*ders.*, Telekommunikation, in: Fehling, Michael/Ruffert, Matthias (Hrsg.), Regulierungsrecht, Tübingen 2010, § 8.

*Schoch, Friedrich/Kloepfer, Michael*, Informationsfreiheitsgesetz (IFG-ProfE). Entwurf eines Informationsfreiheitsgesetzes für die Bundesrepublik Deutschland, Baden-Baden 2002.

*Scholl, Stefan*, Behördliche Prüfungsbefugnisse im Recht der Wirtschaftsüberwachung, Berlin 1989.

*Scholl, Patrick*, Der private Sachverständige im Verwaltungsrecht, Baden-Baden 2005.

*Scholz, Rupert/Pitschas, Rainer*, Informationelle Selbstbestimmung und staatliche Informationsverantwortung, Berlin 1984.

*Schramm, Hans-Holger*, Die Verpflichtung des Abwassereinleiters zur Weitergabe von Eigenmesswerten und der nemo-tenetur-Satz, Frankfurt a. M. 1990.

*Schrogl, Kai-Uwe*, Die »neue« ITU, VN 1994, S. 97 ff.

*Schütz, Raimund/Esser-Wellié, Michael*, Wettbewerb in der Telekommunikation? Anmerkungen zum Entwurf eines Telekommunikationsgesetzes, AfP 1995, S. 580 ff.

*Schütz, Raimund/Cornils, Matthias*, Universaldienst und Telekommunikation, DVBl. 1997, S. 1146 ff.

*Schütz, Raimund/Attendorn, Thorsten*, Das neue Kommunikationsrecht der Europäischen Union – Was muss Deutschland ändern?, MMR-Beilage 4/2002, S. 1 ff.

*Schuler, Patrick*, Zur Diskussion um ein Auskunftsverweigerungsrecht juristischer Personen, JR 2003, S. 265 ff.

*Schulze-Fielitz, Helmuth*, Der Leviathan auf dem Weg zum nützlichen Haustier?, in: Voigt, Rüdiger (Hrsg.), Abschied vom Staat – Rückkehr zum Staat?, Baden-Baden 1993, S. 95 ff.

*Schumann, Florian*, Bauelemente des europäischen Produktsicherheitsrechts. Gefahrenabwehr durch Zusammenwirken von Europäischer Gemeinschaft, Mitgliedstaaten und Privaten, Baden-Baden 2007.

*Schuppert, Gunnar Folke*, Der Gewährleistungsstaat – modisches Label oder Leitbild sich wandelnder Staatlichkeit?, in: Schuppert, Gunnar Folke (Hrsg.), Der Gewährleistungsstaat – ein Leitbild auf dem Prüfstand, Baden-Baden 2005, S. 11 ff.

*Seiler, Christian*, Der souveräne Verfassungsstaat zwischen demokratischer Rückbindung und überstaatlicher Einbindung. Rückwirkungen der völker- und europarechtlichen Integration auf den Verfassungsstaat, Tübingen 2005.

*Senger, Marion*, Das Gebot der konsistenten Entgeltregulierung im Telekommunikationsrecht, N&R 2005, S. 138 ff.

*Sieder, Frank* (Begr.)/*Zeitler, Herbert* (Begr.)/*Dahme, Heinz/Knopp, Günther-Michael* (Hrsg.), Wasserhaushaltsgesetz, Abwasserabgabengesetz (Loseblatt-Kommentar), München, Stand: 36. Ergänzungslieferung 2008.

*Simitis, Spiros*, Die informationelle Selbstbestimmung – Grundbedingung einer verfassungskonformen Informationsordnung, NJW 1984, S. 394 ff.

*ders.* (Hrsg.), Bundesdatenschutzgesetz (Kommentar), 7. Aufl., Baden-Baden 2011.

*Simon, Sven*, Verfahrensgrundrechte im europäischen Wirtschaftsverwaltungsrecht – Zugleich ein Vorschlag zur Verwirklichung eines einheitlichen europäischen Grundrechtsraums, in: Debus, Alfred G./Kruse, Franziska/Peters, Alexander/Schröder, Hanna/Seifert, Olivia/Sicko, Corinna/Stirn, Isabel (Hrsg.), Verwaltungsrechtsraum Europa. 51. Assistententagung Öffentliches Recht, 2011, S. 143 ff.

*Sommer, Julia*, Verwaltungskooperation am Beispiel administrativer Informationsverfahren im Europäischen Umweltrecht, Berlin 2003.

*dies.*, Informationskooperation am Beispiel des europäischen Umweltrechts, in: Schmidt-Aßmann, Eberhard/Schöndorf-Haubold, Bettina (Hrsg.), Der Europäische Verwaltungsverbund, Tübingen 2005, S. 57 ff.

*Spieker gen. Döhmann, Indra*, Informationsgewinnung im Umweltrecht durch materielles Recht, DVBl. 2006, S. 278 ff.

*Spindler, Gerald/Schuster, Fabian* (Hrsg.), Recht der elektronischen Medien, München 2008.

*dies.* (Hrsg.), Recht der elektronischen Medien, 2. Aufl., München 2011.

*Spoerr, Wolfgang*, Der Einfluss ökonomischer Modellbildung auf rechtliche Maßstäbe der Regulierung, in: Trute, Hans-Heinrich/Groß, Thomas/Röhl, Hans Christian/Möllers, Christoph, Allgemeines Verwaltungsrecht – zur Tragfähigkeit eines Konzepts, Tübingen 2008, S. 613 ff.

*Staats, Johann-Friedrich*, Verweisung und Grundgesetz, in: Rödig, Jürgen (Hrsg.), Studien zu einer Theorie der Gesetzgebung, Berlin 1976, S. 244 ff.

*Stein, Ekkehart*, Die Wirtschaftsaufsicht, Tübingen 1967.

*Stelkens, Paul/Bonk, Heinz Joachim/Sachs, Michael*, Verwaltungsverfahrensgesetz (Kommentar), 7. Auflage, München 2008.

*Stern, Klaus*, Das Staatsrecht der Bundesrepublik Deutschland, Bd. III/1: Allgemeine Lehren der Grundrechte, München 1988.

*Stober, Rolf*, Handbuch des Wirtschaftsverwaltungs- und Umweltrechts, Stuttgart 1989.

*ders*, Ladenschlussgesetz (Kommentar), 4. Aufl., Köln 2000.

*ders.*, Allgemeines Wirtschaftsverwaltungsrecht. Grundlagen des Wirtschaftsverfassungs- und Wirtschaftsverwaltungsrechts, des Weltwirtschafts- und Binnenmarktrechts, 17. Aufl., Stuttgart 2011.

*Stohrer, Klaus*, Die zwangsweise Durchsetzung staatlicher Auskunftsansprüche gegenüber Privaten. Verwaltungsvollstreckung in der Informationsgesellschaft, BayVBl. 2005, S. 489 ff.

*ders.*, Informationspflichten Privater gegenüber dem Staat in Zeiten von Privatisierung, Liberalisierung und Deregulierung, Berlin 2007.

*Stolleis, Michael*, Die Entstehung des Interventionsstaats und das öffentliche Recht, ZNR 11 (1989), S. 129 ff.

*Stotz, Christian*, Zwischen Verbraucherschutz und Wettbewerb – Die Universaldienstrichtlinie 2002/22/EG und ihre Auswirkungen auf das deutsche Telekommunikationsrecht, Münster 2006.

*Streck, Michael*, Der Beschluß des Bundesverfassungsgerichts zum strafrechtlichen Verwertungsverbot bei Aussagen des Gemeinschuldners und seine Auswirkungen im Steuerstrafrecht, StV 1981, S. 362 ff.

*Streinz, Rudolf* (Hrsg.), EUV/EGV (Kommentar), München 2003.

*Stürner, Rolf*, Strafrechtliche Selbstbelastung und verfahrensförmige Wahrheitsermittlung, NJW 1981, S. 1757 ff.

*Sydow, Gernot*, Verwaltungskooperation in der Europäischen Union. Zur horizontalen und vertikalen Zusammenarbeit der europäischen Verwaltungen am Beispiel des Produktzulassungsrechts, Tübingen 2004.

*ders.*, Staatliche Verantwortung für den Schutz privater Geheimnisse, Die Verwaltung 38 (2005), S. 35 ff.

*Tegge, Andreas*, Die Internationale Telekommunikations-Union – Organisation und Funktion einer Weltorganisation im Wandel, Baden-Baden 1994.

*Tiedemann, Jens*, Mehrwertdiensterufnummern: Der Schutz der Verbraucher und der seriösen Anbieter vor schwarzen Schafen – eine (un-)lösbare Aufgabe?, K&R 2003, S. 328 ff.

*Tietje, Christian*, Internationalisiertes Verwaltungshandeln, Berlin 2001.

*Tinnefeld, Marie-Teres/Ehmann, Eugen/Gerling, Rainer W.*, Einführung in das Datenschutzrecht, 4. Aufl., München 2005.

*Thiel, Markus*, Auskunftverlangen und Nachschau als Instrumente der Informationsbeschaffung im Rahmen der Gewerbeaufsicht, GewArch 2001, S. 403 ff.

*Thomaschki, Kathrin*, Referentenentwurf zum TKG – Auswirkungen auf die Praxis der Marktregulierung, MMR 2003, S. 500 ff.

*Trute, Hans-Heinrich*, Regulierung – am Beispiel des Telekommunikationsrechts, in: Eberle, Carl-Eugen/Ibler, Martin/Lorenz, Dieter (Hrsg.), Der Wandel des Staates vor den Herausforderungen der Gegenwart. Festschrift für Winfried Brohm zum 70. Geburtstag, München 2002, S. 169 ff.

*ders.*, Gemeinwohlsicherung im Gewährleistungsstaat, in: Schuppert, Gunnar Folke/Neidhart, Friedhelm (Hrsg.), Gemeinwohl – Auf der Suche nach Substanz, Berlin 2002, S. 329 ff.

*ders.*, Das Telekommunikationsrecht. Eine Herausforderung für die Verwaltungsgerichte, in: Schmidt-Aßmann, Eberhard/Sellner, Dieter/Hirsch, Günter/Kemper, Gerd-Heinrich/Lehmann-Grube, Hinrich (Hrsg.), Festgabe 50 Jahre BVerwG, Köln 2003, S. 857 ff.

*ders.*, Der Europäische Regulierungsverbund in der Telekommunikation – ein neues Modell europäisierter Verwaltung, in: Osterloh, Lerke/Schmidt, Karsten/Weber, Herrmann (Hrsg.), Staat, Wirtschaft, Finanzverfassung: Festschrift für Peter Selmer zum 70. Geburtstag, Berlin 2004, S. 565 ff.

*ders.*, Methodik der Herstellung und Darstellung verwaltungsrechtlicher Entscheidungen, in: Schmidt-Aßmann, Eberhard/Hoffmann-Riem, Wolfgang (Hrsg.), Methoden der Verwaltungsrechtswissenschaft, Baden-Baden 2004, S. 293 ff.

*ders./Spoerr, Wolfgang/Bosch, Wolfgang* (Hrsg.), Telekommunikationsgesetz mit FTEG (Kommentar), Berlin 2001.

*Trute, Hans-Heinrich/Denkhaus, Wolfgang/Kühlers, Doris*, Governance in der Verwaltungsrechtswissenschaft, DV 37 (2005), S. 451 ff.

*Trute, Hans-Heinrich/Broemel, Roland*, Die Regulierung des Zugangs in den Netzwirtschaften, ZHR 170 (2006), S. 706 ff.

*Tünnesen-Harmes, Christian*, Die CE-Kennzeichnung zum Abbau technischer Handelshemmnisse in der Europäischen Union, DVBl. 1994, S. 1334 ff.

*Vesting, Thomas*, Zwischen Gewährleistungsstaat- und Minimalstaat: Zu den veränderten Bedingungen der Bewältigung öffentlicher Aufgaben in der »Informations- und Wissensgesellschaft«, in: Hoffmann-Riem, Wolfgang/Schmidt-Aßmann, Eberhard (Hrsg.), Verwaltungsrecht in der Informationsgesellschaft, Baden-Baden 2000, S. 101 ff.

*Vogel, Klaus*, Die Verfassungsentscheidung des Grundgesetzes für eine internationale Zusammenarbeit, Tübingen 1964.

*Vogelsang, Ingo*, Analytische Kostenmodelle – ein notwendiges Übel, MMR 1998, S. 594 ff.

*Volkmann, Uwe*, Qualifizierte Blankettnormen, ZRP 1995, S. 220 ff.

*Voßkuhle, Andreas*, Der Wandel von Verwaltungsrecht und Verwaltungsprozessrecht in der Informationsgesellschaft, in: Hoffmann-Riem, Wolfgang/Schmidt-Aßmann, Eberhard (Hrsg.), Verwaltungsrecht in der Informationsgesellschaft, Baden-Baden 2000, S. 349 ff.

*ders.*, Beteiligung Privater an der Wahrnehmung öffentlicher Aufgaben und staatliche Verantwortung, VVDStRL 62 (2003), S. 266 ff.

*ders.*, Sachverständige Beratung des Staates, in: Isensee, Josef/Kirchhof, Paul (Hrsg.), Handbuch des Staatsrechts der Bundesrepublik Deutschland, Bd. III: Demokratie – Bundesorgane, 3. Aufl., Heidelberg 2005, § 43.

*ders.*, Neue Verwaltungsrechtswissenschaft, in: Hoffmann-Riem, Wolfgang/Schmidt-Aßmann, Eberhard/Voßkuhle, Andreas (Hrsg.), Grundlagen des Verwaltungsrechts, Bd. I, München 2006, § 1.

*Wahl, Rainer*, Rechtsfragen der Landesplanung und Landesentwicklung, Bd. I: Das Planungssystem der Landesplanung – Grundlagen und Grundlinien, Berlin 1978.

*Warmke, Reinhard*, Verwaltungsabkommen in der Bundesrepublik Deutschland, DV 24 (1991), S. 455 ff.

*Wegge, Georg*, Zur verfassungsrechtlichen Abgrenzung unbestimmter Rechtsbegriffe von unzulässigen dynamischen Verweisungen am Beispiel der »betriebswirtschaftlichen Grundsätze« nach § 6 Abs. 2 Satz 1 KAG NW, DVBl. 1997, S. 648 ff.

*Weia, Norman*, Kompetenzlehre internationaler Organisationen, Berlin 2009.

*Weiß, Wolfgang*, Haben juristische Personen ein Aussageverweigerungsrecht?, JZ 1998, S. 289 ff.

*Wendt, Rudolf*, Zustandekommen, Inhalt und Fehlerhaftigkeit von Verwaltungsakten, JA 1980, S. 25 ff.

*Wettner, Florian*, Die Amtshilfe im Europäischen Verwaltungsrecht, Tübingen 2005.

*Wieckmann, Hans-Joachim*, Das Auskunftsersuchen im System kartellbehördlicher Eingriffsbefugnisse, Frankfurt 1977.

*Wiedemann, Gerhard* (Hrsg.), Handbuch des Kartellrechts, 2. Aufl., München 2008.

*Wilms, Heinrich/Masing, Johannes/Jochum, Georg* (Hrsg.), Telekommunikationsgesetz (Loseblatt-Kommentar), Stuttgart, Stand: 2. Ergänzungslieferung 2006 (eingestellt).

*Windthorst, Kay*, Der Universaldienst im Bereich der Telekommunikation. Eine öffentlichrechtliche Betrachtung unter Einbezug des amerikanischen Rechts, Berlin 2000.

*Winter, Gerd*, Direktwirkung von EG-Richtlinien, DVBl. 1991, S. 657 ff.

*Wissenschaftliches Institut für Infrastruktur und Kommunikationsdienste (WIK)*, Analytisches Kostenmodell für das Breitbandnetz 2010, abrufbar unter: http://www.bundesnetzagentur.de/cae/servlet/contentblob/154924/publicationFile/6879/WIKRefDokBreitbandnetz20100519 pdf.pdf.

*Wissmann, Martin* (Hrsg.), Telekommunikationsrecht (Praxishandbuch), 2. Auflage, Frankfurt a. M. 2006.

*Wolf, Rainer*, Das Recht im Schatten der Technik, KJ 19 (1986), S. 241 ff.

*ders.*, Zur Antiquiertheit des Rechts in der Risikogesellschaft, Leviathan 3 (1987), S. 357 ff.

*Wolff, Heinrich Amadeus*, Selbstbelastung und Verfahrenstrennung. Das Verbot des Zwangs zur aktiven Mitwirkung am eigenen Strafverfahren und seine Ausstrahlungswirkung auf die gesetzlichen Mitwirkungspflichten des Verwaltungsrechts, Berlin 1997.

*ders.*, Der verfassungsrechtliche Schutz der Betriebs- und Geschäftsgeheimnisse, NJW 1997, S. 98 ff.

*Wollenschläger, Burkard*, Wissensgenerierung im Verfahren, Tübingen 2009.

*Würmeling, Ulrich/Felixberger,* Stefan, Fernmeldegeheimnis und Datenschutz im Telekommunikationsgesetz, CR 1997, S. 230 ff.